ALTERNATIVE VERS UNE SOCIÉTÉ DE DÉVELOPPEMENT HUMAIN

Les politiques économiques, sociales, souveraines, populaires et panafricaines

Moustapha KASSÉ

ALTERNATIVE VERS UNE SOCIÉTÉ DE DÉVELOPPEMENT HUMAIN

Les politiques économiques, sociales, souveraines, populaires et panafricaines

Avant-propos du Pr Chérif Sidy KANE

Préface du Pr Mathias Marie Adrien NDINGA

L'Harmattan Sénégal

10 VDN, Sicap Amitié 3, Lotissement Cité Police, DAKAR

http://www.harmattansenegal.com
senharmattan@gmail.com
senlibrairie@gmail.com

ISBN : 978-2-336-52317-0
EAN : 9782336523170

DU MÊME AUTEUR

1. L'industrie touristique : Contribution de la demande touristique dans le développement et la croissance. Édition FSEJ, 1976
2. Du sous-développement au socialisme, Silex Éditions, 1988
3. Sénégal : Crise économique et ajustement structurel, Éditions Nouvelle du Sud, 1990
4. L'Afrique endettée, NEA-CREA, 1992
5. Démocratie et développement, Éditions NEA-CREA 1993
6. Banque mondiale, FMI et l'agriculture sénégalaise, 1994
7. Le développement par l'intégration NEA
8. L'État, le technicien et banquier face aux défis du monde rural sénégalais, 1996, Novelles Éditions Africaines (NEA)
9. Économie du Développement : les références théoriques, Éditions Panafrika Silex-Nouvelles du Sud 2000
10. Sortir du sous-développement, Éditions Panafrika 2001
11. Intégration et partenariat en Afrique de l'UEMOA au NEPAD, Éditions Silex 2003
12. La science économique et sa méthodologie, Éditions L'Harmattan, 2010
13. L'industrialisation africaine est possible. Quel modèle pour le Sénégal L'Harmattan 2013
14. L'Économie du Sénégal : Les 5 défis d'une croissance atone, L'Harmattan, 2015
15. Le Secteur privé la jambe faible de l'Émergence, entre entreprenants et entrepreneurs, Éditions L'Harmattan 2018
16. Mondialisation, Croissance, Développement et Émergence Mélange du dit, du mal dit et du pas dit, Édition L'Harmattan-Sénégal, 2021
17. L'Économie au défi des pathologies sociales, Édit L'Harmattan-Sénégal 2022

Ouvrages collectifs :

1. L'urbanisation en Afrique : Febriao-Rome avec Alpha Oumar Konaré
2. GTZ : Les problèmes macro-économiques du Sénégal : l'approche « causes-effets
3. Moustapha Kassé, Saliou Mbaye, Gorgui Ciss et Ibrahima Sall : Le Sénégal des mutations, NEA, 1996
4. Hakim Ben Hammouda et Moustapha Kassé : Repenser Bretton Woods, Éditions Karthala-CODESRIA
5. Hakim Ben Hammouda et Moustapha Kassé : L'Avenir de la Zone franc, Éditions Karthala-CODESRIA
6. CEDEAO : Colloque des Économistes d'Afrique de l'Ouest : Sortir du Sous-développement en 3 tomes, Éditions L'Harmatttan
7. Moustapha Kassé et H. Ben Hammouda : Le NEPAD et les enjeux du développement Édit. Maisonneuve et La Rose
8. Moustapha Kassé et J. L. Gregoire, PNUD : L'Afrique et les OMD, Éditions Economica
9. Sous la direction du Pr Moustapha Kassé, Bamba Abdoul Gadiry Commissaire de CEDEAO, Igué John : *Sortir du sous-développement* en trois volumes publiés par L'Harmattan, 2010 avec la contribution des universités de la CE

RECONNAISSANCE ET REMERCIEMENTS

À Hadja Astou SARRÉ mon épouse, dévouée, fidèle et inoubliable. Tu as toujours été à mes côtés, d'un soutien infaillible me secondant dans toutes mes actions le long de notre parcours de 51 ans. Je garde précieusement ta force de caractère, ta bienveillance, ta foi inébranlable et tes conseils avisés en toute circonstance. **Repose en paix superbe dame** infaillible à la mission pleinement bien remplie, ta fille Ndeye Fatou Bousso Kassé assume avec dévouement, disponibilité et magnanimité la garde de toute ta famille bien soudée Mamadou, Aziz et Vieux Mamadou Diodio et leurs enfants.

À toute ma lignée familiale Kassé, Sarré, Tall, Dioum, Diokhané, Diongue, Niass, Mbaye, Fall et Diop. À mes adorables neveux Ibrahima Sarré, Moussa et Cheikh Sarré, Penda Sarré Sylla, Mass Thiam, Joséphine, Papy Fal et Tantie Sarré, Kassé Tall, Mamadou et Fatou Kassé, Yaye Khady Ndiaye. **À mes nièces** chéries Bigué Seck, Khady Sarré et Mamy,

Mon infinie reconnaissance aux Présidents africains : Samoura Machel et Dr Mukumbi, Ahmed Sékou Touré, Thomas Sankara qui m'a recommandé à Blaise Compaoré, Jerry Rawlings, Alpha Oumar Konaré, Ibrahim Boubacar Keita, Yayi Boni et mon maître Pr Abdoulaye Wade le seul dirigent sénégalais à m'avoir proposé une responsabilité politique.

Au professeur Amoussouga Fulbert Gero mon fils spirituel, brillant économiste, chercheur sérieux, compétent et fidèle compagnon.

Reconnaissance au Dr Fassinet Konté.

J'exprime ma gratitude aux solides institutions d'enseignement supérieur : **l'ISF** que dirige avec sérieux et compétence Dr Papa Diallo appuyé par d'éminents collègues Dominique Plihon, Catherine Guerts et Eric Tajchman et l'équipe de la London School of Economic, **l'IPG** dirigé avec rigueur par mon enfant Mame Saliou Sall et les nombreuses Écoles Doctorales dont celle de Brazzaville, **l'ISEP dirigé** avec sérieux et dextérité **par** Dr Ibro Abdou. Honneur à l'administration de **l'ESAG-NDE sous la direction des Sœurs de l'Église.**

Merci au Prof Koffi Nguessan et son assistante Mme Yapo Estelle pour la gestion rigoureuse et très professionnelle du **GPE** qui a formé depuis 1998, 23 promotions de hauts cadres pour la Gestion des Politiques Economiques de toute l'Afrique francophone.

Mes vives félicitations au Général Pathé Niang pour la mise sur pied de l'Association des blanchotins.

À mes amis d'enfance Prof Younoussa Diaw, Babacar Ly dit guériyéro, Souaroba Saloum Diakité, Mountaga Dabo, Souty Touré….

Toute ma gratitude aux Facultés et Instituts de l'Afrique francophone enseignants et étudiants qui ont organisé des cérémonies fastueuses d'hommage. Félicitations et Grand merci

À mon neveu dévoué Abdoulaye Diallo, éditeur de L'Harmattan-Sénégal.

À mes distingués Collègues et amis les professeurs, Aké Ngbo, Chérif Sidy kane, Pr Matar Diouf, Dr Ibro Abdou, Agbobli Maurille, Dr Sœur Marie Gonsaga Johnson, H. Ben Hammouda, Pr Mama Ouatara, Pr Albert Ondo Ossa, Pr Tchiombiano, Pr Tchabouré Gogué, Pr Pam Zahonogo, Tito N. Tiehi. Aux Doyens Chérif Sidy Kane, Adama Diaw, Mathias Ninga, Malam Maman, Igué Badamassi, Dr Cherif Salif Sy, Pr Abou Kane, Seydi Ababacar Dieng, Pr Bouba DIOP, Dr Suzanne Badji.

À mes collaborateurs dévoués de l'École de Dakar : Pr Idrissa Diandy, Dr Thierno Thioune, Dr Alioune Seck et Mame Mor Séne. Merci pour tout.

J'exprime ma dévotion totale et entière à la lignée d'Ahmadou Bamba, à ses fils, petits-fils et au Khalif Général Sérigne Mountakha MBacké.

Mon attachement à Sérigne Mbacké Madina à Sérigne Cheikh Bombaly et ses enfants.

Mes pieuses pensées à Sokhna Mai Mbacké, Sérigne Mbacké Sokhna Lo, Sérigne Abdou Fata.

Mon amitié fidèle, mon admiration à Sérigne Abdou Karim, Boroom Makarimal Akhlaq, Cheikh Abdou Ahad Gaindé Fatma. Sérigne Fallou Imam. Mon affection au grand érudit Sérigne Mansour Sy.

En Hommage aux freedom fighters Gl A. Goita, Gl A. Tiani, Capit. I. Traore et à la jeunesse sénégalaise qui, sous le leadership d'O. Sonko et D. Faye, a brisé les chaînes néocoloniales pour l'avènement d'une société africaine patriotique, souveraine et panafricaine. La preuve est faite que ce qui est indispensable, c'est la stabilité politique, mais il est indifférent qu'elle soit assurée par la démocratie ou par un régime fort, avec ou sans élection organisée avec des fonds externes et sous contrôle de l'Occident global. N'ayez pas peur mais soyez surtout vigilant.

AVANT-PROPOS

Il est aujourd'hui constaté de manière unanime que le continent africain traverse une série de crises (économique et financière, politique, sociale et écologique) d'une profondeur jamais connue, dont les effets combinés se manifestent de manière plus ou moins homogène dans tous les pays. En effet, les économies africaines fortement liées à l'agriculture et à l'élevage sont très vulnérables aux changements climatiques et pourraient perdre jusqu'à 8 % de leur PIB d'ici 2030. Depuis 2020, nous assistons à une baisse progressive des performances agricoles et industrielles au profit d'un secteur informel qui prend de l'ampleur et devient de plus en plus le réceptacle de la main-d'œuvre. La détérioration des indicateurs d'efficacité interne et externe du système éducatif révèle l'impertinence du modèle de formation du capital humain. Au niveau du sahel, la zone des trois frontières (Burkina Faso, Mali, Niger) est devenue l'épicentre de toutes les formes d'insécurité, de pauvreté et d'inégalité. Cette situation est à l'origine d'une prise de conscience des populations sur les limites des politiques de développement, remettant ainsi en cause l'engagement des décideurs publics et la légitimité des acteurs politiques.

C'est dans un tel contexte africain caractérisé par des bouleversements que l'éminent Professeur, Moustapha KASSÉ, témoin direct de l'échec de plusieurs politiques de développement, allant « du Plan de Lagos aux différents Plans d'Émergences Économiques des pays africains », aborde avec aisance des questions liées à un modèle alternatif de développement humain durable qui intègre à la fois les politiques économiques structurelles, sociales, souveraines, populaires et panafricaines. Cet ouvrage vient à son heure, d'autant plus que les questions liées à la souveraineté et au développement endogène résident au cœur des préoccupations des plus hautes autorités de certains pays de l'Afrique de l'Ouest (Burkina Faso, Mali, Niger, Sénégal) même si les approches, les méthodes et les stratégies varient d'une autorité à une autre.

Dans ses perspectives pour un changement, le Professeur Moustapha Kassé incarne une volonté de dépasser les limites des différentes politiques présentées et mises en œuvre par les régimes qui se sont succédé. L'auteur mène méticuleusement une réflexion critique sur les différents agendas politiques en remettant en question leurs fondements axés principalement sur les recettes néolibérales. En confrontant en profondeur les modèles suivis par les pays industrialisés d'Asie avec les préceptes du consensus de Washington, l'auteur propose une politique industrielle robuste, pivot de la stratégie de développement endogène et populaire. Il a su, dans tous les sujets qu'il a abordés, développer des approches paradigmatiques qui intègrent avec subtilité les réalités africaines.

À travers un diagnostic clair des dysfonctionnements de l'environnement économique, politique, social et écologique, l'ouvrage fournit une explication approfondie des pathologies (pauvreté endémique, chômage massif des jeunes, inégalités criantes, précarités multiples, etc.) qui gangrènent nos pays et propose des solutions robustes pour une transformation systémique en profondeur. Chaque chapitre met en lumière les nombreux défis contemporains auxquels nous sommes confrontés et fournit, après une réflexion poussée, une batterie de recommandations. L'ouvrage du Professeur Kassé a le mérite de dégager des pistes qui permettent aux décideurs politiques, aux fonctionnaires internationaux et aux intellectuels africains engagés d'avoir de nouvelles idées pour construire **une vision panafricaine commune, endogène et souveraine**.

Chérif Sidy KANE
Professeur Titulaire,
agrégé des Facultés de Sciences Économiques
Doyen de la Faculté des Sciences Économiques
et de Gestion (FASEG)
Université Cheikh Anta Diop (UCAD)

PRÉFACE

Le 20 juin 1990, à La Baule (France), il y a 34 ans, le Président de la République Française, François Mitterrand, prononçait un discours invitant les Chefs d'État d'Afrique à engager leurs pays dans la démocratie dont il établissait un lien direct avec le développement. Sans nul doute, il s'inscrivait dans la suite des mouvements de liberté qui ébranlaient l'Europe de l'Est avec un point culminant, la chute du mur de Berlin le 09 novembre 1989. Mais, ce dernier ne pensait peut-être pas qu'il venait de semer les premières graines de la transformation la plus profonde de la relation entre l'occident et l'Afrique, qui ne sera plus la même.

Depuis, l'Afrique se transforme progressivement. Les processus démocratiques prennent corps peu à peu dans tous les pays et tout en s'améliorant au profit du respect du choix des peuples. Les administrations et les universités africaines sont, entre temps, transformées en lieux de confrontation des ressources humaines formées dans les différents pays du monde (France, Russie, Canada, USA, Belgique, Chine, Roumanie, Sénégal, Côte d'Ivoire, Cameroun, Congo, …). La concurrence entre elles permet de reléguer, en arrière-plan, les cadres formés pour prendre le relais de l'administration coloniale ou dupliquer simplement les constructions occidentales, tout en rendant facile la diversification des partenaires économiques, culturels et sociaux. Le développement des technologies de l'information et de la communication, quant à elle, rééquilibre les rapports de forces sur le terrain de l'information en nivelant, vers le haut, les informations, jusqu'ici, cachées et en dotant la jeunesse africaine, celle-là même, qui devient la composante la plus importante de la population africaine, des moyens d'expression inédits capables d'atteindre les profondeurs de notre hinterland en temps réel.

Ce contexte est bien celui qui impulse, ce qu'il convient de qualifier, de seconde phase des mouvements de libération du continent africain. Parmi les plus spectaculaires, il y a ceux conduits par les hommes en uniforme (Burkina Faso, Guinée, Mali, Niger et le Tchad qui vient, au moment où nous écrivons ce texte, de rompre sa coopération militaire avec la puissance colonisatrice), d'une part, et ceux conduits par les jeunes panafricanistes progressistes du Sénégal, d'autre part. Au regard de ces évolutions, nous sommes plus enclins à penser que la messe est loin d'être dite. Et, c'est précisément dans ce contexte que le Professeur Moustapha Kassé, témoin privilégié de toutes ses mutations, dessine les contours de la transformation structurelle future des économies africaines.

En effet, après des ouvrages qui apportent la lumière nécessaire au développement des économies africaines comme « L'économique au défi des pathologies sociales », « Mondialisation, croissance, développement et émergence », « Économies de la CEMAC », « Économie du Développement : Références africaines » et « L'industrialisation africaine est possible », le Professeur Moustapha Kassé profite de ce contexte, *fer de lance des grandes transformations structurelles*, en lui empruntant ses propres mots, pour nous proposer cet ouvrage sur « *l'Alternative d'une société de développement humain durable : les politiques économiques, sociales, souveraines, populaires et panafricaines* ».

Aussi c'est sans coup férir que le Professeur Moustapha Kassé a-t-il posé le diagnostic de la situation actuelle dans les économies africaines. Ce faisant, il nous fait don des clés pour construire une société souveraine, populaire, sociale et panafricaine. De l'agriculture à l'industrialisation, pivot d'une stratégie de développement endogène, populaire et souveraine, le Professeur Moustapha Kassé ne laisse rien de côté puisqu'il aborde aussi l'épineuse question du financement de nos économies, la problématique des transverses et celle du capital humain qui exige la modification du profil de nos systèmes éducatifs pour doter nos économies de plus de compétences technique et professionnelle. Pour compléter ce tableau, il appelle notre attention sur la nécessité d'avoir des dirigeants dotés d'un leadership transformationnel, capable de générer les ruptures et les changements qui soldent les pathologies sociales. Rien n'échappe, donc, à l'analyse critique, à la déconstruction nécessaire, à l'édification d'un réel nouveau, fruit d'une riche expérience des questions de développement en Afrique et dans le monde. Sur ce, nous vous invitons à découvrir ce que nous sommes tenté de qualifier de « généreuse offrande du Professeur Moustapha Kassé aux jeunes panafricanistes progressistes et surtout aux décideurs africains pour le développement économique de l'Afrique ».

Mathias Marie Adrien NDINGA

Agrégé, Professeur titulaire des universités,
Doyen de la Faculté des sciences économiques,
Université Marien NGOUABI de Brazzaville

INTRODUCTION GÉNÉRALE

LES PARADOXES DE LA GESTION DES ÉCONOMIES AFRICAINES : D'IMMENSES RICHESSES PRODUISENT D'IMMENSES PAUVRETÉS, DES CHÔMAGES MASSIFS, DE CRIANTES INÉGALITÉS ET DE MULTIPLES PRÉCARITÉS

« Les richesses de l'Afrique ont été pillées y compris par mon pays. Il faut qu'on rende aux Africains ce qu'on leur a pris. On oublie seulement une chose. C'est qu'une grande partie de l'argent qui est dans notre porte-monnaie vient précisément de l'exploitation, depuis des siècles, de l'Afrique. Pas uniquement. Mais beaucoup vient de l'exploitation de l'Afrique. Alors, il faut avoir un petit peu de bon sens. Je ne dis pas de générosité. De bon sens, de justice, pour rendre aux Africains, je dirais, ce qu'on leur a pris. D'autant que c'est nécessaire, si on veut éviter les pires convulsions ou difficultés, avec les conséquences politiques que ça comporte dans un proche avenir ».

PR. Jacques CHIRAC[1]

« Retirez vos mains de l'Afrique. Cesser d'étouffer l'Afrique : elle n'est une mine à exploiter et une terre à dévaliser. L'Afrique subit les effets délétères du colonialisme déchainé. »

Pape FRANÇOIS[2]

---

[1] En réponse à une salve de critiques acerbes de certaines élites relativement a son soutien aux régimes africains qui pratiquent la fraude électorale, la confiscation des ressources, l'emprisonnement et parfois même l'élimination physique des opposants et sa déclaration comme quoi l'Afrique *« ne serait pas prête pour la démocratie » Sa réponse fut véhémente : « Nous avons saigné l'Afrique pendant quatre siècles et demi, ensuite, nous avons pillé ses matières premières ; après, on a dit : 'Ils (les Africains) ne sont bons à rien.' Au nom de la religion, on a détruit leur culture et maintenant, comme il faut faire les choses avec plus d'élégance, on leur pique leurs cerveaux grâce aux bourses. Puis, on constate que la malheureuse Afrique n'est pas dans un état brillant, qu'elle ne génère pas d'élite. Après s'être enrichi à ses dépens, on lui donne des leçons. »*

[2] Extrait du discours du Pape François lors de sa visite en RDC du 31 au 03 février 2023.

« L'Afrique est le seul continent au monde où les populations chantent, dansent, et applaudissent pour ceux qui les appauvrissent, les oppriment et les pillent... Je parle de millions d'hommes à qui on a inculqué savamment la peur, le complexe d'infériorité, le tremblement, l'agenouillement, le désespoir, le albinisme ». **Aimé CÉSAIRE**

« L'Afrique est loin d'être marginalisée dans le monde moderne comme on le dit trop facilement. Au contraire sa participation à la mondialisation libérale est, en termes relatifs, plus importants que celle des autres régions. Cependant, parce qu'elle est constituée d'économies plus fragiles qu'ailleurs, l'Afrique subit avec plus de violence les effets déstabilisateurs du déploiement de l'Empire du chaos ». ***Samir AMIN***

« Le beau discours sur la croissance de l'Afrique n'ira nulle part, si elle ne change pas la vie de la majorité des Africains ». ***Abdallah HAMDOK »***

J'ai fini d'écrire cet ouvrage, au crépuscule de ma vie, dans **l'angoisse et l'espoir**. Quoi de plus angoissant que de voir notre jeunesse engloutie par les mers à la recherche d'une pitance aux portes de l'Occident, embrigadée par les entrepreneurs de la violence et marchands d'illusions paradisiaques et enfin réprimées, assassinées par des soldatesques au service des monarchies républicaines africaines.

Des milliers de jeunes qui prennent la mer depuis le sinistre découverte à l'aéroport de Bruxelles, des corps de deux jeunes Africains, morts de froid dans le train d'atterrissage d'un avion alors qu'ils tentaient de fuir la misère, sont l'illustration dramatique de la situation du continent. Grande laissée pour compte de la mondialisation, l'Afrique ne bénéficie pas de l'essor économique tant annoncé par les partenaires techniques et financiers internationaux. Depuis les indépendances de 1960, la vulgate du développement qu'ils imposent repose sur le dogme, implicitement ou explicitement décliné, que seule la croissance économique viendra à bout de la pauvreté, du chômage des jeunes, du creusement des inégalités.

Ces pathologies constituent une bombe sociale à retardement proche de l'explosion. Ces recettes trop univoques imposées par les partenaires techniques et financiers sont conduites, sous le fallacieux prétexte de démocratie par une élite occidentalisée déconnectée des réalités africaines. La jeunesse se rebelle et investit les rues des capitales pour se trouver face aux fameuses forces de défense et sécurité. Pourtant, les alternatives existent, à partir d'une autre épure qui ne soit ni le consensus de Washington ni les recettes néolibérales qui le portent.

J'ai eu quatre chances énormes dans ma vie, **la première** est d'avoir été proposé par l'Union Générale des Étudiants d'Afrique occidentale (UGEAO), comme une sorte d'ambassadeur auprès de l'Union Internationale des Étudiants (UIE avec Siège à Prague). J'ai profité de cette posture pour visiter, dans d'excellentes conditions, l'ensemble des pays socialistes d'Europe et discuter avec d'éminents intellectuels marxistes. **La seconde chance** a été mon séjour estudiantin à Alger sur invitation de l'Union Générale des Étudiants musulmans d'Algérie (UGEMA) et la Jeunesse du Front de Libération nationale (JFLN avec bourse et logement) ce qui m'a permis de rencontrer la majorité des responsables des Mouvements de Libération. J'ai installé à la Madrague, les responsables du Secrétariat Politique du Parti Africain pour l'Indépendance (PAI), Majhmout DIOP et famille, Amath DANSOKHO expulsés de Bamako suite au coup d'État du Général Moussa Traoré. **La troisième chance** a été d'avoir participé à la rédaction de la plupart des textes fondateurs des Organisations d'Intégration en Afrique (Charte de Monrovia, Plan de Lagos et NEPAD) où j'ai souvent assumé la fonction de team leader. **La quatrième chance** est d'avoir dirigé certaines organisations internationales prestigieuses comme Président (Association Internationale des Chercheurs, Association des économistes africains, Comité technique spécialisé du CAMES et Président coordonnateur des Jurys d'Agrégation). J'ai été le fondateur du Programme de Troisième Cycle interuniversitaire (PTCI) qui a formé la quasi-totalité des professeurs d'Économie de l'espace francophone avec un budget de 500 millions de frcs CFA sans un copeck de la France. Comme Doyen, j'ai monté dans la douleur la Faculté des Sciences économiques (FASEG) et l'Institut de Formation en Administration et en création d'Entreprise (IFACE) et dirigé le Centre de Recherches en Économie appliquée (CREA), etc. J'ai apporté des contributions à plusieurs Chefs d'État africains de L.S. SENGHOR (malgré nos divergences idéologiques), Mamadou DIA, à Abdoulaye WADE qui a été le seul Président sénégalais à m'avoir offert l'unique promotion comme Conseiller aux Affaires économiques. Le fait d'avoir été l'une des premières mains propres du Sénégal et l'enseignant le plus gradé dans le grade le plus élevé du système universitaire après le Recteur Souleymane NIANG, n'ayant eu aucune proposition à la station rectorale m'a laissé quelquefois perplexe.

J'avais complètement désespéré de voir un jour l'amorce d'une seconde indépendance africaine. Aujourd'hui, l'espoir renait progressivement avec les révolutions civiles et militaires qui s'étendent dans la bande sahélienne au MALI (Général GOITA), au BURKINA (Capitaine Ibrahim TRAORE) et au NIGER (Général Abdourahmane TIANI) où de jeunes officiers anti-néocolonialistes, progressistes et souverainistes ont ébranlé la citadelle de l'impérialisme occidental global. Au même moment, au SÉNÉGAL, une élite patriotique charismatique sous la direction éclairée du **Parti des Africains du Sénégal pour le Travail, l'Éthique et la Fraternité** (PASTEF) a balayé le régime le plus népotique, le plus corrompu et le premier pilier de la **Françafrique** en Afrique francophone. Ce qui est essentiel en matière de changement de régime politique c'est la stabilité. Il est indifférent qu'elle soit assurée par la démocratie ou par un régime fort, avec ou sans élection organisée avec des fonds externes et sous contrôle, deux cas de figure le montrent à suffisance : le Général de Gaulle et la 5e République et le capitaine Jerry RAWLINGS avec l'alliance du fusil et de la révolution[3]. « C'est la détérioration du climat socio-économique qui a conduit les militaires, au Ghana et ailleurs, à s'impliquer dans le jeu politique. « La démocratie, affirma-t-il ne signifie pas simplement garantir sur le papier des libertés abstraites. Elle implique, avant tout, de pouvoir se nourrir, s'habiller, se loger, en l'absence de quoi la vie ne vaut pas la peine d'être vécue. »

Aujourd'hui, avec les mutations scientifiques et techniques et surtout l'avènement au pouvoir suprême des organisations progressistes, patriotiques et panafricaines d'une jeunesse debout expriment ses colères et ses refus contre les régimes néocoloniaux dans les rues et à travers les réseaux sociaux. Cela nous édifie sur l'avenir qui commence. Cette situation m'a contraint d'écrire cet ouvrage pour rester fidèle à mes convictions et à la mémoire des camarades des années 60, morts ou vivants.

Il s'ouvre, aujourd'hui, des perspectives d'une nouvelle alternative de rupture avec l'occidentalisation globale rétrograde autour de projets ou de programmes de reconstruction d'une souveraineté, populaire et démocratique en faveur d'une société de développement durable. Rappelons que les pays de l'occident global ne représentent plus aujourd'hui que 17 % de la population mondiale et en 2050, ils ne seront plus que 12 %, soit un retour à la proportion du 18e siècle. Quant

[3] Jean-Michel SEVERINO et Olivier Ray, Le Temps de l'Afrique, Paris, Odile Jacob, 2010.

à la production brute de ces pays, elle était passée de 32 % de la production mondiale au début du 19e siècle à 68 % en 1950, et sera retombée à moins de 30 % en 2050. Depuis 31 ans déjà, le taux de croissance annuel moyen de la Chine est de 9,8 %, alors que les sociétés européennes sont au bord d'une profonde crise séculaire. Celle que nous vivons depuis 2007est très loin d'être terminée, elle est un avatar de la série de convulsions économiques et financières du système capitaliste global. Elle ne doit pas être dissociée de la théorie de développement capitaliste. Elle renseigne sur la vacuité des approches théoriques des écoles occidentales qui tentent de la traiter en empruntant de fausses pistes, refusant de la saisir du point de vue de l'analyse systémique. Autrement dit, toutes les médications apportées ne sont que des cautères sur une jambe de bois.

Cette situation nous impose de sortir du mimétisme stérile des systèmes néocoloniaux, d'adapter la science, la technique et les programmes de recherche à nos contextes historiques et sociaux, de penser nos institutions en fonction de nos communes singularités de réfléchir sur la gouvernance inclusive, le développement endogène, de créer de la valeur en Afrique afin de sortir du système néolibéral qui envahit le monde, plus celui-ci s'étend, plus la pauvreté se massifie, plus les inégalités se creusent et plus les précarités s'approfondissent : il est attendu des mécanismes de la mondialisation libérale d'enrichir les riches deviennent toujours plus riches par d'appauvrir le système périphérique.

Les trois coups d'état militaire au Mali, au Burkina et au Niger après les turpitudes d'une CEDEAO aux ordres des forces néocoloniales et des présidents africains rivés à la Françafrique, ont défini de nouvelles perspectives d'indépendance et de reconquête de la souveraine nationale et populaire et sortir leurs pays de la misère. Ces officiers patriotiques décident de quitter la CEDEAO et de s'engager à la mise sur pied d'une nouvelle institution : **la Confédération de l'Alliance des États du Sahel (AES)**. Ils reprennent l'exemple de deux vaillants combattants Thomas SANKARA et RAWLINGS. En effet, il avait déclaré « Quand le peuple est écrasé par ses dirigeants avec la complicité des juges, c'est l'armée qui lui rend sa liberté. » Malgré son option

Révolutionnaire, RAWLINGS a bâti le système politique le plus stable du pays depuis l'indépendance et l'ère du Dr K. NKRUMAH. **Le du** dans la même période, le peuple sénégalais sous la direction du PASTEF a vaincu le régime le plus aplati de la françafrique autour d'un **projet « Pour un Sénégal souverain, juste et prospère »** construit, par deux leaders jeunes et charismatiques Ousmane SONKO et

Diomaye Diakher FAYE largement soutenus et poussé par l'écrasante majorité de la jeunesse qui représente plus de 60 % de la population. Ce projet relève « de l'idéologie d'un panafricanisme de gauche, sous-tendue par la volonté de proposer une offre politique de réappropriation de la souveraineté nationale en matière de gestion des ressources naturelles, de la diplomatie, de la défense et de la sécurité. Convaincus qu'une indépendance intégrale ne peut se faire sans une maîtrise des trois mamelles de l'économie l'agriculture, l'industrialisation et le secteur tertiaire des transverses capables de générer et d'utiliser productivement les trois rentes agricole, industrielle et technologique pour financer l'économie et résoudre la montée des périls sociaux.

Dans les deux cas, une jeunesse patriotique, une nouvelle élite, intellectuelle et militaire d'Afrique de l'Ouest ont fait irruption dans la vie politique et ont accompli ce qui semblait irréalisable depuis un demi-siècle : la rupture avec le néocolonialisme et la volonté de construire une société souveraine et populaire dans une Afrique unie. Les échecs des forces du changement semblaient montrer que cela était impossible. Les Partis de gauche depuis la chute de l'Union soviétique ont observé une admirable logique de résignation : puisque la place est mal défendue, mieux vaut la livrer sans combattre. Pourtant, une nouvelle génération de patriotes jeunes et visionnaires a pris le flambeau pour gagner la bataille de la seconde libération des peuples africains contre l'Occident global. Sémou Pathé GUEYE et A. GRAMSCI et consorts peuvent dormir du sommeil du juste, quand ils intimaient à la jeunesse **« politisez-vous, organisez-vous parce que nous avons besoin de toute votre force et agitez-vous parce que nous avons besoin de votre enthousiasme ».**

Les cinq dirigeants que sont Assimi GOITA, Ibrahim TRAORE, Abdourahmane TIANI, Ousmane SONKO et Djomaye FAYE ont déterminé un nouveau leadership en Afrique par leur capacité d'obtenir l'adhésion active et enthousiaste d'une jeunesse debout pour transformer des sociétés abimées depuis un demi-siècle d'exploitation néocoloniale. Ils inscrivent leur vision stratégique dans le moyen et le long terme et remettent en question les immobilises et le statu quo. Ces principales caractéristiques font qu'ils doivent conduire les mutations, les changements et les ruptures indispensables pour une nouvelle libération du continent.

Ils doivent muter en leadership transformationnel, c'est-à-dire se fonder sur une vision claire qui passe nécessairement par l'émergence d'une pensée stratégique économique et sociale souveraine et populaire qui devrait constituer la clé du destin du continent, la boussole de son avenir et le moteur de son développement. Toutefois, **MANDELA** y ajoute « Une vision qui ne s'accompagne pas d'action n'est qu'un rêve. Une action qui ne découle pas d'une vision, c'est du temps perdu. Une vision suivie d'action peut changer le monde ». Pour ce faire il faut rappeler trois clefs déterminantes de l'exercice d'un leadership transformationnel :

1. Prendre de bonnes décisions politiques. Rappelons que toutes les réussites étonnantes de ces dernières décennies sont le fait de pays qui ont pris des décisions politiques appropriées. Les miracles économiques de l'Asie ne sont pas le fruit d'une nouvelle grande invention, de la découverte de ressources naturelles précieuses ou de conquêtes territoriales. Ils ont été rendus possibles par des dirigeants qui ont pris de bonnes décisions politiques. DENG XIAOPING a fait évoluer la République populaire de Chine dans une direction qui, en définitive, a permis à 600 millions de personnes de sortir de la pauvreté. La Corée a fait des choix judicieux grâce auxquels elle est devenue l'un des pays les plus riches au monde alors qu'elle était l'un des plus pauvres. Au Brésil, l'aggravation des inégalités se serait poursuivie si le Président Lula et les réformateurs n'avaient exigé l'égalité à travers le salaire minimum, des programmes de redistribution en faveur des pauvres et de meilleurs services publics. L'Indonésie, la Malaisie et Singapour offrent d'autres exemples encourageants de volontarisme.

2. Mobiliser toutes les forces vives de la nation. « La mise en œuvre d'une stratégie nationale, fondée sur la notion de stratégie globale suppose désormais la mise en relation de toutes les structures nationales d'intelligence (universitaires, politiques et militaires) afin d'échanger d'information stratégique nécessaire à la rationalisation de la décision politique et à la sauvegarde des intérêts vitaux de l'État et des populations. Les leaders doivent avoir la ferme conviction **que l'avenir de tous doit être l'œuvre de tous, inventée et réalisée par tous.**

3. Changer le modèle de développement dépendant et périmé. Nous sommes dans l'obligation de repenser profondément tout le système économique, politique, social et écologique dans l'optique des transformations sociales. Les régimes néocoloniaux ont partout cherché les solutions aux problèmes des sociétés africaines sous l'éclairage de théories qui n'ont pas été faites pour les résoudre. Le responsable d'une association de paysans, Mamadou CISSOKO, déclare avec beaucoup d'à-propos que : « la privatisation tue le paysan. » Elle aurait, selon les acteurs du monde politique et rural, surtout favorisé les alliés politiques du pouvoir via les opérateurs privés. Ces politiques ont abouti à des conséquences sociales catastrophiques avec l'effondrement de l'agriculture et la faible industrialisation qui n'est même pas un enjeu national. Trois facteurs ont limité ces politiques : la concentration excessive et personnalisée des pouvoirs, le mimétisme du système politique occidental, néolibéralisme qui prône des politiques périmées et l'obsession de la crédibilité financière.

Ces modèles de développement s'adossaient sur trois variables : la croissance comme horizon or, durant un demi-siècle, le profil actuel de la croissance n'a été ni inclusif ni durable, la compétitivité comme seul moyen et la crédibilité comme discours d'allégeance aux Institutions Financières Internationales (IFI) qui travaillent pour leurs partenaires les plus puissants (l'Occident). Quelle serait l'alternative au moment où les pays disposent d'une dotation factorielle naturelle fabuleuse ? Les forces progressistes doivent bâtir une trajectoire planifiée de transformations structurelles crédibles autour du triptyque : un modèle de développement humain durable comme horizon économique et social à partir de nouvelles politiques sectorielles efficientes, l'État providence rénové et le progrès scientifique et technique comme dispositif de formation des ressources humaines dans une société du savoir. Elles doivent s'assigner la mission de résoudre les pathologies sociales pauvreté, chômage, inégalités et mesurer le développement des sociétés selon des critères de bien-être : éducation, santé, revenu, égalité, libertés politiques, culture, etc.

Manifestement les politiques ne travaillent que par rapport au temps médiatique et électoral ; ils n'ont plus le temps d'une réflexion de long terme. Plusieurs études académiques établissent que les Décideurs Africains (la classe dirigeante) traversent trois états : (1) l'âge de la supériorité, (2) l'âge des privilèges et (3) l'âge des vanités ; ils dégénèrent dans le 2e et s'abiment dans le 3e. Les élus politiques et administratifs essentiellement préoccupés par la conquête du pouvoir, les élites politiques ; économiques, confient à des experts extérieurs le soin d'élaborer leur programme d'action en ignorant leurs élites scientifiques qui vont chercher ailleurs leur consécration. Cela permet au néolibéralisme, leur ciment idéologique de délégitimer l'État et le pouvoir national comme levier du changement et des transformations sociales structurelles et cela au nom de la trilogie libéralisation, privatisation et dérégulation. Dès lors, les mécanos du néolibéralisme vont tenter partout en Afrique de construire un capitalisme sans les capitalistes locaux et sans État providence.

Ces fanatiques du libéralisme ont oublié que les marchés sont aveugles et myopes face aux pauvres et aux inorganisés. Ils ont arrêté tous les moteurs des systèmes productifs par démantèlement des politiques sectorielles et des entreprises appelées à les réaliser (plus d'une centaine au Sénégal pendant l'ajustement structurel). Beaucoup y voient le signe d'une crise des partis politiques, et plus celle de la démocratie. C'est cela la « démocratie des experts » dénoncée au nom de l'autonomie du savoir, mais aussi de la participation du peuple à la vie politique. On en arrive à ce que **David ESTLUND appelle l'« épistocratie », c'est-à-dire le pouvoir des savants, qui représente un risque : la confiscation de la parole et des idées par des experts « autorisés ».** Dans les démocraties mures, les médias, la grande majorité des journaux et magazines, radios, télés ou sites Internet contribuent au débat public qui éclaire les citoyens sur les choix de société et les choix économiques et sociaux de la classe politique, aujourd'hui, ils nous servent en lieu et place des échanges qui ressemblent davantage à des combats de catch qu'à des rivalités d'Écoles.

Le fil conducteur de cette réflexion est que l'Afrique subsaharienne dispose de tous les atouts indispensables pour jouer un rôle majeur incontournable dans les grands enjeux d'une mondialisation en pleine mutation. La plupart des élites dirigeantes africaines chevillées sur des visions de développement obsolètes et court-termistes, est totalement myope et incapable de proposer à la jeunesse un modèle de société de développement durable pertinent avec des politiques économiques et sociales performantes et des systèmes politiques et de gouvernance démocratique. En effet, la plupart des estimations établissent que 60 % des populations de l'Afrique subsaharienne sont proches du seuil de pauvreté ou en dessous. Quatre Africains sur dix sont mal nourris ; l'espérance de vie y est la plus basse du monde... S'y ajoutent le faible accès des populations aux biens et aux services de base (éducation, santé, eau, assainissement, transport, énergie, communication...) qui font qu'une vie réellement humaine est impossible.

Cette population africaine sera selon toutes les prévisions de 1,80 milliard d'individus en 2050 dont les jeunes constituent déjà 19,4 % en 2015 et leur nombre devrait augmenter de 42 % d'ici à 2030 (FNUAP, 2016). La population en âge de travailler (25-64 ans) va s'accroître plus rapidement que tout autre groupe d'âge, formant 36,5 %

de la population totale en 2015 les projections l'établissent à 38,1 % et 43,7 % respectivement en 2025 et 2050.

Toutefois, à y regarder de près, l'espoir est désormais permis suite à la profondeur des progrès scientifiques et techniques ainsi que le dynamisme d'une jeunesse qui n'a plus d'espoir dans le changement social. Pour être clair, le paroxysme des souffrances, les incertitudes et les diverses frustrations produisent déjà des explosions de violence ou de révolte qui ne demandent que de débouché politique ? EINSTEIN disait, « *Autrefois l'on avait des buts parfaits, mais des moyens imparfaits. Aujourd'hui, l'on a des moyens parfaits et de grandes possibilités, mais des buts confus.* » L'alternative aux mille questions commence et montre que la jeunesse, les pauvres, les précaires et les laisser pour compte des pays africains ne peuvent plus faire l'économie d'une révolution. Ils n'ont pas le choix entre l'ordre et le changement, mais entre une révolution convulsive et une révolution constructive.

CHAPITRE I

LES CLEFS POUR CONSTRUIRE UNE ALTERNATIVE SOCIÉTALE SOUVERAINE, POPULAIRE, SOCIALE ET PANAFRICAINE

De 1960 à nos jours, sur plus d'un demi-siècle, la croissance est atone (2,7 % en moyenne sur la période) et n'a dépassé qu'épisodiquement celle de la croissance démographique (2,9 à 3 %). Pourtant, les programmes et projets des gouvernements successifs au Sénégal, de Léopold SENGHOR à Abdoulaye WADE en passant par Abdou DIOUF, se sont fixés invariablement comme objectif un taux de croissance miraculeux à deux chiffres pour réduire la pauvreté, baisser les inégalités et résoudre le chômage endémique des jeunes et toutes les autres précarités. Les annonces incantatoires restent silencieuses sur le fait que cet objectif n'a jamais été historiquement atteint du fait des déficiences des politiques sectorielles.

Les prétentieuses politiques néolibérales voulant bâtir un capitalisme sans les capitalistes locaux et sans État providence ont démonté à la fois « l'État développeur » et le secteur public avec une obstination, un entêtement et un autisme totalement absurde. Pendant plus de 50 ans, le pari d'une croissance forte est perdu. Toutefois, soulignons que les pays émergents d'Asie ont réussi à sortir du sous-développement en appliquant d'excellentes visions stratégiques qui reposent solidement sur les vertus prussiennes de travail, de rigueur, de discipline, d'épargne et sur le secteur privé soutenu par un patriotisme économique réfléchi et courageux.

Si les gouvernements successifs se sont avérés incapables de mener des politiques publiques efficaces pour une croissance robuste, c'est parce qu'ils ont persisté à demeurer dans le système néolibéral avec un mimétisme institutionnel servile de l'Occident. Qu'a gagné le Sénégal dans la privatisation de ses entreprises publiques ? Souvent mises en œuvre pour se conformer aux injonctions des Institutions Financières Internationales (IFI) et soulager les finances publiques, vingt ans après les premières cessions des années 70, le bilan est décevant. Ces cessions apparaissent, aujourd'hui, comme une grande braderie souvent mal préparée, sans objectifs clairs ni motivation. Les rares succès ont été ceux faits à des multinationales comme la SONATEL.

PARAGRAPHE 1

Le processus laborieux d'une mondialisation mille fois vantée sans aucun bénéfice d'inventaire. Censée apporter partout prospérité et bonheur, elle vire, aujourd'hui, au cauchemar pour des milliers de millions de pauvres, de chômeurs, de précaires et de déshérités

Deux ouvrages qui sont des « best-sellers mondiaux » très controversés publiés au début des années 90, tentent de démontrer le contraire. Il s'agit d'abord de l'ouvrage de HUNTINGTONE « *Le Choc des civilisations* » qui défend une conception géopolitique d'un monde multipolaire et multicivilisationnel qui affirme l'illustration et la défense de la civilisation occidentale en doutant de l'existence d'une civilisation africaine. Le second ouvrage est celui de Samuel Francis FUKUYAMA de *« La fin de l'Histoire et le Dernier Homme »*[4] qui annonce avec une naïveté déconcertante la victoire idéologique, géopolitique et historique du capitalisme et la démocratie libérale après la chute du bloc socialiste qualifiée de « chute du mur de Berlin » en 1989. Ces deux analyses dominantes qui prétendent que l'horizon du capitalisme est indépassable sont démenties par plusieurs auteurs et plusieurs recherches académiques. Elles défendent, à la suite de Henry KISSINGUER et du stratège de la Maison-Blanche Zbigniew BRZEZINSKI, une nouvelle lecture destinée aux élites décisionnaires sur les évolutions marquantes d'un monde unipolaire capitaliste dominé par la superpuissance américaine au compte de l'occident.

Sommairement, pour ces auteurs, cette mondialisation unipolaire dans sa version néo-libérale devrait permettre à l'Afrique d'amorcer un développement ouvert, franchement capitaliste autour de l'idéologie du "tout-marché", de la recherche du profit maximal, du recul de l'État-providence, du gommage des limites entre cadeaux d'affaires, financements politiques et corruption, brouille les distinctions entre public et

---

[4] Parmi les nombreuses critiques africaines on peut retenir l'article remarquable du philosophe marxiste Sémou Pathé GUEYE publié dans la Revue française « La Pensée » intitulée : « Fin de l'histoire et perspective de développement : l'Afrique dans le temps mondiale.

privé, et même entre politique, affaires et activités maffieuses. Le système repose sur la privatisation de toutes les activités économiques, la “démocratisation” occidentalisée des systèmes politiques, l’intégration d’une partie des classes moyennes dans ce processus.

Les fanatiques du libéralisme qui se nichent dans les Institutions Financières Internationale (FMI, Banque mondiale, OMC et dans les grandes universités) imposent une vénération dans l’architecture des systèmes politiques, une corrélation quasi organique entre trois concepts considérés comme des valeurs universelles : développement, démocratie et gouvernance. Les termes sont si galvaudés qu’ils ont perdu toute précision et pertinence nécessaires à la compréhension des systèmes de valeurs qu’ils sont supposés articuler.[5]

Dans cette direction J. STIGLITZ observe que « Beaucoup des stratégies précédentes de développement se sont concentrées sur certains aspects de cette transformation, mais n’ont pas réussi à appréhender l’ensemble du contexte et ont échoué, souvent lamentablement. La plupart ont fait porter leurs efforts sur l’économie. L’économie est importante : après tout, l’un des traits qui distingue les pays les plus développés des moins développés est que leur PIB par tête est plus élevé. Mais cette focalisation sur l’économie a confondu les fins non seulement avec les moyens, mais aussi avec les conséquences. Elle a confondu les fins et les moyens, parce qu’un PIB élevé n’est pas une fin en soi, mais un moyen pour un meilleur niveau de vie et une meilleure société, avec moins de pauvreté, un meilleur état sanitaire et un développement de l’éducation. En effet, contrairement à l’affirmation de Simon KUZNETS, l’augmentation du PIB par habitant s’accompagne généralement d’une réduction de la pauvreté (5). Elle a confondu la cause et l’effet, car dans une certaine mesure les changements sociétaux habituellement baptisés "modernisation « sont aussi bien une cause qu’une conséquence de l’accroissement du PIB. »[6]

---

[5] S’appuyant sur ce qu’on appelle le consensus de Washington, fondé sur le néolibéralisme et le fanatisme du marché, non seulement ils ne contribuent pas à la stabilité financière internationale et à l’éradication de la pauvreté, mais ils aggravent plutôt la situation dangereuse dans laquelle le monde est aujourd’hui plongé. Et cela parce que les règles du jeu à l’échelle internationale sont fixées par les pays dominants, les entreprises multinationales et les grandes banques en fonction de leurs intérêts. Les États-Unis occupent bien entendu la première place. En prônant le libre-échange pour le reste du monde, les États-Unis protègent de leur côté leur économie.

[6] J.STIGLITZ : Vers un nouveau paradigme pour le développement (1), L’Économie politique, n° 005 (01/2000).

L'absence de contexte historique de ces approches était aussi remarquable que l'étroitesse de leur champ d'application. Elles ne parvenaient pas à admettre que le succès des efforts de développement aux États-Unis comme dans bien d'autres pays avait nécessité un rôle actif du gouvernement ; que de nombreux pays n'avaient pas réussi à se développer pendant des décennies, jusqu'à ce que leur gouvernement s'engage activement ou s'interfère, selon ces doctrines, et que, par conséquent, le développement était l'exception et non la règle ; enfin, pire encore, que les économies capitalistes, avant que les gouvernements ne s'impliquent plus largement, étaient caractérisées, non seulement par un haut niveau d'instabilité économique, mais aussi par des problèmes socio-économiques touchant de larges couches de la population, telles que les personnes âgées ou sans qualification, qui étaient souvent tenues à l'écart de tout progrès et laissées sans ressources lors des crises économiques qui survenaient régulièrement.

C'est une énorme cécité de penser que l'économie libérale a pris le dessus partout dans le monde, même si 147 multinationales dominent l'économie mondiale.[7] En effet, la dislocation de l'ordre ancien se fait sans qu'émerge un Nouvel Ordre International tant revendiqué depuis les années 70 par le Président Houari BOUMEDIENNE au nom du Groupe des non-alignés. Comme l'observait A. GRAMSCI, « *le monde ancien se meure et le Nouveau Monde n'apparaît pas encore entre les deux surgissent les diables* ». Deux figures allégoriques des diables en question qui gesticulent : N. SARKOZI (discours de Dakar en 2007) et E. MACRON (discours de Ouagadougou novembre 2017).

Jamais dans l'histoire, une planète n'a accumulé autant de richesses matérielles, financières et techniques. Jamais les hommes et les femmes n'ont été aussi conscients des perspectives réelles pour la satisfaction de leurs besoins, non seulement au sens strictement économique, mais encore au sens social et humain plus large. Et pourtant, jamais les disparités n'ont été aussi fortes entre le Nord et le Sud. Jamais la pauvreté n'a été aussi massive. La mondialisation caractéristique dans la production, les finances et les échanges apparaît ainsi comme un phénomène fortement asymétrique et clivé. Les stratégies suivies par les pays riches comme pauvres conduisent

[7] Moustapha KASSE : Mondialisation, croissance, développement et émergence, mais également : Courrier international de décembre 2011 : ces 147 sociétés qui dominent le monde et la Revue Problèmes économiques n°) 3130, Mars 2016.

l'humanité à des impasses, du point de vue des perspectives nationales comme de celui de l'ordre mondial.[8]

À y regarder de près dans la mondialisation libérale, rarement tourmentes et inquiétudes n'ont été aussi fortes dans cet ordre libéral (la mondialisation/globalisation) qui était censé apporter prospérité et bonheur, mais qui tourne au cauchemar pour des milliards d'individus. Soulignons deux opinions de remise en cause : d'abord le très libéral hebdomadaire britannique THE ECONOMIST (2003) observe : « Désastres financiers périodiques, crises de la dette, fuite de capitaux, crise de changes, faillites de banques, krachs boursiers… C'est assez pour forcer un bon libéral à s'arrêter pour réfléchir » et ensuite un autre libéral du FMI, Kenneth ROGOFF écrit *« les risques de la mondialisation ont été sous-estimés et les gains surestimés. »* Les échanges économiques se sont considérablement intensifiés et ont surtout profité au Nord (20 % de la population mondiale) qui accapare l'essentiel des flux commerciaux et financiers. Par ailleurs, selon certaines analyses prospectives des Nations unies, l'Afrique devrait se transformer au regard de sa démographie estimée en 2050 à 1,8 milliard d'habitants, soit le cinquième de la population mondiale.

Sur plusieurs plans, il s'observe un basculement de la mondialisation avec l'avènement de nouvelles puissances alternatives politiques et sociales, financières, technologiques et militaires qui vont bien, au-delà du capitalisme décadent. Elles s'appuient sur de nouvelles formes d'organisation économique, politique et sociale. Elles luttent pour une autre mondialisation et un « développement alternatif ». La solidarité internationale, les partenariats entre les peuples, le multilatéralisme se présentent actuellement comme des réponses à l'idéologie absurde et mortelle de la guerre des civilisations de HUNTINGTONE ou du capitalisme universaliste victorieux.

Les propos du Président du Patronat japonais Kanusuka MATSUSHITA, s'inscrit en faux sur le triomphe du capitalisme occidental lorsqu'il déclare en recevant ses collègues industriels européens : *« Dans la nouvelle compétition, nous allons gagner et l'Occident va perdre… Vos organisations sont tayloriennes, mais le pire, c'est que vos têtes le sont. Vous distinguez d'un côté ceux qui pensent et de l'autre ceux qui exécutent… Nous pensons que tous les membres de l'entreprise sont impliqués et nos entreprises donnent trois*

[8] Moustapha KASSE : Consultation du BIT sur « La mondialisation et ses conséquences sociales, Dakar, et Arusha, 2004.

fois plus de formation à tout leur personnel que ne le font vos entreprises ? Réalistes nous pensons qu'il faut faire défendre l'entreprise par l'homme et que celle-ci leur rendra au centuple ce qu'ils auront donné. Ce faisant nous finissons par être plus sociaux » (Lionel STEROLU, L'ambition internationale, Édit du Seuil).

PARAGRAPHE 2

Le processus d'une mondialisation multipolaire bloquée par les quatre graves crises du capitalisme contemporain : les crises financières, la crise de la gouvernance mondiale, la crise sanitaire et la crise du régionalisme annonciatrice de celle du multilatéralisme.

Rappelons que le système de la mondialisation est marqué par des turbulences et des crises qui ont parsemé son cheminement chaotique : (i) la crise des années 1970-1975 qui fait suite aux « Trente glorieuses années ». Elle est celle du premier choc pétrolier et du désordre monétaire ; (ii) La crise des années 80 qui coïncide au second choc pétrolier, resserrement de la politique monétaire américaine (1979) et déclenchement de la crise de la dette ; (iii) La crise issue d'un dysfonctionnement du Système financier international : **la crise des subprimes de 2008 à nos jours.** L'origine de ces crises est de nature financière. Aujourd'hui, le Système Monétaire International n'arrive pas à maîtriser la spéculation financière (paradis fiscaux mobilisant 1750 milles milliards dans la sphère spéculative), à séparer les banques d'affaires et les banques commerciales, à maîtriser l'endettement massif et record des pays comme les États-Unis, la Grèce, l'Irlande, Chypre, l'Espagne et demain l'Italie, le Ghana ; la Zambie, etc. Les politiques de rigueur et d'austérité généralisées comme sortie de crise donnent de médiocres résultats. Quant aux politiques néolibérales imposées au Continent africain, elles ont délabré les économies et les institutions nationales, coupé les bras de l'État et éteint tous les moteurs de la croissance.

Contrairement aux prescriptions des Institutions de Bretton Woods, la situation économique et sociale du continent impose d'entrevoir un nouvel horizon. **Le mot crise en chinois est l'addition de deux signes : le premier signifiant « danger » et le second « opportunité ». Souvent, nos gouvernements ont trop tendance** à ne voir que le premier signe : le danger. Or, c'est le second qui est essentiel : toute crise porte en soi une opportunité, une occasion de changement, d'adaptation.

C'est donc le moment pour l'Afrique de saisir les nouvelles opportunités avec l'affaiblissement de la domination absolue de l'Occident capitaliste, européen puis américain. Celle-ci n'aura duré que deux siècles (le 19e et le 20e). **C'est la révolution industrielle et la prédation des matières premières des pays du Sud qui avaient permis à l'Europe de dominer le système productif mondial. Aujourd'hui, le basculement de la richesse industrielle, financière et technologique mondiale est en cours.** L'Europe est progressivement rattrapée puis distancée par d'autres zones géographiques : hier par l'Amérique du Nord et présentement par l'Asie et certains pays émergents avec la Chine en voie de devenir la première puissance mondiale[9]. D'ici 2050 et au-delà, plus de la moitié de la production mondiale se fera en Asie et plus de la moitié des biens échangés le seront également avec la même région.

Les multiples analyses critiques de la pensée économique et sociale ainsi que celles relatives à la trajectoire de la mondialisation ont anéanti toutes les théories des néoconservateurs[10] américains qui, du reste, ont totalement échoué dans toutes les tentatives de maintien d'un ordre mondial unipolaire. Depuis longtemps, ceux qui critiquaient les dérives de l'économie libérale étaient taxés de gauchistes, de rétrogrades, au mieux de nostalgiques ou de rêveurs. Aujourd'hui, ces idées sont véhiculées par les grands laboratoires de recherche du monde.

Il faut rappeler la permanence et la pertinence des critiques du capitalisme contemporain mondialisé par les nombreux auteurs des Écoles Économiques hétérodoxes aux États-Unis, en Europe, en Asie,

---

[9] L'Union européenne en mettant en place le fameux "processus de Barcelone se proposait" de construire un "partenariat euro-méditerranéen" devant conduire à terme à la mise en place d'une zone de libre-échange entre les pays des deux rives de cette mer. Dans un premier temps, il a fallu déconstruire le lourd appareillage procédurier échafaudé pour mener ce projet à son terme, retrouver derrière les professions de bonne foi et les rituels diplomatiques, les finalités réelles du projet. Quelques années après son lancement, le processus de Barcelone s'est enlisé dans l'extrême complexité des faits qu'il avait lui-même tenté de contourner. Ces formes de l'action internationale des USA, leur incroyable mépris du "droit international", de l'ONU, de ses alliés occidentaux font que la vassalisation économique et militaire vis-à-vis de ce pôle américain sonne le glas des velléités d'émergence européenne comme un pôle mondial.

[10] Parmi les auteurs les plus pertinents, on peut citer : B. BADIE : Quand le Sud réinvente le monde, Qui gouverne le monde ; l'État importé : l'occidentalisation de l'ordre politique. Georges CORM : Le nouveau désordre économique mondial ; Pensée et politique dans le monde arabe, Pour une lecture profane des conflits. Pascal BONIFACE : Comprendre le monde ; La géopolitique mondiale de 1945 à nos jours.

en Afrique se résument en trois caractéristiques : **1°) la financiarisation du capitalisme qui est directement la source première des crises majeures du système :** l'argent créé ou échangé ne va plus principalement à l'économie réelle, donc à l'industrie, à l'emploi, à la création de ressources ou de biens de consommation, mais bien à la rémunération des détenteurs de capitaux ; **2°) la déréglementation de l'économie de marché est la seconde caractéristique de la crise : depuis plus de vingt ans, la pensée économique dominante** a réussi à faire croire que la déréglementation de l'économie, l'affaiblissement des mécanismes de contrôle et de solidarité, permet l'enrichissement du plus grand nombre et sans frais et **3°) l'essor du « libre échange » au niveau mondial** est venu parachever l'édifice : l'OMC vante la mécanique vertueuse du libre-échange qui serait gagnant-gagnante alors même que la course à la compétitivité entre les nations se déroule à coup de dumping social, dumping fiscal et dumping environnemental. Elle a pour principale conséquence d'encourager la baisse des recettes publiques, mais aussi de pousser la réduction du coût du travail et donc à la modération salariale. L'analyse corrobore aujourd'hui que le protectionnisme redécouvert est mis en pratique dans la mondialisation parce qu'il est la meilleure voie vers la souveraineté.

Quant au volet sécuritaire qui vassalise l'Europe à l'idéologie de l'OTAN, les preuves établissent que la super puissance impériale américaine n'a gagné aucune guerre depuis 1945 alors même que ses déroutes sont légion : la Baie des cochons (Cuba), la guerre de Corée, celle du Vietnam, l'invasion de l'Irak, la guerre d'Afghanistan, etc. Le Sahel doit retenir qu'il en est de même pour la France. Ce qui fait dire à Samir AMIN que « Le moment actuel de la mondialisation libérale est caractérisé par l'émergence de l'impérialisme collectif de la triade (États-Unis, Europe, Japon) à travers lequel s'exprime la solidarité fondamentale du capital dominant des oligopoles et par le déploiement du projet hégémoniste des États-Unis qui, par le contrôle militaire de la planète, subalternise leurs associés dans le façonnement d'un Nouveau Monde unipolaire. C'est dire que *« À l'ordre de la Guerre froide va succéder un nouveau désordre géopolitique menaçant de faire sombrer le monde dans le chaos avec l'émergence de nouveaux géants économiques (les BRICS), l'irruption des prétendus « États voyous » et les organisations terroristes incontrôlables : autant de sujets d'inquiétude nourrissant parfois la nostalgie d'un ordre ancien… qui n'a pourtant jamais connu la stabilité qu'on lui prête.* » En conséquence, *les peuples ne pourront avancer leurs projets propres de progrès social et de démocratisation que si, en contrepoint, ils parviennent également à mettre en déroute le projet de Washington et à imposer la reconstruction d'un monde multipolaire*[11]. Ces deux lectures de l'histoire et de la réalité inspirent des évaluations sur "ce qu'il faut faire" pour relever le défi du néocolonialisme.

Peut-on compter sur les cerveaux et les différentes composantes de l'élite africaine et les chercheurs pour démystifier et combattre les velléités néocoloniales et les abyssales prétentions impérialistes de la diplomatie des États occidentaux, qui veulent continuer à régenter le monde à contresens de l'histoire, et en particulier celles d'une France qui trop souvent oscille entre arrogances, volonté de perpétuer les différentes turpitudes marquantes du pacte colonial **(françafrique**). Les élites africaines sont partout interpelées : seront-elles les intellectuels organiques (GRAMSCI) qui par leurs analyses scientifiques et leurs visions deviendraient les auxiliaires des révolutions sociales de la dignité ; vont-elles comprendre toutes les mutations qui interviennent dans la mondialisation et maîtriser les mécanismes de fonctionnement, les intérêts géopolitiques et géoéconomiques pour appuyer les forces de progrès à être plus efficaces dans les processus de rupture et de réformes sociétales. Il faut leur rappeler **l'histoire du COLIBRI ce petit oiseau** quasi insignifiant. Lors d'un incendie terrible dans la forêt alors que tous les animaux terrifiés s'enfuient, il continue de balancer des gouttelettes. Quand on lui demande à quoi cela sert, il répond je fais ma part dans la lutte (Michel COLLON). À ce début des grandes révoltes populaires, les élites doivent d'ores et déjà décrypter les manipulations, de l'information des journaux, radios et télévisions et autres réseaux sociaux et aider à la mobilisation populaire arme décisive contre les médias mensonges. Soulignons le petit lexique journalistique de Samy ABRTOUN : **déontologie, écris déhontologie ça sonne plus juste ! Présentateur ! Présentoir ! Reporter ! Rapporteur ! Commentateur ! Co-menteur ! Aujourd'hui, la désinformation est devenue un enjeu stratégique de notre monde globalisé. L'écosystème français est la pâle copie des médias américains comme dirait P. De VILLIERS le coq chante aux États-Unis et la poule ira pondre en France : un espace médiatique racontar de bobards.**

Nous avons tout au long de notre carrière d'enseignant-chercheur (de 1969 à 2023) étudié l'approfondissement du paradoxe d'un continent

[11] Samir AMIN : Coalitions d'États du Sud Retour de l'esprit de Bandung ? Revue « Alternatives Sud » Editions Syllepse Volume XIV (2007), n° 3.

disposant d'immenses richesses en matières premières (garde-manger de la planète), d'une démographie composée pour l'essentiel de jeunes, et qui connaît les pires pathologies sociales que sont la pauvreté, le chômage de masse affectant majoritairement les jeunes, les inégalités de plus en plus criantes, la faillite des États importés devenus quasiment des monarchies républicaines, et des institutions de fonctionnement et d'encadrement des politiques en faillite, l'impasse des processus de démocratisation qui cache mal l'autoritarisme des classes dirigeantes. Extrême paradoxe d'un continent très riche de ses ressources naturelles et qui abritent des millions d'acteurs vivant dans la pauvreté et la précarité qui, selon le mot du Pr Abdou Salam FALL, « bricolent pour survivre ». **L'énormité de ce constat d'échec du développement africain est résumée par la « Lettre ouverte des 100 intellectuels africains aux gouvernants africains » en avril 2020 : «** ***le continent dispose de suffisamment de ressources matérielles et humaines pour bâtir une prospérité partagée sur des bases égalitaires et respectueuses de la dignité de chacun. L'absence de volonté politique et les agissements de l'extérieur ne peuvent plus constituer des excuses.***

PARAGRAPHE 3

Les discours stéréotypés et les fanfaronnades sur les transformations structurelles et les investissements d'infrastructures dites de dernière génération, construites sur des emprunts extérieurs cachent mal l'absence de politiques économiques et sociales pertinentes de la plupart des décideurs politiques africains.

Sommairement, plus d'un demi-siècle de politiques économiques et autant d'échecs. Pointe alors beaucoup de questions : Comment des pays ayant d'énormes dotations factorielles naturelles ont pu se transformer en une vaste région de pauvreté, de chômeurs, de précarités sociales diverses ? Comment la plupart des économistes et des décideurs politiques africains peuvent-ils se tromper à ce point pour des pays qui sortent d'une longue domination coloniale qui a perturbé toutes les structures et où le système d'accumulation était fondé principalement sur la rente agricole et minière incapable d'élever le niveau des forces productives matérielles. En effet, est, c'est bien connu, les économies africaines sont largement structurées autour des rentes des matières premières avec des dynamiques spécifiques : économies pétrolières ou minières Maroc (phosphate), Guinée (bauxite), Libéria (diamant), Mauritanie (fer, pétrole), Namibie (uranium), Niger (uranium, pétrole),

Sierra Leone et Togo (phosphate), RDC (cuivre, coltan…), Zambie (cuivre), Namibie (uranium) Zimbabwe (platine, diamant), Sénégal (pétrole et gaz, ressources minières, l'économie bleue, etc.) et les immenses richesses de l'économie maritime. En somme, le capital naturel représente en Afrique plus de 35 % de la valeur du capital total (immatériel, technique) contre 2 à 3 % pour les pays développés.

Ces réserves minières et pétrolières qui permettent une diversification des risques sont nécessaires à la croissance des pays industriels. Également, le continent possède d'importantes terres arables convoitées par les investisseurs privés. Il abrite aussi la deuxième forêt du monde avec le bassin du Congo qui est un des poumons de la planète et est une réserve de biodiversité. L'Afrique peut bénéficier des coûts décroissants (par exemple, les ordinateurs ou Internet), faire des sauts technologiques dans l'économie verte, trouver de nouveaux créneaux de compétitivité. Elle peut tirer profit d'une diversification des partenaires, notamment asiatiques.

Ces ressources naturelles du continent font l'objet de convoitises et de compétition entre les firmes multinationales, les conglomérats miniers en situation de concurrence oligopolistique, les anciennes puissances coloniales et les nouvelles cherchent à accéder ou contrôler ressources. Tous ces acteurs sont au cœur des enjeux de pouvoir politique et sont bien des fois responsables de la conflictualité africaine. En fait, le capital naturel représente en Afrique plus de 30 % de la valeur du capital total (immatériel, technique) contre 2 à 3 % pour les pays développés. Ces réserves minières et pétrolières qui permettent une diversification des risques sont nécessaires à la croissance des puissances industrielles. Également, le continent possède d'importantes terres arables convoitées par les investisseurs privés. Il abrite aussi la deuxième forêt du monde avec le bassin du Congo qui est un des poumons de la planète et est une réserve de biodiversité. L'Afrique peut bénéficier des coûts décroissants (par exemple, les ordinateurs ou Internet), faire des sauts technologiques dans l'économie verte, trouver de nouveaux créneaux de compétitivité. Elle peut tirer profit d'une diversification des partenaires, notamment asiatiques.

Plusieurs études et réflexions établissent que ce qui freine la croissance ce n'est pas seulement l'insuffisance des ressources financières, technologiques, mais les paramètres institutionnels et politiques. Les modèles d'État importé et autoritaire ont conduit partout en Afrique à des systèmes de monarchie républicaine à la fois jacobine et bonapartiste qui s'avèrent incapables de construire un système économique performant et un régime politique démocratique. Les Présidents "demi-dieu" dans ses différentes variantes ont, presque partout, précarisé et dévoyé toutes les institutions législatives, judiciaires et exécutives. Ils sont porteurs de tensions sociopolitiques graves : ses défaillances, ses dysfonctionnements, ses formes répressives de corruption et de prédation sont à l'origine des coups d'État militaires.

Les interrogations sont certes nombreuses et complexes : comment redresser l'économie, revitaliser l'agriculture et relancer la croissance ? Comment solutionner les pathologies sociales particulièrement la pauvreté, le chômage des jeunes, etc. ? Comment valoriser les matières premières (chaînes de valeur) ? Comment financer l'industrialisation ? Comment profiter des progrès de la révolution scientifique et technologique (le fameux raccourci dont parlait Mao) ? Par quelle politique sociale rendre équitables la répartition des revenus et le niveau de vie ? Quel rôle du secteur privé fut-il embryonnaire ? Quelle est la place des relations économiques et financières internationales ?

Les réponses à ces questions doivent procéder de l'analyse profonde des sociétés africaines et cela dans trois directions inséparables : l'édification d'un système économique et social performant, la construction d'un système politique et institutionnel pertinent et l'ouverture extérieure avec de larges marges de négociation internationale.

En dépit des discours pompeux, triomphalistes et vaniteux des dirigeants politiques, de certains experts et des milliers de cabinets internationaux qui gravitent autour d'eux, l'Afrique continue de battre tous les records mondiaux de retard de leurs forces productives matérielles et humaines ainsi que des conséquences lourdes et désastreuses qui conduisent à l'approfondissement d'une société duale avec des riches trop riches et des pauvres trop pauvres. Le 5e Rapport de la Commission économique pour l'Afrique (CEA) le montre à suffisance : « Peu de progrès ont été accomplis concernant l'éradication de la pauvreté et l'Afrique n'est pas sur la bonne voie pour atteindre l'objectif du Développement Durable consistant à réduire de moitié le nombre de personnes vivant dans l'extrême pauvreté d'ici à 2015". L'inégalité des revenus persiste, les pauvres et les plus vulnérables n'ayant toujours pas accès à des possibilités permettant d'éradiquer la pauvreté. Bien que la proportion de la population bénéficiant d'une amélioration de la distribution d'eau ait augmenté de 16 % entre 1990 et 2008, l'Afrique reste la région la plus démunie en termes d'accès. Les disparités demeurent entre zones rurales et urbaines.

Malgré la dotation exceptionnelle du continent en combustibles fossiles et en ressources renouvelables, la pauvreté énergétique est encore monnaie courante dans la région, 650 millions de personnes n'ayant pas accès à l'électricité. Aujourd'hui, la plupart des pays d'Afrique subsaharienne sont perpétuellement en crise ou connaissent des pannes de courant fréquentes. « *La région continue d'être majoritairement pauvre en énergie, les pauvres des régions rurales ayant recours de plus en plus à la biomasse et aux combustibles fossiles comme sources primaires d'énergie pour la cuisson des aliments et l'éclairage* ».

Les dernières trouvailles sont constituées par les variantes des modèles de l'Émergence qui se proposent de reproduire l'ampleur de la croissance économique comme certains pays de l'Est asiatiques qui, en l'intervalle d'une génération, sont sortis du sous-développement. À titre comparatif deux pays d'Afrique de l'Ouest, la Côte d'Ivoire et le Sénégal manifestent la prétention d'être en voie d'Émergence et se satisfassent « fièrement » de la construction d'infrastructures dites de « dernière génération » (routes, ponts, aéroports, stades, hôpitaux, transports urbains, etc.) avec des technologies importées et financées par des emprunts extérieurs massifs contractés, pour la plupart auprès des pays émergents d'Asie. Ils sont incapables de dégager des priorités sur les projets dits structurants qui virent souvent vers des « éléphants blancs. Les deux pays sont devenus le dépotoir de tous les déchets du monde industrialisé : véhicule d'occasion, friperie, appareils ménagers démodés et même le recyclage des quincailleries militaires complètement obsolètes repeintes pour orner les défilés grandioses de nos fêtes de l'indépendance, modèle de consommation composé principalement de biens importés, une urbanisation chaotique et des banlieues qui sont des volcans en ébullition.

Au-delà des polémiques théoriques, trois limites au rêve d'émergence de l'Afrique doivent être soulignées : une pauvreté de masse, pas assez d'emplois et plus d'inégalités et de précarités, des mobiles, mais pas d'usines, toujours trop besoin de l'argent des autres. « *Aucun pays ne s'est développé par l'extérieur* », répète souvent le président rwandais Paul KAGAME inspiré par J. NYERERE dans la Déclaration d'ARUSHA de février 1967 [12] que son disciple le Président MAGAFULY a voulu mettre en œuvre.

---

[12] La Déclaration d'Arusha discours prononcé le 5 février 1967 par Julius NYERERE, alors président de la Tanzanie : cette déclaration fixe les objectifs du TANU, le parti au pouvoir en Tanzanie, et définit les grandes lignes de l'Ujamaa, c'est-à-dire l'idée que se faisait Nyerere du socialisme africain.

Qu'est-ce qui a manqué aux Africains pour arriver aux mêmes résultats que la CHINE, le JAPON, la CORÉE du Sud, ou SINGAPOUR ? Quelles sont sommairement les trajectoires de ces quatre pays ?

Au regard de la situation paradoxale d'un Continent africain extrêmement riche en facteurs de production et en ressources naturelles, mais sous-développé avec des populations pauvres, ses intellectuels et son élite politique, administrative devraient se mettre à l'École des bonnes politiques économiques et sociales. « Celui qui oublie l'expérience est condamné à la répéter », dit en substance un proverbe africain.

Depuis les années 1990, les pays d'Asie qui étaient très pauvres au départ ont quasiment rattrapé le niveau de vie des pays riches alors que l'Afrique continue toujours d'être confrontée à la dégradation des fondamentaux de l'économie, au surendettement qui n'a pas servi au financement de l'industrialisation, à la stagnation de la production, à l'enfoncement dans la pauvreté. Sous-développement, misère et famine continuent d'y peser comme une fatalité. Pour relancer les enjeux du développement africain, les décideurs avaient privilégié, depuis les années 80, les politiques de stabilisation et d'ajustement au détriment des politiques de développement à long terme. Au niveau des politiques agricoles, on peut observer que les greniers sont vides en Afrique et pleins en Asie.

Depuis les années 80, **l'Afrique a progressivement remplacé l'Asie et l'Amérique latine dans le recours de l'assistance alimentaire internationale**. En prenant l'indicateur du revenu réel par habitant en Asie, mesuré en parité de pouvoir d'achat (c'est-à-dire en tenant compte du niveau inférieur des prix pour un panier de bien donné), il représentait en moyenne plus des 2/3 de celui des pays riches en 1996, contre moins de 20 % en 1965. En prenant le même indicateur, on observe qu'à l'inverse la situation africaine se détériore. Ce revenu moyen n'a point progressé, son niveau représentait 7 % de celui des pays développés en 1996 contre 13 % trente ans plus tôt.

Prenons sommairement deux expériences tirées du développement de l'Asie : le Japon et la Corée. Ces deux pays ont construit des systèmes économiques performants qui les ont fait accéder, en une génération, au rang de puissance économique, technologique et financière mondiale.

Concernant le JAPON, le pays possède beaucoup de montagnes : à peu près de 80 % de la superficie totale est montagneuse, donc économiquement inutile. La population de plus de 120 millions d'hommes vit sur un espace restreint soit en termes de densité de population sur la superficie utile, de l'ordre de plus de 1 500 par km2. Comparativement à la France qui compte actuellement une population de 55 millions sur une superficie totale de 550 000km2. Mais étant donné le fait que la superficie française est économiquement utile, donc la densité de population est 1/15 de la France. Comme l'observe YOSHIMORI, *« Si on transposait cette densité de population en France sur la surface utile au Japon, le Japon compterait une population de seulement 7 millions au lieu de 116 millions ». Ensuite pour échapper à une colonisation rampante et au défi occidental, les Japonais ont choisi de concurrencer les Occidentaux sur leur propre terrain, c'est-à-dire en empruntant, en assimilant systématiquement les technologies occidentales et leur savoir-faire. Voilà pourquoi les Japonais se sont mis à se développer, à s'industrialiser et pourquoi ils ont réussi sur le plan économique. Les autres pays asiatiques sont dans une situation pas trop éloignée de celle du Japon. »*

Tout développement économique s'insère dans une biologie sociale laissant apparaître deux attitudes possibles : celle de l'ingénieur qui s'en remet à la mécanique et à la technique et celle du biologiste qui tient compte de tous les éléments de l'environnement. Cette deuxième vision me paraît très féconde. Elle divorce avec le caractère réducteur du modèle néolibéral surtout dans ses analyses prétentieuses, étroites, simplistes qui ignorent les interactions des structures économiques et des structures d'encadrement lesquelles peuvent accélérer ou freiner la croissance.

Dans le cas de l'Asie, le modèle de développement asiatique et ses performances ont pour fondation ce qu'on pourrait appeler les structures mentales ou l'outillage mental. Il est compris comme l'ensemble des concepts, des croyances et des représentations qui ont cours dans une société et que l'on doit infléchir dans un sens favorable au développement et à la croissance. Elles expliquent pour une très large part, la conception que l'homme se fait de ses relations avec les principaux facteurs de croissance, conception active ou conception passive, acceptation de son état ou volonté de le transformer et de l'améliorer.

Ces variables qualitatives sont bien connues, ce qui l'est moins, c'est la compréhension de leurs enchaînements, de leur mise en œuvre, dans les politiques économiques appropriées. Dans le cas du Japon, le Professeur YOSHIMORI soulève les 6 éléments caractéristiques du comportement des Japonais déterminants pour la croissance :

1. Le premier est la place de l'individu dans la société japonaise.

2. Le second la position des femmes dans la société japonaise. Les maris sont très préoccupés de leur propre carrière, car ils travaillent très longtemps, jusqu'à 8-9 heures et ils rentrent très fatigués et ne veulent pas discuter de choses sérieuses avec les femmes. Donc, l'entière responsabilité de la gestion financière et de l'éducation est laissée aux femmes.

3. Le troisième le dynamisme des Japonais c'est-à-dire ce sont des gens qui ne peuvent ne rien faire, c'est un peuple qui doit toujours bouger pour faire quelque chose.

4. Le Quatrième est que les Japonais sont un peuple qui a besoin d'un objectif précis. Ils sont très efficaces lorsqu'il y a un objectif.

5. Le Cinquième est la loyauté le respect des obligations individuelles, le respect des obligations vis-à-vis de la société, vis-à-vis du groupe. Les Japonais ont hérité cette mentalité de l'époque féodale.

6. Le Sixième est une contrepartie de la loyauté, c'est l'intensité du sens des responsabilités. Si l'on n'a pas rempli nos tâches de façon propre, si on a osé provoquer un dégât ou une chute de prestige très importante au groupe auquel on appartient, c'est la mort par le suicide.

Le cas de la CORÉE DU SUD est encore plus édifiant, petit pays montagneux (seulement 23 % des terres sont cultivées), sur une superficie de 99 000 km carrés avec une forte densité de population (40 millions d'habitants), une ancienne colonie (de 1910 à 1945) dotée de très faibles ressources naturelles. Ce pays a été dévasté par la guerre avec 10 millions de personnes qui n'avaient pas de foyer, 5 millions qui survivaient uniquement de l'assistance de secours internationaux. Elle était qualifiée par l'ONU comme la plus grave **« déchéance économique »** et son revenu per capita était de 80 dollars au début des indépendances africaines des années 60 au moment où le Gl Park Chung HEE prenait le pouvoir en1962.

Qu'en est-il pour le SÉNÉGAL, au moment de l'accession à la souveraineté en 1960, il disposait d'énormes atouts qui étaient de loin supérieurs à ceux des pays asiatiques : une position géopolitique, une dotation factorielle appréciable. Les secteurs agricoles et miniers étaient les piliers du système d'accumulation productive, quelques industries mêmes monopolaires, des terres arables, un réseau hydraulique et portuaire appréciable, une façade maritime de 700 km, des bonnes potentialités de l'économie maritime, favorable, une élite de haut niveau de Blaise DIAGNE à L.S.SENGHOR et Cheikh Anta DIOP, une élite bien formée capable de prendre en charge la gestion d'un État, etc., une capitale dotée d'infrastructures, une urbanisation chaotique, mais gérable et un vaste espace commercial régional Afrique Occidentale Française. **Viennent s'y ajouter, aujourd'hui, les découvertes de nouvelles ressources pétrolières, gazières et minières.**[13] **Ce pays est béni du ciel puisqu'il ne manque pas de ressources pour amorcer un décollage surtout industriel et sortir du sous-développement**. L'échec du développement est dû principalement aux erreurs de politiques économiques et sociales, au manque d'une vision de long terme et la mauvaise utilisation l'APD. En effet, selon la Banque mondiale, ***« Le Sénégal est le pays le plus aidé parmi ceux qui sont épargnés par la guerre.* En somme, il est *« l'enfant gâté » face aux « bons samaritains » de la finance du développement.***

Est-il acceptable que ce pays continue de connaître toutes les pathologies sociales (chômage massif de la jeunesse, pauvreté, inégalités criantes, précarités diverses, etc.) qui sont le terreau des explosions sociales actuelles et à venir ? D'où viennent les échecs ? Quelles sont les réformes en profondeur pour éviter les explosions sociales présentes et à venir ? Quels sont les forces des systèmes politiques et les acteurs qui les animent. Sont-elles porteuses de projets de société ? L'interrogation est d'autant plus pertinente que les forces de la gauche progressiste se sont sabordées ainsi que le syndicalisme dit de « participation responsable ».

La Banque mondiale avertie clairement dans ses notes politiques que *« Malgré la stabilité politique et sociale affichée depuis son indépendance, le Sénégal a longtemps été pris dans une spirale de faible croissance avec un fort taux de pauvreté et un PIB par tête quasi inchangé depuis 1960. En tant qu'importateur net, dépendant fortement des flux de capitaux envoyés par les travailleurs émigrés et de l'aide internationale le Sénégal est resté vulnérable aux chocs externes »*

Au bout du compte, le Sénégal ne devrait point s'enfoncer dans un chaos de chômage, de précarité et de pauvreté qui installe la violence et la criminalité. Ce pays possède de nombreux atouts géopolitique, démographique, de ressources humaines et naturelles et par-dessus tout d'un peuple créatif, talentueux et profondément religieux. Tous ces

---

[13] Voir les nombreux travaux sur la question et particulièrement l'ouvrage remarquable d'Ousmane SONKO : Pétrole et gaz au Sénégal, chronique d'une spoliation, Fauves Éditions 2017, 253 pages.

atouts ont été dilapidés par des politiques économiques et sociales inappropriées et l'absence d'une vision de long terme.

Après Mamadou DIA les leaders politiques ont manqué de vision et de stratégie de développement de long terme mais surtout de patriotisme en se soumettant sans discernement au diktat des institutions financières internationales. Par la suite, le landernau politique a manqué d'un leadership transformationnel avisé, visionnaire, ambitieux et patriotique qui s'appuie sur un État fort non patrimonial ayant comme principal instrument une administration compétente et honnête. De L. S. SENGHOR à Macky SALL en passant par Abdou DIOUF et Abdoulaye WADE, le pays a raté trois moments historiques de sortir du sous-développement (1981, 2000 et 2012). Le pire régime d'entre tous est celui du Président Macky SALL (2012-2023) qui réunit tous les traits d'un système **«kleptocratique»** qui se caractérise par l'accaparement de la richesse du pays avec une foule de scandales financiers et fonciers, la manipulation des contrats léonins et cachés au grand public, le contrôle de toutes les institutions (Pouvoir législatif, Pouvoir judiciaire et Forces de sécurité et de défense) et un népotisme totalement ubuesque que **l'opinion nommait « la famille fayesall »** (frère, belle-famille, oncle, amis, etc.). À cela s'ajoutent d'autres clientélismes, financements occultes, corruption, concussions, toutes les formes les plus abjectes d'enrichissement illicite, etc.[14] Il se glorifiait d'avoir mis sous le coude tous les dossiers noirs de la République. On est en présence d'un leader qui « n'est pas guéri de son enfance » contrairement aux jeunes dirigeants sénégalais actuels qui se glorifient de leur origine sociale modeste et de leurs mains propres.

La preuve, entre autres, n'est qu'aucun des **messages** lancés par les Chefs d'État sénégalais n'est suivi d'une mobilisation populaire effective et d'actions significatives : **« Debout frères »** de Léopold SENGHOR, **« le sursaut national »** d'A. DIOUF, **« travaillez, encore travaillez toujours travailler »** d'Abdoulaye WADE et **« combattre la corruption par une gestion vertueuse des ressources nationales »** de Macky SALL.

[14] Deux rapports publiés en septembre par le Ghana Center for Democratic Development (Centre pour le développement démocratique au Ghana) et par l'organisation Democracy in Africa (Démocratie en Afrique) montrent comment lesdits « *kleptocrates* » sapent les institutions démocratiques dans le seul but de s'enrichir au détriment des populations

Après tout, réussir à sortir de la pauvreté et des précarités pourrait tenir en quelques règles simples : 1°) avoir une stratégie et une vision nationales, patriotiques et populaires, 2°) disposer d'une volonté politique et de résilience pour sortir du sous-développement et de la résignation, 3°) traiter de tout et partout avec professionnalisme et 4°) mobiliser et impliquer toutes les forces vives de la nation. Dans ce contexte pour gagner, il faut savoir choisir son terrain et ses hommes et viser loin, car l'avenir appartient à ceux qui ont la mémoire la plus longue. La mondialisation darwiniste que nous vivons ne supporte ni l'amateurisme ni l'impréparation : **les lièvres dilettantes peuvent se faire dépasser par des tortues besogneuses.**

Concernant la Côte d'Ivoire, au moment d'accéder à l'indépendance, elle se situait dans le peloton des têtes des pays francophones d'Afrique de l'Ouest et présentait d'énormes atouts et particulièrement une économie de plantation qui produit une croissance économique exceptionnelle au taux, de 8 % par an. J'ai montré dans mon Rapport d'étude pour le Bureau National de Prospective chargé de conduire la quatrième Étude Nationale Prospective « Côte d'Ivoire 2040 ».[15] Cette croissance exceptionnelle pour décrire la trajectoire économique était caractérisée par HECHT de « miracle ivoirien ». Durant cette période, Samir AMIN a publié « Le Développement du capitalisme en Côte d'Ivoire » où il note qu'au cours des vingt années post indépendance, le développement rapide du capitalisme a façonné une économie et une société nouvelles dans les campagnes méridionales qui a permis la création d'une économie de plantation, la constitution d'une bourgeoisie rurale ivoirienne ; et, à Abidjan, un ensemble industriel léger a autorisé la création d'une structure urbaine moderne et prospère.

Sous la direction du Président Houphouët BOIGNY, un leadership libéral et pragmatique, entouré d'une technostructure compétente, le pays avait tous les atouts pour prendre son envol. Toutefois, les chocs exogènes et la crise des années 80[16], malgré les réformes structurelles intervenues, ont entraîné la panne du libéralisme et mis fin au "fameux miracle". Le pays bascule de la catégorie des pays à revenu

[15] Le Bureau National de la Prospective, structure chargée de conduire la quatrième Étude Nationale Prospective « Côte d'Ivoire 2040 » J'ai été sélectionné par le Directeur du Plan, le Pr PEGATINA sur une short liste pour conduire une étude sur « la mondialisation et le futur de la Côte d'Ivoire ». Le Président Ibrahim Boubacar KEITA m'avait demandé d'être parmi les animateurs des Journées maliennes de prospectives.

[16] Samir AMIN : Le Développement du capitalisme en Côte d'Ivoire, 1967.

intermédiaire vers celle des pays à revenu faible avec un PIB par habitant inférieur à 500 dollars. Le miracle se termine par un alourdissement de la dette à cause des erreurs dans sa conduite et la mauvaise gestion des biens publics. Cette régression va alors conduire les pouvoirs publics à se tourner de plus en plus vers les bailleurs de fonds dont le FMI et la BM qui prescrivent alors pour résorber les déficits la mise en place de Programmes d'Ajustement Structurel (PAS) et des processus de libéralisation tous azimuts.

En définitive, à l'accession à la souveraineté, le Sénégal et la Côte d'Ivoire avec d'immenses dotations factorielles naturelles, leur revenu per capita était supérieur à celui de la Corée du Sud. Un demi-siècle après en 2014, le PIB/Hbt est de 1115 dollars pour la Côte d'Ivoire, 1119 dollars pour le Sénégal et pour la Corée du Sud 22 424 dollars. Globalement, aujourd'hui, les pays d'Asie de l'Est ont un revenu par tête près de 8 fois supérieur à son niveau de 1960 et 3 fois supérieur à celui de 1980. En revanche, au Sénégal, le revenu par tête dépasse à peine son niveau de 1960. Cet écart abyssal est symptomatique des différences qualitatives des politiques économiques et sociales.

PARAGRAPHE 4

Les leçons venues d'Asie : comment ces pays ont-ils fait ? En économie et dans bien d'autres domaines, il n'y a pas beaucoup de gêne pour copier sur les bonnes ardoises du voisin. Ces pays ont réalisé des bonds fabuleux passant du sous-développement au rang de puissance économique, financière et technologique. La Chine en est le prototype, elle est en train d'évoluer littéralement de la misère à l'abondance en une génération. Son niveau de vie a doublé en 10 ans, quadruplé en 20 ans et atteint un extraordinaire octuple en 30 ans.

En l'intervalle d'une génération, ces pays de culture non occidentale et de peuplement non blanc, complètement dépourvus de matières premières ont construit des systèmes économiques performants qui les ont fait accéder, en quelques années au rang de puissance mondiale. Ces économies ont accumulé des résultats impressionnants par une croissance régulière, harmonieuse et aux taux le plus élevés possible compte tenu des faibles ressources naturelles. Également, ils ont mis en place des institutions fortes qui ont géré des réformes structurelles en profondeur. Cela fait dire à la Banque Mondiale que l'Asie est l'avenir du monde, car la moitié du surcroît de la production mondiale viendra de cette région.

Tous ces éléments ont rendu la croissance soutenable et durable. Également, à l'expérience pour les objectifs planifiés, ils ont mis en place, entre autres, un État fort, actif et capable d'impulser et d'organiser la société, de créer des externalités positives au niveau des infrastructures de base (routes, énergie, école, assainissement), de guider et coordonner les politiques sectorielles (industrielles, agricoles et des services technologiques et financiers pour accroître l'offre de production,), d'encadrer toutes les institutions du développement, de promouvoir, appuyer et associer le secteur privé, par un patriotisme économique clairvoyant et enfin une politique sociale qui mobilise toutes les forces vives de la nation.

À la lumière des expériences en cours en Afrique, le rêve d'émergence comporte trois limites : une pauvreté de masse, pas assez d'emplois et plus d'inégalités et de précarités. En résumé on trouve beaucoup de mobiles, mais pas d'usines, toujours trop besoin de l'argent des autres. Or, « *Aucun pays ne s'est développé par l'extérieur* », répète souvent le président rwandais Paul KAGAME inspiré par J. NYERERE dans la Déclaration d'ARUSHA. Les élites politiques, administratives et intellectuelles devraient se mettre à l'École des bonnes politiques économiques et sociales pour résoudre les paradoxes du continent africain des pays extrêmement riches en ressources naturelles, mais sous-développés avec des populations vivant dans la misère, la famine et la précarité. ***« Celui qui oublie l'expérience est condamné à la répéter »***, dit en substance un proverbe africain.

Depuis les années 1990, les pays d'Asie qui étaient très pauvres au départ ont quasiment rattrapé le niveau de vie des pays riches alors que l'Afrique continue toujours d'être confrontée à la dégradation des fondamentaux de l'économie, au surendettement qui n'a pas servi au financement de l'industrialisation, à la stagnation de la production, à l'enfoncement dans la pauvreté. Sous-développement, misère et famine continuent d'y peser comme une fatalité. Pour relancer les enjeux du développement africain, les décideurs avaient privilégié, depuis les années 80, les politiques de stabilisation et d'ajustement au détriment des politiques de développement à long terme.

Au niveau des politiques agricoles, on peut observer que les greniers sont vides en Afrique et pleins en Asie. Depuis les années 80, l'Afrique a progressivement remplacé l'Asie et l'Amérique latine dans le recours de l'assistance alimentaire internationale. En prenant l'indicateur du revenu réel par habitant en Asie, mesuré en parité de pouvoir d'achat (c'est-à-dire en tenant compte du niveau inférieur des prix pour un panier de bien donné), il représentait en moyenne plus des 2/3 de celui des pays riches en 1996, contre moins de 20 % en 1965. En prenant le même indicateur, on observe qu'à l'inverse la situation africaine se détériore. En effet, ce revenu moyen n'a point progressé, son niveau représentait 7 % de celui des pays développés en 1996 contre 13 % trente ans plus tôt.

Dans notre analyse des stratégies comparées de développement entre l'Afrique, l'Asie et l'Amérique latine, les éléments caractéristiques des stratégies peuvent se ramener en définitive à 5 éléments : ***1) une géostratégie mondiale favorable*** **qui s'est traduite par une aide financière américaine massive pour contenir le communisme asiatique particulièrement actif et conquérant** (Chine, Corée du Nord, Viêt Nam, Cambodge, Laos, etc.). Pourtant, l'Afrique a bénéficié d'importantes ressources et continue encore d'obtenir la plus forte part de l'Aide Publique au Développement puisqu'elle a reçu 26 % du total de l'APD fournie à l'ensemble des pays en développement.

Dans un Mémorandum la Banque mondiale a noté que » le SÉNÉGAL a reçu des aides publiques supérieures à toutes les aides données aux pays épargnés par les guerres ». Les prêts hautement concessionnels ou les dons représentaient environ 95 % de cette aide (Finances et Développement juin 1997). **Deux décennies auparavant G. AMOA (1984) observait que l'Afrique a reçu des ressources financières aussi importantes que celles du Plan Marshall.** Elles n'ont impulsé ni révolution agraire ni industrialisation. Cela a poussé le Président Abdoulaye WADE à relancer le dossier en récusant l'efficacité du « binôme aide-endettement ». ***2) un développement inclusif et national conduit par un État de qualité*** **appuyé sur une planification à long terme** avec un secteur public souvent omnipotent. La stratégie privilégie un secteur agricole réformé et modernisé et un secteur industriel tourné résolument vers le secteur primaire et les exportations. ***3) une politique cohérente de ressources humaines*** **avec un système éducatif et de formation appropriée et pertinente en liaison étroite avec les besoins de l'économie et de la société.** Le paradoxe de notre système éducatif : l'enseignement technique qui devrait normalement, former plus de la moitié des actifs compte dix fois moins d'effectifs que l'enseignement général, qui prépare dix fois moins d'emplois. La compétition technologique est tout sauf libérale :

il y a libéralisme et libre concurrence au niveau des produits issus de la recherche, il n'y a pas le moindre libéralisme en amont, au niveau de la recherche elle-même. La recherche américaine est dominée par le programme militaire et spatial, la recherche japonaise est faite par le MITI. L'Afrique consacre moins de 2 % des investissements dans la recherche. Ces investissements sont inégalement répartis : plus de 70 % viennent d'Afrique du Sud, du Nigéria, de l'Afrique du Nord et du Kenya. Comme l'observe un éminent scientifique sénégalais, Pr Mary Teuw NIANE, *« Nous avons un futur radieux à construire à condition que dans un ultime sursaut nous allions résolument à la conquête de la connaissance et acceptions courageusement les transformations indispensables à l'épanouissement d'une société de la connaissance. Si nous continuons à nous enfoncer dans nos thiakhaneries ubuesques, nos fanatismes politiciens et nos querelles préhistoriques, nous demeurerons au bord de la route de l'histoire. »*[17] ***4) une élite fortement enracinée* sur ses valeurs propres de cultures, mais ouverte sur l'extérieur : enracinement et ouverture** (sempiternel slogan du Président L. S. SENGHOR). D'autre part, les élites sont constituées des élites politiques sanctionnées par le suffrage universel, les élites administratives soumises à l'obligation de réserve, les élites intellectuelles marquées par leur splendeur et misère.

L'Afrique souffre de ses élites de tous ordres. Les élites asiatiques ont mieux utilisé leurs ressources de la prédation, des détournements, de la corruption en faisant confiance en leurs institutions financières. C'est le contraire avec les élites africaines qui ont consacré leurs ressources à des placements à l'extérieur ou à des consommations de luxe. La systémie bancaire extérieure a fini par s'emparer de leurs ressources sans bourse déliée. On peut citer parmi les multiples exemples deux présidents OBACHA au Nigéria et MOBUTU au Zaïre). ***5) un coût social par moment excessif***. Cela faisait dire à Paul KRUGMAN du MIT, que la clé des succès en Asie a été dans un premier temps le travail parfois au-delà des normes sociales requises ailleurs en Afrique comme en Amérique latine. En conséquence, selon lui, l'Asie *« croit par transpiration, mais pas par innovation »* ce qui est totalement faux. La plupart des Nouveaux Pays Industriels (NPI) étaient devenus de véritables « *sweat shop* »

[17] Mary Teuw NIANE : Sénégal : La révolution de l'intelligence artificielle, être ou ne pas être, Sud Quotidien, mars 2023 Sud. Il ajoute « Notre seule consolation sera dans quelques décennies d'être ces pays africains qui seront les parcs naturels où les humains 5.0 viendront en touristes se souvenir de leur passé.

c'est-à-dire des ateliers de sueur. C'était la période d'accumulation primitive, l'inversion est totale aujourd'hui.

La Banque mondiale et le FMI ont cherché vainement à accréditer l'idée selon laquelle les NPI se sont développés grâce à l'application de leurs recettes. Qu'en est-il exactement ? L'archétype des politiques de la Banque mondiale exprimé dans les Programmes d'Ajustement Structurel (PAS) retenait 5 éléments dont l'interaction dans des programmes de réformes économiques devrait enclencher un processus vertueux de croissance : 1) une économie concurrentielle avec élimination de tous les dysfonctionnements des marchés ; 2) un cadre macroéconomique stable, 3) une implication au premier degré du secteur privé et ses corollaires : privatisation et désengagement de l'État ; 4) une insertion forcée dans le système économique mondial par spécialisation et promotion des activités exportatrices et recours aux Investissements Directs Étrangers (IDE) et 5) l'investissement dans les ressources humaines.

Les prétentieuses politiques économiques néolibérales ont démonté, sur plusieurs décennies, à la fois l'État développeur et le secteur public avec une obstination, un entêtement et un autisme totalement stupide.

Manifestement, si les variables quantitatives et même qualitatives sont bien connues, ce qui l'est moins, c'est leurs enchaînements, leur mise en œuvre, dans les politiques économiques et sociales. Dans la plupart des pays d'Asie, le modèle de développement et ses performances **se fondent sur quatre préalables bien articulés** : les préalables philosophiques et culturels, économiques, institutionnels et sociaux.

Les préalables philosophiques et culturels qui constituent le logiciel mental

Ces préalables sont au nombre de deux : d'une part le mode d'organisation sociale inspirée de CONFUCIUS où l'individu acquiert son identité par son appartenance à la famille, d'autre part et par extension à la société entière le respect de la hiérarchie dans l'activité productive de même que le développement de l'esprit de solidarité et de groupe. À y regardes de près, ces valeurs ne sont pas étrangères aux Africains. Les tentatives de théorisation sur le communautarisme caractéristique du fonctionnement des sociétés africaines le montrent assez largement. Les années 60 ont vu la production de plusieurs recherches sur ces thèmes : « le Consciencism » de K. NKRUMAH, le « communaucratisme » de L. SENGHOR et le « communalisme » de J. NYERERE.

Pourquoi ces décideurs de premier plan n'ont-ils pas pu traduire leurs idéologies en actions concrètes au service du progrès économique comme cela a été fait en Asie ? Quelques-uns ont développé la notion de développement endogène, mais les applications ont été bureaucratiques avec une administration incompétente et peu honnête. Pourquoi n'ont-ils pas réussi à traduire le travail de la communauté, par la communauté, pour la communauté en actions qui combineraient salariat et bénévolat pour effectuer des tâches de développement comme : organiser le travail productif collectif, aider et former la jeunesse, assister les personnes dépendantes, embellir les cités et les rues, organiser les fêtes, grâce à un tiers secteur qui se développe déjà dans les milieux associatifs, coopératifs et alternatifs. Le second aspect du préalable concerne les relations sociales ramenées à une relation hiérarchique : liens sociaux verticaux de supérieur à inférieur, plutôt qu'horizontaux entre égaux. Cette relation fonctionne en Afrique, mais avec une organisation sociale à tendance égalitariste qui se matérialise par la destruction systématique de toute velléité de formation de surplus pour empêcher la formation de différenciation sociale par enrichissement matériel. Cela explique la persistance de ces formes contemporaines de dilapidation des surplus par son utilisation improductive dans les multiples cérémonies familiales (naissance, mariage et mort, autres manifestations sociales d'obédience religieuse).

Les préalables économiques

Ces préalables se réduisent à la mise en œuvre d'une nouvelle stratégie de développement fondée sur des options macroéconomiques et macro financière qui ont tourné autour de réformes agraires pertinentes faisant du secteur agricole le moteur du développement et de politiques commerciales et fiscales favorisant les exportations et amplifiant les incitations à l'investissement productif. La révolution verte avec ses semences sélectionnées à haut rendement, l'utilisation optimale des deltas par irrigation et l'emploi intense des facteurs modernes de production ont permis de haut niveau de production et une croissance de la production alimentaire plus rapide que celle de la population liquidant du coup les pénuries alimentaires. Une population mieux nourrie et qui dispose de revenus plus importants finit par se fixer dans les zones rurales. Cette agriculture a relancé, en amont comme en aval, l'industrialisation, ce qui donne une industrialisation amorcée à partir de l'agriculture pour s'étendre aux exportations.

La politique financière, commerciale et fiscale appropriée vient en complément des politiques agricoles et industrielles. La politique commerciale est agressive et vise le marché le mondial par une offre de biens diversifiés et aux meilleurs prix. Quant à la politique fiscale, elle a multiplié les incitations pour rendre les plus attractifs et les produits plus compétitifs.

Les préalables institutionnels

Selon Ronald COASE, le droit apparaît comme une institution essentielle pour les activités économiques à travers l'organisation des firmes et des marchés dans la mesure où il détermine l'ampleur des « coûts de transaction » c'est-à-dire des coûts d'organisation de l'économie de marché. Dans le même sens, les théoriciens de la croissance notamment Douglas NORTH, considèrent que les institutions sont les contraintes formelles ou informelles qui pèsent sur les interactions économiques, politiques et sociales et leurs qualités en font un des déterminants de la croissance en ce sens qu'elles permettent de réduire les coûts des transactions. Elles se présentent alors sous trois ordres[18] : la mise en place d'arrangements institutionnels compatibles avec les objectifs fixés ; les investissements importants dans le capital humain : éducation et santé et un bon État géré par un bon gouvernement comme le préconisait déjà au 18e siècle J. Struart MILL. Ces institutions sont accompagnées par des règles et comportements éthiques compatibles avec les objectifs de développement. Ils doivent être socialement bien acceptés et appliqués par les principaux acteurs de la vie économique et sociale. Les règles appliquées dans la pratique sont au nombre de quatre : s'appuyer sur ses propres forces, concentrer ses ressources-là où on a un avantage concurrentiel, choisir le domaine le plus étroit possible et avoir la détermination. Quant aux acteurs, ils se subdivisent en trois catégories : les entrepreneurs qui sont des hommes de talents exceptionnels caractérisés par leur souplesse et leur agilité ; les élites intellectuelles et techniques issues des politiques de valorisation des ressources humaines permettant d'élever le niveau de qualification de la main-d'œuvre et l'État qui est le principal architecte du développement et des transformations.

Michel CAMDESSUS notait que *« l'État a joué un rôle essentiel en Asie en renonçant à faire ce qu'il fait le moins bien, se substituer à l'entreprise pour faire davantage et mieux ce qu'il est seul à pouvoir faire : faire prévaloir le droit et réprimer les abus, assurer les services sociaux ou collectifs que les signaux de la demande solvable sur le*

---

[18] ACCEMOGLU D. et ROBERT J.A : Prospérité, puissance et pauvreté. Pourquoi certains pays réussissent mieux que d'autres ? Édit. Marcus Haller, 2016.

marché ne suffisent pas à assurer ; offrir aux agents économiques des perspectives universelles et de long terme et garantir la stabilité de la monnaie et du cadre macro-économique global sans laquelle on ne peut pas optimiser la croissance à long terme d l'économie ».

Organisateur, il mobilise et oriente tous les investissements, prend en charge les secteurs stratégiques de l'économie, des infrastructures de base aux industries lourdes et l'éducation. L'industrialisation s'est déroulée à partir d'une étroite articulation entre l'État chargé de la conduite de la politique économique et le secteur privé dynamique et engagé. Les lourdes charges de régulation du système économique et social par l'État ont permis à certains auteurs de qualifier le modèle de développement asiatique de nouvelle variante du capitalisme d'État pourtant très fortement décrié en Afrique par les Institutions Financières Internationales de Brettons Wood et les tenants de la nouvelle orthodoxie néo-libérale.

Les préalables sociaux

Les pays asiatiques ont mis en place un pacte social nouveau différent du taylorisme pratiqué en Occident qui s'inspire des traditions culturelles de travail, d'hiérarchie, de discipline et d'obéissance.

En définitive le modèle asiatique est assez éloigné du prototype néo-libéral que certains zélateurs des institutions financières internationales (FMI, BM, OMC) ont imposé aux pays africains. Un auteur comme Philippe CHALMIN assimile l'expérience à un **« colbertisme de marché »**. Évaluant les performances, il note que « depuis le Japon, il y a un siècle, à la Chine aujourd'hui, le modèle adopté a été peu ou prou le même : un développement tiré par les exportations dans un premier temps avec des produits à fort contenu en main-d'œuvre (textiles, petites industries), montant en gamme peu à peu vers des produits plus sophistiqués, bifurquant à un moment vers l'industrie lourde ; un marché intérieur protégé souvent complètement opaque, un capitalisme certes libéral, parfois sauvage, souvent fortement organisé autour de conglomérats bénéficiant de la protection et de la bénédiction des États, une main-d'œuvre disponible faisant preuve d'un niveau d'épargne élevé ; enfin des régimes politiques rarement démocratiques et très souvent corrompus sans que ce dernier point ne nuise à l'efficacité économique contrairement au cas africain. Tout ceci ne correspondait guère aux canaux économiques marxistes ou des libéraux.

Les pays émergents d'Asie (Chine, Corée du Sud, Malaisie, Singapour, etc.) ne sont pas arrivés là où ils sont par hasard. Il importe alors de comprendre comment ils ont fait pour opérer les transformations structurelles de la base de leur économie et cela en dehors de la seule « doxa » du néolibéralisme économique ? Quelles orientations idéologiques de leur classe dirigeante ? Quels modèles de développement économique et social pour porter les politiques économiques et sociales ? Quelles institutions encadrent le développement ? Quels sont leurs modes de gestion ? En somme comme l'observe Sibongile BESANI ce haut cadre de l'ANC, l'Afrique doit d'abord comprendre comment ces pays ont évolué depuis qu'ils ont accédé à la souveraineté nationale et se sont ouverts à l'économie mondiale ; ensuite, il faut interroger les structures institutionnelles de gestion de leurs économies nationales et l'idéologie politique qui les porte et enfin, quel est le logiciel mental des acteurs ? Peut-on accepter une société fondée sur l'idée qu'un homme en vaut un autre et dans laquelle l'opulence la plus insolente côtoie la misère la plus extrême ?

Les échecs du développement doivent être cherchés dans ces stratégies de développement inspirées par la doctrine néo-libérale et le mimétisme des systèmes économiques et politiques occidentaux qui lui sont consubstantiels.[19] Ces stratégies cherchent, presque partout en Afrique, à construire un capitalisme sans les capitalistes locaux et sans État providence[20]. Cette ligne idéologique soutenue par les Institutions Financières Internationales (IFS, Banque mondiale, FMI, OMC) les fanatiques du marché qui travaillent toujours pour leurs actionnaires les plus puissants, imposent un scénario noir d'une modernisation à l'occidentale avortée productrice de pauvreté, du chômage, de la précarité, des inégalités, des diverses dégradations de l'environnement, d'un système politique et d'un ordre institutionnel importés non corrélés aux réalités africaines. Il en est résulté une crise sociale complexe que personne ne semble pouvoir désormais contrôler. Dans les années 80-90, les États africains avaient émis deux critiques qui avaient fini par modifier leur acceptation des Programmes d'Ajustement Structurel. C'était le Cadre de Référence des Politiques d'Ajustement Structure

[19] Il est archi connu que le néolibéralisme ne peut survivre qu'en développant une concentration de la richesse en de mains de moins en moins nombreuses, une course aveugle au profit pour le profit, la croissance pour la croissance, la concussion, la prédation, la corruption qu'en multipliant les emplois inutiles ou nuisibles (divers parasites) et le mimétisme phallocratique.

[20] Voir le Rapport (2012) African. Progress Panel qui évalue les progrès en matière d'emplois, de justice sociale et d'équité.

(CARPAS) auquel le Prof Mokhtar DIOUF et moi-même avons participé à son élaboration à ADDIS sous la direction du Prof Adédéji ADEBAYO.

Beaucoup de leaders politiques africains avaient compris que les réformes néolibérales s'attaquaient à leurs intérêts (légitimes ou illégitimes) d'États nouveaux. Au plan politique, les plans d'ajustement structurel étaient ressentis comme une ingérence étrangère, une critique contre les jeunes États et une intervention constante et tatillonne dans toutes les administrations et une délégitimation de l'État national comme levier du changement social. Les PAS étaient répressifs et entendaient imposer ses instruments et sa vision. Ils voulaient contrôler les relations extérieures et modifier les sociétés africaines, deux points de vue qui, en Afrique, réveillaient le traumatisme colonial. Au niveau politique, les nouveaux États africains formulaient une analyse critique concernant les recettes unidimensionnelles de l'énorme machine idéologique fondée sur la trilogie libéralisation (concurrence, vérité des prix, réponses correctes aux stimulations des prix, etc.), privatisation des entreprises publiques (séparation du marché et de l'État, etc.) et dérégulation (État minimum). La libéralisation du commerce et l'ouverture aux capitaux étrangers étaient suspectées d'aggraver les dominations et les inégalités internationales. Les dirigeants africains appréhendaient le camouflage des échecs ou demi-échecs des PAS sur d'autres continents et également le silence sur les succès des pays en développement asiatiques qui avaient décollé sans respecter le consensus de Washington[21].

À partir des années 1980, le processus de généralisation des Programmes d'ajustement structurel (PAS), entraînant la libéralisation des marchés et le désengagement des États, a eu des effets catastrophiques surtout au niveau social. L'ajustement libéral a abîmé la société et les services sociaux de base longtemps réservés à l'État, mais que celui-ci avait délaissés, en raison de la nouvelle orientation politique. De même les liens et pratiques traditionnelles furent frappés par la stratégie de choc du néolibéralisme. J. COUSSY observe *« qu'au moment où le consensus de Washington perd toute légitimité scientifique et son poids international, les États africains lui donnent paradoxalement un succès posthume en adhérant aux orientations des*

[21] Moustapha KASSE : Sénégal, crise économique et ajustement structurel, Édit Nouvelles du Sud, mai 1990, 204 et les d'autres évaluations critiques de Jean COUSSY (États africains, programmes d'ajustement et consensus de Washington) à Samir AMIN, Makhtar DIOUF, Adédéji ADEBAYO et TANDIKA (CDESRIA).

nouveaux Programmes de Lutte Contre la Pauvreté concoctés pour eux par la Banque mondiale avec la même logique ***« the same size for all ».***

Tout indique que pour échapper aux périls et autres turbulences sociales, il faut s'orienter vers un choix de société capable d'éliminer ou d'atténuer toutes ces pathologies sociales qui ne peuvent être réglées par les simples politiques économiques et sociales de régulation de la croissance. Quelles sont les lignes de force d'une société porteuse de stratégies progressistes et pertinentes de long terme qui aillent bien au-delà des projets cosmétiques et fumeux, baptisés de structurants et des îlots de développement ?

Cet ouvrage se veut une analyse acérée des échecs des politiques économiques, sociales et conséquemment des modèles qui les portent. Les classes politiques africaines sous-estiment les explosions qui naissent des conséquences sociales des modèles appliqués qui affectent au premier chef notre jeunesse qui, même après avoir entrepris des études sérieuses, risque de se retrouver à l'âge de la retraite sans jamais avoir travaillé. Elle explose partout en Afrique et dénonce leurs frustrations, leurs détresses et leurs souffrances non prises en compte par les offres politiques. C'est dire que l'entrée en scène de cet acteur majeur, toujours tenu à l'écart, à la fois, des processus de production et de décision appelle l'impérative nécessité d'édifier une autre société c'est-à-dire un nouveau modèle de développement qui parte d'une transformation structurelle des économies à partir d'une stratégie cohérente, forte et inclusive qui associe les forces vives des nations. Méditons profondément ces deux propos de deux éminentes personnalités africaines : maître Lamine GUEYE « *ce que l'on fait pour nous, mais sans nous et certainement contre nous.* » et celui de Boutros Boutros GHALI ***« L'essentiel des guerres s'explique par le manque de justice sociale ».***

Ce texte interroge et questionne pourquoi nous en sommes arrivés là et que faire pour éviter ou tempérer les tempêtes qui pointent à l'horizon. Les réponses des théories économiques du développement ont été largement analysées dans mon ouvrage sur *« L'économique au défi des pathologies sociales »*[22]. De nos jours, la plupart des pays africains adoptent des modèles théoriques ainsi que les stratégies des transformations sociales qui relèvent de la vision de l'économie

---

[22] Moustapha KASSE : L'économique au défi des pathologies sociales, Édit L'Harmattan, 2020, 632 p. Le premier titre est intitulé : pourquoi avons-nous besoin d'une théorie du développement économique ?

néolibérale avec ses paradigmes d'homo œconomicus, de marché, de rationalité économique en déphasage avec les réalités africaines de sous-développement et les politiques pour en sortir. Cette doctrine ne se contente pas de se demander quels seraient les meilleurs moyens, ou les moyens les moins coûteux, d'atteindre ces objectifs de politique économique, mais se focalise sur l'idée selon laquelle « *on gouverne toujours trop* » comme le disait R. REGANE *« le trop d'État doit descendre de mon dos et de ma poche*. Suivant en cela les prescriptions des théoriciens du libéralisme intégral, basé sur la théorie néo-classique qui postule que l'État est la principale cause des inefficacités et des dysfonctionnements des marchés qui sont capables de s'autoréguler seul.

PARAGRAPHE 5

Mutations et recomposition de la multipolarité mondiale freinées par les quatre (4) graves du capitalisme contemporain : la crise financière, la crise du régionalisme prélude à celle du multi-latéralisme, la crise sanitaire et la crise environnementale.

Le déclin relatif de l'Occident capitaliste collectif est aujourd'hui un fait indéniable avec la conjugaison de graves et multiples crises depuis 2006-2008 : crise politique, crise économique, crise sociale, crise de l'intégration économique, du libre-échange, du régionalisme, du financement, de la coopération, etc. Ces crises sont conjuguées avec la montée des pays ré émergents entraînant progressivement un basculement et une recomposition d'une mondialisation sans gouvernance. Ce schéma réalisé par J.L. BARRE montre les différentes articulations :

1°) Avec la crise financière, le SMI n'arrive pas à maîtriser la spéculation financière (paradis fiscaux mobilisant 1750 milles milliards dans la sphère spéculative), à séparer les banques d'affaires et les banques commerciales, à maîtriser l'endettement massif et record des États-Unis, de la Grèce, de l'Irlande, de Chypre, de l'Espagne et demain de l'Italie. Les politiques de rigueur et d'austérité qui se généralisent presque partout donnent de médiocres résultats. Elles font payer la note peuples. Les économies de marché se referment et remettent en question beaucoup de leurs mécanismes de fonctionnement particulièrement le libre-échange et le multilatéralisme. Le protectionnisme tant décrié va-t-il devenir la condition nécessaire à la souveraineté des nations ?

2°) Tout semble indiquer, en définitive, que la domination absolue de l'Occident, européen puis américain, n'aura duré que deux siècles (le 19e et le 20e). C'est la révolution industrielle et la main basse sur les matières premières africaines et les autres ressources matérielles et humaines de l'Afrique qui leur avait donné une situation de rente. Aujourd'hui, l'Europe berceau de cette révolution du 19e siècle, s'est progressivement faite rattraper puis distancer par d'autres zones géographiques : hier par l'Amérique du Nord et aujourd'hui par l'Asie. Les anciens empires coloniaux comme la France qui « refuse de mourir » développent toutes sortes de mécanismes néocoloniaux pour pérenniser leur domination et l'exploitation des matières premières africaines.

3°) En étant attentif, on observe un basculement de la richesse industrielle, financière et technologique mondiale vers les BRICS qui compte près de 40 % de la population mondiale, 25 % du PIB mondial et 18 % du commerce international, offre de nombreux avantages, comme l'accès aux financements via la Nouvelle banque de développement (**New Development Bank**), créée en 2014 et dont le siège se trouve à Shanghai, en Chine. Ils sont les puissances d'aujourd'hui et le seront davantage demain. Les projections les plus rigoureuses établissent qu'en 2030, plus de la moitié de la production mondiale se fera en Asie et la moitié des biens échangés le seront également avec la même région. Ils se positionnent comme un acteur clé dans la recomposition de l'ordre économique mondial, cherchant à promouvoir une coopération accrue entre les pays membres. Ils organisent un système mondial alternatif économique, monétaire et social et **s'ouvrent aux divers pays sans maîtres ou clairement chevillés au système occidental global**. Il faut être attentif aux programmes développés à leurs dernières rencontres au KAZAN en 2024 : 1°) la consolidation de la Banque de Développement qui joue des fonctions similaires à la Banque mondiale avec un volume de prêts déjà supérieurs à ceux octroyés par la BM, aujourd'hui plus de 300 milliards de dollars sont mobilisés pour des pays en développement ce n'est en rien comparable au 600 milliards de DTS dont seulement 30 sont affectés à l'Afrique ; 2°) la création d'un marché des produits alimentaires ; 3°) un système monétaire qui va chambouler l'ordre monétaire actuel même s'il rappelle l'Union Européenne des Paiements. Les mécanismes se mettent en place avec la fixation notamment de l'unité de compte, de l'unité de transaction et du système de règlement. Dans tous les cas le dollar est contourné et 4°) la création d'une compagnie d'assurance pour booster le commerce international. L'Afrique « du franc CFA » peut disposer d'un partenariat nouveau pour appuyer ses réformes économiques et financières si les dirigeants politiques manifestent une claire volonté d'affirmer leur souveraineté.

Ce schéma réalisé par J.L. BARRE montre les différentes articulations :

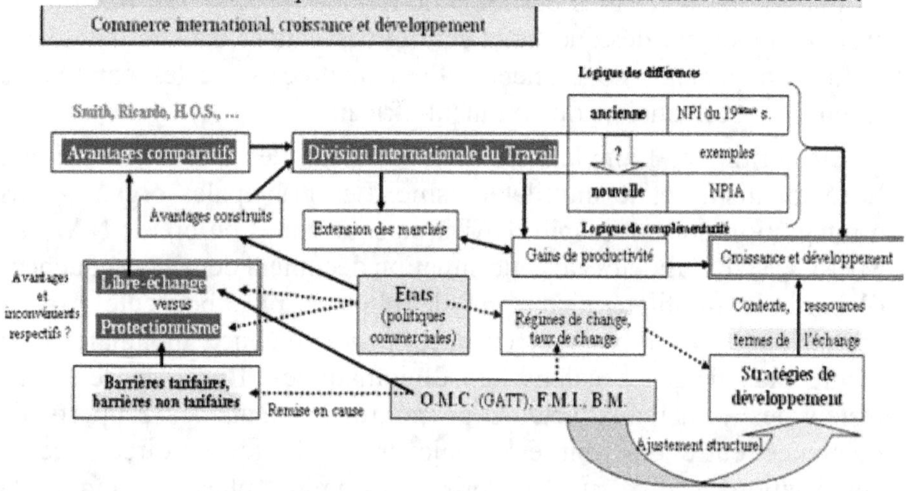

4°) La crise climatique : la nouvelle donne et le développement durable

Les volumineux Rapports du GIEX (2021,202 3) ont établi un consensus sur le fait que l'Afrique est la région du monde la plus affectée par les conséquences les plus dévastatrices les crises climatiques. De nombreuses sous-régions du continent se réchauffent à un rythme plus rapide que la moyenne mondiale et font face à une élévation du niveau de la mer supérieure (GIEC, 2021).

La transition écologique est en train d'affecter tous les secteurs : les prix (inflation), la quasi-totalité des variables d'activités des économies nationales particulièrement toutes les politiques sectorielles qui portent la croissance économique et sociale. On connaît avec plus de précision, malgré les insuffisances des statistiques et des indicateurs, les nombreux et complexes défis environnementaux auxquels l'Afrique est ou sera confortée et qui risquent de compromettre toutes les stratégies des États et la sécurité des populations.

Cette question d'une pertinence et d'une urgence avérée fait l'objet d'un grand intérêt et d'une demande des grands décideurs africains. En effet, à leurs diverses rencontres, du FORUM de DAKAR en 2021 à celle plus récente tenue à NAIROBI en septembre 2023, ils ont fixé, dans diverses résolutions, deux objectifs prioritaires d'une part, la réalisation de travaux de recherches pluridisciplinaires africains sur les défis environnementaux, et plus particulièrement l'explicitation du lien entre l'environnement et le secteur bancaire et financier et d'autre part. Ils ont enjoint aux élites du domaine l'étude relative de l'Intégration systématiquement des questions environnementales dans les stratégies de développement, notamment celles élaborées avec les partenaires techniques et financiers du continent africain.

En définitive, l'ampleur et la profondeur des crises ont affaibli le régionalisme et le multilatéralisme. Les principales organisations d'intégration qui ont inspiré l'Afrique sont toutes en crise : NAFTA, MERCOSUR, UE, etc. De cette situation découlent deux conséquences d'abord, le multilatéralisme est de plus en plus bousculé par un protectionnisme ambiant et ensuite, la gouvernance mondiale n'est même plus dans les calendriers diplomatiques. Bien sûr, les États restent les principaux acteurs géopolitiques, mais les rapports de puissance entre eux ont été bouleversés : la forme directe de la colonisation a disparu, l'Europe ne domine plus le monde, la bipolarisation est-ouest s'est effondrée, la puissance chinoise a émergé, des États postcoloniaux se désagrègent. Le monde a radicalement changé, mais qui le gouverne réellement ?[23] Malgré les échecs du néo-conservatisme américain qui a perdu toutes les guerres périphériques (Cuba, Vietnam, Iraq, l'Afghanistan, Niger, Fédération de Russie, etc.) on observe quelques signes annonciateurs d'un certain unilatéralisme américain dans la gestion du monde sous couvert d'une nébuleuse « communauté internationale ». La question pertinente est soulevée par Bertrand BADIE : « Pourquoi un directoire occidental doit-il assurer seul la gérance du monde en excluant les acteurs sociaux qui font l'histoire ? Avec la multiplication des sanctions, plus d'un milieu, contre la Fédération de Russie, ce directoire a liquidé toutes les formules qui pouvaient réguler le système mondial, ce qui est une autre manière de prolonger le Congrès de Vienne »

Les crises actuelles ont conforté les analyses critiques du capitalisme. Depuis longtemps, les auteurs qui critiquaient les dérives de l'économie libérale étaient taxés de gauchistes, de rétrogrades, au mieux de nostalgiques ou de rêveurs. Mais ne laissons pas passer l'occasion de rappeler **la pertinence de notre critique du capitalisme** :

---

[23] Bertrand BADIE et Dominique : L'État du monde 2017. Édit la Découverte.

1) **La financiarisation du capitalisme est directement à la source de la crise :** l'argent créé ou échangé ne va plus principalement à l'économie réelle, donc à l'industrie, à l'emploi, à la création de ressources ou aux biens de consommation, mais bien à la rémunération des détenteurs de capitaux c'est-à-dire ceux qui gagnent des milliards en dormant. Même si la crise des **« subprimes »** provient du secteur du logement, ce n'est pas à un secteur économique en particulier que cela est dû, mais à la perversion d'un de ses principaux mécanismes de financement ; si le logement social existait aux États-Unis et s'il n'était pas remplacé par une course effrénée à la propriété financée par des crédits à risques, nous n'en serions sans doute pas là.

2) **La déréglementation de l'économie de marché est la « seconde caractéristique » de la crise** : depuis plus de vingt ans, la pensée économique dominante est de « jouir sans entraves » ; l'arnaque principale est d'avoir réussi à faire croire que la déréglementation de l'économie, l'affaiblissement des mécanismes de contrôle et de solidarité, permettraient l'enrichissement du plus grand nombre et sans frais. La réalité de la crise nous montre l'inverse : si le niveau de vie a incontestablement augmenté sur la planète, la répartition des richesses est malheureusement de plus en plus inégalitaire, et les mécanismes de régulation échappent désormais pour l'essentiel à la responsabilité politique.

3) **L'essor du « libre-échange » au niveau mondial est venu parachever l'édifice dont l'OMC vante la mécanique vertueuse du libre-échange qui serait gagnante-gagnante.** La course à la compétitivité entre les nations se déroule à coup de dumping social, dumping fiscal et dumping environnemental. Elle a pour principale conséquence d'encourager la baisse des recettes publiques (comme démontrée en Europe par le cabinet KPMG sur la baisse tendancielle de l'IS dans le marché intérieur grâce à la concurrence fiscale) mais aussi de pousser la réduction du coût du travail et donc à la modération salariale.

PARAGRAPHE 6

L'Afrique et les nouvelles offres compétitives de partenariat. Contourner les manœuvres néolibérales en faveur de partenariats inégaux comme l'Accord de Partenariat Economique (APE) de l'Union européenne-Afrique de l'Ouest. Le monde a besoin de l'Afrique qui à son tour a aussi besoin du monde.

Au début du millénaire, les économistes professionnels, les dirigeants africains et les organisations internationales ouvrent le dossier de la coopération après le triple échec du financement du développement, de la fameuse coopération Nord-Sud et de l'Aide au développement. De l'interrogation de la BANQUE mondiale de savoir si « L'Afriquc peut revendiquer sa place dans le 21e siècle » à la Déclaration du Millénaire des Nations Unies en passant par la mise en œuvre du NEPAD, une préoccupation majeure semble se dégager : pour relever le défi du financement du développement africain par de nouvelles formes de **partenariat s'affirme ainsi dans une large mesure comme une forme de civilisation internationale de la vie politique et économique des États africains.** C'est ainsi qu'à l'occasion de la Déclaration du millénaire, les décideurs les plus significatifs des institutions internationales à savoir Kofi ANNAN, (Secrétaire Général de l'ONU), Donald JOHNSON, (Secrétaire général de l'OCDE), Horst KÖHLER (Directeur Général du FMI), et James WOLFENSOHN (Président de la Banque mondiale), ont solennellement proclamé « que leurs différentes institutions s'emploieraient à faire des objectifs de développement (OMD) le fondement commun de leurs actions et de leurs programmes, et à mesurer leur efficacité par la réduction de la pauvreté de moitié à l'horizon 2015 ». Un groupe de personnalités de haut niveau, dont le Professeur Fulbert AMOUSSOUGA GERO, fut chargé d'élaborer un programme de développement pour le développement de l'après 2015.

En effet, le champ du partenariat renvoie de plus en plus à un espace sociopolitique reposant sur des relations de concurrence et de complémentarité entre acteurs-donateurs symboliquement mus par l'idéologie philanthropique de l'aide et de l'assistance au développement, mais visiblement préoccupés ou déterminés par la construction d'un nouvel ordre politico-économique dans les pays assistés.

L'offre politique internationale de partenariat de l'occident collectif reposait sur des conditionnalités essentielles que sont le respect des droits de l'homme et des libertés fondamentales, la démocratisation de la vie politique, la libéralisation des économies, la participation de la société civile, etc. Ces conditionnalités, vérité ou prétexte, ne peuvent plus fonctionner comme avant de manière unilatérale. Elles ne sont acceptables qu'en devenant des valeurs politiques dont devrait dépendre tout à la fois la modernisation et l'accélération de la croissance durable de l'ensemble économique africain par le biais de son ouverture à la coopération internationale[24]. Désormais, l'Afrique et sa jeunesse

---

[24] L. SINDJOUN, « La civilisation internationale des mœurs. Éléments pour une sociologie de l'idéalisme structurel dans les relations internationales », *Études internationales*, vol. xxvii, n° 4, 1996, pp. 841.

rejettent toute coopération sans souveraineté qui installe les États entre ruse et irresponsabilité. Le partenariat pourrait être alors un concept qui renouvelle l'analyse des relations internationales à partir des catégories de souveraineté, de responsabilité et de solidarité. C'est de la sorte que le partenariat ne devient pas une sorte de cheval de Troie du projet idéologico-politique de l'uniformisation occidentale du monde.

L'échec de la coopération avec l'Occident capitaliste se manifeste par la réduction drastique de l'Aide Publique au Développement (APD). Les raisons principales sont ailleurs : elle n'a pas permis de desserrer les contraintes internationales en faveur de l'insertion positive de l'Afrique dans l'économie mondiale par de forte réduction de la dette accompagnée d'une relance des financements privés et publics, par l'absence de contrôle des paradis fiscaux et des centres *off-shore* favorisant le retour de l'épargne (dont 40 % est placée actuellement à l'extérieur de l'Afrique), par la lutte contre l'économie criminelle au niveau des trafics d'armes, de la traçabilité du diamant, de la transparence des produits miniers et pétroliers ou des circuits de narco dollars. Enfin cette **coopération** n'a point favorisé un multilatéralisme coopératif aux dépens d'un multilatéralisme universaliste caractérisé par un abandon des préférences (selon les règles de l'OMC).

1°/ Crises et basculements de la mondialisation capitaliste. Les nouvelles clés géoéconomiques et géopolitiques du basculement de l'équilibre du monde depuis 30 ans par les BRICS qui ouvrent de nouvelles opportunités pour le Continent par le partenariat et la coopération.

En 2001, la banque Goldman Sachs publie un rapport pour alerter sur la rapide croissance des économies de quatre pays non membres du G7, le Brésil, la Russie, l'Inde et la Chine (BRIC) qui, selon elle, vont accéder aux premières places de l'économie mondiale. En conséquence, elle souligne la nécessité de réformer le G7 pour y incorporer ces quatre pays.

Pascal LAMY, ancien directeur de l'OMC (Organisation Mondiale du Commerce) dans une réflexion collective « *Où va le monde ?*», analyse-les trois décennies (1990-2021 qui ont bouleversé l'équilibre de la planète avec l'irruption des BRICS (Chine, Inde, Russie et Afrique du Sud). Dans les années 90, les BRICS ont été créés pour constituer une nouvelle force économique et géopolitique dans une mondialisation multipolaire. L'objectif principal est de s'émanciper de l'influence des puissances occidentales et de réaliser une mondialisation économiquement et politiquement équilibrée au regard notamment de l'influence des

États-Unis et de l'Union européenne. Cela devrait passer par des réformes profondes des Institutions Financières Internationales (IFI) telles que le FMI et la Banque mondiale qui ouvriraient leur participation à la gouvernance mondiale.

En janvier 2024 au sommet de Johannesburg s'est élargi de 6 nouveaux pays : l'Arabie saoudite, l'Argentine, l'Égypte, les Émirats arabes unis, l'Éthiopie, et l'Iran. Une cinquantaine d'autres pays émergents et en développement sont dans l'attente et y voient un forum d'expression de la voix du « Sud global » et souhaitent se positionner dans cet ensemble élargi. Cela conforte le poids démographique et économique **: p**rès de la moitié de la population mondiale (46 %, contre 41 % pour les BRICS), soit moins de 10 % pour les pays du Groupe du G7 (États-Unis, Canada, Japon, Royaume-Uni, Allemagne, France et Italie), 35,6 % du PIB mondial 2022 (31,6 % en parité de pouvoir d'achat – PPA – en 2022le PIB mondial a déjà dépassé celle du G7. L'objectif projeté est d'engranger plus de 50 % du PIB mondial en 2030.

Démographique et économique des BRICS en 2003 et en 2022

	Population en millions	**Part en %**	**PIB nominal en milliards de $ courants**	**Part en %**
BRICS 2003	2 739	42,86	3 417	8,73
BRICS 2022	3 253	40,92	25 913	25,77
BRICS+ 2022	3 619	45,52	28 518	28,36
UE 2003	*432*	*6,77*	*9 932*	*25,36*
UE 2022	*448*	*5,63*	*16 641*	16,55

Ce tableau de la Banque mondiale PIB nominal et population depuis 1960.indique le poids des BRICS en 2022 et les BRICS élargis à 10 en 2024 en additionnant leurs données 2022. Source.

Ces succès sont rendus possibles grâce au leadership de la Chine qui travaille à sa puissance. Avec 20 % de la population mondiale, elle souhaite disposer, au minimum, de 20 % des ressources bancaires, satellitaires, énergétiques, les hautes technologies, etc., et s'inscrire en conséquence parmi les pays de tête dans une mondialisation multipolaire. À l'échelle mondiale, elle occupe un espace de plus en plus important. Or, la Chine, avec 20 % de la population mondiale, souhaite disposer – a minima – de 20 % des ressources : bancaires, satellitaires, énergétiques, etc., et s'inscrire en même temps parmi les pays de tête dans l'aventure de notre XXIe siècle, les hautes technologies[25]. Rappelons les caractéristiques dominantes de son parcours : 1) L'Essor et modernisation spectaculaire grâce à une ouverture au commerce et aux investissements internationaux ; 2) Les deux réformes quatre modernisations : l'agriculture, l'industrie la technologie et la défense nationale (DENG XIAOPING) ;3) Percée spectaculaire sur le marché mondial de produits manufacturés, devenant le premier exportateur mondial, devant l'Allemagne ; 4) Potentialités pour développer les IDE. Réserves de change gigantesques et prises de participations à l'étranger (HONGKONG et vers les pays en développement, notamment, en Afrique)[26].

Le **rapport "Prêt pour l'Afrique demain"** publié par l'Institut Montaigne constate selon les auteurs Dominique LAFON ex-directeur général de Bolloré Africa Logistics et Jean-Michel HUET, une certaine volatilité de la présence française en Afrique. Entre le début des années 2000 et aujourd'hui, ses parts de marché en Afrique subsaharienne sont ainsi passées de 9,7 % à 4 %. Ce reflux est concomitant à l'arrivée massive de la Chine sur le continent puisque sur la même période la part de marché de Pékin est passée de 3,7 % à 17,8 %. En plus de la Chine, s'ajoute l'arrivée massive des émergents en Afrique comme l'Inde (en pointe dans l'automobile), la Turquie (très présente dans le BTP), le Japon. Les auteurs observent « Nous avons du mal à définir une vision et à la mettre en œuvre, En langage sportif, on appellerait cela l'opération **"remontada"**. L'Institut Montaigne, Think-tank libéral, formule plusieurs propositions-chocs pour que la France stoppe l'hémorragie sur un continent où la Chine se taille désormais la part du lion en investissant en 2016, 31 milliards d'euros en Afrique très loin devant les États-Unis (3 milliards d'euros). La Chine est ainsi devenue le premier créancier

---

[25] Historiquement, la Chine a connu une colonisation longue, dure et humiliante sur plusieurs siècles. « Le pays a reçu beaucoup de gifles dans le passé, lointain et récent comme l'observe **Pierre GENTELLE** (Café Rey de nov. 2005). Les dirigeants veulent aujourd'hui se donner les moyens de n'en plus recevoir. Ils ont donc à « se battre » pour gagner le respect de ceux qui, autrefois, les ont giflés. Pour ce faire, il faut construire un pays qui ne puisse plus jamais être dominé. Ils estiment qu'il leur faudra cent ans (Horizon 2050 et au-delà) pour y parvenir, car le différentiel de puissance entre les États-Unis et les pays pauvres est, pour l'instant, inébranlable.

[26] Voir mes développements dans mon ouvrage : Mondialisation, croissance, développement et émergence, Ed. L'Harmattan, l'Interview donnée à la CGTN et à la Revue CHINDIAFRIQUE.

bilatéral en Afrique subsaharienne, avec 55 % des créances totales, loin devant la **France avec 7 % du total des créances.**

Les médias mainstream occidentaux, presses écrites, radios, télévisions et blogs font chorus pour s'attaquer avec véhémence et sans retenue aux relations Chine-Afrique depuis le Plan d'Action de Beijing de 2000 jusqu'au 4e Forum de 2009.

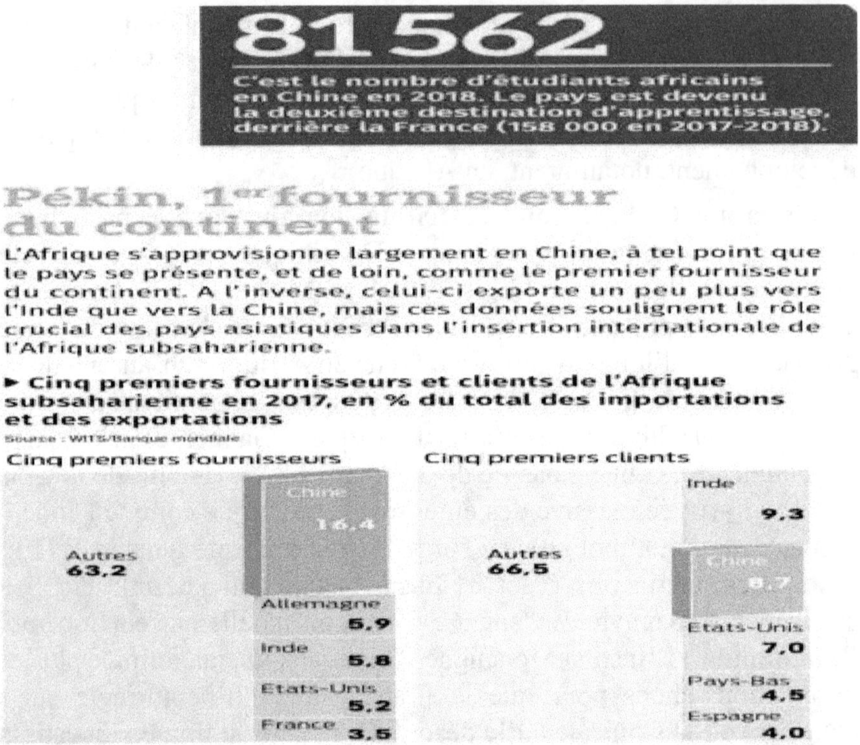

Les titres sont simplement grandiloquents et cachent mal la panique idéologique et le paternalisme complètement iconoclastes de certaines forces politiques qui sentent la bataille perdue pour la domination du continent. Soulignons quelques-uns des énoncés pas forcément les plus grotesques : le pillage à huis clos des richesses africaines, la main basse chinoise sur les matières premières, l'inquiétante offensive chinoise en Afrique, l'Afrique le nouvel Eldorado, les relents d'une nouvelle colonisation de l'Afrique, la Chine cautionne à coups de milliards des régimes foulant aux pieds les droits de l'Homme et soutient des dictatures abjectes, etc. Les Institutions Financières Internationales camouflent mieux leurs discours sous le couvert d'un risque de réendettement préjudiciable d'un continent à peine débarrassé de ce « fléau ».

Ces médias ne se soucient guère de ce que pensent et disent les Africains eux-mêmes à propos d'une coopération qui les concerne au premier chef. Ainsi, il est passé presque sous silence les multiples déclarations des plus hautes autorités politiques africaines reconnaissant les aspects bénéfiques et les avantages mutuels comme l'évoque le ministre égyptien du Commerce et de l'Industrie, Rachid Mohammed Rachid qui pense plutôt à « une équation gagnant-gagnant entre la Chine et l'Afrique ». **Dans la même veine, le Dr Mansur MUKHTAR, ministre fédéral des Finances du Nigeria) estime « qu'il y a autant d'opportunités que de défis à relever dans le cadre des relations commerciales entre la Chine et l'Afrique car la Chine va pouvoir renforcer son économie en Afrique et nous allons pouvoir booster notre processus de développement en retirant un meilleur prix pour nos produits »**. Il faut bien comprendre qu'au-delà de la réalité de la croissance des budgets militaires et des grandes manœuvres diplomatiques, les rodomontades, de part et d'autre, font partie du jeu d'une autre guerre, bien plus réelle celle-là, bien plus actuelle, qui est économique et mondiale à la fois. Car la « mondialisation » nous trompe : elle n'est pas si pacifique qu'il y paraît. Un membre du gouvernement chinois a déclaré *« Nous avons décidé, dans tous les domaines, d'arriver à l'excellence. Nous mettrons le temps qu'il faudra. Mais, si nous voulons être excellents partout, nous ne voulons nullement humilier les autres ».*[27]

Pourquoi la stigmatisation de la Chine dont l'apport au développement du continent est inestimable : quand elle achète des matières premières, on dit qu'elle pille l'Afrique quand c'est une multinationale occidentale on dit qu'elle « aide » au développement.

2°/ Établir une coopération prioritaire entre les BRICS et l'AFRIQUE pour la croissance inclusive, l'emploi et la transformation structurelle : Quelles stratégies mettre en œuvre ?[28]

La configuration actuelle de la compétition mondiale avec l'avènement des nouvelles puissances émergentes, l'Afrique, la grande réserve des matières premières revient en force dans la géostratégie planétaire. Cela se traduit par la diversification des offres de partenariat et les

---

[27] La Chine en 2020, géopolitique et géostratégie17EME CAFÉ DE GÉOGRAPHIE DE MULHOUSE : « La paix pour vaincre sans combattre ». (*Sun Tzu, L'art de la guerre*, traduit par Jean Lévi, Collection Hachette Pluriel).

[28] CEA : Coopération entre les BRICS et l'AFRIQUE : conséquences sur la croissance, l'emploi et la transformation structurelle en Afrique, 2019, 47 pages.

renouvellements des anciens Accords de Partenariat Economique **(APE)** avec l'Europe, l'AGOA, le MCA avec les États-Unis, la TICAD avec le Japon, le « PLAN D'ACTION DE BEIJING » avec la Chine, la « Nouvelle coopération INDE-AFRIQUE », AFRIQUE-TURQIE, les encrages du Brésil dans l'espace lusophone et le forcing d'une francophonie économique. Des grandes puissances commerciales du futur dénommées BRIC, seule la Russie ne manifeste pas encore une présence massive pour la raison simple qu'elle est aussi une réserve de matières premières. Il importe d'observer que l'Union européenne est en panne d'une politique africaine de partenariat après l'échec retentissant des APE dont les limites ont été dénoncées dans **un contre Rapport que j'avais écrit à la demande du Président Abdoulaye WADE et largement vulgarisé au Sénégal par une l'Association « Non aux APE. »**[29]

L'Afrique ne va-t-elle pas redevenir le champ clos de nouvelles convoitises (rivalités) dont elle ne tirerait pas grand profit pour son développement ? Ne devrait-on pas alors s'orienter vers l'établissement de contrat de développement plus précis pour contrer les velléités de néo-colonisation ?

Les États africains, après un long processus de concertation, ont pris collectivement et individuellement l'engagement de promouvoir la démocratie et la bonne gouvernance et de lutter pour la paix et la sécurité pour relever significativement les performances socio-économiques et placer leurs pays sur le sentier du développement humain durable. À cette fin, ils ont initié un processus participatif de

---

[29] 'Les Chefs d'État d'Afrique de l'Ouest de signer l'APE régional le 10 juillet 2014 à Accra à partir de pressions exercées par la Côte d'Ivoire et le Ghana, qui pensaient perdre l'accès au marché européen sans droits de douane principalement pour leurs exportations de bananes. Cette analyse de courte vue a occulté d'abord les incidences des APE sur d'autres secteurs particulièrement le secteur industriel, de l'agriculture au sens large et même de l'intégration. Les pertes effectives étaient mal évaluées. Selon le South Centre, organisme officiel d'études économiques des pays en développement situés à Genève, les pertes annuelles de recettes douanières seraient de 746,7 millions d'€ pour les produits libéralisés après 5 ans, auxquelles s'ajouteraient 886,9 millions d'€ après 15 ans puis 238,8 millions d'€ après 20 ans. On arrive alors à une perte annuelle de 1,871 milliard d'€. Jacques BERTHELOT a réalisé, dans son article documenté « **Vous avez dit libre-échange ? L'accord de « partenariat » économique Union européenne-Afrique de l'Ouest** » a récusé les pseudo-évaluations et aboutit à des résultats affolants des pertes. Sa conclusion est sans appel : « la ratification des APE rendrait les pays d'ASS de moins en moins compétitifs, interdirait leur intégration régionale et y augmenterait fortement le chômage et la pauvreté ».

préparation d'un programme de partenariat : le NEPAD. Le consensus autour de cette stratégie met l'accent sur la nécessité d'une mobilisation des décideurs politiques, des acteurs nationaux et des partenaires au développement pour lutter contre la pauvreté et l'exclusion à travers l'établissement d'un lien étroit entre la réduction de la pauvreté, le progrès économique et le renforcement des capacités.

La coopération entre l'Afrique et les pays des BRICS peut y apporter une contribution de taille. Trois raisons soulignées dans le débat de la CEA le montrent à souhait : 1°) ***La coopération entre l'Afrique et les BRICS plus sur l'avantage mutuel (principe du gagnant-gagnant) et la solidarité que sur les échanges inégaux et inéquitables qui contribuent à l'expansion du système capitaliste mondial ; 2°) le partenariat entre l'Afrique et les BRICS doit s'inscrire dans un effort plus élargi visant*** à promouvoir la croissance, l'emploi et la transformation structurelle, ce qui exige fondamentalement de l'Afrique de moderniser ses stratégies et de renforcer ses capacités dans sa coopération avec les BRICS, y compris en particulier de négocier des concessions commerciales favorables avec les BRICS et de mieux comprendre leurs besoins afin de mieux anticiper les tendances ; 3°) les BRIC appuient le développement de l'Afrique par le biais du mécanisme d'aide-projet (principalement pour améliorer l'infrastructure, compléter l'aide apportée par les pays membres de l'Organisation de coopération et de développement économiques), des prêts et crédits assortis de conditions avantageuses ainsi que des dons ; 4°) les pays africains doivent tirer parti de leur coopération avec les pays BRICS pour développer des secteurs vitaux comme l'industrialisation, les innovations et nouvelles technologies, les transferts des technologies qui sont des facteurs vitaux pour une croissance endogène génératrice de richesses.

Déjà, elle connaît une nouvelle impulsion et suscite beaucoup d'intérêt ces dernières années. La raison tient au fait que ces pays sont devenus de grandes puissances économiques, financières et technologiques ils jouent un rôle de plus en plus éminent dans le commerce, l'investissement, la formation, le financement et la gouvernance à l'échelle mondiale. Les relations ont davantage reposé sur les grandes priorités africaines principalement les infrastructures et l'agriculture. Cette tendance a permis à l'Afrique de renforcer son engagement avec ces pays, non seulement en matière de commerce, d'investissement et de financement du développement, mais aussi dans les relations diplomatiques et culturelles.

Les pays africains qui ont ouvert cette coopération remportent d'importants succès dans l'impulsion d'une dynamique de transformation structurelle en vue de réduire la pauvreté et les inégalités[30], d'amorcer une croissance inclusive et d'améliorer de l'emploi productif.

3°/ Comment conduire les contrats et les partenariats de tous ordres pour qu'ils soient mutuellement bénéfiques (le gagnant-gagnant) : développer les capacités de négociation des acteurs africains

Les experts chinois ont l'habitude de rappeler « qu'être impitoyable en affaires n'est pas contradictoire avec des relations fondées sur le slogan « gagnant-gagnant ». Manifestement comme l'ont largement montré les débats au niveau de la CEA relativement à la signature des contrats et des partenariats les décideurs comme les techniciens africains révèlent des carences notoires. Les raisons tiennent pour les grands décideurs au manque de leadership transformationnel alors que les techniciens manquent de professionnalisme. Dans les débats de la CEA, il a été recommandé 5 types de renforcement des capacités :

i. Capacité de comprendre les problèmes surtout de la mondialisation.

ii. Capacité de coordination.

iii. Capacité de négociation.

iv. Capacité de contrôle. 38

v. Capacité de concurrence à l'échelle mondiale.

La capacité de négociation est liée à la capacité de coordination : les pays africains doivent se doter d'une bonne capacité de négociation pour pouvoir être efficaces dans les instances bilatérales et gérer de grands accords complexes sur les contrats divers produits primaires avec tous les partenaires émergents, dont les BRICS. C'est une stratégie de ce type qu'ils auront à adopter dans leur manière de traiter avec les BRICS, intégrant les considérations de commerce, de financement et de développement.

En matière de négociation de contrats, la Chine nous donne des illustrations édifiantes dans les accords de délocalisation des multinationales occidentales. Elle a pu préserver la stabilité de sa monnaie, le yuan à l'abri des turbulences du système monétaire international (SMI). En Afrique, le Président J. MAGUFULI est un exemple de réussite de la renégociation des accords léonins signés par ses devanciers. Le

[30] CEA : Coopération entre les BRICS et l'AFRIQUE : conséquences sur la croissance, l'emploi et la transformation structurelle en Afrique, 2019, 47 pages.

président « bulldozer » qui a défié le COVID. Il a transformé l'économie tanzanienne avec des taux de croissance élevés. Il a mobilisé l'argent de ses citoyens et rejeté les politiques néolibérales des IFI. Il avait divisé son salaire par 4 et panafricaniste et souverainiste, il se vantait de n'avoir jamais voyagé dans les pays occidentaux durant tout son magistère. Il s'est attaqué dans une lutte s ns concession contre la corruption/ Il s'est attaqué à la politique minière : tous les baux de 99 ans, il les a ramenés à 33 ans. Il a mené la politique de l'habitat à un niveau insoupçonné.

PARAGRAPHE 7

Le paradoxe de la performance économique africaine : croissance sans emploi suite à des transformations structurelles perverses. Construire une trajectoire de transformation structurelle par un leadership transformationnel adossé sur une administration honnête capable de conduire l'édification d'un système politique démocratique non mimétique et un système économique crédible et performant.

Le paradigme de transformations structurelles se retrouve en bonne place dans toutes les études des nombreux cabinets étrangers qui assistent les hautes autorités politiques africaines, mais également dans la plupart des rapports d'expertise des IFS et des chercheurs africains hormis l'importante étude de **Loesse Jacques ESSO et Nahoua YEO**[31]. Pourtant la littérature économique s'est intéressée très tôt à la question. Initialement A. LEWIS (1954) avait établi que les transformations structurelles représentent une source importante de la croissance économique ensuite, les travaux de CHENERY, ROBINSON et SYRQUIN (1986) et SYRQUIN (1995) ont montré que les transfor-

[31] Loesse Jacques ESSO et Nahoua YEO : Transformations structurelles et développement sectoriel en Côte d'Ivoire. Cellule d'Analyse de Politiques économiques du CIRES, septembre 2014.
UNIDO : Rapport 2013 : Soutenir la croissance de l'emploi : Le rôle du secteur manufacturier.
Victor D. DJEMBA : Représentant ONUDI au Sénégal - Cabo-Verde – Gambie, Guinée-Bissau - Mauritanie
SÉMINAIRE de l'IDEP du 10 juin 2014 : Soutenir la croissance de l'emploi productif en Afrique : le rôle de l'industrie manufacturière et de la transformation structurelle.
CNUCED Rapport de 2012 : transformation structurelle et développement durable.
CEA, Série DOC de travail : Demande globale et transformation structurelle en Afrique, 2020.

mations structurelles sont un facteur important d'explication des performances économiques des pays. S. KUZNETS (1979) mentionne dans ses recherches sur les transformations structurelles qu'il est impossible à un pays de réaliser de façon durable des taux de croissance du produit intérieur brut (PIB) par tête en termes réels sans toutefois enregistrer des changements substantiels dans de nombreux secteurs de l'activité économique.

Manifestement, au nombre des principaux changements mis en exergue dans la littérature sur le développement figurent les augmentations dans les taux d'accumulation (LEWIS, 1954 ; ROSTOW, 1960) ; les modifications dans la composition sectorielle de l'activité économique (industrialisation), l'accent étant mis initialement sur l'affectation de l'emploi (FISHER, 1939 ; CLARK, 1940) ; et par la suite la production et l'utilisation des facteurs en général (S.KUZNETS, 1966 ; CHENERY, 1960), les changements dans l'emplacement des activités économiques (urbanisation), et d'autres aspects des changements dans la structure économique, notamment la transition démographique et la répartition du revenu, entre autres (SYRQUIN, 1988). Actuellement, au niveau des pays d'ASIE, l'émergence s'est réalisée par une transformation structurelle de l'économie et de la société portées par des stratégies fondées sur la recherche d'une croissance inclusive, la valorisation du capital humain et la bonne gouvernance en vue de trouver des solutions idoines aux pathologies sociales que sont la pauvreté, les inégalités, le chômage, les diverses précarités, etc. Le miracle économique du Japon, de la Corée du Sud et de la Chine, s'est réalisé grâce au rôle majeur des transformations structurelles, de l'ouverture commerciale et de la performance économique. Ces pays ont su, grâce aux transformations structurelles, affirmer et autonomiser leur capacité à mener des politiques publiques efficaces (à la différence des pays durablement assujettis au corset du consensus de Washington) dans le cadre d'une économie concurrentielle (contrairement aux pays rentiers).

Certaines organisations internationales dont les ISF manifestent un grand intérêt pour les transformations structurelles[32]. Toutefois, en dépit des impressionnants travaux accomplis sur la transformation structurelle, l'identification empirique des principales forces économiques qui la façonnent reste insuffisante. C'est pourquoi dans mon discours, lors de l'hommage qui m'a été rendu par l'Université Cheikh Anta DIOP (UCAD), j'avais proposé aux doctorants du Programme de

[32] Le paradigme est tellement galvaudé qu'on en a perd la substance et la grammaire.

Troisième Cycle interuniversitaire (PTCI) d'ouvrir un grand chantier de recherche sur les transformations structurelles une composante essentielle des réformes en Afrique.

Au demeurant, la transformation structurelle reflète le processus à travers lequel l'importance relative des différents secteurs et activités d'une économie change au cours du temps. Ce changement structurel incarne plusieurs faits stylisés dont les plus importants sont :

1) Une réallocation des ressources des secteurs ou activités moins productifs vers les plus productifs ;

2) Une distribution de plus en plus égalitaire des productivités et des parts sectorielles de l'emploi ;

3) Une transformation des zones rurales en zones urbaines plus développées, accompagnée d'une formalisation accélérée du secteur informel ;

4) Une transition démographique assurant le passage de taux de croissance et de mortalité élevés à de faibles taux de croissance et de mortalité.

Deux facteurs sont indispensables à l'enclenchement du processus de transformation structurelle. **Le premier est l'impulsion de l'innovation** dans les secteurs stratégiques. En l'absence de ce facteur, les moyens de décollage de l'économie resteront insuffisants. **Le second concerne l'accès des secteurs à forte productivité** aux facteurs de production afin de favoriser la diffusion des gains de productivité des secteurs stratégiques au reste de l'économie. Le rythme et l'ampleur des transformations structurelles dépendent de la stratégie de développement adoptée par les pays.

Le succès du processus des transformations structurelles émane d'un leadership transformationnel qui propose une vision claire du développement, détermine les secteurs stratégiques et mobilise toutes les couches de la société en soutien à l'impératif de développement. Pour accélérer les rythmes de croissance dans le moyen et long terme, un conglomérat de projets structurants doublé d'un cadre macroéconomique assaini ne suffira pas à rendre la croissance durable, il faut impérativement aiguillonner le potentiel de croissance des différents secteurs par des politiques structurelles publiques judicieuses, efficaces et inscrites dans une bonne trajectoire planifiée par un **"État Pro"** disposant de puissants outils de développement et de fortes institutions de gouvernance économique, politique et sociale.

Le succès des processus des transformations structurelles, en Asie, en Amérique Latine et même en Afrique (en pensant à l'Éthiopie, au Rwanda, au Maroc, etc.) ne peut émaner que d'un leadership transformationnel fort qui propose une vision claire de l'orientation à suivre, détermine les priorités des secteurs stratégiques et mobilise toutes les couches de la société autour de l'impératif de développement.

Les caractéristiques du leader transformationnel peuvent se ramener à

1) Vision claire et enthousiasme de l'état futur de l'organisation qui provient de toutes les préoccupations véritables pour le bien-être et le développement des autres (attractive et réaliste). Articulation de la vision avec le processus planifié. Volonté politique affirmée.

2) Compétence et capacité intellectuelle à penser largement, de façon divergente. Bonne communication et implication des acteurs afin qu'ils s'approprient et se sentent détenteurs de la vision. Confiance en soi et Réseautage fort au niveau interne et externe.

3) Ouverture aux critiques et aux idées des autres donc capacité de mettre son égo de côté, générateur de confiance, positions claires, intégrité. Déploiement créatif au moyen d'un regard positif sur soi : conscience des compétences Capacité intellectuelle à penser largement, de façon divergente.

Dans le cas du Sénégal, les nouvelles autorités politiques du PASTEF, Ousmane SONKO et Bassirou Diomaye FAYE, manifestent une volonté de réussir les transformations structurelles vers un système politique démocratique et un système économique performant, souverain et crédible au service du peuple. Les éléments d'une table rase de l'ancien système se mettent progressivement en place. Les transformations structurelles reflètent le processus à travers lequel l'importance relative des différents secteurs et activités de l'économie nationale change au cours du temps : un changement structurel incarné par plusieurs actions stylisées et planifiées qui fondent une croissance inclusive et équitable. Il faut tirer les leçons de la gouvernance sobre et vertueuse des Présidents J. NYERERE et J. P. MAGUFULI, de la détermination patriotique et souveraine des dirigeants de la Confédération des États du Sahel (Gl GOITA, I. TRAORE et le Gl. A. THIANI), de l'enthousiasme de Thomas SANKARA, du réalisme de Deng XIAOPING[33]

---

[33] Depuis les années 80, avec la publication du projet pour 2050, Deng XIAOPING avait mobilisé la Chine pour des mutations profondes autour d'une nouvelle vision « les réformes et l'ouverture ».

Globalement, il est bien connu que d'un point de vue normatif, les transformations structurelles de l'économie ont nécessairement les implications dans la réallocation de ressources des secteurs et activités moins productifs à des secteurs et activités plus productifs ; l'accroissement de la contribution relative du secteur manufacturier au PIB ; la diminution de la part de l'emploi agricole dans l'emploi total ; le redéploiement de l'activité économique des zones rurales vers les zones urbaines ; l'essor d'une économie industrielle et des services modernes ; la transition démographique assurant le passage de taux de croissance et de mortalité élevés (fréquents dans les zones sous-développées et dans les zones rurales) à de faibles taux de croissance et de mortalité (associés à de meilleures normes sanitaires dans les régions développées et dans les régions urbaines), et une urbanisation croissante. L'excellente étude réalisée au Centre Ivoirien de Recherche Economique et Sociale (CIRES) par Loesse Jacques ESSO et Nahoua YEO (2014)[34] montre l'étendue de l'étude trop difficile à mener que les projections macroéconomiques souvent trop décalées des réalités structurelles.

Toutefois, notent les auteurs **« la croissance ne sera porteuse de transformation structurelle que si elle est inclusive et s'accompagne d'une augmentation durable de la productivité des facteurs. Sa capacité à stimuler l'innovation et à améliorer la productivité des facteurs déterminera son efficacité à réduire la pauvreté**. Pour diagnostiquer son caractère inclusif, nous analysons la contribution des secteurs et les possibilités de réallocation de la main-d'œuvre. »

PARAGRAPHE 8

L'impérieuse nécessité de réhabiliter la planification le meilleur outil étatique et de travail de prospective pour connaître et agir sur l'avenir et maîtriser les chocs exogènes. Pour réaliser de grandes choses, il faut deux choses : un plan et un peu de temps.

La prévision est un art difficile, mais l'action peut changer le futur (Lao Tseu)

Trois citations qui montrent l'impérieuse nécessité de la planification complètement délaissée par les décideurs politiques et techniques au profit du marché en oubliant que le marché est myope pour les pauvres

[34] Loesse Jacques ESSO et Nahoua YEO : *Transformations structurelles et développement sectoriel en Côte d'Ivoire,* Cellule d'Analyse des Politiques économiques du CIRES, Abidjan, en septembre 2014

et les inorganisés : la première citation est de SÉNÈQUE pour qui « *Il n'y a pas de vent favorable pour celui qui ne sait où il va* », la seconde est de NIETCH : « *L'Avenir appartient à ceux qui ont la mémoire la plus longue* » et la troisième est celle de Gaston. BERGER le père de la prospective « *Préparer l'avenir ce n'est pas y rêver. C'est choisir, dans le présent, ce qui est capable d'avenir* ».

La planification et la prospective sont des techniques et méthodes qui permettant aux décideurs d'acquérir ou du moins d'accroître la maîtrise de l'avenir. Ce faisant, elles guident la transformation structurelle par les politiques économiques et la programmation des projets structurants à financer. Elles permettent de déterminer les objectifs précis et de mettre en œuvre des moyens propres à les atteindre dans des délais prévus par l'organisation administrative et technique.

Au lendemain de la Seconde Guerre mondiale, la planification a connu une diffusion et une application de plus en plus importantes, sous des formes diverses, à travers le monde et plus particulièrement dans les pays en développement (PVD) dont certains venaient d'accéder à l'indépendance nationale. Cette évolution tient essentiellement à l'influence conjuguée de trois principaux facteurs : d'abord, la planification soviétique commencée depuis 1928 et dont les résultats spectaculaires influencèrent largement la théorie du développement naissante ; ensuite, la planification européenne d'après-guerre mise en place pour l'accélération de la reconstruction notamment en France et Hollande et enfin, la théorie keynésienne et néo-keynésienne dont les mécanismes cumulatifs d'investissement, de création de richesse et de distribution de revenus, permettaient de relancer et de dynamiser à fond les économies.

C'est ainsi que depuis 1950 à nos jours, l'on a pu recenser plus de 300 plans nationaux de développement à travers l'ensemble des PVD. En 1983, 80 pays du Tiers-Monde avaient un plan. Et de ce point de vue, il convient de mentionner que l'Inde constitue le pays le plus avancé dans cet ensemble. La planification y est plus étoffée et plus systématique que dans les autres pays, notamment ceux d'Afrique et plus particulièrement ceux du Sahel. Le Mali (de 1960 à 1967) et l'Algérie représentent en Afrique les plus grandes expériences en matière de planification.

Le Sénégal a accumulé une longue expérience en matière de planification du développement depuis la période des indépendances politiques de 1960, avec le premier plan quadriennal postindépendance

1961-1964, jusqu'à l'adoption de la vision pour 2035 et du Plan Sénégal émergent en février 2014.

Période	Plans, programmes et stratégies
1961-1964	Plan de développement économique et social I (1961-1964)
1965-1969	Plan de développement économique et social II (1965-1969)
1970-1973	Plan de développement économique et social III (1970-1973)
1974-1977	Plan de développement économique et social IV (1974-1977)
1978-1981	Plan de développement économique et social V (1978-1981), Programme de stabilisation (1979-1980)
1982-1985	Plan de développement économique et social VI (1982-1985), Programme de redressement économique et financier (1980-1984)
1986-1989	Plan de développement économique et social VII (1986-1989), Programme d'ajustement à moyen et long terme (1985-1992)
1990-1995	Plan de développement économique et social VIII, Plan d'orientation économique et sociale I (1990-1995), Groupe consultatif 1987
1996-2001	Plan de développement économique et social IX, Plan d'orientation économique et sociale II (1996-2001), Programme de redressement économique et financier
2002-2007	Plan de développement économique et social X, Plan d'orientation économique et sociale III, document de stratégie de réduction de la pauvreté I (2003-2005), document de stratégie de réduction de la pauvreté II (2006-2010)
2008-2014	Document de politique économique et sociale 2011-2015, stratégie nationale de développement économique et social 2013-2017, Plan de développement économique et social XI (2013-2018), Plan Sénégal émergent 2014-2018

Source: Direction de la planification (plandev.sn, 2015).

Toutefois, depuis l'abandon du processus de planification, il s'en est suivi l'élaboration de divers documents par les cabinets d'expertise internationaux ou les ISF souvent pompeusement dénommés plan. Le plus célèbre est le Plan Sénégal Emergent du cabinet Mc. KINSEY pour un coût déclaré de trois milliards de frcs CFA. La version initiale rendue a été retravaillée.

Il importe de réintégrer **la planification stratégique** et les quatre (4) étapes pourraient être mises en relief pour matérialiser le passage de la planification stratégique (expression d'une vision) au plan stratégique à savoir : 1) la préparation de l'exercice, 2) la réflexion et le diagnostic, 3) la définition des choix stratégiques et 4) la mise en œuvre et le suivi des résultats. Il en va de même pour les projets dits structurants.

Selon NIAMIEN Kadjo, pour bien cerner un projet, on se pose généralement plusieurs types de questions. « Ce sont les réponses aux questions dans le cadre du « brainstorming » qui permettent d'alimenter les réflexions, pour mieux comprendre le projet en question et de s'acheminer avec davantage d'assurance vers la construction du cadre logique du projet. Ce questionnement pourrait se résumer ainsi :

1. Pourquoi changer la situation qui prévaut ? Pourquoi réaliser ce projet ? …

2. En quoi consiste l'intervention souhaitée ? En quoi consiste le projet ?

3. À qui est destinée l'intervention ? À qui profite le projet (bénéficiaires, clients) ?

4. Comment va se réaliser le projet ? Comment sera-t-il organisé ?

5. Qui va intervenir ? Qui va réaliser le projet ? Qui fait Quoi ?

6. Quand doit-on réaliser le projet ? Quand doit-on réaliser cette activité ou tâche ?

7. Combien va coûter le projet ? Combien coûtent les ressources nécessaires ?[35]

Document de stratégie pour la réduction de la pauvreté 1: 2003-2005	1. Création de richesses 2. Renforcement des capacités et promotion des services sociaux de base 3. Amélioration des conditions de vie des groupes vulnérables
Document de stratégie pour la réduction de la pauvreté II: 2006-2010	1. Création de richesses et croissance pro-pauvre 2. Accélération de la promotion de l'accès aux services sociaux de base 3. Protection sociale, prévention et gestion des risques et catastrophes 4. Bonne gouvernance et développement décentralisé et participatif
Document de politique économique et sociale 2011-2015)	1. Création de filières économiques et de richesses pour la promotion d'emplois productifs et une transformation structurelle de l'économie 2. Accélération de l'accès aux services sociaux de base, protection sociale et développement durable 3. Renforcement des principes fondamentaux de la bonne gouvernance et promotion des droi humains
Stratégie nationale de développement économique et social 2013-2017	1. Croissance, productivité et création de richesses 2. Capital humain, protection sociale et développement durable 3. Gouvernance, institutions, paix et sécurité
Plan Sénégal émergent 2014-2018	1. Transformation structurelle de l'économie et croissance 2. Capital humain, protection sociale et développement durable 3. Gouvernance, institutions, paix et sécurité

CEA : Profil pays : le Sénégal

En l'absence d'une véritable planification stratégique depuis 2012, tous ces projets dits **« structurants »** n'auraient pas été des gouffres à milliards que ce soit, entre autres, l'autoroute à péage, le TER, le bateau pour la déserte maritime de Ziguinchor, etc. En prenant les deux programmes phares des réalisations françaises du TER, et l'autoroute à péage les pires scandales sont révélés par les nouvelles autorités. Pourquoi avoir fait appel au constructeur français « ALSTOM en énorme difficulté » dont l'expertise est dans la construction de TGV alors que le gouvernement français en 2008 pour rénover son réseau parisien de trains de banlieue s'est adressé au constructeur canadien BOMBARDIE plus spécialisé en la matière ? Y a-t-il eu véritablement un appel d'offres international s'interroge Mokhtar DIOUF. Depuis le renversement démocratique du président Macky SALL, le responsable du pire régime de pillage de l'économie nationale, actuellement récupéré comme fonctionnaire de la République française, les différents organes de contrôle de l'État OFNAC, l'IGE, la Cour des comptes et

[35] NIAMIEN KADJO, Expert en planification stratégique, enseignant au GPE.

l'Inspection de l'État ont sorti plus d'une cinquantaine de rapports de corruption, de concussion et de détournement de deniers publics. Le peuple sénégalais ne regrettera certainement pas ce pouvoir des ignares.

Au niveau des pays africains, la planification fut récusée, critiquée et finalement abandonnée et remplacée avec la libéralisation par « l'économie de marché ». Il était reproché aux divers plans en Afrique surtout de l'Ouest : (i) d'être trop formalistes et prétendent embrasser à la fois tous les secteurs d'activités économiques, alors même que les données statistiques disponibles sont très peu faibles ; (ii) l'inexistence de modèles macro-économiques prospectifs et la définition de sentiers de croissance équilibrés et optimaux pour l'économie nationale ; (iii) l'inexistence de passerelles entre budgets et Plan ce qui engendre dans l'exécution de ce dernier, des frictions énormes qui souvent ont pour conséquence d'annihiler largement les résultats escomptés ; (iv) faible mobilisation des acteurs sociaux ce qui se traduit par une addition de simples projets agrégés, ils sont exécutés de façon discontinue, par à-coups, sans coordination et en fonction de l'obtention ou non de financements extérieurs escomptés (v) le caractère constamment changeant du plan.

Aujourd'hui, avec la crise de l'ensemble du système périphérique et la démultiplication des incertitudes et des risques d'une rare gravité, mais également la disponibilité de techniques innovantes en matière de modélisation et les capacités gigantesques de l'information et de calcul, il devient impératif **de reconstruire un système de planification plus fiable et plus crédible.**

PARAGRAPHE 9

Faire du patriotisme économique (PE) un levier du développement économique par la défense opérationnelle de l'économie. En protégeant le marché, on muscle les entreprises nationales face à la concurrence déloyale pour en finir avec l'économie de bazar[36].

Cette vieille praxis est remise dans le débat public par la quasi-totalité des pays développés du monde avec des techniques différentes.

---

[36] [36] Moustapha KASSE : Le secteur privé sénégalais la jambe faible de l'émergence entre entreprenants et entrepreneurs. Édit L'Harmattan, 2018, 460 pages. Voir comment la friperie à liquider notre industrie textile.

[36] L'intérêt et l'actualité du sujet sont tels que la Revue universitaire *L'Économie politique* publiée à Paris, lui consacre tout un numéro sous le titre "Quel patriotisme économique ? " (N° 31/2006/3).

Les pays capitalistes d'Occident ont usé du patriotisme économique pour s'industrialiser, entre le 17e siècle et la première moitié du 20e siècle par le protectionnisme[37]. Aujourd'hui, ils multiplient les déclarations et rivalisent d'ingéniosité sur des stratégies en faveur du patriotisme économique qui est la condition sine qua non de toute réflexion stratégique sur le devenir d'un État. Les mesures en faveur de la recherche et de l'innovation, le développement de l'actionnariat pour tenter de stabiliser le capital des entreprises nationales, les plans visant à aider les créateurs d'entreprises s'inscrivent tous du (PE.)

Quelques exemples, t**rois concernant** les **États-Unis** disposent d'un comité pour l'investissement étranger **(CFIUS)** chargé d'évaluer les acquisitions d'entreprises américaines autour de deux idées clefs *America First et Buy American.* Ils ont érigé une pratique de droits de douane élevés pour protéger les industries sidérurgiques locales menacées par la concurrence extérieure : d'abord, le **Comité pour l'investissement étranger aux États-Unis (CFIUS)** chargé d'évaluer les acquisitions d'entreprises américaines. Il est composé de 11 agences US, dont les départements de la Défense, du Trésor, et du Commerce, de même que le département de la sécurité intérieure. Ensuite en 2005, le Congrès est intervenu directement pour dissuader le **pétrolier chinois CNOOC** de faire une offre sur UNOCAL. Face à la montée du chômage, il est créé dans le pays une organisation *Hire American Citizens* (« Embauchez les citoyens américains »). Enfin, la société **Dubai Ports World** se proposait de racheter pour 6,8 milliards de dollars les activités portuaires du Britannique P&O, qui avait compétence pour gérer une dizaine de ports américains, notamment des terminaux portuaires de marchandise, du pétrole et de passagers aux États-Unis (Nouvelle-Orléans, Miami, New York). Cet achat s'est heurté au veto américain L'**Allemagne** protège farouchement le groupe Volkswagen de toute ingérence étrangère et certaine de ses entreprises des appétits des capitaux étrangers en faisant intervenir les Länder pour réaliser de fortes participations publiques. **En France**, suite au Rapport CARAYON et l'adoption par les autorités gouvernementales, l'expression « patriotisme économique » a été adoptée par les autorités gouvernementales en juillet 2005, par la voix du Premier ministre Dominique DE VILLEPIN en observant « *Je sais que cela ne fait pas partie du*

[37] L'intérêt et l'actualité du sujet sont tels que la Revue universitaire *L'Économie politique* publiée à Paris, lui consacre tout un numéro sous le titre "Quel patriotisme économique ? " (N° 31/2006/3).

langage habituel, mais il s'agit bien de défendre la France et ce qui est français ». Son gouvernement avait identifié dix secteurs estimés stratégiques ou « sensibles » qu'il faut protéger. **Les pays asiatique**s sont par excellence le lieu de prédilection du patriotisme économique notamment **le Japon, la Chine, la Corée du Sud, la Malaisie, etc.**[38]

L'Afrique est mise hors circuit suite à l'imposition par les ISF des sacro-saints principes fondateurs du néo-libéralisme et de l'économie de marché. Pourtant, il est bien connu que le patriotisme économique ne signifie pas autarcie, repli total sur soi, avec la volonté de tout faire. Il est des cas où l'on doit s'appuyer sur le principe des avantages comparatifs pour promouvoir le commerce avec d'autres pays dans cette époque de démultiplication des partenariats de tous ordres.

L'importance de cette problématique concerne le jeu de cinq types d'acteurs au plan national qu'il faut mettre en synergie : les opérateurs économiques, l'État, les consommateurs, les institutions de financement et l'extérieur.

Au Sénégal le Président du Conseil Mamadou DIA avait mis en place des agences de recherche et de valorisation de la production agricole locale entre autres notamment l'Institut Sénégalais de recherche Agricole (ISRA) et l'Institut de Technologie Alimentaire (ITA) a mis au point depuis les années 1970 des prototypes de produits de consommation à base de produits locaux (fruits, légumes, poisson, viande…).

L'excellente contribution bien documentée du Prof. Mokhtar DIOUF éclaire la praxis ratée du Patriotisme Economique du fait de multinationales françaises et de certains entrepreneurs locaux[39]. L'étude dégage un certain nombre de produits agricoles qui concerne le « consommé local » qui montre les énormes atouts dont dispose le Sénégal.

Si aujourd'hui le Sénégal, en 2024 est confronté à la vie chère, c'est parce que, selon la formule consacrée, elle consomme ce qu'il ne produit : trois produits ont grevé sa balance commerciale : la facture

---

[38] Cette problématique a fait l'objet de deux conférences : d'abord à la 4e Édition de l'Université d'été du Mouvement des Entreprises du Sénégal (MEDS) octobre 2009 et ensuite, en 2019 la Conférence prononcée devant tous les syndicats patronaux lors de la présentation de mon ouvrage su « Le secteur privé sénégalais la jambe faible de l'émergence ». Le professeur Mokhtar DIOUF y a fait une présentation remarquée de très haute facture scientifique : « Patriotisme économique, nationalisme économique et mondialisation. »

[39] Un riche opérateur économique national contacté en 1976 par le Premier ministre de l'époque, en présence de la directrice de L'ITA, pour l'inviter à investir dans ce secteur avait décliné l'offre, disant qu'il préférait l'immobilier beaucoup plus sûr.

alimentaire, la facture énergétique et la facture des biens de luxe et l'habillement. En prenant **l'exemple du pain de blé** comme le montre l'étude du Pr Mokhtar DIOUF : **les sociétés transnationales des "Grains et Farines" (Grands moulins de DAKAR et les moulins SENTENAC)** ont été très réticentes à traiter les mil locaux pour favoriser les importations de blé français dont elles maîtrisent toute la filière. Elles ont ainsi été les principaux artisans de l'échec de l'expérience **PAMIBLÉ. L'auteur passe en revue une bonne partie des productions agricoles très faiblement valorisées au niveau industriel.**

En effet, « l'ARACHIDE, par sa richesse en vitamine E et autres éléments comme le zinc est un bon aliment pour le cœur et la prostate. L'huile d'arachide est, comme l'huile d'olive, une huile non saturée et est exempte de cholestérol (le mauvais cholestérol provient de graisses d'origine animale et non des graisses d'origine végétale). L'huile d'arachide est une huile sûre, ceci contrairement à une opinion répandue, partie uniquement de rumeurs sans fondement scientifique. Le SUCRE extrait de la canne qui pousse à l'air libre sous les rayons solaires, est selon les spécialistes, très supérieur au sucre extrait de la betterave qui pousse sous le sol. C'est dans L'OIGNON ROUGE, celui cultivé au Sénégal, que se trouve la plus grande concentration de quercétine, substance reconnue pour son pouvoir anti-allergène et anti-oxydant. La quercétine vendue dans les pharmacies dans les pays du Nord est fabriquée avec la pelure d'oignon rouge. Une étude récente sur leu BOUYE (le "pain de singe" selon l'appellation coloniale), l'appellation scientifique étant « pulpe de fruit de baobab" montre un taux particulièrement élevé de vitamine C, il est riche en anti-oxydants, en fibres, en calcium et en fer. Sa capacité anti-oxydant est dix fois supérieur à celle de la pulpe d'orange, grâce à l'abondance d'acide ascorbique, citrique et succinique (Process alimentaire, 30/11/2008). Le produit est actuellement exporté par un opérateur italien.

Au niveau de la pêche, il est scientifiquement établi que les poissons gras, par leur huile exempte de cholestérol ont une action efficace sur le système cardiovasculaire. Cette huile extraite et mise en capsule est vendue dans les pharmacies aux États-Unis. Or, les côtes sénégalaises abondent de poissons gras comme le YABOY, le DIEY, le thon, qui de surcroît sont à la portée des petites bourses. Le RIZ Local, du fait de sa faible teneur en amidon (qui véhicule le sucre), parce que plus frais est plus approprié contre le diabète. »[40]

---

[40] Makhtar DIOUF : *op. cit.*

Pendant la dure période des Programmes d'Ajustement Structurel (PAS) des années 80, les mécanos du néolibéralisme (Banque mondiale et FMI) ont complètement démantelé tous les moteurs du système productif, les politiques sectorielles et les entreprises appelées à les réaliser (plus d'une centaine). Ils ont éteint le début d'industrialisation, au moment même où l'extension du système éducatif et la démographie galopante augmentaient, à rythme effréné, les demandes d'emploi. L'agriculture est retournée à l'économie de rente avec l'abandon des options de diversification et de réalisation de l'autosuffisance alimentaire : « importer le riz, c'est moins coûteux que de le produire localement » proclamait, de docte manière, la Banque mondiale.

En détruisant toutes ces entreprises et usines, comment va-t-on faire pour résorber le chômage et la pauvreté ? Ces recettes néolibérales unidimensionnelles imposées depuis les années 80 pour plaire aux institutions internationales, à certains bailleurs de fonds et aux agences de notation ne se préoccupaient que d'assainissement et de lutte contre tous les déficits internes et externes. Ces politiques dites « vertueuses » se sont révélées contre-productives, car, au résultat, elles ont fait reculer et rendu la croissance médiocre, augmenté le chômage et aggravé, la pauvreté, la précarité et les inégalités. Elles ont ouvert la boite de pandore d'un libéralisme misérable qui a encouragé l'hyperconsommation des élites urbaines ce qui a contribué largement aux déficits de la balance commerciale et de la balance de paiements. **Elles ont largement contribué à la formation du secteur informel avec la formation de plusieurs organisations dont la plus représentative est « l'Union Nationale des Commerçants et Industriels du Sénégal » (UNACOIS) que l'on devrait plutôt appeler « l'Union Nationale des Commerçants et importateurs du Sénégal ».** Durant ces années 80 et 90 nous avions combattu les idées dominantes des élites africaines et des acteurs du secteur privé qui avaient renoncé à édifier des économies nationales indépendantes[41]. Nous avions eu des échanges durs avec certains membres de l'UNACOIS qui était totalement acquis à la libéralisation sans condition de l'économe sénégalaise. Ils ont gagné la bataille si bien que seuls deux secteurs ont survécu au démantèlement du tissu industriel : la Tomate et le Sucre. C'est le temps d'une absence totale de stratégie et de vision de long terme de l'État totalement soumis aux diktats des ISF.

---

[41] Moustapha KASSE : **Sénégal** : Crise économique et ajustement structurel. Édit. Nouvelles du Sud 205 p.

PARAGRAPHE 10

Sortir l'intégration, le bouclier du panafricanisme, de l'immobilisme : les organisations d'intégration sont le refuge des naufragés politiques africains. Ces élites africaines suppôts des puissances néocoloniales sont en train de détruire la CEDEAO, l'Union Africaine et le NEPAD transformés de fait en instruments au service des chefs d'État arrimés aux puissances étrangères. Les graves erreurs d'analyse de l'UA sur la ZLECA au moment où le protectionnisme se présente comme la meilleure voie de la souveraineté.

Quatre références ont guidé nos réflexions sur l'intégration africaine[42] : **1) du Dr Kwame NKRUMAH :** Africa must united : « Il n'est pas d'actes sporadiques, il n'est pas d'intentions pieuses qui puissent résoudre nos problèmes actuels. Rien ne pourra nous servir, en dehors d'une action commune exécutée par une Afrique unie. Nous sommes parvenus au stade où nous devons nous unir ou sombrer **; 2) Cheikh Anta DIOP dans « *Les fondements économiques et culturels d'un État fédéral d'Afrique Noire* » « Au commencement est l'énergie ; tout le reste en découle » ; 3) Robert SCHUMANN :** « Unir l'Europe… c'est la placer sous une autorité commune capable d'émettre des décisions majoritaires. Exiger en toute chose un accord unanime, c'est supposer d'avance le problème résolu ; c'est présumer qu'il existe entre les pays coalisés une adhésion suffisante, une sorte d'harmonie préalable qui les prédispose à des appréciations concordantes » et **4) J. CREEL et E. FARFARVAQUE : La construction européenne :** « Au commencement de la construction européenne, deux éléments ont concouru à modifier profondément les relations internationales entre les pays européens : d'une part, une volonté politique et, d'autre part, une vision géopolitique ».

Les énormes potentialités de l'Afrique avaient poussé les décideurs africains à prendre l'initiative d'élaborer des stratégies qui doivent placer

[42] Elles m'ont amené à organiser d'abord le premier Colloque africain (1979) sur la question à l'Université de Dakar manifestation qui a regroupé une centaine de chercheurs dont l'éminent savant Cheikh Anta DIOP. À la demande de la délégation de la République le Président Sékou Touré m'a invité pour l'organisation d'un second Colloque mais sans la participation des Organisations qu'il considérait comme des instruments du néocolonialisme comme CEAO. Cette deuxième manifestation se tient à Conakry du 15 au 20 avril 1980. Le Président Sékou TOURE avait demandé au ministre Mamady KEITA de me faire une proposition d'un long séjour en Guinée.

le continent au cœur des enjeux actuels et futurs de la mondialisation ; ce sont alors les nouvelles voies de la renaissance africaine. C'est dire que l'Afrique devrait prendre en compte deux facteurs qui rendent impérative l'intégration : l'un externe, la mondialisation incontournable et l'autre interne qui est la situation d'extrême pauvreté et de précarité sociale affectant la majorité des populations[43].

La configuration actuelle et future de la mondialisation qui se caractérise par la formation de blocs régionaux de haute compétition avec la démultiplication des Accords régionaux de coopération : l'OMC en dénombre 130 actifs. Ces accords même en crise ne sont plus antinomiques au multilatéralisme momentanément bloqué. La distribution future du pouvoir économique mondial, dans une vingtaine d'années, établit que les 5 grandes puissances du futur seront dans l'ordre : la Chine, les États-Unis, l'Inde, l'UE et le Brésil c'est-à-dire 2 fédérations et 3 pays continents. Dans cette configuration la segmentation du continent en 54 États se partageant 30 millions de km² rendra cet espace totalement insignifiant au plan économique et politique. Déjà, les paramètres que pose la mondialisation ignorent totalement le continent. Les investissements croisés, les échanges internationaux sur la base de la croissance de la production mondiale, la globalisation financière, les réseaux transnationaux, les firmes globales, l'économie des services et l'économie numérique ne font qu'une place marginale à l'Afrique.

Il est indéniable que face à ces nouveaux défis de la mondialisation/globalisation, la seule alternative, de simple survie, semble être l'unification du continent : « l'Afrique doit s'intégrer ou périr ». Il y a comme une condamnation des États-nations : ils sont voués à la faillite et au chaos. Cette perspective était bien perçue dans les prédictions des plus lucides pères fondateurs des indépendances africaines et des élites averties. Beaucoup avaient compris que hors de l'intégration point de salut.

En dépit des déclarations politiques, des nombreux engagements et des efforts durablement déployés par les gouvernements, les institutions et les autres organismes, les résultats concrets en faveur de l'unité continentale sont extrêmement minces.

Certes, l'Union Africaine a été créée après de moult et laborieuses tractations, comme l'avait été du reste l'OUA. Certes le NEPAD a vu le

---

[43] Moustapha KASSE : Deux ouvrages : 1) « Le développement par l'intégration Édit. Les nouvelles Éditions Africaines du Sénégal (NEAS, 1991), 251 pages » et 2) « Intégration et De l'UEMOA au NEPAD : les nouveaux partenariats » Édit. Silex-Nouvelles du Sud, 203, 253 pages

jour et soulevé beaucoup d'enthousiasme. Certes, il y a un retour de débat sur les enjeux des États-Unis d'Afrique : la Conférence d'Accra de l'Union Africaine des Chefs d'État et de gouvernements, en 2009, avait grandement ouvert le dossier sur le gouvernement continental. La bipolarisation des visions et des points de vue entre le Groupe dit des « gazelles » qui proposait de courir vite et celui des « éléphants » qui recommandait d'avancer prudemment, mais sûrement, était porteur d'espoir en faveur d'une conscience nouvelle de la Renaissance Africaine. Aujourd'hui, c'est l'amère désillusion : l'unité du continent est quasiment renvoyée aux calendes africaines et l'UA renoue avec ses éternels démons : l'immobilisme et l'inefficacité. **Pourquoi en est-il ainsi ? Est-on condamné à faire du sur place pour les prochaines générations ?**

Beaucoup d'études réalisées sont teintées d'irréalisme : deux exemples « le financement innovant de l'Union africaine en remplacement du mode financement par cotisations (en % PIB) et la ZLECA. Ce financement s'est avéré inopérant et ruineux ; il a pâti de la crise des finances publiques en Afrique. Les politiques de stabilisation ont partout conduit à des ajustements budgétaires qui ont souvent restreint les engagements et les versements aux organisations communautaires créant ainsi au niveau de celles-ci l'accumulation d'importants arriérés de paiement des États membres. Cette situation a condamné plusieurs organisations à végéter ou même disparaître par asphyxie financière. J'avais proposé avec le Président Abdoulaye WADE nous avions retenu 5 **hypothèses de travail : H1 :** L'assiette imposable est constituée uniquement par les Importations hors Afrique (IHA) ; **H2 :** En Afrique les transactions intracommunautaires n'excèdent pas 7 % du volume des transactions globales ; **H3 :** Les exonérations et les diverses exemptions représentent 8 % du volume des importations globales ; **H4 :** Le taux de prélèvement appliqué sur les Importations hors Afrique est de 0,2 % et **H5 :** Nous supposons que les importations globales évoluent annuellement à un taux régulier de 5 %.[44] Les ressources financières mobilisables étaient appréciables (plus de 4 fois toutes les ressources de l'Union) et permettaient de couvrir toutes les dépenses de l'Union.

Le deuxième exemple inexécutable est la **Zone Continentale de Libre-échange africaine (ZLECAf)**. La Zone de libre-échange

[44] Moustapha KASSE, Abdoulaye WADE et Madame Gounka DIOUF : « Financement innovant et inclusif de l'Union Africaine » J'ai présenté l'étude aux plénipotentiaires des États à ADDIS.

continental africain (ZLECAF) est en vigueur en mai 2019. Les bénéfices attendus étaient : propulser les échanges commerciaux entre les pays africains de 50 %, sortir de l'extrême pauvreté pour 30 millions d'Africains, accroître, accroître le revenu de 68 millions d'autres personnes qui vivent avec moins de 5,5 dollars par jour. Sur les 450 milliards de dollars de gains potentiels, 300 milliards proviendraient des mesures de facilitation du commerce et à la simplification des procédures douanières. En 2020, le Professeur Amousouga GERO avait organisé un atelier avec le Service national de statistique du Bénin et un pool de doctorants du Programme de Troisième Cycle interuniversitaire (PTCI) sur la ZLECAf. J'ai présidé la séance de restitution pas une seule étude n'a corroboré les résultats optimistes du projet : les hypothèses étaient fallacieuses, le chiffrage totalement irréaliste, les problèmes structurels et environnementaux sont absents et en plus pour la théorie économique, le libre-échange ne crée pas *ipso facto* un développement équilibré ; il faut remplir des conditions (D. RICARDO). P. JACQUEMOT aurait ajouté que « La ZLECAf mettra des années voire des décennies à être mise en place. Si l'on fait la comparaison avec l'Union européenne, qui est l'union la plus aboutie au monde, on est encore loin du compte en termes d'intégration, 62 ans après la signature du traité de Rome ». Les analyses de J. BERTHELOT vont dans le même sens : « La ZLECAf est un projet qui peut se défendre à l'horizon 2063, à condition de n'être qu'une composante d'un projet d'unification politique pour un développement durable et solidaire. Mais il ne faut pas mettre la charrue avant les bœufs et suivre un processus top down précipité de libre-échange interne accompagné d'une croissance extravertie accrue, qui ne peut qu'empirer le sous-développement de l'Afrique. La ZLECAF s'inscrit dans une stratégie de « rattrapage » qui a abouti à une dépendance croissante des marchés mondiaux et de l'impérialisme néocolonial occidental et de plus en plus de la stratégie impérialiste subalterne à celle de la Triade des grands pays émergents, voire de la Chine qui a une position ambigüe.

Le régionalisme africain à pas de tortue sur un long parcours. L'Afrique de gré ou de force pour les faibles économies africaines.

En dépit de la multiplicité des expériences, les réalisations restent encore extrêmement modestes et fragiles : faibles résultats des organisations d'intégration, échecs des politiques de défense et de résistance, succès mitigés des programmes intégrateurs. Les évènements qui se sont accumulés ces dernières années au niveau économique avec la triple crise alimentaire, énergétique et financière, au niveau politique avec les crises au Darfour, en Somalie, en Côte d'Ivoire et l'insolente intervention occidentale en Libye et cela sans réaction énergique et coordonnée de l'UA, ont fini par installer de sérieux doutes sur l'utilité des organisations d'intégration totalement incapables de défendre les peuples et les États face aux multiples et multiformes agressions extérieures. Tous les acteurs, naguère entièrement acquis à l'intégration, s'attristent sur des organisations qui ont tout perdu jusqu'au courage de protester.

Les facteurs des contreperformances dans la réalisation de l'intégration sont multiples : absence de volonté politique solide, faibles convergences des politiques économiques et monétaires, absences d'infrastructures et de programmes intégrateurs, faible participation du secteur privé et des populations, faibles programmes de résolution des questions transversales de paix, de sécurité et des conflits. Malgré le long processus d'intégration régionale en Afrique ; elle n'a guère produit de résultats concrets, en dépit des déclarations politiques et des efforts durablement déployés.

L'une des critiques souvent formulées à son encontre est que, contrairement à l'intégration économique en Europe (l'Union européenne), en Amérique du Nord (l'Accord de libre-échange nord-américain) et en Amérique du Sud (le Marché commun du Sud), l'intégration régionale en Afrique n'a guère accéléré la croissance ou même le commerce intra-régional.

Sans nul doute, le facteur bloquant le plus important concerne les architectures institutionnelles des organisations chargées de gérer l'intégration : produit d'un mimétisme inachevé, elles sont aériennes et artificielles et ne disposent pas de procédures décisionnelles pertinentes et efficaces.

Comment sortir des vœux pieux et opérationnaliser l'intégration : les actes fondateurs d'une nouvelle architecture institutionnelle après les récentes bévues désastreuses de la CEDEAO[45] eu égard à

[45] J'ai rédigé deux documents de fonds pour l'Union Africaine : (i) Le désendettement de l'Afrique et (ii) Le financement de l'Union Africaine et participé à l'élaboration du prélèvement en lieu et place du système des cotisations. En 2010, j'ai organisé avec le Professeur Igué JOHN et le Professeur Bamba Abdoul GADIRI alors Commissaires aux affaires économistes, des rencontres avec les « économistes Chercheurs dans les principaux pays de la CEDEAO autour du thème « Sortir la CEDEAO du sous-développement » thème du tome 2 dans mon ouvrage sur « l'Économie du développement ». Les travaux ont été publiés à L'Harmattan.

leurs missions, les institutions des organisations d'intégration africaine analysées sont non-opératoires dans la mesure où elles sont trop empreintes d'inter-étatisme qui s'exprime par l'absence totale de tout élément de supranationalité, la faiblesse du système décisionnel et la non-application des actes et la faible implication des peuples à l'action des institutions. À cela s'ajoute au niveau de l'Union Africaine beaucoup projets irréalisés comme

lorsqu'on analyse le modèle institutionnel des organisations africaines, il se dégage 5 axes fondateurs de l'architecture institutionnelle : 1) l'impératif abandon de souveraineté au profit d'un Exécutif supranational et ultérieurement la formation, la construction et la gestion des États-Unis d'Afrique par un gouvernement continental ; la création de grands projets économiques intégrateurs et d'un système monétaire continental et d'une organisation commerciale interétatique avec une libre circulation des hommes, des marchandises, capitaux et des technologies ; 2) l'affirmation d'une volonté politique claire et partagée, portée par un leadership fort et motivé en faveur de l'intégration par cercles concentriques, 3) l'instauration de procédures et de modèles opératoires de prise de décision à la majorité qualifiée, 4) organisation de la participation effective des populations (African charter for popular participaion in development), des acteurs du secteur privé, de la société civile dans les institutions démocratiques de contrôle et de veille sur le processus d'intégration, 5) la promotion de la paix et de la sécurité..

Dans mon second ouvrage sur « le nouveau régionalisme africain », j'avais conclu que l'Union Africaine (UA) devenant un syndicat de chefs d'État sera un pari perdu pour trois raisons principales : la première est qu'en étant un syndicat de chefs sont incapables d'unifier un espace de plus de 800 millions d'habitants regroupés en 53 États composés de plus de 1 000 ethnies parlant environ quel que 5 000 dialectes, vivant dans des frontières souvent arbitrairement délimitées et évoluant dans des systèmes économiques et monétaires dépendant de politiques néolibérales trop fortement rivées à l'Occident global. La seconde raison tient au schéma d'organisation institutionnelle largement inspiré du fédéralisme européen capitaliste. La troisième raison est relative aux ressources financières qui proviennent des dons « l'argent de l'extérieur » et les cotisations au prorata des PIB que peu d'États membres payent. Ce n'est pas en additionnant des marchés étroits et mal constitués, souvent soumis à de multiples barrières qu'on aboutit inéluctablement à l'intégration et bénéficier de ses avantages. Il y a toute une dynamique à enclencher dans un schéma organisationnel pertinent au double plan technique et institutionnel. Il m'a été confié la réalisation de 2 études l'une sur le désendettement du continent et l'autre sur le financement de l'UA (sur inspiration et recommandations du Président Abdoulaye WADE). Les deux rapports ont été envoyés au cimetière des projets malgré leur soumission en débats aux ambassadeurs des États après des échanges démocratiques houleux. À titre d'illustration, j'avais évalué par simple taxation de 0,2 % sur les importations hors Afrique + un timbre sur les assurances+ une taxation sur les grandes fortunes et des mécanismes de transfert des recettes vers l'UA via les banques commerciales. Les recettes totales s'élevaient à plus de 2millirds d'euro doc loin des 650 millions d'euros issus des dons de l'Union européenne des États-Unis et des faibles contributions des États à a fois faibles et irrégulières.

En définitive, il faut accorder une attention et une vigilance soutenues sur les ingérences extérieures des puissances qui ont le projet de dominer le monde en insérant l'Afrique dans la mondialisation avec l'unique but d'avoir l'exclusivité de l'exploitation de ses immenses réserves de matières premières. C'est le cas de la France puissance bien moyenne qui ne peut se passer de l'exploitation des ressources africaines (L'empire qui ne veut pas mourir. Avec un Président tonitruant et hautain, elle est aujourd'hui, totalement boutée hors du Sahel (Mali, Burkina Faso et Niger), par de gigantesques manifestations populaires la jeunesse et des militaires Freedom fighters en tête malgré les diktats, les manipulations et l'instrumentalisation de la CEDEAO et poussée par l'armada de la Françafrique à appliquer des sanctions en violation de tous ses dispositifs.

Ces sanctions sont actées par des dirigeants ignares du fonctionnement de la mondialisation, les politiques et géopolitiques de puissance et les arcanes de la négociation dans la gestion des conflits au niveau des communautés d'intégration. En effet, la décennie du post-bipolaire, dès les années 90, va connaître une véritable inflation des sanctions et des punitions. Que nous apprennent ces nouvelles pratiques, quel degré d'efficacité et quels en sont les mécanismes ? Dans la majorité des cas, les sanctions décrétées par l'Occident collectif sont illégales, illégitimes, puisqu'elles ne reposent sur aucun fondement juridique et elles violent presque partout les dispositions statutaires de la Charte des Nations unies : 60 ans de blocus de CUBA un véritable crime, l'IRAK punit pour oser s'opposer au projet américain du Grand Moyen Orient qu'ISRAËL est en train de réduire en gravas, la SYRIE pour non respecte de de la démocratie et des droits de l'homme, de lourdes sanctions contre l'IRAN pour lui barrer l'accès au nucléaire, les multiples sanctions contre la RUSSIE pour refus d'une présence déstabilisatrice de l'OTAN à ses frontières, etc. **À y regarder de près, les justiciers et les « zorros » sont au Nord et les déviants au Sud.**

Injustifiées politiquement, économiquement et juridiquement, les sanctions ont échoué dans la réalisation de leurs principaux objectifs : poursuite de la domination économique et politique, l'exploitation des ressources matérielles et humaines, déstabiliser les pays et punir les peuples pour qu'ils se révoltent et pousser les dirigeants progressistes à la sortie. Ces sanctions en IRAK ont fait 1,5 million de morts de manière cynique, la secrétaire d'État américaine Madeleine ALBRIGHT, déclarait que c'était le « prix à payer » pour renverser Saddam HUSSEIN. Les sanctions comme le serpent qui se mord la queue sont à la fois inefficaces toujours contreproductives. À la question n'y a-t-il pas un échec de la guerre ? Selon Bertrand BADIE (« L'Art de la paix » Édition Flammarion), tous ceux qui les lancent les ont en général perdues : depuis Napoléon la France n'a gagné aucune guerre malgré les multiples gesticulations dans le conflit en UKRAINE. De même les États-Unis, malgré l'OTAN et sa superpuissance militaire, ont subi les plus spectaculaires débandades : la Baie des Cochons, le Vietnam, l'Afghanistan, etc. La France, tous régimes confondus, du Général DEGAULE à Emmanuel MACRON n'a jamais su cependant rompre le lien de clientèle avec ses anciennes « possessions » formant aujourd'hui la Françafrique triplement verrouillée par une monnaie désuète fortement contestée (CFA), une présence militaire (des bases miliaires gardiennes des intérêts économiques et financiers et de la sécurité) et une armada de Présidents aux ordres entièrement soumis au système et politiques néocoloniaux qui ont conduit leur peuple à la pauvreté, au chômage des jeunes, aux inégalités et à toutes sortes de précarité. Ce contexte a donné naissance à des soulèvements populaires en faveur de politiques souveraines, populaires et panafricaines. Les vagues déferlantes de la jeunesse se mobilisent sous la direction d'un nouveau leadership jeune et clairvoyant autour du slogan « FRANCE DÉGAGE ». Une nouvelle classe de militaires au SAHEL (MALI, BURKINA et NIGER) engagés, des sortes de **« Freedom fighters »** prennent le pouvoir politique au niveau des États faillis et à bout de souffle pour assainir et apporter de nouvelles visions, de nouvelles stratégies de lutte.

C'est dans ce contexte que la CEDEAO va décréter, après plusieurs turpitudes, des sanctions contre les États du SAHEL par des guerres par procuration sous la houlette des bases françaises, d'autres forces, des alliances contre nature avec des forces disparates qui, sous couvert de démocratie, déstabilisent les États et les pays. Ces sanctions sont la meilleure preuve de la médiocrité des dirigeants instrumentalisés par les ex-puissances coloniales et leurs auxiliaires pour justifier leurs nouvelles ingérences. Cette Communauté Economique des États de l'Afrique de l'Ouest (CEDEAO) créé, en mai 1975, par le traité de LAGOS, avec pour objectif de « promouvoir la coopération et l'intégration dans la perspective d'une union économique en Afrique de l'Ouest en vue d'élever le niveau de vie de ses peuples, de maintenir et d'accroître la stabilité économique, de renforcer les relations entre les États Membres et de contribuer au progrès et au développement du continent africain ». Dans la poursuite de cet objectif, la Conférence des Chefs d'État et de Gouvernement avait adopté pour une CEDEAO des peuples par la création d'une « région sans frontières, paisible, prospère et cohérente, bâtie sur la bonne gouvernance et où les populations ont la capacité d'accéder et d'exploiter les énormes ressources en créant des opportunités de développement durable et de préservation de l'environnement ».

Lesdites sanctions dans la plupart des cas sont illégales, illégitimes, puisqu'elles ne reposant sur aucun fondement ni politique, ni juridique, ni prospectif et de surcroit elles violent les dispositions statutaires de la CEDEAO. La sottise de ces sanctions inhumaines imposées à des États du Sahel (Mali, Burkina et Niger) par l'Occident global les diverses manipulations des suppôts du néocolonialisme ont révélé l'inintelligence, l'incompétence et l'ignorance des larbins qui dirigent la CEDEAO qui est maintenant dans l'impasse avec l'arrêt de l'outil et mécanisme de négociations caractéristiques des relations internationales d'aujourd'hui. Ces sanctions équivalent à des crimes contre l'humanité et sont la meilleure preuve de l'inculture des naufragés politiques qui dirigent actuellement la CEDEAO.

L'échec est patent avec la formation de la **Confédération des États du Sahel qui** doivent rester à la fois debout et vigilants pour faire face aux tentatives actuelles et futures de déstabilisation. **D'ores et déjà, les faussaires de l'information, les médias mainstream, propriétés des milliardaires de l'armement, sont en pleine action et multiplient les manipulations dans leurs journaux, télévisions et radios pour égarer les citoyens.** Chaque guerre est précédée et accompagnée d'une propagande poussant l'opinion publique à l'approuver ou à ne pas la désapprouver[46]. **Comme l'observe le Président Ibrahim Traore (Burkina Faso) « la démocratie, les droits de l'homme, les libertés politiques et l'instabilité sont les prétextes aux nouvelles ingérences. » Pour sûr, les régimes despotiques et corrompus inféodés à l'Occident ne resteront pas les bras croisés.** La françafrique prépare ses coups fourrés avec l'annonce d'une recolonisation. La visite récente et les déclarations tonitruantes du Général LECOINTRE, ancien Chef d'État-major des armées françaises ne sont guère hasardeuses[47].

PARAGRAPHE 11

Repenser les transverses facteurs de la croissance endogène et accorder la priorité aux projets structurants internes comme externes ainsi qu'à la systémie bancaire.

Au-delà des controverses, la compétitivité d'une entreprise ou d'une économie reste son aptitude à faire face à la concurrence ou encore la capacité à accroître ou à maintenir des positions sur des marchés domestiques ou d'exportations en offrant de bons produits, au bon prix et sur de bons marchés.

1°) La compétitivité facteur déterminant dans une mondialisation darwiniste et de haute compétition. La « mondialisation » libérale nous trompe : elle n'est pas si pacifique qu'il y paraît.

On distingue généralement :

a) La compétitivité-coûts qui renvoie aux coûts de production, c'est-à-dire le coût du travail (les salaires), le coût du capital (les intérêts), la charge fiscale, ainsi que la productivité (mesurée en rapportant la quantité produite au nombre d'heures utilisées pour produire ;

b) La compétitivité-prix qui s'exprime en monnaie internationale selon un taux de change. Elle consiste pour les producteurs, à la vente sur les marchés extérieurs (mêmes domestiques) à un prix égal ou inférieur à celui des producteurs étrangers (à qualité égale). Dans ce cadre, le taux de change devient l'opérateur crucial ;

---

[46] Michel COLLON le grand journaliste pensant dans une longue interview dans le numéro de mars 2016 du journal Afrique-Asie.

[47] Un rapport de l'Assemblée nationale française après avoir noté que l'Aide publique au développement est à la fois insuffisante et inefficace c'est désormais le ministre des forces armées Jean Yves Le Drian qui fait figure de véritable ministre Afrique.

c) La compétitivité technologique qui provient de l'innovation et du progrès technique créant une rente de situation par la qualité des produits (ou de l'assortiment offert, c'est-à-dire de la qualité de la spécialisation) ;

d) La compétitivité structurelle découlant de la capacité d'adaptation de l'économie aux changements de l'environnement économique international. Elle concerne aussi l'allocation des ressources en vue d'obtenir une meilleure insertion dans l'économie mondiale avec une politique commerciale pertinente et stratégique.

La compétitivité est devenue, aujourd'hui, pour des économies ouvertes, un impératif et les politiques économiques s'inscrivent dans l'une ou l'autre de ces notions[48]. Elle est un élément de l'évaluation des performances d'une économie ou d'une entreprise. En effet, on distingue globalement, trois niveaux d'évaluation des performances :

1. Le niveau marchand : la recherche de la compétitivité.
2. Le niveau physique : la recherche de la productivité.
3. Le niveau financier : la recherche de la rentabilité.

La compétitivité de toute économie est un problème fondamental qui devrait préoccuper aussi bien les autorités gouvernementales que les opérateurs économiques. En Afrique de l'Ouest, la dévaluation de 1994 avait permis de réaliser quelques progrès assez vite dissipés. Elle n'a pas été suffisante malgré les mesures d'accompagnement prises sur le plan réglementaire et au niveau interne des entreprises et de quelques secteurs. Elle n'a pas su créer une dynamique de relance durable qui s'inscrive sur une trajectoire de réduction de la pauvreté. Globalement, les économies africaines souffrent principalement d'un manque de compétitivité qui entraîne un déficit extérieur persistant. Les coûts des facteurs de production sont relativement élevés (salaires, matières premières, fret) et handicapent la croissance. Les exportations sont faibles en volume et ne sont pas suffisamment diversifiées. Les flux de capitaux privés restent modestes. Pendant longtemps, beaucoup d'économies du continent ont maintenu l'hyperconsommation des élites urbaine au détriment de l'épargne et de l'investissement. Le secteur productif n'est pas suffisamment performant. L'agriculture, insuffisamment diversifiée et modernisée, reste encore fortement

---

[48] Pour approfondir ces diverses notions voir Bertrand NEZEYS : Les politiques de compétitivité, Collection Économie poche, Éditions Economica, 1994.

dépendante des conditions climatiques et des marchés extérieurs. Elle connaît une baisse de la production par tête et sert de plus en plus à l'autoconsommation devant la faiblesse des investissements et le manque de compétitivité des filières d'exportation.

À ce niveau de l'analyse, trois questions importantes méritent clarification vu leur rapport avec l'économie sénégalaise : Quel est le lien entre la compétitivité et la concurrence ? Comment articuler compétitivité et rigueur ? Comment le taux de change affecte-t-il la compétitivité ?

Sur la première question, la théorie libérale (dans les programmes d'ajustement structurel) tente d'établir que la meilleure façon de s'assurer que l'on est compétitif donc exposé au jeu de la concurrence sur le marché interne et externe. À l'appui, deux arguments : non seulement la concurrence incite à mieux organiser le processus de production (Kenneth ARROW) elle stimule aussi et conduit à l'innovation en améliorant et en renouvelant l'offre (Joseph SCHUMPETER). Pourtant, ces deux points de vue sont contestables. En effet, la concurrence, lorsqu'elle est forte, fait non seulement baisser les prix, mais aussi les profits. Dans ce cas, elle peut également freiner l'innovation. La relation entre concurrence et innovation est donc particulièrement complexe ? Pour le lien, il faut trouver le « bon » niveau de concurrence.[49]

La seconde question concerne la rigueur. La recherche d'un cadre macroéconomique de qualité recouvre dans nos différentes politiques économiques deux types de mesures : d'abord, la réduction des déficits publics en diminuant les dépenses et/ou en augmentant les recettes (ce qui se limite systématiquement au rééquilibrage des finances publiques par la recherche effrénée d'une augmentation des recettes) ensuite, des actions visant directement à améliorer la compétitivité des entreprises comme la réduction des coûts salariaux et des autres charges pesant sur elles. Dans ce sens, plusieurs actions ont été initiées, allant de l'élargissement de l'assiette fiscale par la généralisation de la TVA aux actions visant l'amélioration du rendement fiscal. L'amélioration des finances publiques, ces dernières années, s'est effectuée au détriment

[49] Dans le cadre de l'entreprise, Michael PORTER a approfondi l'analyse a un double niveau : celui de l'avantage concurrentiel. Il s'agit d'acquérir une position unique grâce à une particularité qui lui donne prépondérance sur toute autre entreprise, ce qui constituera un avantage concurrentiel. Pour M. PORTER, un AC ne peut être formulé qu'en faisant référence à un secteur ou un segment. Il n'est pas à priori transposable à d'autres.

des comptes d'exploitation des secteurs et des entreprises. Or, à chaque niveau de déficit public correspond un niveau d'efficience de l'économie. Pour mieux s'inscrire dans une dynamique de flexibilité, ce sont les finances publiques qui devront s'ajuster au reste de l'économie. Trop de rigueur, notamment budgétaire, appliquée sur une courte période peut conduire à un effet récessif. Celui-ci est aggravé si, malgré la baisse des salaires, les prix intérieurs ne diminuent pas comme c'est le cas dans les pays du sud de l'Europe suite à la hausse de la TVA (Taxe sur la Valeur ajoutée) et autre taxe. C'est la raison pour laquelle le Fonds Monétaire International (FMI) a rappelé en automne 2012 la nécessité du bon dosage des politiques de rigueur.[50]

La troisième question est relative à la manipulation du taux de change et la problématique des dévaluations compétitives. La question est importante suite à notre appartenance à la Zone Franc et l'arrimage du franc CFA à l'Euro avec parité fixe ; ce qui interdit toute manipulation du taux de change. Le taux de change peut avoir un impact important sur la compétitivité prix : une dépréciation de la monnaie nationale aura ainsi un effet positif sur celle-ci. En effet, si la devise locale se déprécie, les prix de vente à l'exportation du pays toutes choses égales par ailleurs baissent (ce sont les prix en devises étrangères qui diminuent), les produits deviennent ainsi plus compétitifs et les chiffres de vente devraient augmenter. À l'inverse, cette même dépréciation rend les produits importés plus chers. Toutefois, note Thierry LATREILLE et ARISTOMENE VAROUDAKIS, « La dévaluation du franc CFA (FCFA) de janvier 1994 constitue un facteur qui tend à corriger les handicaps de compétitivité internationale cumulés pendant les dernières années par les pays africains de la Zone Franc. Néanmoins, un bon niveau de compétitivité internationale ne saurait être maintenu à long terme par des seules dévaluations compétitives ou par la compression des coûts salariaux. Comme le montre l'exemple des pays de l'Asie du Sud-Est, les progrès soutenus de la productivité constituent un élément clé des gains de compétitivité internationale et d'une croissance tirée par les exportations. »[51]

---

[50] Revue Problèmes économiques n° 3067 de mai 2013 : Compétitivité 2.0.

[51] Thierry LATREILLE et Aristomène VAROUDAKIS : « Croissance et compétitivité de l'industrie manufacturière au Sénégal », OCDE Document technique N° 118 1996.

Les performances économiques, ses liens avec la compétitivité absolue et le niveau de la productivité globale des facteurs et les transverses.

À défaut d'avoir des instruments fiables de mesure, atteindre une meilleure compétitivité par les prix peut se réaliser par des économies d'échelle ou par le développement du progrès technique visant à réaliser des gains de productivité. La compétitivité par les coûts peut s'améliorer par la baisse des coûts unitaires des facteurs de production (travail, capital et technologie), les Consommations intermédiaires (CI), la politique fiscale et sociale pesant sur le coût du travail, le soutien à l'innovation technique, commerciale et à la formation professionnelle, la qualité des infrastructures, les politiques sectorielles ou de filière, les subventions directes ou indirectes, la législation (y compris les coûts de l'administration, les restrictions environnementales, etc.).

Pour procéder à l'analyse de la compétitivité, il importe d'examiner le rôle de la productivité globale des facteurs déterminants de la compétitivité de l'économie et l'incidence des transverses que sont les infrastructures. La croissance de la productivité étant un élément clé de la compétitivité, il faut identifier et analyser sur le plan théorique et empirique le comment de son amélioration ?

Les politiques macroéconomiques et leur insistance sur les performances de l'économie sénégalaise ont négligé l'insertion et la promotion de la productivité qui est souvent déclamée, mais rarement calculée et intégrée dans les politiques[52]. Assez simplement, la notion se définit comme le ratio obtenu en divisant la quantité de richesses produites sur les moyens utilisés pour la produire, ce qui permet alors de calculer la productivité du travail, la productivité du capital, des investissements, des matières premières. S'il est vrai que la croissance de la productivité peut conduire à des améliorations précitées, il est également vrai que la productivité s'accroît essentiellement par la mise en place d'un climat favorable en termes d'ouverture commerciale, d'accès au financement, de capital humain, d'infrastructures publiques.

[52] Une preuve irréfutable est le faible écho, la faible dissémination du RNCS 2011 qui a essayé d'évaluer la compétitivité et les performances économiques du Sénégal. Le rapport antérieur élaboré par l'UEMOA intitulé « compétitivité sectorielles des pays membres en 2004 a eu une diffusion insignifiante.

2°) Les infrastructures routières : facteur déterminant de la formation des marchés et de leurs dysfonctionnements. Être attentif aux priorités : Métro, TER, chemins de fer ou pistes de production agricoles : Quelles priorités ?

Les infrastructures routières, maritimes, hydrauliques, énergétiques, les ressources humaines sont un moteur de la croissance et du développement par l'importance des externalités positives qu'elles engendrent. Ces externalités sont de plusieurs types : Effet conjoncturel, effets multiplicateurs à court terme notamment par la croissance de l'emploi, l'investissement public par la construction et l'entretien du réseau des transports sur l'activité de construction ; effets d'entraînement à moyen et long termes (génération de revenus en faveur de la collectivité et de l'État) dus à l'amélioration des conditions de croissance, réseaux plus performants mis à la disposition d'usagers plus nombreux (gains de temps, échanges accrus de personnes et de services) et Développement régional, tourisme, accessibilité culturelle et sociale.

Globalement, la mauvaise qualité des infrastructures et des services publics, la cherté des coûts des intrants sont parmi les facteurs qui contribuent le plus à dégrader la compétitivité des entreprises sénégalaises. L'offre des services de fourniture d'électricité et de transport est illustrative de cette situation. Concernant le secteur de l'énergie, à l'important déficit de la production s'ajoutent la mauvaise qualité du service (coupures, délestages, accidents, etc.), la cherté des tarifs et la vétusté de l'appareil de production. Les infrastructures de transport (routier, ferroviaire et maritime) soulèvent des problèmes similaires de qualité, de coûts, de vétusté du matériel et de régularité du trafic.

Selon une enquête sur les entreprises sénégalaises, leurs plaintes concernent surtout les infrastructures, les routes et services de transport, le ramassage des déchets, le transport ferroviaire et la fourniture d'électricité. Là où seulement 0,7 % des chefs d'entreprises du secteur manufacturier estiment qu'ils soient en zone industrielle ou non, que les services de téléphone fixe sont de mauvaise qualité, ils sont entre 70 et 77 % à décrier la mauvaise qualité des routes.

L'infrastructure fournit le cadre des activités de production et favorise la croissance. Ainsi, en l'absence d'équipements adéquats pour la fourniture d'électricité, d'eau, des moyens de transports et de réseaux de communications et de télécommunications, il est impossible d'optimiser les processus de production et de tirer pleinement parti des avantages liés à la situation géographique. Un développement des infrastructures est nécessaire à l'intégration des localités à l'intérieur du territoire national, mais également à l'intégration de l'économie nationale des pays voisins pour bénéficier d'un large marché et réaliser des économies d'échelle.

Dans ce secteur, depuis 2000, les bailleurs de fonds ont été diversifiés. Les nouveaux partenaires proviennent généralement des pays émergents Chine, Inde, Turquie et des institutions de financement comme la BAD, la BID, la BOAD, le Fonds saoudien, le Fonds Koweitien. Entre 2000 et 2010, les investissements réalisés se sont chiffrés à 1200 milliards de FCFA, ce qui a permis de disposer de 2000 km de routes bitumées et 2400 de pistes. Cependant, la plupart des investissements proviennent du secteur public. Dès lors, un partenariat public-privé s'avère impératif. C'est dire qu'il faut poursuivre les investissements en associant plus fortement le secteur privé national et veiller à la signature des contrats et appels d'offres. Le Sénégal révèle des erreurs graves de casting comme le Train de banlieue (TER attribué à ALSTON et l'autoroute de COFACE deux entreprises françaises, les coûts exorbitants soulèvent beaucoup d'interrogations, on trouve même un Bateau « déclaré » neuf alors que c'est une vieille machine simplement repeinte). **Chemin de fer un important outil détruit par les politiques néolibérales par sans études de comparaison rail-route.**

Henry Morton STANLEY déclarait : « Sans le chemin de fer, le Congo ne vaut pas un penny ». Au Sénégal, le rail a joué un rôle majeur dans le transport des hommes, des marchandises et l'évacuation des productions primaires. Il a fortement contribué à l'unification de l'espace national, au désenclavement et au raffermissement des relations commerciales avec le Mali. L'ajustement structurel, au nom de la libéralisation et de la rentabilité comparée rail-route, a condamné à la disparition la Société des Chemins de fer dans des conditions pires que celles du secteur industriel. Il apparaît que le rail, réhabilité et géré autrement, peut être un important outil de développement. Avec le renchérissement des coûts de construction et d'entretien des investissements routiers, le chemin de fer peut être à la fois compétitif et performant. Rentable, il deviendra un moyen de transport sûr, ayant une plus grande longévité que les infrastructures routières surtout sur les axes internationaux. Djibril KEITA, Secrétaire général de TRANSRAIL, déclarait « Nous avons besoin d'un investissement de 177 milliards de francs CFA sur dix ans pour réparer les rails. Si la voie était en bon état, le Mali pourrait doubler ses exportations »[53]. Il faut simplement ajouter

[53] Comme l'observe le Directeur général de l'Agence nationale des nouveaux chemins du fer sénégalais, Abdoulaye LO : «Une haute capacité de transport ferroviaire pour

que les deux États doivent solder leurs créances vis-à-vis de l'entreprise. Les deux problèmes majeurs auxquels le rail est confronté, à savoir l'important volume des investissements de réhabilitation et la viabilité financière, peuvent être résolus[54]. Dans ce cadre, il faut opérer le second souffle du rail dans le cadre d'un partenariat public-privé.

3°) Quand la question énergétique freinait la croissance : quels défis et opportunités de l'exploitation pétrolière et gazière pour le Sénégal ?

« Il ne s'agit pas de faire du Sénégal un pays pétrolier ou minier, c'est-à-dire un État dont au moins 25 % du budget national sont tirés des revenus issus de l'exploitation de son sous-sol, selon les normes du FMI. Nous ne souhaitons pas voir le Sénégal figurer parmi les pays rentiers exposés aux aléas des cours mondiaux puisqu'incapables de diversifier leur économie. Le pire dans ce modèle c'est que l'exploitation d'hydrocarbures ne coïncide pas nécessairement avec un développement positif et significatif du niveau de vie local ou de l'économie nationale. »[55]

« L'argent du pétrole, c'est comme un pot de miel, ça attire les guêpes ».[56] *Assurer une capture de la rente minière et pétrolière en vue du développement.*

Cheikh Anta DIOP dans son ouvrage « Les fondements économiques et culturels d'un État fédéral d'Afrique Noire » observait, avec pertinence, « qu'au commencement est l'énergie, tout le reste en découle »[57]. L'Afrique subsaharienne est fortement rentrée dans la géostratégie pétrolière mondiale avec l'évolution fulgurante de ses capacités de production de plus de 5 millions de barils c'est-à-dire autant que l'Iran, le Venezuela et le Mexique. La production augmenterait d'environ

---

le fer ou le phosphate est un enjeu extrêmement important pour le Sénégal. Sans cela, le pays n'a pas un accès valable au marché malien pour vendre les marchandises qui transitent par le port de Dakar (…) De même pour le Mali qui a du mal à exporter ses marchandises, en particulier le coton. »

[54] TRANSRAIL est l'entreprise qui gère la ligne de chemin de fer reliant Bamako à Dakar.

[55] Ousmane SONKO : Pétrole et gaz au Sénégal. Chronique d'une spoliation Fauves Éditions 253 p.

[56] Mo IBRAHIM, le milliardaire anglo-soudanais dans un : entretien avec « Monde critique la gouvernance dans le pétrole, un secteur juteux qui attire de nouveaux États africains.

[57] Cheikh Anta DIOP : *Les fondements économiques et culturels d'un État fédéral d'Afrique Noire,* Présence Africaine, 1974.

36 % pour les prochaines années. Le Nigeria, premier producteur africain portera sa production à plus de 5 millions à l'horizon 2020. Et dans un avenir proche, le Golfe de Guinée pourrait devenir le premier pôle mondial d'offre de pétrole. Malgré ce regain d'intérêt, la distribution de la consommation énergétique révèle des inégalités criantes d'accès à cette ressource devenue indispensable à la vie économique et sociale.

L'accès insuffisant à l'énergie, comme cela a été démontré, est l'obstacle le plus important à la croissance économique. En effet, aucun pays dans le monde n'a développé son économie sans un approvisionnement régulier et aux moindres coûts en énergie. Aujourd'hui, des coupures d'électricité chroniques affectent 30 pays d'Afrique : la capacité de génération installée de 48 pays de l'Afrique subsaharienne atteint un total de 68 gigawatts, soit une capacité comparable à celle de l'Espagne et dont un quart n'est pas disponible en raison de la vétusté des centrales et du manque de maintenance. Avec un coût moyen de production de 0,18 dollar EU par kWh, l'électricité africaine est chère comparée au reste du monde, mais les échanges énergétiques régionaux pourraient réduire substantiellement les coûts. Effectivement, le manque d'électricité représente un véritable obstacle à l'industrialisation du continent en général et du Sénégal en particulier, il dissuade les investisseurs potentiels qui ne sont pas assurés d'avoir un bon retour sur investissement. En plus, en tant qu'intrant crucial dans la production industrielle, l'électricité est un handicap majeur dont le coût et la disponibilité freinent la productivité économique.

La situation énergétique du Sénégal était catastrophique suite aux incidences des augmentations drastiques des prix du pétrole. En effet, les importations de produits pétroliers avaient augmenté de près de 24 % en volume et de plus de 78 % en valeur financière entre 2000 à 2008. Quant à la facture pétrolière, elle est passée entre 2002 et 2005 de 200 milliards à 426 milliards de FCFA soit un accroissement de la charge pétrolière de 226 milliards. À cela s'ajoutent les subventions pétrolières du gouvernement pour stabiliser le secteur face aux chocs exogènes qui étaient de 23 milliards en 2002 et plus de 115 milliards en 2006. Cette situation a fait peser des menaces graves sur la stabilité économique, financière, sociale de l'État.

Au-delà du Sénégal, c'est toute l'Afrique qui était touchée par ce problème d'accès à l'électricité. Les insuffisances liées à l'approvisionnement en électricité entraînaient une perte de 5,1 % de la production industrielle contre 1,8 % en Chine et 9,3 % au Kenya. Les coupures d'électricité étaient estimées à 31,5 jours par an. La conséquence de ces ruptures dans le service d'électricité pénalisait 61,6 % des entreprises sénégalaises. De plus, la fourniture d'électricité de mauvaise qualité entraînait de lourdes pertes de compétitivité avec 46 FCFA le KWh en haute tension au Sénégal contre 29 FCFA en Côte d'Ivoire ».

Les différentes taxes qu'imposait l'État n'ont pas permis à la SENELEC, aux industriels sénégalais, aux agriculteurs, d'être compétitifs dans leurs coûts de production. Car, en réalité, ces taxes annihilent fondamentalement les effets de la subvention sur certains produits comme le gaz butane ou le pétrole lampant. Malgré les innovations et la régulation des activités des lignes électriques et les tentatives de privatisation de la SENELEC pour stimuler la production électrique, le sous-secteur de l'électricité croule sous le poids des contraintes qui traduisent la persistance des contre-performances du sous-secteur de l'électricité.

C'est dans ce contexte que le Plan TAKKAL adopté en février 2011 pour redresser la situation sur cinq ans (2011-2015) entrevoyait un programme d'investissement démesuré et très coûteux de 1 873 Mds FCFA entre 2011 et 2015 ce qui représentait 27 % du PIB de 2011.

La résolution de la fracture énergétique devrait passer par la redéfinition d'un autre modèle de consommation et des mécanismes plus opératoires, au-delà des fanfaronnades du mixte-énergétique de financement avec une lutte plus ferme contre les nombreuses pratiques de corruption. C'est dire que le Sénégal présente une carte énergétique renouvelable qu'il faut exploiter à grande échelle.[58]

[58] *« Il y a obligation à développer les renouvelables et à modifier nos modes de production et de consommation, un enjeu de premier plan pour l'industrie. Le moteur électrique est au cœur de l'usine. Face aux défis auxquels nous sommes confrontés, il nous faut repenser le lien entre production industrielle et énergie. Les techniques de transformation de l'énergie solaire ou éolienne en électricité ont un coût, ce qui est une forte incitation à économiser l'énergie. Elles rendent possible une production plus décentralisée ce qui suppose de développer des réseaux intelligents et une modification de nos comportements de consommation. Sur tous ces points, les outils offerts par l'électronique programmable pourraient nous permettre d'optimiser la consommation et la production, de développer l'efficacité énergétique de nos équipements, modérer notre consommation et investir dans le développement des énergies renouvelables serait un bon calcul économique ». Alternatives Économiques : Comment sauver l'industrie ? Hors-séries n°93, 2012.*

a) Le sous-secteur pétrolier et gazier : Éviter le syndrome hollandais

Les Sénégal est revenu de très loin de pays pauvre non producteur à pays pauvre producteur. La production de pétrole et de gaz sera destinée à l'exportation et à la consommation domestique. La première extraction de SANGOMAR. Le projet a été lancé en 2020, avec un investissement de 5 milliards de dollars et il vise une production de 100 000 barils par jour et rapporte en moyenne 700 milliards de francs CFA (soit plus d'un milliard d'euros) par an au Sénégal sur une période de trois décennies. Il précède l'entrée en production d'un autre projet, celui de GRAND TORTUE/AHMEYIM (GTA), à la frontière avec la Mauritanie, développé par le BRITANNIQUE BP avec L'AMERICAIN KOSMOS ENERGY, la Société mauritanienne des hydrocarbures (SMH) et la sénégalaise (PETROSEN). Il devrait produire 2,5 millions de tonnes de gaz naturel liquéfié par an.

Cette situation rappelle que les pétroliers français étaient très heureux en janvier 1956 : il n'avait fallu qu'un seul forage pour découvrir l'important gisement de pétrole d'EDJELEH, non loin de la frontière libyenne. Cependant, à l'indépendance avec beaucoup d'autres découvertes de gisements, les souverainistes et révolutionnaires algériens ont fait appel à l'URSS qui avait offert l'équipement et le corps enseignant d'une grande École de techniciens du pétrole et du gaz, installée dans les locaux de l'ancien exécutif provisoire, à Rocher-Noir, et qui compte actuellement neuf cent cinquante élèves. Par la suite, l'Union soviétique a fourni à l'Algérie du matériel de forage et des techniciens de recherche et d'exploitation affectés à la SONATRACH. Mais il y a aussi des experts soviétiques à la direction de l'énergie et des carburants, où il leur arrive de figurer aux côtés des représentants des pouvoirs publics algériens, face aux pétroliers français.

Ce n'est guère étonnant, note Ousmane SONKO « de voir le Président Macky SALL, lors de sa visite en France, annoncer l'arrivée du géant français TOTAL, alors que la presque totalité des blocs était déjà attribuée. Cette annonce n'est que la suite logique de la ronde d'autorités françaises dans les allées du palais de la République sénégalaise, sanctionnée par un rappel **ferme du Premier ministre Manuel VALLS** lors de sa visite à Dakar le 25 septembre 2016 : « le pétrole découvert au Sénégal intéresse la France ». Cette volonté de servir « le maître » français irrite même au sein des cadres de PETROSEN, puisque ces derniers se seraient vus contraints de rouvrir un appel d'offres déjà bouclé ».

L'excellente réflexion d'Ousmane SONKO dans son ouvrage « Pétrole et gaz au Sénégal, chronique d'une spoliation » a opéré une analyse clairvoyante, lucide et bien documentée toute la problématique de l'exploitation pétrolière et gazière : octroi des permis d'exploitation, contrats léonins (les dédales de la spoliation à la gouvernance profitable des ressources pour éviter le syndrome hollandais. En effet, observe-t-il « Le gouvernement a manifesté une nette préférence pour les contrats de service avec un recours permanent au procédé du Contrat de Recherche et de Partage de Production (CRPP). Jusqu'en 2014, des 17 décrets signés, 15 portent approbation de CRPP et seulement 2 approuvent des autorisations d'exploitation (au profit de FORTESA pour les puits de gaz de GADIAGA et SADIARATOU dans le bloc de Thiès) ».

Le tour est complet sur ce qui est et ce qu'il faut aire à la lumière des expériences africaines « L'Afrique, qui est le continent des richesses naturelles par essence, n'a pas échappé, depuis les indépendances et même avant, à ces pratiques mafieuses et terroristes pour le contrôle et l'exploitation de ses richesses par et au profit exclusif des multinationales occidentales et leurs gouvernements. Du Zaïre (actuel Congo) au Libéria, du Gabon à l'Angola, de la Lybie, récemment, à l'Afrique du Sud de l'apartheid, combien d'assassinats politiques, de coups d'État, de guerres civiles avec leur lot de barbaries et de génocides, portent le sceau de la convoitise des richesses du sous-sol Onshore et off-shore africain ? »

Les nouvelles autorités sénégalaises ont mis déjà en place toutes les nouvelles institutions pour une gestion performante du secteur pétrole gaz estiment qu'il reste à renégocier les contrats défavorables" au Sénégal signés par l'ancien régime et s'apprêtent à négocier les contrats malgré le scepticisme de certains experts – techniciens qui mais que l'on ne peut dénoncer des contrats déjà signés avec les compagnies n'est pas possible. Ce serait désastreux pour le Sénégal". Pour d'autres ; il n'existe pas, de manière explicite, des clauses qui prévoient des renégociations dans les contrats pétroliers "mais, par contre il existe" des clauses qui règlementent les litiges éventuels". Papa Demba assure que *"la plupart des contrats miniers ou d'hydrocarbures sont renégociés"* à l'échelle mondiale. Il cite l'exemple de la zone Amérique latine-Caraïbes. Selon lui, *"40 à 92 % des contrats"* sont *"renégociés sur une période allant de 1 à 8 ans"* après on peut y ajouter MAGAFULI en Tanzanie qui a dénoncé la plupart des contrats défavorables au pays.

b) Il faut sortir le solaire de la logique des projets sans grande ambition

Le potentiel solaire reste très loin d'être exploité, sa part dans la production énergétique est de l'ordre de 0,65 %. De nombreuses réalisations ont pu être faites dans le cadre de l'exécution de certains projets. Par exemple, des centrales solaires photovoltaïques (cette forme de valorisation semble être la plus prometteuse) ont pu être installées dans plusieurs localités dont NIAGA WOLOF, NOTTO, DIAOULE ET NDIEBEL – et plus de 1600 systèmes photovoltaïques familiaux ont pu être diffusés à travers le pays. De ce fait, l'énergie solaire offre de grandes possibilités, particulièrement pour l'électrification rurale.

Le projet sénégalo-allemand d'énergie solaire-PASSES, le projet JICA d'électrification solaire dans les îles du Saloum, le projet ISOPHOTON/ASER, le programme ATERSA/ASER, le projet ALIZES SENEGAL, le projet sénégalo-nippon d'énergie solaire doivent sortir de la situation de projet. Il faut donc aller au-delà des simples projets (qui sont en général pilotes) pour mettre en place de véritables programmes planifiés avec des objectifs précis et un timing de réalisation.[59] Le Sénégal qui jouit d'un important potentiel solaire, constitue un terrain de valorisation de ce type d'énergie dont les avantages résident dans le rendement élevé en électricité solaire, un faible coût de revient de l'énergie électrique produite, des réserves de puissance plus élevées à même de couvrir les besoins du pays en électricité sans compter ses avantages sur le plan écologique grâce à l'utilisation de fluides propres. La question de la disponibilité de la ressource (source d'énergie) ne se posant plus, il faut en amont, une vision ainsi qu'une stratégie. La mobilisation des moyens financiers qui reste l'autre nœud, dépend lui aussi de la volonté des politiques. L'Algérie a fait un pari audacieux sur le solaire avec son programme de réalisation d'une tour solaire thermique, deuxième du genre dans le monde, qui a été lancée en décembre 2009 à l'université « Saad DAHLAB » de Blida par des techniciens allemands de l'Institut solaire de JULICH.

---

[59] La bataille des panneaux photovoltaïques entre les États-Unis, l'Union Européenne et la Chine est symptomatique de l'importance du solaire : la Chine y consacre 35 milliards de dollars de subvention entraînant un protectionnisme américain avec une taxe de 250 % tandis que l'Europe est en train de négocier un accroissement tarifaire de 50 % voire moins et cela à cause de l'Allemagne qui défend ses multinationales Siemens et Bosch délocalisées en Chine.

c) Le sous-secteur de l'hydro-électricité est important malgré sa dénonciation des écologistes

L'Afrique, dans son ensemble, dispose d'un potentiel hydro-électrique immense. Avec sept grands fleuves (le Nil, le Niger, le Congo, le Sénégal, l'Orange, le Limpopo et le Zambèze), le continent dispose de 10 % du potentiel hydro-électrique mondial. Cependant, moins de 7 % de ce potentiel est mis en valeur. Sans conteste, c'est dans le domaine de l'hydro-électricité que réside les plus grandes possibilités de coopération durable. En Afrique de l'Ouest, il est estimé à 25 000 MW et n'est exploité qu'à hauteur de 16 %. Le Bénin et le Togo tirent déjà une partie de leur consommation en énergie électrique du Ghana qui dispose de capacités excédentaires grâce au barrage d'Akosombo érigé sur la Volta. Le fleuve Zambèze dispose d'un potentiel de 12 000 MW sur la seule portion mozambicaine de son cours. Quant au site d'Inga, sur le fleuve Congo, il possède le potentiel le plus important du monde (entre 39 000 et 44 000 Mégawatts). Cependant, moins de 1 % de son potentiel est utilisé. La réhabilitation du site financé par le concours de la Banque mondiale et du NEPAD devrait donner un nouvel élan à la disponibilité d'énergie dans la région.

La disponibilité de telles ressources montre que l'hydro-électricité est certainement le secteur le plus prometteur en matière énergétique. Les importants moyens nécessaires à la réalisation des infrastructures requièrent des actions coordonnées sur le plan régional entre les pays limitrophes, voire même une coopération continentale dans le cas du site d'Inga, dont le potentiel représente le double de la puissance du plus grand barrage du monde (celui des Trois-Gorges en Chine). Le financement des infrastructures nécessaires légitime la mise en place de partenariat pour le financement du développement comme le NEPAD afin de trouver des cadres de collecte de ressources.

4°) L'État et les entreprises accordent peu d'intérêt à la recherche et à l'innovation comme secteur moteur et stratégique de la production. Réaliser un traitement prioritaire du pouvoir des nouvelles technologies dans tous les secteurs de l'économie de l'agriculture à l'industrie augure de la formation de la rente technologique

Si J. SCHUMPETER fut le premier à montrer que le progrès technique est à l'origine d'une croissance de long terme, aujourd'hui, tous les économistes s'accordent sur l'idée que l'innovation constitue un moteur de la croissance. Selon Elie Cohen, l'économie de la connaissance renvoie simultanément à ces trois réalités :

a) Le passage à une économie industrielle intense en R&D et en innovation ;

b) Le développement des secteurs propres à l'économie de la connaissance (nouvelles technologies de l'information et de la communication) ;

c) L'augmentation des activités de la connaissance au sein même des activités les plus traditionnelles.

L'université doit être au cœur de la recherche et le pilier de l'innovation, comme dans tous les pays industrialisés. Au Sénégal, les relations Université-Entreprises sont quasi inexistantes. Or, c'est cette relation de complémentarité qui permet l'échange d'expériences et la mise en place d'un système productif innovant. Il devient primordial d'établir ce genre de lien à travers la constitution de pôles économiques autour de centres de recherches universitaires pour ne pas être en marge des mutations mondiales. Partout dans le monde, dans les pays industrialisés, l'organisation de la production autour de clusters est à la base de l'innovation dans l'entreprise. Pour cela, il faut que les entreprises comprennent l'intérêt d'investir dans la R&D pour leurs produits et tout l'enjeu de la compétitivité. Il faudrait que les centres de recherches les rassurent à travers une certaine crédibilité pour leur assurer un retour sur investissement à moyen et long terme, gage d'une coopération durable et gagnant-gagnant.

Nombreux sont les produits locaux qui peinent à gagner des parts de marché national, à cause de leur mauvaise qualité. Cela est d'autant plus problématique que face à la mondialisation des marchés, la viabilité des industries repose non seulement sur leur succès sur le marché local, et sur leur capacité à pénétrer les marchés étrangers. Face à la rareté des ressources financières, le rôle de l'État est de créer un environnement global favorable aux entreprises, à l'innovation et à soutenir l'effort de recherche et de développement des acteurs les plus performants et des secteurs les plus prometteurs. L'État doit inciter les entrepreneurs à investir dans la recherche, en garantissant le rendement privé des entrepreneurs innovants.

En effet, la R&D ne peut être exclusivement un bien public, car elle profite d'abord au découvreur. Cependant, les entreprises privées sont tentées d'adopter une attitude de passager clandestin, car les résultats de la recherche et développement pourraient être utilisés par des concurrents sans qu'ils n'y participent financièrement. Cette situation légitime le rôle de l'État qui doit veiller à ce que le rendement privé de la recherche soit à la hauteur de son rendement social, à travers des incitations diverses (allégement de taxes, subventions, aide à la recherche, etc.) pour les entreprises les plus innovantes et les plus entreprenantes.

En définitive, la relation recherche-production est indispensable pour les prochaines échéances de la compétition internationale. Le retard accusé en la matière est énorme. Cependant, les relations de partenariat, si elles sont exploitées de manière efficiente, constituent une opportunité unique de combler ce gap technologique et être à niveau par rapport aux standards mondiaux.

5°) La problématique du financement : des promesses à coup de milliards de dollars, mais jamais tenues. Il faut compter d'abord sur ses propres capacités par une refonte profonde de la systémie bancaire.

Aujourd'hui, l'Afrique est courtisée par tous les pays industrialisés. Dans ce sens « côté britannique, Theresa MAY a indiqué, dans un discours prononcé à Cape Town en août 2018, que le Royaume-Uni entend viser un niveau d'aide élevé (0,7 %), mais tout en poursuivant son intérêt national (« We support our own national interest »), John BOLTON le conseiller pour la sécurité nationale déclare de façon explicite le 13 décembre 2018, le retour de l'administration américaine en Afrique. L'ALLEMAGNE propose un nouveau cadre stratégique du ministère du Développement (Entwicklungspolitik 2030) et entend organiser une revue systématique des 85 accords de coopération bilatéraux afin d'encourager les pays concernés à des réformes et à la réduction de la corruption. À ce propos, la France, elle, peine à définir un cap. »

***« Ceux qui disent qu'il faut investir en Afrique pour freiner l'immigration ne sont pas ceux qui le font. Tandis qu'ils s'enferment dans leur donjon, c'est le dragon chinois qui met la main au portefeuille »*[60].** La Chine a investi 31 milliards d'euros en Afrique en 2016, très loin devant les États-Unis (3 milliards d'euros). Pékin est ainsi devenu le premier créancier bilatéral en Afrique subsaharienne, avec 55 % des créances totales, loin devant la France avec 7 % du total des créances. Un certain nombre de ces prêts sont notamment garantis

[60] Donjon et Dragon : La Revue Alternatives Economiques Hors- série 2020.

par la livraison de matières premières. **L'avantage compétitif est clairement souligné par le président Abdoulaye Wade lorsqu'il déclare en 2007 «** ***Quand je veux construire une autoroute, il me faut cinq ans pour conclure avec la Banque mondiale. Avec la Chine, c'est réglé en quelques jours : je dis oui ou non, et je signe.*** **»**

Le Président E. MACRON est le plus actif d'entre tous et multiplie les initiatives avec de multiples rencontres avec les Chefs d'État et promet de les étendre aux sociétés civiles du pré carré francophone. Dans un rapport élaboré par la boite à idées de la macronie, **« Prêts pour l'Afrique demain ?», l'Institut Montaigne formule plusieurs propositions-chocs pour que la France stoppe l'hémorragie sur un continent où la Chine se taille désormais la part du lion.** L'agenda de la Conférence de Paris prévoyait, au tout début, d'analyser les modalités de la relance par la solution de ses deux contraintes majeures : le financement du développement et le traitement de la dette. En bout de course, comme une fuite en avant on lance un appel pathétique à la constitution d'un **« New Deal »** qui s'inspirerait de la politique révolutionnaire de ROOSEVELT. Pourquoi ce point de chute qui est un énorme aveu d'échec.

La bousculade observée a exacerbé le président, ghanéen Nana AKUFO ADDO qui déclare sans ambages ni fioriture qu'« Il est temps que les Africains cessent de conduire leur politique sur la base de ce que soutiennent ou souhaitent les Occidentaux, l'Union européenne ou la France. Ça ne marche pas, ça n'a jamais marché, ça ne marchera jamais… Il est urgent de rompre avec cette mentalité d'assistés et de mendiants éternels. »

Sur cette question du financement du développement plusieurs rencontres du G20, du Club de Paris et du G7 ont promis une pluie de milliards, depuis **le premier texte, la déclaration de MONTERREY** sur le financement du développement, en mars 2002, la communauté internationale avait pris de nombreux engagements importants en faveur de l'aide publique au développement (APD) qui devrait augmenter de 12 milliards de dollars US par an jusqu'en 2006. Le texte avait dressé un tableau idyllique du rôle des marchés, des mouvements de capitaux privés ou de la libéralisation du commerce. **Le second texte concerne la Conférence de DOHA** qui, sans tirer les leçons des rencontres précédentes, avait mis en évidence en 2008 de nouveaux aspects du financement avec la montée en puissance des pays émergents, à la fois bénéficiaires de l'aide et donateurs, des fonds souverains des pays exportateurs de matières premières, des grandes fondations privées et des fonds mondiaux spécialisés. Aucune avancée effective. **Le troisième texte concerne la troisième Conférence internationale sur le financement du développement tenue à Addis-Abeba en 2015**. Elle a eu pour but de trouver les ressources nécessaires pour financer la mise en œuvre des 11 Thématiques, des 17 objectifs de développement durable et des 169 indicateurs des Objectifs du Développement Durable pour éradiquer l'extrême pauvreté. Plutôt que d'établir un budget chiffré des dépenses et de chercher à l'équilibrer, la Conférence avait estimé qu'il est plus utile de se demander quel genre de politique actionnée au niveau national et international pour générer les ressources et les mettre à disposition pour le développement. On peut ajouter d'autres rencontres à KANANASKIS, GREANEAGLE. **Le quatrième texte est tout récent et porte sur le financement de la transition écologique** en Afrique avec des besoins estimés de 2700 milliards auxquels devront s'ajouter les coûts de l'accès aux nouvelles technologies. Sur les 100 milliards annuels promis, de 2009-2013, l'Afrique de l'Ouest n'a reçu que 11,7 milliards soit 12 %.

Concernant l'endettement, le total des prêts aux États africains consentis par la Chine sur la période 2000-2017 était de 143 milliards de dollars : moins de dix milliards de dollars s'y ajoutent chaque année jusqu'en 2010, puis plus de 10 milliards chaque année depuis, avec des pics en 2013 et 2016 (18 puis 30 milliards de dollars).

Ces prêts chinois sont octroyés par des acteurs variés : la CHINA 'EXIM BANK chinoise (63 milliards de dollars depuis 2000, et selon un rythme stable autour de 6-9 milliards par an depuis le début des années 2010, la CHINESE DEVELOPMENT BANK (12 milliards de dollars au total, de manière relativement irrégulière, et avec un pic à 4 milliards en 2013 et les autres entités chinoises (notamment les banques commerciales, pour 19 milliards au total, selon un rythme beaucoup plus irrégulier, et avec un pic à 3 milliards en 2010). Les institutions financières chinoises. La CHINA EXIM BANK qui est en passe de devenir la première banque du continent, non seulement elle accorde des prêts à des conditions préférentielles, mais elle négocie aussi des contrats.

Aucune Banque française installée en Afrique n'est en mesure de tenir la moindre compétition. Cela est valable pour les Banques françaises de la zone aucune ne peut accorder un crédit long le cas le plus flagrant est la vente de la CFAO à Toyota et leur participation insignifiante dans le financement des infrastructures pour lesquelles un rapport de la Banque africaine de développement (BAfD) insiste sur le fait que les estimations des besoins annuels de financement se situent entre 130 à 170 milliards de dollars par an.

Qu'en est-il maintenant de la trajectoire inquiétante de l'endettement (dette publique). Comment s'en sortir : moratoire, annulation tout en évitant les excès des réformes monétaires et les rigueurs de sa gestion budgétaire à courte vue qui oblitèrent les aspects sociaux ?

En dehors des discours mille fois rabâchés, les creux blablas et les effets d'annonce, rien de nouveau. D'ailleurs, sur ces questions de moratoire et d'annulation, c'est la Chine qui, sans tambour ni trompette, a pris les mesures les plus importantes en annulant les dettes non remboursées liées aux prêts intergouvernementaux sans intérêt arrivant à échéance fin 2018, en faveur des PMA, des pays pauvres très endettés (PPTE), des pays en développement sans littoral (PDSL) et des petits États insulaires en développement (PIED) de l'Afrique qui ont des relations diplomatiques avec elle.

Sur la question de la dette, la seule nouveauté dans les propositions est la nouvelle émission de DTS. Cependant, sur cette « trouvaille », **le Président Abdoulaye WADE en 2001 l'avait introduit, au niveau des rencontres avec l'École de Dakar, la proposition d'une émission massive de DTS spécialement destinés pour le financement des besoins du Continent. Aujourd'hui, sur les 650 milliards de dollars émis, la part de l'Afrique est fixée à 34 milliards soit 5 % du total.** C'est dire que l'émission est faite pour les pays développés. Qu'est-ce qu'ils en feront, quelle clef de répartition ? Quelles modalités d'accès ? Au-delà de ces questions, les spéculations et les surenchères vont bon train.

6°) Renoncer au trop besoin de l'argent des autres, alors que l'Afrique peut financer une bonne partie de son développement sur ses ressources propres : l'exemple de la Tanzanie sous le Présidence J. T. MAGUFULI.

Commençons par relever ces préjugés qui sont durs à supprimer comme des ions sur l'inefficacité des politiques budgétaires et monétaires qui conduisent souvent à se dispenser même de toute tentative d'action. On sait a priori que l'épargne est nulle parce que le revenu est faible, on ne cherche donc pas à mobiliser celle qui existe. Le mobile bancaire le fait à merveille. « Si tu manges la graine tu n'auras jamais l'arbre ».

Beaucoup de décideurs africains et certaines institutions internationales (OCDE) établissent qu'« *Aucun pays ne s'est développé par l'extérieur».* Le Président rwandais **Paul KAGAME** l'a récemment répété, bien après le Président **Julius K.NYERERE** qui soulignait dans la déclaration d'Arusha en 1967, les points suivants : 1°) Suivre la voie du socialisme enraciné dans la société africaine et son esprit communautaire ; 2°) Prendre l'agriculture comme base du développement ; 3°) Amener le peuple à compter sur lui-même et sur son travail (le travail considéré comme la racine du développement) ; 4°) Construire un développement qui assure l'égalité entre les citoyens et 5°) Ne pas attendre l'argent des autres. Il faut ajouter une variable la confiance en nous ; à nos acteurs, à notre secteur privé. Cette orientation a été adoptée par John Pombe **MAGUFULI, le bulldozer,** qui *déclarait « Notre père fondateur Julius NYERERE n'était pas quelqu'un à qui on peut dire ce qu'il faut faire, il rejetait les conseils venant des nations occidentales ».* Conséquence de cette inspiration, il a mobilisé toutes les ressources financières de son pays pour construire de grands projets d'infrastructure (création de voies ferrées reliant le pays à ses voisins, expansion des autoroutes, mise en place de système de transports rapides par bus).

Il a pris de grandes mesures sociales pour réduire la pauvreté et les précarités notamment le logement social ; il répétait sans cesse *« je sais ce que veut dire la pauvreté, mon origine modeste m'a inspiré le désir de travailler pour la population de Tanzanie ».* Il a réduit de manière drastique le train de vie de l'État en commençant par diminuer son salaire de moitié, en redressant la fiscalité, en renégociant les contrats miniers avec des redressements fiscaux lourds pour des multinationales. N'a jamais visité et fait autre déplacement en Europe durant tout son mandat. Il a supprimé les fêtes de l'indépendance et a divisé son salaire présidentiel par quatre.

Le financement endogène sous conditions de la Sécurité et de la confiance.

Sur le financement endogène de l'économie nationale, la question centrale demeure comment irradier l'économie par mobilisation de de flux financiers qui permettent aux acteurs d'entreprendre. **Cela appelle 4 volets :**

1) La réforme de la systémie bancaire et financière pour une meilleure mobilisation et utilisation de l'épargne. Nous croyons dure comme un atome que l'épargne africaine est nulle, ce qui nous désarme à tenter tout effort de mobilisation.

2) La réforme profonde du système fiscal et la lutte contre les multiples évasions. Il faut taxer les riches.

3) La lutte contre les capitaux enfuis.

4) Et l'utilisation productive des envois de fonds des diasporas.

Il est sans doute difficile et très compliqué de réformer la **systémie bancaire et financière**. Toutefois, quatre actions sont à la portée des gouvernements : la création, par-delà les structures de la Banque centrale, de solides instruments de régulation bancaire et financière, encourager et favoriser la diversification et une plus grande spécialisation du tissu bancaire, améliorer et appuyer le système bancaire de proximité c'est-à-dire le système financier décentralisé afin qu'il puisse mobiliser plus de ressources pour en fournir plus et offrir des produits diversifiés aux PME/PMI et TPE et exploiter avec un management rigoureusement professionnel les possibilités des fonds souverains.

Sur ce premier volet, il faut créer un marché financier actif et ouvert à tous les cadres et à tous les petits épargnants, pour que tous les entreprenants du pays se sentent partie prenante à la croissance économique qui doit être généralisée et non plus réservée à une oligarchie politique ou parentale, ethnique ou de copinage. Ce n'est qu'à ce prix que l'économie nationale fera des bonds en avant et contribuera à la solution du chômage et de la pauvreté.

Le second volet concerne la mobilisation de l'épargne intérieure publique et privée. Deux sources internes de financement doivent permettre de sortir de ces préjugés, il s'agit d'une part, de la mobilisation de l'épargne des individus et des sociétés privées intérieures, qui sont des ressources que le secteur financier transforme en investissement productif et d'autre part, de la mobilisation de l'épargne publique pouvant provenir de trois sources l'excédent des recettes sur les dépenses publiques, l'emprunt à travers l'émission de bons du Trésor et le do à travers l'altruisme.

Le troisième volet est relatif à la fuite des capitaux qui est très importante. Il faut les ramener de manière administrative. Qui sait ce que sont devenues les fortunes colossales des MOBUTOU et d'ABACHA ?

Les capitaux enfuis constituent des pertes énormes de ressources financières. Selon deux chercheurs, Léonce NDIKUMANA et James K. BOYCE (*New Estimates of Capital Flight from Sub-Saharan* African

Countries, October 2007), les fuites de capitaux dont a été victime l'Afrique subsaharienne entre 1970 et 2004 s'élèvent au total à 341,6 milliards de dollars (en dollars de 2004). Si l'on inclut les intérêts rapportés par ces placements, les 40 pays couverts par cette étude ont souffert d'un manque à gagner sur la période de 476 milliards de dollars, soit le double de leur stock de dettes extérieures. Les auteurs montrent, par ailleurs, que les fuites de capitaux sont étroitement corrélées à l'endettement extérieur : pour chaque euro emprunté, en moyenne 60 centimes repartent à l'étranger, dès la première année.

En ce qui concerne l'épargne publique, elle est fonction des recettes fiscales de l'État, mais aussi de la dépense publique (dont ressort le train de vie de l'État) qui est souvent sous la haute surveillance des institutions financières internationales. Selon les données 2012 des *Perspectives économiques en Afrique*, les recettes fiscales collectées entre 2000 et 2010 ont augmenté, de 141 à 416,3 milliards USD, représentant une part moyenne non pondérée de 20,3 % du PIB. En 2010, le montant des impôts a été plus de huit fois supérieur au volume d'APD allouée à l'Afrique. C'est dire que la fiscalité est une source essentielle de financement du développement et elle est la clé de la construction d'États aptes à remplir leurs missions.

À court terme, l'assiette doit être élargie en réduisant les privilèges fiscaux et en négociant une fiscalité plus équitable avec les multinationales. Les pays africains doivent réformer leur système fiscal, en renforçant leur administration fiscale, en incitant leurs opérateurs du secteur informel à se formaliser et en élargissant leur assiette fiscale par sa numérisation et la mise en œuvre des mesures issues du **projet BEPS (Érosion de la base d'imposition et transfert de bénéfices, lancé par l'OCDE, Cadre inclusif sur le BEPS) visant** à faire en sorte que les règles de fiscalité internationale ne facilitent pas le transfert des bénéfices d'entreprises hors du pays où les activités économiques réelles se déroulent et où a lieu la création de valeur.

Le quatrième volet concerne les transferts financiers des migrants, les investissements directs étrangers et l'aide publique au développement. Pour le Sénégal, les transferts de fonds effectués par les circuits formels sont estimés à 700 milliards de francs CFA en 2011 soit plus de 10 % du PIB. Quelques exemples méritent d'être soulignés : au Maroc, ces envois de fonds constituent 637 % de l'IDE et 452 % de l'APD, en Égypte, 467 % de l'IDE et 225 % de l'APD, au Cap-Vert 929 % de l'IDE et 103 % de l'APD. Globalement, ces envois de fonds évoluent entre 9 % à 24 % du PIB et 80 % à 750 % de l'APD. Suite à la crise, ces transferts ont beaucoup décliné, en pourcentage du PIB, au Liberia (3,1 %), au Soudan (1,5 %), au Cap-Vert (1 %), au Sénégal (0,9 %), au Maroc (0,7 %), en Égypte (0,6 %) et en Éthiopie (0,5 %). Ces transferts des Africains du continent équivalent 2,5 fois le montant des capitaux privés investis et constituent l'une des principales sources financières des pays en développement. Ils ont été d'un apport déterminant en Chine où les diasporas ont joué une partition extrêmement appréciable dans le financement du développement et de l'industrialisation.

Selon une étude de la Banque Africaine de Développement, en 2007 leur montant est estimé à plus de 320 milliards de dollars. Certaines études empiriques établissent que les envois de fonds effectués par le biais des canaux informels pourraient représenter au moins la moitié de ce montant estimatif officiel. Ce faisant, ils sont pour de nombreux pays africains la source principale et la plus stable de flux de capitaux. En 2007, on évaluait à quelque 125 millions le nombre de travailleurs migrants qui aident de la sorte 500 millions de personnes, membres de leurs familles restés dans leur pays d'origine (L'approche de la Banque en matière de transferts de fonds des migrants).

En conclusion, l'Afrique est revenue, aujourd'hui, au cœur des enjeux géopolitiques d'un continent qui prend une claire conscience de ses atouts : d'abord un stock immense de matières premières objet d'une vive compétition, une dynamique démographique avec 1 milliard d'habitants, une urbanisation accélérée avec une classe moyenne en augmentation soutenue qui crée un marché interne, une croissance économique qui pourrait friser le taux de 7 %. Alors même que l'Occident est plongé dans une sévère crise économique.

Les systèmes politiques et économiques connaissent une relative stabilité. Dans ce contexte, toutes les prévisions établissent que la prochaine décennie serait celle de l'émergence du continent. Elle doit être celle de l'industrialisation du Continent qui est la condition première du développement. Cette embellie doit être mise à profit pour approfondir et élargir l'industrialisation dont les principaux paramètres se mettent progressivement en place : les projets, les entrepreneurs, les capitaux et les ressources humaines.

Il ressort de toute cette analyse que la disponibilité des ressources financières n'est ni une contrainte ni un goulot d'étranglement infranchissable. Au plan interne comme externe, il existe des ressources financières à suffisance pour faire face aux besoins de financement non seulement de la politique industrielle, mais de toute la politique sectorielle.

Il revient à l'État d'être à la fois actif et volontariste et en relation étroite avec le secteur privé. Également, l'analyse révèle les efforts importants d'investigation que le gouvernement doit réaliser pour disposer et exploiter tous ces aspects positifs, à condition d'avoir un programme cohérent, réalisable et volontariste de mobilisation des ressources internes. **Les entreprises et les acteurs de l'économie doivent saisir la nouvelle donne de la mondialisation de haute compétition pour améliorer leur efficacité.**

PARAGRAPHE 12

Les deux leviers d'une gestion d'un système politique démocratique et d'un système économique, social et financier à la fois pertinent, performant et compétitif : l'État doit redéfinir, réhabiliter et disposer de solides institutions, avoir une bonne gouvernance et une administration honnête.

Aujourd'hui les études et recherches académiques ont accordé un grand intérêt à L'État africain. Les auteurs sont unanimes pour reconnaître, tirant les leçons de l'histoire, qu'il est impossible de mener une action durable de modernisation de l'appareil de production, de procéder à de larges réformes sociales, de modifier la culture des entreprises et d'accomplir un véritable effort pour accroître la compétitivité du pays à l'échelle interne comme externe, sans l'aide et le soutien de l'État.

Or, le fossé entre les missions assignées à l'État et la réalité de son action au service de la collectivité est si profond que certains auteurs n'y voient non pas une simple situation de puissance pathologique, mais une donnée structurelle du pouvoir en Afrique. Comment peut s'expliquer cette incapacité de l'État à répondre aux besoins de la société et pourquoi l'État africain ne parvient-il pas à générer, sur une base régulière et stable, les ressources qui sont nécessaires pour le développement économique ? Et pourquoi, attend-il tout de l'extérieur souvent avec une servitude volontaire ?

1. Démocraties matures	Légitimation obtenue par des élections libres et transparentes. Existence de contre-pouvoirs.	Stabilité, possibilité d'alternance, grande transparence de l'action gouvernementale. Symbole de la « bonne » gouvernance économique, avec résultats significatifs.	Cas types : Maurice, Botswana, Cap-Vert, Ghana.
2. « Démocratures » ou autocraties réformistes	Pourvoir charismatique, dirigiste et vertueux. Libertés bridées mais légitimité formelle par les urnes.	« Bonne » gouvernance, avec résultats probants sur la gestion des services publics.	Cas types : Éthiopie, Ouganda, Rwanda.
3. « Anocraties » ou démocraties molles	Régimes élus mais hybrides et faibles de type « patrimonial », avec jeux clientélistes et préservation d'une élite prédatrice. Confusion entre biens publics et privés.	Insuffisance de la gouvernance, primat de la gestion à courte vue et État peu facilitateur de développement	Majorité des situations en Afrique subsaharienne. Cas types : Madagascar, Nigeria, RD Congo.
4. Autocraties obscures et prédatrices	Pouvoir prédateur, fortement personnalisé, au mode de gestion aléatoire, sans contrepoids ni comptes à rendre, peu soucieux de la chose publique	Les plus vulnérables à la mauvaise gouvernance, aux conflits sociaux armés et à l'instabilité politique.	Présentes dans les années 1980 (Centrafrique, Ouganda, Zaïre), il n'en reste aujourd'hui qu'une poignée (Erythrée, Gambie, Soudan, Swaziland).

Source : auteur, en partie inspiré de Banque mondiale, 2011.

D'autres analyses plus fines définissent l'État à partir du système au service duquel il fonctionne. Nos investigations dans les années 80 m'avez conduit a analysé deux formes en voie de construction en Afrique et en Asie : le capitalisme d'État et l'État de démocratie nationale pour qualifier les pays nouvellement indépendants cherchant une transition du sous-développement au socialisme : le Ghana, le Mali, la Guinée et l'Algérie[61].

Les concepts ne manquent pas bien que dans la plupart des cas les définitions ne soient pas techniquement bien élaborées et manquent de précision. Elles ressemblent parfois à des quolibets : État bienveillant, État régulateur, État pro, État surchargé, État mou, État fragile, État failli ou défaillant, État voyou, etc. J'ai assisté à la fin des années 80 à une soutenance d'une thèse brillante avec trois éminents professeurs de la Faculté de Droit et des Sciences économiques appartenant à des idéologies différentes et conflictuelles : le marxiste (Pr. Samir Amin), le libéral social (Pr. Abdoulaye Wade) et le socialiste orthodoxe (Pr Anson MEYER).

[61] Moustapha KASSE : *Du sous-développement au socialisme*, Édit. Silex 1988 276 p. Les idées étaient partagées par les cadres du FRELIMO avec le Président S. MACHEL et son Premier ministre Dr MOUKOUMBI ainsi qu'avec les camarades du MPLA avec Paolo GEORGES en Algérie avec des amis de la JFLN et l'UGEMA.

La délimitation des fonctions de l'État dépend d'un choix purement national car rien dans les mécanismes économiques ou même dans l'interdépendance mondiale n'oblige les nations à augmenter ou à diminuer le rôle de leur puissance publique. On peut observer, l'expérience très instructive de trois catégories différenciées d'États qui ont d'excellentes performances sur le marché mondial unifié : le Japon comme la Chine, la Corée, la Malaisie ont un État très tort et très centralisé, les États unis un État moins fort et plus décentralisé et la Suède un État assez faible. Cela nous montre l'insuffisance de la formulation poujadiste de réduire les réformes de l'État à « moins d'Etat mieux d'État ». Il apparaît alors que le débat entre et « moins d'État » est largement trompeur et reste dans le fond assez superficiel. » Ce débat initié par les IFI et repris par nos décideurs manque de substance, il est largement trompeur et reste dans le fond assez superficiel.

1°) L'État « pro », avec de fortes et solides institutions sont les principales variables de la boîte à outils de la bonne gouvernance. Pour cela, il faut de robustes réformes vers un État vigile, régulateur, prospecteur, garant des règles de stabilité et de sécurité et du jeu social des acteurs.

Le premier pilier des institutions concerne l'État qui ne doit être ni importé ; ni mou (G. MYRDAL), ni prédateur (F. BAYARD), ni patrimonial (P. JACQUEMOT), ni surchargé (BANQUE mondiale), ni contourné (P. HUGON). Les multiples débats et impressionnantes controverses sur la taille optimale, les missions, l'efficacité de la gestion publique de l'État sont tranchées par les expériences réussies du modèle de l'État « pro » (P. HUGON) c'est-à-dire promoteur, producteur, prospecteur et programmeur qui manifeste une efficacité insolente en sortant ces pays du sous-développement en l'intervalle d'une génération. Cette forme d'État, à la fois fort et volontariste, est libérateur des énergies, des talents et des initiatives, elle peut servir la croissance économique par une gestion publique vertueuse.

La forte croissance économique de l'Asie de l'Est, surtout dans les années 90, avait dérouté par sa rapidité et par son ampleur à telle enseigne qu'il a été évoqué, tour à tour et sans références aux données des sociétés concernées, un « miracle » ou un « modèle » fondé sur des « valeurs asiatiques » ou alors une « émergence économique ». En l'intervalle d'une génération, de petits pays de culture non occidentale et de peuplement non blanc complètement dépourvus de matières premières ont construit des systèmes économiques performants qui les ont fait accéder, en quelques années au rang de puissance mondiale.

Les pays en développement surtout en Afrique francophone n'ont cessé, post indépendance, d'importer des modèles politiques, des systèmes juridiques ; des démocraties représentatives et des États qui se sont avérés incapables de construire un système économique performant, un régime politique démocratique[62]. Non seulement la greffe n'a pas pris, mais il a précarisé et dévoyé toutes les institutions législatives, judiciaires et exécutives. C'est pourquoi, il suscite, en Afrique beaucoup de controverses suite à ses défaillances, ses dysfonctionnements et ses impuissances instrumentales. Historiquement, « les améliorations de la qualité des institutions semblent bien être allées de pair avec de meilleures performances en matière de croissance.

Accroître la qualité de leurs institutions est une tâche importante pour les pays en développement. Il faut toutefois apporter deux réserves à cette affirmation. Tout d'abord, comme nous l'avons dit plus haut, nous devons reconnaître que c'est un processus qui prend du temps, et être plus patients, en tenant compte du fait que les pays actuellement en développement sont déjà plus avancés, sur le plan institutionnel, que les pays développés lorsqu'ils en étaient à un stade comparable. La seconde réserve est que les "bonnes" institutions ne produisent de la croissance que lorsqu'elles sont combinées avec de "bonnes" politiques »[63].

L'analyse de la forme dominante, en Afrique francophone, en l'occurrence le régime de la 5e République s'est imposée de l'indépendance à nos jours. Dans cette période, au niveau de beaucoup de pays, il a muté progressivement en un système politique patrimonial et bonapartiste avec des pouvoirs patriarcaux fortement concentrés, exercés par un chef charismatique qui gouverne par le canal de sa famille, de ses fidèles, de ses serviteurs, d'une clientèle captive et des affidés de toute sorte.

Cet État patrimonial et prédateur se caractérise par une expansion rapide et désordonnée du secteur public qui conduit à l'irrationalité économique. Il est rare qu'un tel processus puisse déboucher sur une régulation accrue des flux économiques intersectoriels, sur des investissements publics efficaces. Prélevant plus qu'aidant à produire, l'État a donc progressivement épuisé sa propre base économique. Animé principalement par un objectif de

---

[62] Bertrand BADIE : L'État importé, l'occidentalisation de l'ordre politique, Ed. Fayard Paris, 1992, 334 pages

[63] Ha-Joon CHANG : La bonne gouvernance à l'épreuve de l'histoire. Revue L'Économie politique, n° 017 (01/2003) Page 60.

redistribution, engagé très faiblement vers l'augmentation de potentiel de production et dépendant pour se perpétuer des aides extérieures et de l'endettement que l'on se glorifie à appeler une bonne signature auprès des bailleurs de fonds et partenaires techniques et financiers.

Ce pouvoir de type patriarcal est fondé sur la parenté organisée autour d'un chef lequel exerce son magistère par le canal de la famille, mais aussi celui des fidèles, des serviteurs et de la clientèle politique, qui constituent en quelque sorte son état-major administratif. Ce système est fondé sur l'obligation acceptée et la loyauté des membres à l'égard du chef (et non sur la compétence et la qualité du service public qu'ils rendent) ; cette obligation étant rémunérée par les mécanismes de redistribution (la fonction de patronage de l'autorité). Le devoir du dirigeant est de récompenser généreusement ceux qui le servent et le suivent et à sanctionner sévèrement ceux qui ne se montrent pas assez zélés. Ce gouvernement personnel est caractérisé par un ensemble de relations qu'entretiennent les dirigeants non pas avec leurs administrés, mais avec les parents, les clients, les partisans et les rivaux et qui, ensemble, forment « le système patrimonial ».

La gestion de l'État s'effectue en « père de famille » il y a alors une confusion entre les affaires personnelles et les affaires politiques, administratives et judiciaires. On parvient ainsi à une absence de séparation entre le domaine privé et le domaine public : le Trésor public se confond avec la caisse du chef. La prébende illustre, de la manière la plus évidente, cette confusion des domaines, et cette caractéristique est fondamentale pour définir l'État patrimonial. Confiscation du pouvoir et appartenance au réseau du Chef. Style de commandement péremptoire et sans partage. Il se réfère, mais par pur formalisme, à des normes publiques et à des idéologies universalistes. Une relative fonctionnalité du pouvoir administratif peut donc s'instaurer. Les positions d'autorité sont détournées pour permettre à ceux qui les exercent d'extraire et de redistribuer le patrimoine. L'institutionnalisation est pervertie par la personnalisation du pouvoir et la stratégie d'accumulation-redistribution qui président à chaque niveau de la hiérarchie, du sommet à la base en passant par divers intermédiaires.

L'État et ses institutions ne sont pas considérés comme des biens communs de l'ensemble des citoyens, mais comme une bonne prise dont peuvent se servir les classes dirigeantes pour sa promotion politique et l'enrichissement illicite. La lutte politique est celle de la « politique du ventre ». Ainsi, elle apparaît comme la pourvoyeuse

de richesses si bien que « Rechercher le pouvoir c'est aussi rechercher la richesse et rechercher la richesse c'est rechercher le pouvoir puisque l'un mène à l'autre et réciproquement » (J.F. MEDARD)

En conséquence, toutes les institutions sont désacralisées, désarticulées et corrompues par la personnalisation excessive du pouvoir et la stratégie d'accumulation-redistribution. Cette dégénérescence mène à la constitution d'un État trop gros, pas assez réactif et incapable d'agir efficacement sur l'économie créant ainsi un large hiatus entre le discours libéral délégitimant l'État et autoproclamant les vertus du marché. Il faut opérer des réformes de relégitimation de l'État par l'instauration de la bonne gouvernance. C'est ce type de système caractéristique de la françafrique néocoloniale que les militaires de la Confédération des États du Sahel et le peuple et la jeunesse sénégalaise sous la direction du Parti PASTEF au Sénégal ont renversé. On ne répétera jamais assez ce propos pertinent de Jean Michel SEVERINO (ancien vice-président de la Banque mondiale et ancien Directeur de l'AFD) : « Ce qui est indispensable, c'est la stabilité politique, mais il est indifférent qu'elle soit assurée par la démocratie ou par un régime fort, avec ou sans élection organisée avec des fonds externes et sous contrôle.

Les forces progressistes qui sont en responsabilité doivent avancer vers des réformes urgentes et importantes de l'État pour le rendre efficace pour mutualiser les risques sociaux, libérer les capacités humaines au profit de l'intérêt général, assurer la justice sociale pour un coût minimal, tout en contrôlant la fraude, la corruption, la gabegie, l'utilité sociale maximale, un coût économique minimal.[64] Il faut le protéger des mythologies économiques et des naïvetés néo-libérales. Pour cela il faut construire des institutions fortes et reconquérir politiquement le temps long. Les forces de progrès ne doivent pas tout réduire à l'économie, il faut inventer une compétence politique démocratique c'est-à-dire un narratif politique susceptible de mobiliser les masses populaires.

Ces autorités politiques doivent être attentives au jeu des Institutions Financières Internationales (IFS) composées des fanatiques du marché. En vérité elles travaillent pour leurs partenaires les plus puissants. Elles « *ne se contentent plus d'imposer le respect des grands principes et*

[64] Il faut se féliciter de l'organisation par le nouveau régime « **des assises de la justice** » comme prévu par le Président DIOMAYE et le Premier ministre O. SONKO. Il faut qu'ils sachent dépasser ce défaut de répondre aux gardes-barrières que les trains laissent toujours en gare.

équilibres macroéconomiques », mais vont plus loin pour agir comme par procuration au sein des États et les gouvernements, en recommandant des mesures qui phagocytent, étranglent l'État pour le rendre presque inopérant. Cette politique de démolition de l'État surtout de son autonomie fait douter plus d'un sur la volonté de le réduire au statut de veilleur de nuit sur les institutions. Pour rappel les propos de **R. Reagan et Mme Tatcher : « l'État c'est le problème et non la solution ».** On est renvoyé à la conception poujadiste « plus d'État » et « moins d'État ». Cette vision est trompeuse et reste dans le fond à la fois idéologique et assez superficielle. En effet, « le Japon a un État très fort et très centralisé, les États-Unis, un État moins fort et plus décentralisé et la Suède un État assez faible. Or, ces trois États réalisent d'excellentes performances sur le marché mondial. « *En s'acharnant à démanteler toutes les interventions étatiques dans l'économie sans pour autant rendre l'État lui-même plus efficace et sans pouvoir lui assigner (...) de nouvelles fonctions on a sapé ses bases matérielles (...) amoindries ses capacités de reproductions et ouvert la voie à son dépérissement »* (Achille MBEMBE).

2°) La mal gouvernance absence de quasi-règle qui nuit à la transformation structurelle des économies africaines

Depuis les années 90, très peu de concepts n'ont suscité autant de discussions et de controverses, que celui de « Bonne gouvernance ». Aujourd'hui, le concept a totalement investi les champs de l'analyse économique, politique et sociale. Depuis, elle n'a cessé d'être évoquée dans les publications des chercheurs, les injonctions des bailleurs de fonds ou les discours des gouvernements. Non seulement, il est présenté comme un critère de bonne gestion qui ouvre plus facilement l'accès à certaines ressources des Institutions Financières Internationales (ISF), mais progressivement il est décliné comme un élément d'une probable conditionnalité dans les relations de partenariat avec presque tous les bailleurs de fonds Comment expliquer pareil succès ?

Pour qu'un concept soit aussi rapidement popularisé par des milieux aussi divers, il faut qu'il réponde précisément à des préoccupations centrales du système dont il est issu. On serait donc tenté de croire que l'apparition de la gouvernance correspond à un changement de paradigme dans la problématique du développement. Le concept a été affiné par de nombreuses recherches universitaires et par la pratique des Institutions internationales et partenaires au développement comme la Banque Mondiale, le PNUD, l'OCDE, la BAD, etc. Malgré tous ces efforts d'intellection, le concept demeure encore ambigu et continue, en conséquence, de susciter beaucoup de débats pas seulement dans le monde académique, mais aussi dans plusieurs secteurs d'opinion de la société civile.

Cette importance appelle un certain nombre de clarifications sur la manière dont ce concept opère dans des économies traversées par des crises et qui s'engagent dans des processus très amples de réformes économiques, politiques et sociales. Généralement, il désigne à la fois 3 éléments : la nature du régime politique, la capacité des pouvoirs publics à créer un cadre d'ordre et de stabilité, à formuler et à exécuter des politiques performantes et à construire un environnement propice au développement économique et social. Ainsi pour la Banque mondiale, la gouvernance se définit comme « la manière dont le pouvoir est exercé dans la gestion des ressources économiques et sociales d'un pays, et dans un but de développement.

Cette définition fait ressortir les trois axes de la gouvernance à savoir : la forme du régime politique, la manière dont l'autorité est exercée dans la gestion d'un pays, et la capacité du gouvernement à déterminer et appliquer les politiques » alors que pour le PNUD, il faut entendre par gouvernance, « l'exercice d'une autorité politique (la formulation de politiques), économique (la prise de décisions à caractère économique) et administrative (la mise en œuvre de politiques) aux fins de gérer les affaires d'un pays. Suivant cette définition, la gouvernance repose sur des mécanismes, des processus et des institutions qui permettent aux citoyens et aux groupes d'exprimer des intérêts de régler des litiges et d'avoir des droits et obligations ». Cette définition fait ressortir les trois axes de la gouvernance à savoir : la forme du régime politique, la manière dont l'autorité est exercée dans la gestion d'un pays, et la capacité du gouvernement à déterminer et appliquer les politiques » alors que pour le PNUD, il faut entendre par gouvernance, « l'exercice d'une autorité politique (la formulation de politiques), économique (la prise de décisions à caractère économique) et administrative (la mise en œuvre de politiques) aux fins gérer les affaires d'un pays. Suivant cette définition, la gouvernance repose sur des mécanismes, des processus et des institutions qui permettent aux citoyens et aux groupes d'exprimer des intérêts de régler des litiges et d'avoir des droits et obligations ». Le PNUD a de plus, cerné les trois paliers de gouvernances, à savoir l'État qui crée un environnement politique et légal propice ; le secteur privé qui crée emplois et revenus, et la société civile qui facilite l'interaction politique et sociale.

Ainsi comprise, elle intègre toutes les dimensions de l'activité économique et les mécanismes d'allocation et de répartition des ressources. Les différentes compréhensions du concept de gouvernance sont tracées dans le tableau synoptique qui suit :

SYNTHESE SYNOPTIQUE :

Dans la littérature théorique et empirique, on dénombre 5 significations de la bonne gouvernance :

1. L'amélioration de la gestion du secteur public.

2. La responsabilité économique ce qui pose la question du leadership charismatique ou transformationnel.

3. La prédictibilité et l'autorité de la loi et la transparence dans la gestion des affaires publiques.

4. L'idée de « bon gouvernement » caractérisé par les vertus de Responsabilité, de légitimité et de compétence.

5. L'exercice de l'autorité politique, économique et administrative dans la gestion des affaires nationales à tous les niveaux.

L'environnement économique est révélateur de 5 foyers de distorsions qui dissuadent les Investissements Directs Étrangers (IDE) :

1. Qualité de l'État ;

2. Situation économique défavorable accompagnée avec forte inefficacité des politiques sectorielles et des incitations ;

3. Faible efficacité qualitative et quantitative du capital humain ;

4. Détérioration et 'inadéquation des infrastructures de base ;

5. Coûts contrariants des facteurs techniques de production.

La gouvernance économique s'appréhende au niveau de 3 domaines :

1. Gestion macro-économique :

– *maîtrise des équilibres et de l'inflation.*

– *ouverture aux échanges commerciaux.*

2. Création et développement d'un environnement favorable aux producteurs :

– *Structure et politique des crédits.*

– *régime fiscal.*

3. Planification et Régulation économique.

Le volet social intègre les 3 éléments suivants :

1. Le développement du capital humain par la santé, l'éducation et de l'environnement.

2. Équité et justice sociale dans la répartition du revenu.

3. L'organisation des relations professionnelles et surtout la nouvelle dimension de la pauvreté.

CHAPITRE II

LES POLITIQUES DE RUPTURE POUR CONJURER LES RISQUES D'IMPLOSION SOCIALE SUITE À LA PAUVRETÉ IRRACIBLE, AU CHÔMAGE DE MASSE DE LA JEUNESSE, AUX INÉGALITÉS CRIANTES, ET AUX PRÉCARITÉS DIVERSES. UNE SOCIÉTÉ QUI DÉSESPÈRE EXPLOSE

> *« Environ 900 millions d'entre eux subsistent avec un revenu inférieur à 75 dollars par an, n'ayant pour tout horizon que la crasse, la faim et le désespoir. Ceux-là vivent dans la pauvreté absolue, si dénués de tout qu'ils échappent à toute définition rationnelle de la dignité humaine. La pauvreté absolue confine ses victimes dans l'analphabétisme, la malnutrition, la maladie, une mortalité infantile élevée et une espérance de vie réduite au point de scléroser chez ces malheureux le potentiel génétique dont chacun hérite à sa naissance. En fait, ils mènent une vie que l'on ose à peine qualifier d'humaine.*
>
> *Je me souviens d'avoir fait une distinction entre pauvreté absolue et pauvreté relative. Celle-ci caractérise les familles dont les revenus sont un peu moins bas, mais encore bien loin de la moyenne nationale de leur pays. »*
>
> **Robert MCNAMARA :** Discours devant le Conseil des gouverneurs, 1975.

Il y a à peine un siècle, il ne faisait pas bon d'être pauvre dans les sociétés riches, la preuve les positions radicales contre les pauvres de CALVIN, ÉLISABETH 1, MALTHUS pour qui « *les pauvres n'ont aucun droit à être entretenus* ». La révolution industrielle avec ses excès va contribuer à la naissance sociale chez FOURRIER, PROUDHON, LOUIS BLANC, etc. Il a fallu attendre Lord BEVERIDGE pour théoriser les protections sociales dans les années trente au moment où KEYNES lance sa pensée économique.

S'il y a, selon la BANQUE mondiale et ses édiles comme MC NAMARA, **une ligne émouvante de la pauvreté et de la destitution, n'y aurait-il pas une ligne révoltante l'accaparement et de l'opulence ?** Il faut enrichir les pauvres sans appauvrir les riches, ce qui n'exclut pas d'enrichir ces derniers. La richesse n'est jamais scandaleuse et puisqu'il n'est pas de bon ton d'accuser les pauvres d'être pauvres. Il faut désigner un autre coupable de préférence insaisissable et très abstrait : les conditions économiques.

M. BEAUD observe dans son analyse de la mondialisation que *« jamais le monde n'a été aussi riche, mais paradoxalement jamais l'humanité n'a compté autant de pauvres*. Au seuil de ce siècle, le « PIB » mondial en parité de pouvoir d'achat est en gros de 90 trillions de dollars, soit plus de 10 000 dollars par habitant ; ce « produit mondial » est très mal réparti, les 1 % les plus riches en détiennent près de 20 %. L'épargne mondiale s'élève à 20 trillions, les actifs financiers à 200 trillions. L'argent ne manque pas il est détenu par une minorité d'individus et des institutions privées. Les 1187 les plus riches ont 7000 milliards de dollars. Presque autant pour les 200 plus grandes multinationales. Le « PIB » mondial en parité de pouvoir d'achat est en gros de 90 trillions de dollars, soit plus de 10 000 dollars par habitant ; ce « produit mondial » est très mal réparti, les 1 % les plus riches en détiennent près de 20 %. Une analyse de la situation de l'Afrique à ce début du 21e siècle, montre l'approfondissement de la crise économique, politique et sociale.

L'Afrique subsaharienne compte selon les plus récentes statistiques plus de 300 millions de pauvres, soit environ 48 % de sa population avec un rythme de croissance plus rapide que celui des revenus. Ce processus est aggravé par une forte et incohérente croissance urbaine et une démographie galopante deux phénomènes conjugués qui font exploser la demande sociale. Comme quoi, la main invisible du marché est prédatrice de la condition sociale. La production moyenne était inférieure à ce qu'elle était 30 années auparavant. Selon la BANQUE mondiale, dans certains pays, elle avait même chuté de plus de 50 %. Quelques statistiques assez parlantes : 2,8 êtres humains vivent avec moins d'un dollar, 20 % de la population mondiale détient 90 % des richesses. En Afrique subsaharienne, 1 personne sur 3 souffre de la faim et 1 enfant sur 10 n'atteindra pas l'âge de 5 ans.

Les écarts se creusent entre riches et pauvres. Dans ce contexte, les dimensions sociales du développement deviennent la préoccupation principale des États dont le rôle reste essentiel dans la politique macro-économique, la lutte contre l'exclusion, la gestion des biens publics, la régulation des monopoles naturels, la sécurité, les institutionnels comme la protection des contrats. Dans nombre de pays, les ressources financières en chiffres absolus par habitant étaient plus faibles qu'à la fin des années 60. La part africaine au commerce mondial a reculé et compte pour moins de 2 %. « De plus l'Afrique est restée à la marge de l'expansion industrielle et elle risque d'être en rade de la Révolution informatique mondiale avec le creusement du fossé numérique. Contrairement à d'autres pays qui ont opté pour la diversification, la plupart des pays africains demeurent en bonne partie des exportateurs de produits primaires. Ces pays dépendent aussi de l'aide et sont extrêmement endettés »[65].

Tout cela fait du continent un volcan en ébullition, un terreau d'instabilité sociale. Paradoxalement le continent est assis sur d'immenses richesses minières et agricoles et une jeunesse jeune pleine d'opportunités.

L'histoire du développement en Afrique, subsaharienne, des indépendances politiques des années 60 à nos jours au 21e siècle, fourmille d'exemples de politiques économiques mal conçues qui ont grandement desservi le processus de croissance en faisant fi de robustes politiques sociales. Comment mieux faire ? Il faut au préalable mieux penser, pour mieux agir. Depuis les années 70, difficultés actuelles de la plupart des pays africains dont les manifestations les plus tangibles résident dans les déséquilibres économiques et financiers chroniques et l'accentuation des déficits vivriers, trouvent leur origine lointaine dans les structures héritées de la colonisation que les politiques et stratégies de développement post-indépendance inspirée par les IFI n'ont pu modifier profondément.

Bien qu'ils soient légion, la qualité des modèles dépend, pour une bonne part, des théories qui les soutiennent. Chaque pays peut ou a pu

---

[65] **FMI et Banque mondiale gèrent l'aide aux pays pauvres en s'appuyant sur des modèles économiques dépassés, révèle une critique interne.** Les critiques internes sont toujours les plus dévastatrices pour les institutions. Le Fonds monétaire international (FMI) et la Banque mondiale en font actuellement les frais. L'un de leurs principaux économistes, William EASTERLY, dans un récent ouvrage, démontre que ces deux organisations financières internationales utilisent des modèles économiques largement désuets. Or, c'est à partir de ces modèles qu'elles prévoient les évolutions des pays du Sud et qu'elles déterminent leurs besoins de financement ou le niveau d'annulation de dette dont ils peuvent bénéficier. Une critique radicale qui remet fortement en cause le sérieux du message de ces organisations.
Banque mondiale : *L'Afrique peut-elle revendiquer sa place dans le 21e siècle* p. 11.

se prévaloir du sien. L'histoire fournit plusieurs exemples, preuve qu'il n'existe pas de taille unique qui aille à tout le monde. Les pays africains ont la plupart adopté le modèle néolibéral imposé par les IFI (FMI et Banque mondiale). U**ne critique interne révèle que les IFI qui gèrent la santé économique et financière des pays pauvres s'appuient sur des modèles économiques dépassés.** Un de leurs principaux économistes, William EASTERLY, dans un récent ouvrage démontre que ces deux organisations financières internationales utilisent des modèles économiques largement désuets. Or, c'est à partir de ces modèles qu'elles prévoient les évolutions des pays du Sud et qu'elles déterminent leurs besoins de financement ou le niveau développement.

Malgré quelques progrès accomplis par certains pays, les nouveaux modèles dits de l'émergence vendus à grands frais par les cabinets d'études aux dirigeants africains présentent des lacunes : le profil actuel de la croissance n'est ni inclusif ni durable. Il y a à cela plusieurs raisons que souligne la CNUCED.

Premièrement, les pays africains sont fortement tributaires des ressources naturelles qui sont les moteurs de la croissance économique en question. Les ressources qui portent la croissance sont souvent des ressources – combustibles fossiles, minéraux métalliques et non métalliques – sont des ressources non renouvelables et sont en train de s'épuiser très rapidement avec des prix des produits extrêmement volatils et soumis aux caprices de la demande mondiale. Cette instabilité rend plus difficile la planification macroéconomique. **Deuxièmement, la production et la productivité agricoles par habitant sont encore faibles** par rapport à la moyenne mondiale, ce qui a de graves conséquences pour la sécurité alimentaire et la stabilité sociale. **Une troisième caractéristique de l'actuel profil de croissance de l'Afrique**, c'est que la croissance a eu pour corollaire la désindustrialisation, ce qui ressort du fait que la part de l'industrie manufacturière dans le produit intérieur brut (PIB) de l'Afrique est tombée de 15 % en 1990 à 10 % en 2008. Le recul de la part du secteur manufacturier dans la production africaine est un sujet de préoccupation, car le secteur manufacturier a été historiquement le principal moteur d'une croissance économique robuste, rapide et soutenue.

PARAGRAPHE 1

La faillite du modèle néolibéral périmé producteur de lourds désastres sociaux qui sont en train de désarticuler les sociétés, de briser le lien social. Cette politique conservatrice traditionnelle ne correspond en rien aux réformes dont l'économie africaine a besoin.

Les modèles économiques sont légion. Chaque pays peut ou a pu se prévaloir du sien. Il n'existe pas de taille unique qui aille à tout le monde. Le modèle de néolibéral de croissance qui a porté et guidé nos politiques au cours d'un demi-siècle dans l'écrasante majorité des pays africains va aujourd'hui droit dans le mur. Trois facteurs explicatifs sont indéniables : la concentration excessive et personnalisée des pouvoirs conduisant tout droit vers un État patrimonial, le néolibéralisme qui prône des politiques périmées et l'obsession de la crédibilité financière. Ces politiques s'appuient sur un triptyque erroné et inefficient : la croissance comme horizon, la compétitivité comme moyen et la crédibilité comme discours. Quelle serait l'alternative au moment où les pays disposent de dotations factorielles naturelles fabuleuses. Analysons le contexte pour tracer les contours d'une alternative d'un développement social.

À l'analyse les échecs qui s'observent dans les multiples pathologies sociales sont la résultante d'une série d'éléments caractéristiques des modèles néolibéraux de développement appliqués depuis un demi-siècle :

a) le système d'accumulation productive principalement fondé sur la rente agricole et minière qui entraîne des distorsions structurelles très prononcées qui se manifestent dans l'accentuation de la spécialisation en faveur des activités exportatrices (d'origine agricole et minière) et le fonctionnement d'un modèle industrialisation en faveur de branches et techniques légères peu compétitive et souvent destinée principalement au marché local ;

b) la persistance de politiques macroéconomiques inspirées par les IFS qui sont défaillantes. La conséquence se manifeste d'abord, dans le double déficit de la balance des paiements et celui des finances publiques. Il y a ensuite, une faiblesse du système macro financier, avec l'application de politiques monétaires, fiscales qui entraînent des asthénies financières (régimes de change avec peu de crédibilité de l'ajustement du taux de change, inflation galopante, endettement interne et externe, un déficit d'épargne intérieure abyssale rendant le financement de l'économie lié aux apports extérieurs sous forme d'Investissements directs étrangers (IDE) et d'Aide publique au développement (APD, etc.).

c) le déficit alimentaire aggravé par une démographie galopante et une urbanisation accélérée et chaotique. Ce déficit est la conséquence de la quasi-faillite des politiques agricoles qui continuent de favoriser les cultures de rente au détriment des cultures vivrières ce qui produit un exode rural massif formant la gangrène urbaine ; sa dynamique est liée au fait que la pauvreté urbaine est plus attrayante que la pauvreté rurale.

d) de lourdes déficiences sécuritaires issues de conflictualités nombreuses et complexes et une difficile construction de réponses résilientes. L'insécurité est, aujourd'hui, un enjeu majeur. La plupart des régions africaines traversent avec des ampleurs différentes diverses insécurités : alimentaires, nutritionnelles, forestières, hydriques, et énergétiques et l'avènement de nouvelles conflictualités qui déstabilisent les populations condamnées à des exodes massifs.

Ces éléments conjugués sont à la base des faibles performances des systèmes productifs (économie de l'offre productive) et précarisent conséquemment les l'accumulation productive.[66]. Face aux crises et chocs exogènes, aux turbulences d'une mondialisation, comment organiser la résilience de l'ensemble du système socio-économique ? Quels sont les aléas qui appellent un comportement résilient ? Quelles sont les mutations, les ruptures et les anticipations pour conjurer les risques d'une mondialisation économique, financière économique et politique en pleines turbulences. ? [67]

Aujourd'hui, le défi le plus manifeste, à l'échelle de tous les pays, est le retour en force du social conséquence des politiques néo-libérales qui risquent de faire imploser les sociétés. La pauvreté de masse s'installe avec des politiques de lutte aux résultats dérisoires. De MARX à John RAWLS en passant par Lord BEVERIDGE, les pauvres ont été longtemps utiles à la société (théorie de l'exploitation, da la

---

[66] **Les élites asiatiques** ont mieux utilisé leurs ressources de la prédation en faisant confiance en leurs institutions. C'est le contraire avec les élites africaines qui ont consacré leurs ressources à des placements à l'extérieur (Panama Papers) ou à des consommations ostentatoires.

[67] Alain RICHEMOND, *La résilience économique, une chance de recommencement.* Édit. Organisation, 2003.

paupérisation) parce qu'ils travaillaient pour pas cher, ce n'est plus le cas aujourd'hui dans la mesure où les pauvres sont ceux qui sont exclus de l'emploi décent, voire de l'emploi tout court. Ils ne sont plus utiles au monde, la technologie est passée par là. Il en va de même pour les inégalités les grosses rémunérations qui s'enrichissent en dormant sont détestées par les opinions publiques qui y voient un déni de justice : les salariés sont paupérisés et souffrent pendant que leurs patrons s'en mettent plein les poches.

La persistance de toutes les précarités, face à l'inefficacité des différentes politiques économiques, entraîne des risques d'éclatement de la société. **« Quand une société désespère forcément, elle explose »[68].** Comment enrayer cette montée des périls ? **Pas d'autres réponses que celles de réorganiser l'ensemble du système productif autour des politiques publiques visant à réduire la pauvreté, les inégalités, et les précarités les plus marquantes notamment l'emploi et les conditions de vie. Ne nous trompons pas de combat comme le supposent souvent les IFI : réduire les inégalités et combattre la pauvreté est un seul et même combat**. Tout indique qu'il faut aller beaucoup plus loin en organisant la défense opérationnelle de l'économique et **en mettant en place un "État social" prévenant la pauvreté, le chômage, les inégalités en somme toutes les précarités sociales qui font couver la révolte.**

PARAGRAPHE 2

Existe-t-il une corrélation entre croissance, réduction de la pauvreté, du chômage de masse, des inégalités et autres précarités ?

La vision technocratique de la pauvreté tente d'établir une corrélation entre la croissance économique et l'éradication de la pauvreté. C'est pour cette raison que les PAS posent le postulat selon lequel la croissance viendra à bout de la pauvreté. Car, même si elle profite principalement aux « riches » par le biais ou non des IDE, elle peut avoir un effet d'entraînement positif sur le revenu des pauvres. Cette proposition bien que n'étant pas absurde suppose l'existence d'un État capable de redistribuer les richesses. Rien ne prouve que cette condition

[68] Voir mon article dans l'ouvrage collectif que j'avais codirigé avec le Pr Saliou MBAYE, le Pr Gorgui CISS et Elhadj Ibrahima SALL : Le Sénégal des mutations avec un préface de Abdou DIOUF.

soit réalisable pour des politiques qui font dépérir prématurément l'État au profit du marché.

La littérature économique largement diffusée par les IFI au sein de l'élite politique, administrative et urbaine, en Afrique subsaharienne, préconisait que la sortie de la pauvreté et des autres précarités exige la création des conditions d'une croissance forte et durable. Elle s'appuyait sur les recherches de DEMERY ET WALTON (1998) qui établissaient que si l'Afrique veut réduire de moitié la pauvreté, elle doit réaliser des taux de croissance d'au moins 7 % sur une période de 25 ans. L'investissement devrait alors passer à environ 30 % du PIB. L'épargne intérieure étant faible, il faut alors recourir à l'épargne extérieure et aux IDE pour atteindre cet objectif de croissance économique.

Le Pr Mokhtar DIOUF va plus loin en notant que « Ce sont les organisations internationales qui ont décrété arbitrairement qu'avec un taux de croissance cumulé de 7 % durant une certaine période, un pays sort de la pauvreté. **Elles vont même jusqu'à se donner une coloration "scientifique" avec des précisions : 1 % de croissance génère 0,15 à 0,25 % de réduction du taux de pauvreté. Des chiffres fantaisistes, farfelus, sans rapport avec la réalité sont avancés par des technocrates qui n'ont jamais côtoyé une personne pauvre. Le plus grave est que beaucoup d'Africains (dirigeants, jeunes économistes, journalistes...) continuent à y croire. »[69] alors même que les analyses les plus robustes s'accordent sur cette croissance qui est appauvrissante.**

Manifestement les politiques sociales ont, d'une manière générale, tendance à se focaliser sur la lutte contre la pauvreté alors que celle-ci n'est pas nécessairement la plus facile à résoudre efficacement. Toute politique de réduction de la pauvreté doit donc aller de pair avec une baisse des inégalités qui est possible, notamment, grâce à des politiques fiscales limitant les niches fiscales, facteur principal de la dégressivité de l'impôt. La pauvreté, sous toutes ses formes, peut quant à elle être combattue de la façon la plus efficace par la création d'emplois de qualité. Les deux objectifs, baisse de la pauvreté et baisse des inégalités,

---

[69] Machtar DIOUF : Haro sur la croissance et le PIB ! Si le taux de 6 pour cent (ou plus) est réalisé en 2015, je demande qu'alors, on effectue une enquête auprès des ménages ruraux et urbains pour leur demander s'ils ont ressenti un choc d'amélioration de leur niveau de vie, si la localité de Fissel Mbadane dont Le Soleil (29 octobre 2015, p. 18) nous décrit l'état d'extrême pauvreté a commencé à entrevoir le bout du tunnel dans lequel se débattent ses habitants depuis des décennies.

ne doivent pas être confondus. Se pose alors la question de savoir **pourquoi les politiques sociales se taisent sur les inégalités qui se creusent sans avoir des succès notables sur l'éradication de la pauvreté.**

PARAGRAPHE 3

Malgré les maigres résultats des politiques d'éradication de la pauvreté, pourquoi le silence sur les inégalités et les autres précarités.

Les politiques sociales ont d'une manière générale tendance à se concentrer sur la lutte contre la pauvreté pourtant plusieurs études montrent que les écarts de revenus entre les plus riches et les plus pauvres et entre pays riches et pays pauvres continuent de se creuser. Il est bien établi, dans l'optique d'une amélioration de la satisfaction et de la santé des citoyens, que la lutte contre la pauvreté n'est pas nécessairement la plus efficace ni la plus facile à mener. Les inégalités au sein des pays et même entre les pays constituent un important volet social, mais elles font figure de parentes pauvres des politiques économiques. Toutefois, on peut soutenir, tant pour des raisons pratiques que théoriques, que c'est l'inégalité et non la richesse en soi qui est la question fondamentale de l'économie.

Les recherches économiques contemporaines de Lord BEVERIDGE à T. PIKETTY en passant par Branko MILLANOVIC et Noaha HARARI[70] ont montré que le monde se préoccupe plus de la pauvreté que des inégalités alors même que celles-ci se creusent de plus en plus rapide qu'il s'agisse des inégalités entre nations ou celles existant au sein même des nations.

Il est vrai que d'une manière générale, le problème des indicateurs se pose aussi bien en matière de pauvreté comme celui des inégalités. Comment mesure-t-on l'inégalité ? Souvent, les gens comparent leur situation financière personnelle à celle de leurs voisins, collègues ou amis, en regardant comment ils sont logés ou ce qu'ils possèdent. En général, les économistes mesurent les inégalités de revenu en effectuant des enquêtes auprès des ménages. Pour la mesure des inégalités comme celle de la pauvreté, il existe **une pluralité d'indicateurs dont les**

[70] T. PIKETTY ; Le capital au XXIe siècle. Éd. du Seuil, 2013,960 p Yuval Noah HARARI : 21 leçons pour le 21e siècle, Édit. Albin Michel 2018, 111 p., Branko MILANOVIC : Les inégalités mondiales, Édit. La Découverte, 2016, 267 p.

quatre grands types sont retenus pour mesurer la pauvreté : indicateurs de pauvreté monétaire, indicateurs de pauvreté en conditions de vie, indicateurs de pauvreté mesurée par les minima sociaux et les indices GINI et l'Indice du Développement Humain (IDH).

Ces vingt dernières années, au niveau mondial, les inégalités entre riches et pauvres se sont creusées. Il en va de même à l'intérieur des pays malgré l'augmentation du revenu moyen. Les principales raisons selon Branco MILANOVIC tiennent aux effets combinés des progrès technologiques, des changements institutionnels, de l'évolution des normes et de la mondialisation. L'enrichissement des plus fortunés ne devrait cependant pas être défavorable aux populations pauvres qui bénéficieraient des effets des politiques de redistribution. Toutefois, le fonctionnement des mécanismes redistributifs serait, d'après l'Organisation de Coopération et de Développement économiques (OCDE), inefficace si bien que les pays riches les plus inégalitaires comptent de plus en plus de pauvres. C'est le cas, selon P. KRUGMAN des États-Unis.

CHAPITRE III

L'AGRICULTURE PEUT-ELLE ÊTRE LE MOTEUR DE LA CROISSANCE ET DU DÉVELOPPEMENT ?

La transformation de l'agriculture africaine, c'est maintenant. Le temps est venu pour que l'Afrique se nourrisse elle-même. Aucune raison ne saurait justifier que l'Afrique soit une région importatrice nette de nourriture, dépensant quelque 35 milliards USD par an en importations de nourriture. Il en est ainsi parce que le continent recèle 65 % des terres arables non cultivées qui restent dans le monde pour nourrir 9 milliards de personnes à l'horizon 2050. Faisons de l'Afrique, ensemble, un grenier pour le monde.

Akinwumi A. Adesina Président de la BAD.[71]

Au Sénégal, sur la moyenne des taux de croissance annuelle de 2,7 % des 30 dernières années, seuls 3 % proviennent de l'agriculture. Presque 70 % de la population rurale n'a produit que 25 % de la valeur ajoutée même 16 % si l'on considère l'agriculture stricto sensu, la part dans le PIB est de 20 % entre 1960-1965 et 12 % entre 1985-1990. C'est dire que l'absence de progrès dans la période 1960-1990 a considérablement entravé le décollage de l'économie sénégalaise. Les facteurs explicatifs des techniciens sont d'un simplisme absurde : instabilité climatique, bouleversement des systèmes productifs, faibles productivités, absence de politique de prix et de revenus, etc.

Moustapha KASSE.[72]

L'expérience historique montre que toutes les révolutions industrielles en Europe comme en Asie ont été précédées par d'importantes révolutions agraires. Plus près de nous, en Asie, l'agriculture se trouve

---

[71] Préface au rapport de la BAD : Nourrir l'Afrique : Stratégie pour la transformation de l'agriculture africaine 2016-2025, publié en aout 2016.

[72] Moustapha KASSE : L'État, le technicien, et le banquier face aux défis du monde rural, 1996, 249 p.

à l'origine de l'industrialisation. En prenant l'exemple du Japon, la réforme agraire a transformé toutes ses colonies d'Asie en colonies agricoles productives et prioritairement en greniers à riz. L'agriculture conditionnait les investissements dans le secteur industriel naissant et bénéficiait d'importantes infrastructures de base : énergie hydro-électrique, infrastructures de transport et de communication, infrastructures portuaires. Cette politique avait été précédée par une réforme foncière par confiscation des terres des hobereaux locaux par l'administration coloniale. Après leur libération, ces pays ont continué de faire de l'agriculture la clef de leur stratégie de développement. En définitive, les rendements agricoles ont souvent été supérieurs au croît démographique, ce qui n'est pas le cas en Afrique.

L'agriculture africaine est, depuis un demi-siècle, dans une crise larvée aussi bien au niveau du secteur vivrier qu'à celui des cultures de rente. Les principaux indicateurs évoqués se sont détériorés de manière notable pour un secteur qui occupe entre 60 et 70 % de la population et fournit parfois jusqu'à 90 % du PIB et la majorité des emplois. Cette agriculture est essentiellement dominée par les petites exploitations familiales. Les performances du secteur ont été particulièrement faibles : l'Afrique est le seul continent où la production agricole par tête continue de chuter ces quarante dernières années, une baisse, estimée à 0,34 % en Afrique subsaharienne, affecte fondamentalement la survie des ménages ruraux en raison de l'effritement des revenus et de l'accentuation des déficits vivriers suite à une massification de la consommation du riz.

Les premières réformes agraires avaient fixé pour principaux objectifs : augmenter et diversifier la production, couvrir les besoins vivriers en augmentation rapide, accroître l'emploi et les revenus des producteurs ruraux, influer positivement sur les investissements, booster la productivité et contribuer à l'industrialisation.

Toutefois, la production a été stagnante avec des déclins dans certaines régions : Afrique australe, centrale et de l'Ouest suite à la mauvaise qualité des politiques agraires, aux fléaux naturels (sécheresse, invasion de criquets) et politiques (afflux de réfugiés et de déportés). La production alimentaire par tête d'habitant baisse, diminution des exportations de produits de rente en volume et en valeur, détérioration du niveau de vie des populations rurales complètement gagnées par la pauvreté. Seulement moins de 7 % des surfaces cultivées sont irrigués. L'achat d'intrants y est limité de même que la mécanisation, les rendements de céréales reflet de la productivité des terres consacrées à la production céréalière sont inférieurs à la moitié de ceux qui sont observés dans d'autres régions en développement. Même dans le cas des tubercules et de la banane plantain qui trouvent de bonnes conditions agro-écologiques en Afrique, les rendements sont inférieurs à ceux obtenus en Asie et en Amérique latine.

Au niveau de l'alimentation, des études récentes révèlent, sur l'ensemble du continent, une perte totale de céréales par rapport à la production. En fait, l'accroissement démographique s'est combiné à la stagnation de la production alimentaire et agricole. Il en est résulté une flambée de la facture d'importations céréalières faisant reculer l'horizon de l'autosuffisance alimentaire.

En prenant l'emploi, l'exode rural est la meilleure preuve d'une double dégradation des revenus et de l'emploi. Il va s'en suivre une réduction de la force de travail des familles paysannes non compensées par une modernisation des moyens de production et un accroissement de la productivité. À cela viendra s'ajouter comme facteur aggravant la détérioration des revenus des paysans.

Depuis le Plan de LAGOS des années 60, jusqu'aux récentes résolutions, les Chefs d'État africain ont adopté le Protocole de MALABO[73] et pris en 2003 l'engagement de consacrer 10 % de leur budget national pour faire de l'agriculture le moteur du développement économique et social en vue de réduire la pauvreté et d'atteindre la sécurité alimentaire. Il a été adopté le Programme détaillé pour le développement de l'agriculture en Afrique (PDDAA) qui invitait les parties prenantes africaines, notamment les agriculteurs, les éleveurs, les pêcheurs et les opérateurs privés dans l'agriculture, l'agrobusiness et les agro-industries, ainsi que les organisations de la société civile et les institutions financières à soutenir la mise en œuvre des dispositions de la Déclaration de MALABO comme référentiel aux politiques agricoles africaines. Les dispositions de cette résolution ont été incorporées dans l'Agenda 2063 de l'Union africaine. Les Instituts Africains de Recherche et de connaissance agricoles devaient bénéficier de 1 % du PIB en faveur de leurs travaux de recherche. En effet, l'utilisation des TIC peut changer radicalement les coûts de production et les modèles de livraison d'une vaste gamme de produits et services aux agriculteurs. Toutes ces recommandations sont restées des vœux

[73] Déclaration de Malabo sur la croissance et la transformation accélérées de l'agriculture en Afrique pour une prospérité partagée et de meilleures conditions de vie.

pieux ! Entre 2004 et 2010, sur 54 pays de l'Union africaine seulement 10 pays ont atteint l'objectif de 10 %. Pire, le 1/3 des pays ont même connu un recul de leurs dépenses publiques dans l'agriculture sur la même période. **Pourtant, selon les estimations de la BAD, la transformation d'un groupe choisi de 18 chaînes de valeur coûtera entre 315 et 400 milliards d'USD sur la période 2015-2025.** Le niveau des fonds disponibles dans le secteur public est largement suffisant pour couvrir les charges de modernisation du secteur agricole pour garantir un impact vital sur la croissance inclusive à travers le continent.

PARAGRAPHE 1

L'échec des nombreuses réformes agraires incapables d'opérer les transformations structurelles et de moderniser l'économie rurale malgré les avancées de la recherche scientifique et technologique.

> « *Il faut se rappeler – mais qui s'en rappelle ? – que jusqu'en 1964 l'Europe n'était pas encore autosuffisante sur le plan alimentaire... Un pays, un continent qui ne peut pas s'auto-alimenter, d'un point de vue géostratégique est un pays, voire un continent, en voie de perdition parce que dépendant de la volonté des autres. Moi je ne veux pas d'une Europe qui dépend de la volonté des autres... Avec l'entrée en vigueur de la politique agricole commune en 1962, l'Europe s'est donné les moyens d'acquérir son autonomie en matière de production alimentaire. Et nous pouvons en fait être fiers du parcours effectué depuis.* »[74]
>
> **Jean-Claude JUNCKER**, Président de la Commission de l'Union européenne, a déclaré le 6 décembre 2016 :

Ce diagnostic sommaire établit clairement l'échec des politiques agricoles dans la réalisation des principaux objectifs pour faire du secteur le moteur du développement et de la croissance cela appelle plusieurs questions relatives à la souveraineté alimentaire, à son industrialisation, à l'amélioration des revenus ruraux et à sa contribution au fonds d'accumulation. **Dans toute réforme agraire pertinente, la question la plus importante est de savoir où est passée la rente.** Celle-ci peut être utilisée à la consommation somptuaire et personnelle de celui qui la perçoit ou bien elle peut être transformée en capital technique soit dans le secteur agricole, lui-même soit dans le secteur

[74] Jean-Claude JUNCKER : discours d'ouverture de la conférence sur les perspectives agricoles de l'UE en 2016.

industriel. C'est cette transformation de la rente qui est désignée par l'expression « capitalisation de la rente ».[75]

1°) Des analyses approximatives qui ignorent le dynamisme de l'exploitation familiale facteur moteur des transformations du secteur agricole.

L'histoire du développement économique en Afrique, subsaharienne, des indépendances politiques des années 60 à nos jours au 21e siècle, fourmille d'exemples de stratégies et politiques agricoles mal conçues qui ont grandement desservi le processus de croissance en faisant fi de robustes politiques sociales. La trilogie formulée autour de la libéralisation, la privatisation et la dérégulation est le produit d'une énorme machine idéologique. Le néolibéralisme qui la porte délégitime l'État et le pouvoir national comme leviers du changement social et des transformations structurelles en oubliant que les marchés dysfonctionnent, en plus ils sont aveugles et myopes face aux pauvres et aux inorganisés.

Il est impossible économiquement, socialement et politiquement d'entrevoir le développement viable du secteur agricole en Afrique sans s'appuyer sur les exploitations familiales qui constituent le cœur, l'alpha et l'oméga de l'ensemble des sous-secteurs de l'agriculture. Il est en effet irréaliste et inéquitable de vouloir exclure plus de 60 % des acteurs du secteur dans le choix et la mise en œuvre des options en matière de développement agricole.[76] Les exploitations familiales agricoles représentent plus de la moitié de l'humanité. Elles exhibent beaucoup d'atouts indéniables qui créent un dynamisme que souligne Bara GUEYE : a) une très grande résilience qui repose sur un portefeuille d'activités diversifiées du fait de la diversification des activités agricoles pour faire face ; b) une grande flexibilité et une solide capacité d'adaptation ; c) de solides capacités d'innovation, un souci affirmé de conservations des ressources naturelles locales ; d) une préservation de mécanismes de solidarité, le fameux filet de protection sociale même s'il s'érode progressivement et e) différentes formes de « mutualisme » axées sur la fourniture de crédits, la généralisation des groupements à vocation économique, les caisses de solidarité, les banques céréalières ou de semences. **Elles sont confrontées à trois**

[75] Moustapha KASSE : L'État, le technicien et le banquier face aux défis du monde rural sénégalais Edt CREA-NEAS.

[76] Bara GUEYE : L'agriculture familiale en Afrique de l'Ouest Concepts et enjeux actuels.

défis que l'État doit contribuer à résoudre : technologique, organisationnel et commercial.[77]

Certains analystes de la « modernisation » de l'agriculture en Afrique ignorent ces atouts et handicaps et ont tendance à opposer agriculture commerciale et agriculture familiale et à présenter l'exploitation familiale comme archaïque et frappée d'un certain atavisme. La principale critique formulée à l'encontre de l'agriculture familiale tient à une double incapacité des économies ouest-africaines à réduire leur dépendance envers les importations de produits alimentaires et à maintenir leurs exportations en constante augmentation.

La politique agricole vise à aborder un vaste éventail d'objectifs clairement bien spécifiés à savoir : réduire de moitié la pauvreté d'ici à 2025, grâce à une croissance et à une transformation inclusives de l'agriculture ; augmenter les capacités à rivaliser avec les produits agricoles importés, diversifier les exportations agricoles ; gérer l'exploitation durable des ressources naturelles (sols, eau, forêts, pacage) dont l'agriculture dépend, ainsi qu'assurer un mode de développement équilibré sur l'ensemble du territoire national ; renforcer la résilience des moyens de subsistance et des systèmes de production en Afrique face aux aléas et autres risques liés au climat ; renforcer le financement des investissements dans l'agriculture (respecter l'engagement d'allouer au moins 10 % des dépenses publiques à l'agriculture et d'en garantir l'efficacité et l'efficience, créer un environnement politique et institutionnel, ainsi que des systèmes d'appui appropriés pour promouvoir l'investissement privé dans l'agriculture, l'investissement privé dans l'agriculture, l'agrobusiness et l'agro-industrie, en accordant la priorité aux investissements locaux ; éliminer la faim d'ici à 2025 par accélération de la croissance agricole en doublant au moins d'ici 2025 les niveaux actuels de productivité agricole ; stimuler le commerce intra-africain des produits et services agricoles en triplant, d'ici à 2025, le commerce intra-africain des produits et services agricoles.

---

[77] Bara Gueye, *op. cit.*

Les trois mondes ruraux éléments structurels de base :

Monde rural 1 : globalement compétitif, fortement lié à l'agro-industrie, aux producteurs et aux transformateurs de produits de base ; avec de solides connexions politiques ; orienté vers l'exportation ; adepte de la Révolution verte et des technologies transgéniques.

Monde rural 2 : orienté vers le marché local, avec accès aux terres et contrôle foncier, entreprises multiples et diverses, sous-capitalisées, conditions commerciales s'aggravant et sérieux risque d'appauvrissement futur.

Monde rural 3 : moyens d'existence fragiles, accès limité aux ressources productives, migrants à activités multiples à cheval sur le milieu rural et urbain, sans qualification et sans éducation, dépendant de la main-d'œuvre bon marché, mis en marge des systèmes mondialisés de production alimentaire (Source : VORLEY, 2002)

2°) Les campagnes oubliées par les élites dirigeantes peu sensibilisées à la question agraire et aux réformes structurelles indispensables du secteur.

La question se pose alors de savoir : quelle vision et les décideurs politiques et les producteurs ont-ils du futur de l'agriculture familiale dans un contexte ? On peut constater que les élites politiques dirigeantes ont accordé une importance mineure et se sont particulièrement préoccupées du processus d'urbanisation rapide et chaotique pour des raisons éminemment politiques.

En Afrique de l'Ouest, les pouvoirs publics depuis l'indépendance, ont favorisé l'importation du riz bon marché pour satisfaire les consommateurs urbains au détriment de la production céréalière locale[78]. Les systèmes politiques se font et défont dans les villes au détriment de l'amélioration de la vie dans les campagnes. Ce qui fait observer Louis SANMARCO **« Pendant que les grandes agglomérations (Abidjan, Dakar, Nairobi, etc.) se transformaient à vue d'œil, triomphante dans ses gratte-ciels et ses nombreux embouteillages tentaculaires dans ses bidonvilles, les villageois dans l'ensemble ne changeaient**

[78] Moustapha KASSE : Pénuries alimentaires, émeutes de la faim et relance des stratégies vivrières en Afrique. Texte présenté lors de la Conférence dénommée « Dakar Agricole « sous la pésidence du Présidt A. WADE.

guère, habitant les mêmes paillotes, vivant des mêmes menus, dans les mêmes habits. À peine paraissaient-ils dans plus vieux »[79].

La dureté des conditions de vie des ruraux, comparées à celles des citadins justifie en grande partie l'exode des jeunes vers les villes. Ils ne reviendront, dans le monde rural sans être assurés de pouvoir profiter des avantages d'une existence décente.

Selon le sociologue Jacques FAYE, ancien directeur de l'Institut sénégalais de recherches agricoles**, la compétence des dirigeants actuels est en cause dans la faillite des politiques agricoles (ISRA)** : « Il y a une rupture dont personne ne s'est rendu compte : alors qu'il y a vingt ans, elles étaient toutes d'origine rurale, les élites intellectuelles, politiques et économiques actuelles sont citadines. Elles ne connaissent pas le monde rural, parce qu'elles n'y sont pas nées, n'y ont jamais habité. Du coup, elles sont moins sensibles à ces problèmes ».

La politique agricole ne triomphera dans les pays en développement que si elle réussit à revaloriser profondément l'agriculture et à transformer les paysans en une force sociale dynamique, politiquement, socialement et techniquement préparée à assumer un vaste et profond processus de transformation structurelle de l'environnement socio-géoéconomique. Ce travail ne peut être réalisé que par l'État qui doit considérer les paysans non pas comme une source d'alimentation des caisses de l'État, mais comme une force dynamique, capable de contribuer à être le moteur du développement.

3°) La spoliation foncière et l'absence d'implication des paysans dans l'élaboration des politiques sont des handicaps majeurs. Les acteurs ont le sentiment que l'État protecteur de tous contre tous les aléas les abandonnés.

Elles se définissent comme un ensemble de facteurs internes à l'agriculture qui bloquent l'instauration et le développement de rapports de production capitalistes efficients. Trois problèmes majeurs d'ordre interne : le premier est relatif à la question foncière qui est l'axe principal des exploitations familiales, le second est l'exclusion exploitations paysannes dans l'élaboration et l'exécution des politiques agricoles, la troisième est l'instabilité des écosystèmes et les contraintes naturelles accroissent les risques pour l'investissement.

---

[79] L.SANMARCO : Le monde rural sacrifié : De l'injustice au risque écologique Afrique Contemporaine n° 164 nov.-déc. 1992.

Résumé de la question foncière ou nouvelle spoliation des paysans par le statut du sol. La terre à ceux qui la travaillent.

En prenant l'expérience du Sénégal avec la loi sur le domaine national, adoptée en 1964, le foncier est devenu une propriété de la nation. En théorie, la terre est gérée par des conseils ruraux et attribuée aux paysans s'ils savent la mettre en valeur. Si ce n'est pas le cas, elle est reprise. En pratique, la loi, qui se voulait égalitaire, a rapidement été dévoyée et un marché foncier informel s'est développé. Depuis plusieurs années, le CNCR demande la révision de la législation pour revenir à un droit d'usage, transformable en titre foncier, qui permettrait de sécuriser les paysans. Fin décembre, il remettra à l'État le dossier qu'a préparé sur cette réforme et demandera l'ouverture de nouvelles négociations. La question sera suivie avec attention, le gouvernement libéral d'Abdoulaye Wade semblant vouloir opter pour une privatisation des terres à deux vitesses, qui profiterait d'abord aux investisseurs extérieurs au monde agricole et à la clientèle politique. Une boulimie foncière s'est accaparée de la classe politique avec un accaparement des sols ruraux comme urbains conduisant à de véritables révoltes paysannes. Les régimes fonciers peuvent différer selon les pays, mais les conséquences sont partout les mêmes : gestion coutumière exprimée en termes de droit coutumier ou par le droit moderne[80].

Le second problème est l'absence de responsabilisation et d'inclusion des producteurs. Comment moderniser le secteur en excluant les principaux acteurs qui représentent plus d'un demi-milliard de personnes sur le continent.

Aucun des multiples projets et programmes élaborés sous l'ajustement structurel n'a associé les organisations paysannes (Nouvelle Politique agricole, Programme d'ajustement du secteur agricole, etc.) Les ISF trouvent l'explication confortable que si ces programmes ont été inefficaces, c'est faute d'avoir été internalisés. Il en est de même des centaines de programmes élaborés par le Plan Sénégal Émergent.

La plus grande initiative d'un débat sur les orientations en matière de politique agraire a été l'élaboration de la **Loi d'Orientation Agro-Sylvo-Pastorale (LOASP)** qui traduit la vision sur 20 ans du développement agricole et la mise en place d'instruments institutionnels,

80 Samir AMIN : La souveraineté au service des peuples. Suivi de l'agriculture la voie de l'Avenir. Édit CETIM Genève 2017, 102 pages.

juridiques et financiers. La première mouture du projet de loi, présenté en avril 2003 par le gouvernement, a ainsi fait craindre le pire : le texte est apparu comme un déni des réalités de l'agriculture sénégalaise en privilégiant une agriculture industrielle, seule capable d'être productive aux yeux du pouvoir, et à reléguer au dernier plan l'agriculture familiale, pourtant beaucoup plus pourvoyeuse d'emplois.

Après un vaste processus de consultation entre trois entités l'État, le Conseil national de concertation et de coopération des ruraux (CNCR), une organisation qui représente près de trois millions de paysans et les partenaires techniques et financiers. La dernière mouture a été amendée par l'acceptation de quelques amendements dont le soutien prioritaire à l'agriculture familiale, des engagements précis pour la protection des filières agricoles, le maintien dans le secteur des travailleurs du monde rural compte tenu de l'absence d'emplois dans les villes.

Enfin le dernier problème est l'instabilité des écosystèmes et les contraintes naturelles accroissent les risques pour l'investissement privé. Les investissements ont besoin de conditions de valorisation marquées du sceau de la stabilité et du moindre risque ce qui raccourcit d'autant les délais de récupération des capitaux engagés et garantissent la rentabilité. Cette logique détermine, de façon générale, le choix des branches d'intervention. Or, à y réfléchir de près, on s'aperçoit que les contraintes naturelles ne permettent pas la réalisation de cette logique. Les instabilités liées aux phénomènes naturels récurrents et incontrôlables accroissent les risques des investissements dans le secteur agricole. C'est dire que l'ampleur des risques ne milite pas en faveur d'une implantation du capitalisme dans un milieu naturel caractérisé par son extrême fragilité et son instabilité. Même au cas où le capitaliste voudrait contourner ces difficultés, il se trouverait dans l'obligation d'engager de lourdes charges d'infrastructures qui augmenteraient ses coûts de production et partant amoindriraient le niveau global de ses profits sous contrainte d'un marché extérieur favorable.

4°) Dans la plupart des pays l'extorsion de la rente agricole et son utilisation improductive ne laissent aux paysans une base autonome d'accumulation pour améliorer leurs outils de production et élever la productivité par actif rural et par hectare cultivé.

On peut repérer un certain nombre d'obstacles externes qui s'opposent à l'extension des bases mêmes du capitalisme dans les campagnes. Les diverses formes d'extorsion, de mobilisation et d'utilisation improductive des surplus issus de la rente agricole ne permettent pas la formation d'une base autonome d'accumulation pour l'investissement et l'élévation de la productivité sectorielle. Tout un arsenal de mesures comme la répartition inégalitaire des revenus et les diverses ponctions réalisées par différents agents (État, usuriers, marchands) ne laisse que de faibles surplus aux producteurs agricoles qui ne peuvent disposer de moyens financiers pour améliorer les conditions matérielles d'existence et de travail. Ces surplus ponctionnés se dirigent généralement vers des activités de nature improductive notamment la spéculation immobilière et commerciale.[81] Ces mécanismes de ponction doivent être soulignés, car certains persistent encore : impôts, prix administrés, prêts usuraires, termes de l'échange interne défavorables à l'agriculture, etc.

La dégradation des termes de l'échange interne et la fixation administrative des prix profitent aux secteurs non agricoles et aux États. Cet aspect est d'une importance capitale. Il montre que des ressources financières substantielles sont extorquées aux producteurs par le rapport de prix des produits industriels et agricoles défavorables à l'agriculture. Un exemple : sur 2 ans, nous avons eu une augmentation du prix du coton de 6 % et une augmentation du prix d'un mètre de tissu de 16 %. Le paysan achetant le tissu subventionne l'industrie du textile. Le problème est qu'aucun capitaliste n'accepterait de s'insérer dans un tel rapport inégal qui l'oblige à transférer, tout ou partie, de ses profits à un autre agent économique !

Il est bien connu que les monopoles légaux de commercialisation des produits agricoles, d'ailleurs n'obéissent pas toujours à des motifs économiques et participent presque tout de même à l'exploitation de la paysannerie. Le biais des prix permet aux États de retirer une bonne partie de leurs ressources financières pour le budget de la masse salariale. C'est dire que le caractère irréaliste de la politique des prix est l'une des causes fondamentales de l'échec de la politique agricole et notamment vivrière. À cause des ponctions, les prix aux producteurs ne sont pas incitateurs. Contrairement aux idées largement répandues d'une prétendue incapacité des paysans à répondre aux « messages » du marché, des études ponctuelles sur l'Afrique ont révélé une « très grande élasticité de la production agricole africaine par rapport aux modifications du système de prix et même par rapport aux variations de prix relatifs »[82]. À la suite des travaux de M. NERLOVE

---

[81] Moustapha KASSE Le développement du capitalisme dans le monde rural ivoirien, Séminaire du CIRES, 1996.

[82] Banque Mondiale. Le développement accéléré en Afrique au Sud du Sahara, 1981.

et de T. W. SCHULTZ il est clairement établi que l'offre agricole réagit positivement aux augmentations des prix. Cependant, l'élasticité-prix de l'offre étant parfois très élevée, il convient de moduler dans la pratique les hausses de prix aux producteurs. En effet, un relèvement substantiel des prix aux producteurs qui serait trop brusque pourrait engendrer une spéculation extensive par la valorisation du capital financier par de « faux agriculteurs », ce qui, à terme, risquerait de peser de façon anormale sur les prix à la consommation populaires et transformer une grande partie des paysans en ouvriers agricoles sur leurs propres terres remettant ainsi en cause l'ensemble de la stratégie.

L'inexistence d'institution de financement des opérations liées directement à la production agricole : le crédit est une nécessité vitale pour toute valorisation de capital. Or, on peut constater un désintérêt total du capital financier pour le financement des activités de production agricole qui accusent des taux de rentabilité moins élevés que les autres secteurs d'activités économiques.

À l'époque de la colonisation, le Crédit Agricole était totalement inexistant, alors même que les institutions bancaires avaient dégagé des mécanismes parfois inédits de financement de la commercialisation des productions agricoles. Cette situation n'est pas incitatrice pour l'établissement de rapports capitalistes dans les campagnes. Les États africains ont voulu corriger cette carence par intervention directe par l'intermédiaire de Banques Nationales de Développement créées à côté du système bancaire commercial, succursale des banques de la métropole. L'objectif visé était de mettre en place des institutions spécialisées ou des lignes de crédit pouvant prendre en charge le financement des opérations agricoles. Bien entendu, les résultats n'ont pas toujours été probants.

Au demeurant, la conjugaison de tous ces facteurs établit clairement que les conditions de fonctionnement d'une agriculture capitaliste sont loin d'être réunies particulièrement dans les sous-secteurs de production des biens destinés au marché mondial. À l'évidence, le réaménagement structurel même volontariste entrepris par l'État (imposer et élargir les rapports de production capitaliste et étendre leur domaine d'évolution) a abouti à un échec. Ces « réformes » en Amérique Latine et au Maghreb ont eu pour conséquence la paupérisation des masses rurales avec quelques îlots de prospérité, la crise agricole qui se manifeste dans l'incapacité de nourrir une population en expansion rapide et les centres urbains, les faibles productivités et rendements dans le secteur, etc.

PARAGRAPHE 2

Toute réforme doit s'atteler désormais de reconstruire le monde rural et à bâtir une trajectoire planifiée pour faire de l'agriculture un secteur moteur, une filière industrielle.

Sommairement l'échec des réformes provient des fondements d'un modèle d'accumulation fondé sur la rente agricole et minière sans politique de redistribution équitable des revenus socialement et économiquement nécessaires pour maximiser les potentialités nationales et locales. Le système de prélèvement sur les rentes ne laisse aux producteurs aucune base autonome d'accumulation productive pour améliorer la productivité. Un tel système ne pouvait pas transformer les conditions de production et de reproduction de l'agriculture de rente, et en voie de conséquence celle de l'agriculture vivrière qui lui est indirectement associée, engageant celle-ci dans un processus d'appauvrissement, ôtant au monde rural toutes ses capacités de résilience face aux chocs exogènes et aux aléas climatiques (dégradation de l'écosystème, déstockage prématuré ; blocage de l'investissement paysan, exode rural) en lui retirant les bases son auto-développèrent. En l'absence d'une épargne nationale, la fonction d'investissement des projets publics structurants est dévolue à l'endettement et à l'aide publique ce qui justifie la recherche effrénée de la confiance de l'extérieur (bailleurs de fonds).

Pour sortir de ces échecs, la solution est à chercher dans la transformation structurelle autour du triptyque : un modèle de développement humain durable comme horizon économique et social à partir de nouvelles politiques sectorielles efficientes, l'État providence rénové et le progrès scientifique et technique comme outils du système productif. Amartiya SEN assigne aux forces de progrès la mission de développer les capacités des individus et mesure le développement des sociétés selon des critères de bien-être : éducation, santé, revenu, égalité, libertés politiques, culture. Ce sont ces critères qui doivent guider, au-delà du PIB, une politique économique progressiste. Tout cela sous le management d'un leadership transformationnel et patriotique qui rompt avec un État importé autoritaire et un processus de démocratisation occidentale avortée qui affaiblit toutes les institutions de régulation du système.

Nul doute que la transformation de l'agriculture africaine sera longue et pénible. Sans avoir la prétention de proposer les éléments d'une politique agricole africaine, la préoccupation essentielle est d'indiquer les grands axes de réflexions et de recherches pour faire de l'agriculture l'un des moteurs de la croissance et du développement économique et social. En effet, il est toujours important en analysant lucidement la situation de l'Afrique de considérer que le développement global suppose et doit souvent débuter avec le développement de l'agriculture, car sans la production d'un surplus agricole (au-delà de ce qui est nécessaire pour nourrir les travailleurs de l'agriculture), l'industrialisation risque d'être illusoire. Or, le secteur agricole abandonné à lui-même reproduit sa crise permanente qui se manifeste dans l'archaïsme des moyens et méthodes de production, la stagnation des rendements et de la production, la baisse de la productivité du travail et la dégradation de la condition sociale des producteurs. L'intervention de l'État dans le sens de l'imposition de la propriété et de l'exploitation privées n'a pas systématiquement levé les contraintes et obstacles structurels qui bloquent l'expansion de l'agriculture. Bien au contraire, là où elle s'est systématisée, elle s'est accompagnée d'une grande souffrance des grandes masses de paysans sans terre et qui n'ont bénéficié d'aucune forme d'assistance publique. Finalement, cette intervention publique a approfondi objectivement la stratification sociale sans améliorer véritablement la production.

Quelles sont les stratégies à mettre en œuvre pour rendre l'activité agricole plus performante ? Quelles politiques faut-il inventer pour améliorer les opportunités d'emploi en milieu rural ?

Les réponses à ces questions appellent l'agriculture africaine pour rendre l'agriculture compétitive en améliorant sa productivité à la fois par actif rural et hectare cultivé et résoudre les principaux objectifs d'éradication de la pauvreté, de l'autosuffisance alimentaire et de création d'emplois.

1°) Mettre un État de qualité au cœur du dispositif des transformations structurelles des campagnes africaines. Une cohérence d'ensemble s'imposera à l'État.[83]

> *« L'important pour l'État n'est pas de faire ce que les individus font déjà et de le faire un peu mieux ou un peu moins mal, mais de faire ce que personne d'autre ne fait pour le moment.* KEYNES : « *La fin du laisser-faire* ».

---

[83] P. JACQUEMOT, "La désétatisation en Afrique subsaharienne, enjeux et perspectives". Revue Tiers-Monde, n° 114, avril-juin 1988. Le Renouveau de la planification. Moustapha KASSE, « Défis économiques et ambitions démocratiques », Revue Perspectives Socialistes, n° 3, mai 1992.

Les PAS ont accrédité l'idée que l'État africain est rentré dans une triple crise économique (déficit chronique des finances publiques), politique (faible démocratisation) et sociale (incapacité à réguler le chômage et la pauvreté) qui le met « hors-jeu » et le condamne à un désengagement. S'il en est ainsi, c'est parce que l'État a enflé sur le plan économique en étendant ses tentacules au secteur public ; il a enflé sur le plan social en se voulant le protecteur de tous contre tous les aléas.

À l'analyse, le monde rural en Afrique est complètement déstructuré, disloqué et surtout dévitalisé par les effets conjugués de la crise économique et de la désertification. Peut-on raisonnablement penser dans ce contexte que les paysans peuvent s'en sortir sans État surtout au moment où ils sont totalement déconnectés de l'économie de marché avec le développement de l'autoconsommation et de beaucoup d'activités non marchandes. En clair, dans cette situation, les incitations du marché s'avèrent insuffisantes, seul l'État a les moyens d'une recomposition des structures et d'une revitalisation de la production.

C'est au niveau de l'agriculture que l'État, en l'absence d'opérateurs économiques capables de saisir toutes les opportunités d'investissement, est massivement intervenu pour réaliser la modernisation du secteur. Toutefois cette intervention, s'est traduite par le gonflement de la masse salariale des effectifs de l'administration, la démultiplication des entreprises du secteur public rural avec accumulation de déficits, l'accroissement du volume de la subvention, etc. À y regarder de près, ces éléments sont les conséquences des facteurs de déséquilibre interne et externe qui ont amené les bailleurs de fonds à incorporer dans les conditionnalités le retrait de l'État de l'agriculteur.

Cette désétatisation se fonde selon ses auteurs sur deux certitudes : la première postule que le marché est le meilleur instrument de régulation et d'allocation de ressources, il suffit alors de laisser faire et la seconde avance que le retrait même précipité de l'État débridera toutes les initiatives privées et ramènera les organisations paysannes à occuper la place laissée vacante par l'État et ses divers démembrements. Objectivement, ces idées ne découlent ni d'une théorie cohérente et infaillible ni d'un constat adossé sur le réel à travers les expériences des pays. On serait tenté de dire que le néo-libéralisme est une nouvelle théologie que démontent beaucoup de théories, d'expériences et d'observations et nous amènent sérieusement à douter de la qualité de ces certitudes sur le désengagement de l'État.

La première observation est de type théorique et découle des travaux de Garry BECKER (I)[84], Robert BARRO et J. F. MEDARD qui établissent que le marché même s'il est reconnu efficace peut connaître des imperfections qui ne peuvent être corrigées que par une intervention de l'État. Dans cette optique, on peut invoquer au moins trois imperfections majeures révélées par les recherches et que seul l'État peut corriger. Il s'agit d'abord, de l'existence d'externalités positives c'est-à-dire de situation où la rentabilité de l'entreprise découle d'actions que les seules forces du marché sont incapables de créer ; ensuite, l'existence de rendements croissants et d'économies d'échelle découlant d'une situation de monopole qui prive l'économie des aspects positifs de la concurrence. L'État est seul à même par son intervention de ramener le fonctionnement du marché et enfin, les imperfections de marché financier qui empêchent le financement de projets socialement rentables, mais trop risqués pour les opérateurs privés ou alors des projets économiques indispensables, mais à rentabilité différée.

La deuxième observation est que la délimitation des fonctions de l'État dépend d'un choix purement national, car rien dans les mécanismes de l'interdépendance mondiale n'oblige les nations à augmenter ou à diminuer le rôle de la puissance publique. Dans ce sens, on peut remarquer que le Japon a un État très tort et très centralisé, les États-Unis, un État moins fort et plus décentralisé et la Suède un État assez faible. Or ces trois États ont eu d'excellentes performances sur le marché mondial unifié. Il apparaît alors que le débat **entre « plus d'État » et « moins d'État »** reste dans le fond superficiel et largement trompeur.

La troisième observation concerne particulièrement les pays africains comme le Sénégal où l'État est le seul instrument suffisamment fort pour structurer la société caractérisée par des tendances lourdes à l'hétérogénéité structurelle créant plusieurs centres autonomes de décision. De plus, si l'on prend en considération la triple crise des cultures vivrières, des cultures d'exportation et de l'écologie, l'État est le seul acteur à même d'opérer les redressements indispensables.

Dès lors, l'intervention de l'État est impérative pour corriger ces imperfections en assurant les risques même si les engagements solennels des États sont souvent rarement suivis. Ces trois situations

[84] Le débat sur le marché et le rôle de l'État est revenu en force relancé par les travaux de R. BARRO (Université de Harvard) et ceux du prix Nobel d'économie de 1992 Gary BECKER (Université de Chicago) autour de la question : quel genre d'imperfections de marché, l'État peut-il avoir à corriger ?

sont couramment observées dans beaucoup de pays africains. Dès lors, le désengagement de l'État peut parfaitement se traduire par des coûts énormes et nuire en conséquence à la rentabilité. S'y ajoute, note P. JACQUEMOT « le contraste entre, d'une part, les spécificités du secteur agricole qui impose des investissements de long terme, un environnement économique, commercial et réglementaire stable et prévisible et, d'autre part, la façon dont est gouverné le secteur agricole sur le continent africain avec des successions d'interventions parfois contradictoires, souvent frappées du sceau du court terme. »[85]

Les Nouveaux Pays industrialisés qui ont réglé le sous-développement en l'intervalle d'une génération offrent une parfaite illustration du rôle moteur joué par l'État. **L'Asie de l'Est a ainsi réussi à sortir 400 millions de personnes de la pauvreté en dix ans seulement, en investissant massivement dans l'agriculture.**

Dans la quasi-totalité de ces pays, l'État est le principal artisan de la modernisation de l'agriculture. En prenant les exemples de la Thaïlande et de l'Indonésie, on peut mesurer le rôle moteur de l'État dans la transformation du secteur agricole. Le fait que la Thaïlande soit aujourd'hui le premier exportateur mondial de riz (assurant 32 % de la demande mondiale) avec une production agricole considérablement diversifiée est la conséquence d'une politique gouvernementale fortement interventionniste. Le « **Greater Chao Phraya Projet** » fondé sur la construction de grands barrages et de canaux d'irrigation relève de la pratique des grands travaux agricoles publics avec des effets d'entraînement et de multiplication favorables à la croissance. De même pour l'Indonésie « le régime militaro-technocrate » a impulsé une vigoureuse stratégie de développement ayant pour base l'agriculture vivrière.

L'État a mobilisé d'importants moyens institutionnels, financiers, technologiques et humains pour moderniser et développer l'agriculture. Selon Jean-Luc MAURER, l'État a indubitablement utilisé ses pétrodollars (contrairement au Nigeria) à remettre en état le système d'irrigation, à soutenir une politique très coûteuse de subventions des engrais, à maintenir une subtile politique des prix agricoles, à financer un système préventif de constitution des stocks, un crédit rural et une politique de vulgarisation. C'est toute cette politique fortement interventionniste qui a profondément bouleversé les campagnes et a

---

[85] P. JACQUEMOT : Souverainetés agricole et alimentaire en Afrique : la reconquête, Paris, L'Harmattan, 2021.

contribué à redéfinir la place de l'agriculture dans l'économie nationale[86]. Globalement dans la majorité des pays asiatiques, l'État a mis en place l'infrastructure créant ainsi des conditions incitatives à l'investissement privé, un réseau routier de qualité, la scolarisation généralisée et la création d'universités fonctionnelles.

L'État est même intervenu directement au niveau des prix aux producteurs ou des taxes sur les produits. En Inde, l'autosuffisance alimentaire a été atteinte grâce à l'intervention vigoureuse de l'État qui a soutenu le secteur céréalier par une politique adéquate de prix.

À l'analyse, le monde rural en Afrique est complètement déstructuré, disloqué et surtout dévitalisé par les effets conjugués de la crise économique et des diverses agressions naturelles comme la sécheresse. Peut-on raisonnablement penser dans ce contexte que les paysans peuvent s'en sortir sans État surtout au moment où ils sont totalement déconnectés de l'économie de marché avec le développement de l'autoconsommation et de beaucoup d'activités non marchandes. En clair, dans cette situation, les incitations du marché s'avèrent insuffisantes, seul l'État a les moyens d'une recomposition des structures et d'une revitalisation de la production.

Ces observations indiquent que le choix n'est pas entre « plus d'État et moins d'Etat », car les restructurations qu'appellent les PAS de même que la nécessaire insertion de l'économie nationale dans le marché mondial exigent un État fort (exemple des nouveaux pays industrialisés d'Asie). Le problème fondamental concerne plutôt la nature de l'État qui serait capable de conduire les transformations structurelles notamment au niveau de l'agriculture en vue d'amorcer un processus irréversible de modernisation de toute la société rurale et de changer les comportements et les mentalités des divers acteurs dans les campagnes.

Au moment des indépendances africaines, il y a environ plus d'un demi-siècle, la situation alimentaire en Asie était catastrophique avec une gestion désastreuse du secteur agricole alors que l'Afrique ne connaissait point ce type de problème. Aujourd'hui, il est caractéristique que **« les greniers sont pleins en Asie et vides en Afrique ».** Cette nouvelle donne a une triple signification : elle est un cri d'alarme, une mise en garde et un message d'espoir. Pourquoi le continent africain qui a toutes les dotations factorielles pour produire des richesses, produit-il

[86] Jean-Luc MAURER, « Autonomie d'un décollage alimentaire : le cas de l'Indochine », in Asie-Afrique : greniers pleins, Éditions Economica, Paris, 1986, p. 59-77.

la pauvreté ? Force est de constater qu'en trente ans, l'Asie a mis sous céréales 701 millions d'hectares, exactement l'équivalent du total des terres africaines cultivées. Cette production céréalière a augmenté de 175 % alors que celle de l'Afrique s'est accrue très peu, de 17 %. Pendant une longue période, l'Asie s'est transformée en atelier de sueur et de labeur et l'Afrique en continent d'immobilisme. Les performances en Asie montrent que l'Afrique peut s'en sortir à condition qu'elle opère les ruptures indispensables comme l'ont fait les régimes militaro-technocratiques et les élites asiatiques qui ont mis en place de vigoureuses stratégies de développement basées sur l'agriculture.

L'État devra intervenir systématiquement pour apporter l'assistance économique, technique et financière, de même qu'il devra apporter tous les aménagements structurels en fonction des impératifs de l'élargissement des bases de l'accumulation et de l'instauration des formes de propriété et d'exploitation. Il s'agit là d'un programme volontariste et hardi dont la réalisation sera forcément très lente et comptera d'énormes difficultés. Seulement, son accomplissement dépendra d'une part du degré d'adhésion et de participation enthousiaste des paysans eux-mêmes. D'autre part, il reviendra à l'État de veiller pour que son assistance et son encadrement n'aboutissent à l'installation d'une bureaucratie lourde, inefficace et paternaliste qui finira par mépriser les capacités de création et de travail des populations rurales.

2°) La réalisation planifiée d'une infrastructure de base pour l'agriculture, l'eau, les routes et l'énergie, les clefs de voûte du développement agricole pour accroître la productivité et la production.

C'est le second axe de réflexion en direction des politiques agricoles. Il se traduit par la mise en place progressive d'une infrastructure matérielle rendant possible l'accélération et l'intensification de la production agricole. Cette infrastructure tourne autour de l'exploitation du potentiel hydraulique et énergétique et de la création d'un réseau routier permettant une circulation des productions et des facteurs agricoles.

Le développement agricole passe par la maîtrise de l'eau et la réalisation de grands travaux d'irrigation. Ces deux éléments constituent la condition essentielle d'un accroissement de la production et d'une réduction des calamités naturelles et de leurs effets. Ces dernières années, le puissant Mouvement Écologiste européen a relancé le débat sur les choix alternatifs entre la petite et la grande hydraulique. Beaucoup d'arguments ont été développés pour condamner les grands barrages auxquels, il est reproché :

a) Les effets déstabilisateurs des écosystèmes fragiles,

b) Les effets négatifs sur l'environnement humain et la santé dans les abords des régions irrigués,

c) Les coûts excessifs des investissements qui vont accentuer la dépendance financière,

d) La dépendance technologique et l'écoulement de la production découlant de la délocalisation vers les pays sous-développés des activités industrielles.

Ce sont là quelques arguments plus ou moins raffinés qui sont souvent brandis à l'encontre des politiques de grande envergure appliquées pour une agriculture moins tributaire des aléas de la nature. La solution alternative proposée par les écologistes tourne de la petite hydraulique aux coûts financiers et humains beaucoup moins excessifs et aux effets sur l'environnement moins dévastateurs.

Tous ces arguments demeurent totalement légers au niveau économique, social et scientifique et traduisent profondément les préoccupations de personnes que la famine et la misère ne menacent guère et qui de surcroît, n'ont absolument pas les échéances d'élever dans les délais les plus brefs, le niveau des forces productives matérielles et humaines.

Comment peut-on demander aux pays sahéliens de continuer à développer des politiques agraires aux faibles rendements totalement dépendants des caprices du climat, de l'instabilité de l'environnement. Ces pays ont besoin de contrôler toutes les composantes de la production depuis l'irrigation jusqu'aux facteurs modernes de production agricole. Ils doivent utiliser non pas de petites technologies alternatives très peu performantes, mais les plus hautes technologies les plus performantes notamment la robotisation, l'intelligence artificielle et la digitalisation les nouveaux fondements de la révolution scientifique et technique. Il faut s'orienter vers les progrès scientifiques et techniques les plus avancées possibles pour refaire leur retard économique et accroître particulièrement leur savoir-faire. La science et la technique sont les meilleurs outils pour le rattrapage.

Ces visions que l'on nous offre sous des vocables d'une apparente innocence comme technologies appropriées, technologies douces, secteur informel, auto-développement à partir des communautés de base, relèvent de conceptions totalement anesthésiantes et rétrogrades qui veulent maintenir les pays sous-développés dans l'arriération économico-sociale. Elles émanent toujours de personnalités scientifiques de pays avancés qui n'ont donc plus un problème de savoir-faire, mais de savoir quoi faire. Que l'exploitation capitaliste ait entraîné une exploitation bornée et anarchique de l'environnement, c'est un fait entièrement incontestable, comme il est également incontestable qu'il n'existe aucune limite technique à la valorisation de la nature. C'est cette technique qu'il faut maîtriser et mettre au service du développement économique et social.

Les grands barrages hydro-électriques quels que soient leur coût, restent une option de progrès d'une maîtrise de l'eau et la production de l'électricité. Le problème fondamental ne se situe pas dans les effets négatifs qu'ils peuvent produire, mais réside dans les orientations de production, les formes d'exploitation et en dernière analyse la politique agraire qui est appliquée. Si celle-ci est réfléchie et reste au service des masses laborieuses, elle doit permettre l'exploitation de toutes les perspectives de développement qui s'ouvrent et dans ce sens, la petite hydraulique ne saurait être écartée. Il importe aussi de la développer en la corrigeant, car les formes minifundia ires qu'elle encourage sont souvent tournées vers l'exploitation privée aux conséquences sociales qui pourraient être lourdes.

Si la maîtrise de l'eau est une nécessité impérieuse, elle doit être accompagnée d'une politique énergétique cohérente et adéquate. L'énergie est une variable essentielle dans le développement agricole. Dans cette direction, un rapport de la National Academy of Sciences observe que « le processus de la croissance économique a pris naissance au moment où la machine a remplacé l'homme pour les travaux agricoles, industriels et domestiques… La production phénoménale de l'agriculture aux États-Unis et dans d'autres grands pays exportateurs d'aliments s'explique en grande partie par une utilisation massive d'énergie et d'engrais, l'apport de la main-d'œuvre diminuant très rapidement à mesure que s'intensifient les pressions exercées par l'accroissement des salaires dans les industries secondaires et tertiaires ».

3°) Faire de la question des semences et des biotechnologies un levier prioritaire de diversification et de performance de l'économie agricole.

Mamadou DIA avait bien compris, aux premières heures de l'indépendance, l'importance et le rôle majeur des semences à une période où les multinationales ont déclenché la Grande Guerre des semences parce qu'elles ont une dimension stratégique. Sans semences, pas de récoltes, sans semences améliorées, pas de récoltes améliorées. Dans le secteur des entreprises privées, on trouve deux catégories, la chimie, la pharmacie et dans une moindre mesure les industries alimentaires. Ce sont Shell, MONSANTO, CIBA GEIGY, ICI, SANDOS, LUBRISOL. En France, c'est Elf et Rhône Poulenc, en Suède et pour les pays du Nord, c'est Volvo, Groupe automobile certes, mais qui est aussi dans la pétrochimie. Quand les IFI ont minimisé dans le paquet de leur « fameuse réforme néolibérale » intitulée Nouvelle Politique Agricole (NPA), j'avais adressé une note véhémente aux autorités en vue d'une valorisation plus grande des semences qui doit aller bien au-delà des propositions du Président Mamadou DIA, il s'agit d'une industrialisation du secteur, la note est reproduite dans mon ouvrage « l'État, le technicien et le banquier face aux défis du monde rural sénégalais (NEAS-CREA, 1996, 273 p). Aujourd'hui, le secteur semencier est entré de manière scandaleuse dans l'escarcelle de la baronnie du régime du Président Macky SALL qui spécule sur tout la terre en dépossédant les paysans, les semences par le biais de quotas et les circuits de commercialisation des produits agricoles.

4°) L'utilisation programmée des facteurs modernes de production et l'exploitation des opportunités de la technologie et de Révolution Verte au service de la transformation de l'agriculture africaine.

C'est là un des volets extrêmement importants des politiques agraires et sur lequel les insuccès sont notoires. La recherche techno agronomique n'est pas encore un domaine prioritaire comme si la fameuse « Révolution Verte » en Inde n'était pas partie des universitaires et chercheurs. Pourtant, rien absolument ne justifie ce traitement. Une agriculture performante a particulièrement besoin d'une utilisation systématique de la révolution scientifique et technique pour atteindre des niveaux élevés d'investissement et de productivité du travail. Cela est d'autant plus vrai que les projections de la demande alimentaire pour les prochaines générations au niveau des PSD ne peuvent point être couvertes ni par la production interne ni par l'aide alimentaire mondiale. Toute projection pousse au développement d'une agriculture intensive et productiviste qui ne peut provenir que de la science et de la technologie. Le modèle IMPACT de l'IFPRI[87] conclut que pour l'ensemble des pays en voie de développement et sur une période de

[87] Les calculs sont réalisés par PETIT Michel à partir du scénario de base du modèle IMPACT pour l'année 2002.

28 ans, les taux de croissance moyens de la demande se chiffrent à 1,7 % pour le blé et 1,2 % pour le riz tandis que pour la viande de poulet le taux projeté est de 3,7 %, pour le lait de 3,3 %, pour l'ensemble des huiles 2,8 % et pour le manioc 2,2 %. Une moyenne de 2 % pour l'ensemble des produits agricoles destinés à l'alimentation humaine apparaît plausible à la lumière de ces résultats. Les taux sont bien en dessous du croît démographique.

C'est pourquoi selon Michel PETIT « la recherche agronomique doit s'ouvrir davantage aux disciplines biologiques (biologie moléculaire, biologie intégrative, dépasser le modèle de la boîte noire où l'on s'intéresse seulement aux « intrants » et aux produits sans s'intéresser aux mécanismes internes). Elle doit s'ouvrir plus particulièrement à l'écologie et à la modélisation des systèmes complexes ; elle doit développer les pratiques pluridisciplinaires, voire transdisciplinaires, pour utiliser la terminologie très pertinente ici de PIAGET, et engager des recherches sur les systèmes d'acteurs avec lesquels elle travaille pour transformer les agricultures. Mais il faut bien convenir que ces prescriptions sont plus faciles à formuler qu'à mettre en œuvre. Elles appellent des partenariats nouveaux ou élargis plus approfondis et plus réels, que ce que l'on rencontre le plus souvent sur le terrain. » L'auteur en déduit avec pertinence que « La recherche est en effet appelée à jouer un rôle stratégique face au défi alimentaire mondial. Le défi à relever n'est pas simple, car il faut à la fois fournir une alimentation à bon marché à ceux qui sont des acheteurs nets de nourriture et assurer un revenu aussi élevé que possible à ceux qui tirent l'essentiel de leurs revenus, en argent et en nature, de l'exercice d'une activité agricole dans les zones défavorisées et qui ont intérêt à ce que les prix agricoles soient aussi élevés que possible. »

5°) Nécessaire formulation d'une politique de recherches sur les TIC et la digitalisation dans le secteur rural.

Il faut résoudre le paradoxe de nos systèmes éducatifs : l'enseignement technique qui devrait normalement, former plus de la moitié des hommes actifs compte dix fois moins, que l'enseignement général, qui prépare dix fois moins d'emplois. Cela pose en premier lieu la nécessité d'une réforme profonde de nos universités et mettre en place une politique cohérente de recherche pour le secteur agricole et qui viserait :

a) La modernisation des procédés de culture et la rénovation des instruments de production, De nouvelles méthodes de modernisation des chaînes de valeur des produits agricoles, en particulier à la faveur de l'application des technologies de l'information et de la communication (TIC), émergent. L'utilisation des TIC peut changer radicalement les coûts et les modèles de culture d'une vaste gamme de produits et services aux agriculteurs. Il faut alors mettre en place des plateformes TIC et digitalisation pour soutenir les transactions financières, diffuser les informations sur les marchés et appuyer la modernisation des chaînes de valeur,

b) L'expérimentation scientifique et la diffusion de nouvelles techniques, ce qui implique la création d'unités expérimentales qui ont pour vocation d'être de véritables incubateurs du développement agricole.

c) La formation de cadres compétents au plan techno-agronomique et techno-administratif. Cette question soulève les limites des systèmes universitaires des pays africains qui ne s'intéressent que très marginalement aux activités rurales qui pourtant fournissent parfois jusqu'à 30 % des ressources nationales. Une Faculté d'Agronomie a beaucoup plus d'intérêt économiquement et socialement que les institutions de formation littéraires qui fournissent plus de la moitié des effectifs des universités africaines. Il existe une pensée totalement fausse et qu'il faut corriger selon laquelle les paysans feront eux-mêmes la révolution technique et scientifique. Celle-ci sera faite par des savants et techniciens évoluant dans les campagnes et y opérant des recherches systématiques. C'est pourquoi la connexion entre l'Université et le monde rural est déterminante. Ces recherches seront impulsées et organisées par l'État et cela à trois (03) niveaux : celui de l'identification des produits et systèmes agraires pouvant contribuer à la croissance économique du pays, celui de la localisation dans l'espace et des contraintes sociologiques et celui des technologies les plus appropriées pour atteindre les niveaux de production et de productivités les plus élevés.

6°) Participation populaire au développement rural et promotion de la jeunesse et de la femme.

Plusieurs spécialistes avaient défini un cadre général servant à identifier les priorités de recherche et les objectifs de développement technologique bien qu'évoluant dans des environnements naturels défavorables, l'Afrique accuse un retard important. La recommandation de l'UA invitant les pays à consacrer 1 % du PIB à la recherche scientifique est un vœu pieux.

Comme le souligne Louis EMMERIJ, il faut inventer un nouveau régime politique capable de décentraliser le pouvoir de décision économique et de faciliter la participation de tous les acteurs du jeu économique aux institutions et au système qui les gouvernent. Pareil régime devrait confier plus de responsabilités aux entrepreneurs du secteur informel rural et un bain, aux coopératives si tant est qu'on les développe, aux villageois et à tous les opérateurs de la vie économique. Ainsi on ouvrirait le champ aux investissements, à la créativité, à l'esprit d'entreprise et à l'innovation.

À la Conférence internationale sur la participation populaire dans le processus de redressement et de développement (Arusha, 12-26 février 1990), le Secrétaire exécutif de la CEA, le Professeur Adébayo ADEDEJI observait dans son rapport introductif que « le développement authentique et autoentretenu ne peut que se traduire par la transformation du peuple qui apporte le changement, sa culture, son attitude à l'égard du travail, ses conceptions et compétence ainsi que ses systèmes sociaux. Ce développement autoentretenu exige, partout en Afrique, la politique de consentement et de consensus, la politique de la conviction et de l'engagement, la politique de la comparaison et de la responsabilité ».

Cette préoccupation doit être largement partagée dans les pays sahéliens où les organisations rurales ont été relancées, dans les durs moments de la grande sécheresse (1972-1984), pour mobiliser les populations afin de faire face aux conséquences désastreuses de cette calamité naturelle par la construction de puits, de micro-barrages, de banques de céréales, d'approvisionnement en produits de première nécessité, dé commercialisation des céréales. Dans cette direction, la Rencontre régionale de Ségou (21-25 mai 1989) sur les expériences de concertation avait reconnu l'impérative nécessité d'assurer la participation des populations rurales à toutes les échelles des politiques qui les concernent directement.

Il faut travailler à la mise en place de structures organisationnelles adéquates, de concrétiser leur esprit d'initiative et de volonté dans les actions visant la satisfaction des besoins fondamentaux du terroir, de mobiliser les ressources potentielles (matérielles, humaines) en vue de tendre vers l'autonomie de gestion, condition d'un développement durable au Sahel ; de favoriser et soutenir l'effort de la femme et des jeunes pour le développement.

Au niveau de l'agriculture, l'État doit exercer des fonctions importantes d'organisation du secteur en vue d'un accroissement et d'une diversification de la production agricole. Dès lors, il importe de créer les conditions optimales pour favoriser la participation du paysan à un développement durable au Sahel. Pour ce faire, il est recommandé de prendre des mesures administratives, juridiques et financières pour faciliter l'organisation des paysans, leur formation, leur information et leur accès à la terre et aux facteurs de production (crédit, intrants, équipement, de définir les règles de participation au développement entre les différents partenaires (État, paysans, donateurs, d'assurer une santé à l'ensemble du monde rural, spécialement la mère, l'enfant. et les populations des périmètres irrigués de permettre au monde rural de prendre en main ses responsabilités, de valoriser les efforts du monde paysan par l'organisation des marchés

L'auto-développement en tant que moyen de démocratisation très avancée et de responsabilisation des acteurs à la base est particulièrement décrié et combattu par les administrations classiques dont les agents s'enrichissent par le trafic d'influence, les commissions sur les marchés publics. Rompre avec ces pratiques exige l'octroi aux populations des pouvoirs qui jusque-là avaient été réellement exercés par le centre de l'administration ou par délégation par des organismes ou sociétés publiques ou parapubliques. Les acteurs ruraux doivent être organiquement associés aux discussions à tous les niveaux, à la formation, à l'exécution, à la gestion, au contrôle et à l'éducation.

Il est clair qu'une décentralisation ne peut s'embrayer sur les structures administratives actuelles : leur mise en œuvre passe par une modification en profondeur de toutes les institutions politiques et administratives fondées sur les habitudes séculaires du centralisme et de la délégation. Ce sont des organes nouveaux qu'il faut meure en place avec des contenus nouveaux permettant à chaque collectivité de prendre en charge au maximum ses propres affaires. Cela passe par la solution des trois questions : – Quelles compétences sont à transférer ? – Quels en sont les bénéficiaires ? – Sur quelles ressources compter ? Comment les mobiliser ?

La décentralisation pourrait permettre de répondre à ces questions à condition qu'elle possède une réelle personnalité juridique avec tout ce que cela comporte comme conséquence notamment sur le contrôle des ressources matérielles et humaines, un budget autonome et la capacité d'ester en justice.

Très tôt, les autorités sénégalaises, suite aux recommandations du Père LEBRET, auteur du premier plan de développement, ont compris qu'aucun programme de développement ne pouvait être mené à terme sans la participation de ceux-là mêmes qui en sont les principaux bénéficiaires et qui devaient en être aussi les promoteurs et les réalisateurs.

7°) La nécessité d'une politique adéquate de crédit agricole pour accroître la disponibilité de ressources en faveur des acteurs et particulièrement des jeunes et femmes « agripreneurs ».

Le crédit rural réside dans la conjugaison d'instruments diversifiés, proches de l'emprunteur et de l'épargnant, permettant une adaptation du crédit aux besoins variés (production, mais aussi petits investissements, obligations sociales). Les politiques de financement de l'agriculture devraient être reconstruites, pour corriger les imperfections des marchés financiers. Sur un total de prêts annuels des banques commerciales d'environ 14 milliards d'USD par an, ceux octroyés à l'agriculture s'établissent à environ 660 millions d'USD, soit 4,8 % des prêts annuels. Les fonds publics et privés, comme ceux des agences de développement, des fondations, des entreprises et des ONG, parfois porteur d'innovations, devront être canalisés vers des mécanismes incitatifs de soutien à l'agriculture, à la pêche et à l'élevage. C'est dire que l'avenir du crédit rural résidera dans la conjugaison d'instruments diversifiés, proches de l'emprunteur et de l'épargnant, permettant une adaptation du crédit aux besoins variés (production, mais aussi petits investissements, obligations sociales).

En fait, pour ce qui est du crédit, il convient de faire une approche globale de l'ensemble des problèmes du monde rural. En effet, s'il importe de fournir aux producteurs des crédits productifs, il convient également de les « socialiser » dans la mesure du possible compte tenu de l'état de dénuement actuel des producteurs de ce secteur. Au plan pratique, la mise en place de crédits agricoles exige un ensemble de techniques complémentaires, notamment la création d'un fonds de bonification d'intérêt. On observera que ces crédits qualifiés de « sociaux » ont un caractère plutôt très productif, car ils incorporent un fort effet multiplicateur de productivité du fait de la libération de toutes les potentialités du producteur ainsi dégagé des innombrables contraintes financières liées à la rigueur du crédit. Il faut alors les accompagner d'un ensemble de techniques complémentaires, notamment la création d'un fonds de bonification d'intérêt. Effet, un fort effet multiplicateur de productivité du fait de la libération de toutes les potentialités du producteur ainsi dégagé des innombrables contraintes financières.

On le voit, une politique de financement qui se veut efficace doit non seulement, permettre aux producteurs d'acquérir les moyens de production modernes qui leur font cruellement défaut, mais aussi, et surtout d'avoir une trésorerie. Elle doit en conséquence donner aux producteurs la possibilité d'assurer leurs besoins alimentaires notamment dans ces périodes de soudure. Observons que, la misère et la pauvreté constituent des facteurs de blocage de l'accroissement de la production. Dans ces conditions, la période dite de soudure coïncide dans les campagnes avec celle d'intenses activités champêtres (hivernage). Dans ces conditions, on comprend assez aisément, au-delà des explications usuelles que la raison principale du recul de la productivité, la faiblesse des productions est la persistance de la paupérisation dans les zones rurales africaines, surtout sahélienne.

Malgré les avancées significatives dans l'organisation du Crédit Agricole, il faut observer que les taux d'intérêt appliqués et les suretés exigées (en contradiction flagrante avec les dispositions de la Loi sur le Domaine national et certaines dispositions de **la Loi d'Orientation Agro-Sylvo-Pastorale** (LOASP) défavorise les petits producteurs. En conséquence, le Crédit Agricole ne va concerner principalement que les gros producteurs et les diverses notabilités anciennement grandes bénéficiaires des services des Sociétés publiques. Au Sénégal, la Caisse Nationale de Crédit Agricole conçue comme une banque privée de Crédit Agricole est loin d'être un instrument efficient de financement des opérations agricoles. Il est vrai que le financement des crédits aux communautés rurales est sa mission principale, mais à l'expérience on observe un contournement de cette mission puisque les principales ressources ont été consacrées au financement des campagnes de commercialisation.

La mauvaise allocution des ressources financières et la faiblesse de leur rendement doivent conduire à analyser de plus près certains éléments relatifs au financement des activités rurales et agricoles en particulier. Pour cela, il faut partir tout d'abord d'une évaluation des besoins de financement de l'agriculture et du secteur primaire en général ; ensuite, examiner le volume, l'origine et la structure des financements avant de mettre en relief dans une dernière étape l'organisation et le degré d'efficacité de l'utilisation des ressources financières mobilisées.

Globalement, une réforme de l'agriculture commande l'élaboration d'une politique financière cohérente qui mette en place un système de crédit structuré, mais souple permettant aux paysans d'échapper aux excès de l'usure et à la dépendance vis-à-vis des divers fournisseurs de biens intermédiaires. En réglant, de manière adéquate, la recherche de solutions adéquates à toutes les questions liées à l'encadrement du crédit, au taux d'intérêt, à la durée des prêts, au rythme de remboursement et aux problèmes des suretés, le Crédit rural devient accessible aux petits producteurs et **particulièrement aux jeunes et aux femmes « agripreneurs »** pour stimuler leurs activités productives et relever leur niveau de revenu.

Dans cette optique deux mesures s'imposent d'abord, la nécessité d'élaborer et de mettre en place une politique adéquate de crédit qui inciter la finance formelle à s'engager dans le secteur agricole et ensuite l'exigence d'appuyer le développement de la microfinance et du microcrédit.

La première mesure est d'inciter la finance formelle pour un engagement plus résolu dans le secteur agricole. Les problèmes se ramènent à assurer la garantie des prêts pour un secteur à haut risque : quelles sont les incitations et quelles manipulations des instruments purement monétaires faut-il faire. Ce dernier aspect touchant les taux d'intérêt est essentiel car il faut éviter de les mettre à un niveau très bas, ce qui ferait du crédit une espèce de secours social ou très élevé ce qui découragerait certains utilisateurs. Il faudra alors appliquer des taux différenciés selon la nature de l'opération productive et probablement la durée du crédit.

La deuxième mesure est l'appui au développement de la microfinance et au microcrédit. De plus en plus de réflexions sont consacrées à ces structures qui ont proliféré au niveau des PSD et particulièrement dans les centres urbains. Il faut préciser que la microfinance concerne l'ensemble des services financiers (épargne, crédit, assurance, transferts de fonds des émigrés à leurs familles) offerts aux populations pauvres qui sont exclues du système bancaire traditionnel. Quant au microcrédit, il correspond à des prêts de faible montant destinés à des personnes à bas revenus exclues des banques parce que leur solvabilité est considérée comme insuffisante et/ou parce que les coûts de gestion de tels prêts sont jugés trop élevés. Ces prêts leur permettent de créer ou de développer des micros entreprises ou des activités génératrices de revenus.

Le phénomène a pris tellement de l'ampleur et tellement bien installé qu'il fait l'objet d'un intérêt mondial : le premier sommet mondial sur le microcrédit a été organisé en 1997 à Washington, le dernier à Halifax en 2006, l'année 2005 a été dédiée par l'ONU au microcrédit et en 2007 Mohammad YUNUS le père du microcrédit a été honoré par le prix Nobel de la paix. Le bilan est remarquable : la GRAMEEN BANK est implantée dans 73000villages du Bangladesh, elle a 7 millions de clients (dont 97 % de femmes) et a prêté 6 milliards de dollars. L'Afrique compte 6 millions de bénéficiaires du microcrédit contre 80 millions en Asie.

On le voit, une politique de financement qui se veut efficace doit non seulement, permettre aux producteurs d'acquérir les moyens de production modernes qui leur font cruellement défaut, mais aussi et surtout d'avoir une trésorerie au regard de la faiblesse des fonds propres. Elle doit en conséquence donner aux producteurs la possibilité d'assurer leurs besoins alimentaires notamment dans ces périodes de soudure. Observons que, la misère et la pauvreté constituent des facteurs de blocage de l'accroissement de la productivité donc des capacités compétitives. D'ailleurs, la période dite de soudure coïncide dans les campagnes sénégalaises avec celle d'intenses activités champêtres (hivernage). Dans ces conditions, on comprend assez aisément, au-delà des explications usuelles que la raison principale du recul de la productivité, la faiblesse des productions est la persistance de la paupérisation dans les zones rurales sénégalaises

8°) La révolution verte et digitale : quelles perspectives pour l'Afrique ?[88]

Il faut observer que le terme « Révolution » Verte utilisé par certains auteurs grossit exagérément l'impact de l'utilisation des N.V.H.R de blé et de riz. En fait, le phénomène est plus limité que ne suggère le terme. Les premiers pays à l'expérimenter dans la décennie 1960 sont le Mexique, l'Inde (État du Panjab) et le Pakistan. L'Indonésie, la Malaisie, la Thaïlande et même la Chine l'ont réalisé par la suite. Concernant l'Afrique, son extension est limitée au Nord du continent (Maroc, Libye, Égypte et Tunisie) ; elle ne pénètre pas encore en Afrique subsaharienne. Dans ce sens, A. LOUAT observe que « l'essor de la production agricole sur les différents continents correspond à l'extension de la révolution verte est fort en Asie, sensible en Amérique et faible en Afrique. Dans les pays concernés les rendements et les volumes de productions sont multipliés par 5 à 15 en une trentaine d'années et des pays comme le Mexique et l'Inde sont devenus auto-suffisants. Les variétés de riz mises au point par l'IFRI en 1965 ont permis une progression du rendement moyen de 40 % et de la

---

[88] F. BROWN et Vandama SHIVA : L'Afrique peut-elle se permettre une « Révolution agraire », PNUD Revue du Développement Humain, Juillet 1993.

production de 60 % en vingt ans en Asie alors que sa population augmente de 55 % pendant cette période. La moitié des variétés de riz existant actuellement dans le monde ont au moins **un "géniteur" venu de l'IRRI** » [89]

En dépit de ces résultats positifs, la Révolution verte présente des limites bien évidentes. Tout d'abord l'utilisation de nouvelles semences est limitée à deux cultures vivrières dont on suppose qu'elle a induit un ensemble d'effets irréversibles particulièrement dans l'agriculture indienne (PENJAB). Ensuite, les résultats produits sont largement inégaux en Asie et ailleurs. Enfin, le potentiel de développement des semences parait limité et elles n'ont pas les performances que l'on bien voulu leur prêter.

L'ampleur des pénuries alimentaires et des déficits vivriers en Afrique aggravés par une démographie galopante et une urbanisation accélérée font que des menaces graves de famine pèsent sur de nombreux pays africains. Dans un pareil contexte la révolution verte se présente comme une nécessité impérative pour le continent. Elle est une stratégie qui, lorsqu'elle est disponible et possible, peut contribuer à accroître les réserves alimentaires. Toutefois, sa conception et sa mise en œuvre doivent être soumises aux chercheurs même s'il est maintenant prouvé qu'il existe d'autres moyens pour augmenter la production vivrière : amélioration des systèmes de polyculture, de la qualité des semences, locales et de l'efficacité de l'utilisation des ressources locales.

Les pays doivent chercher à tirer le maximum de profit de la révolution verte en la systématisant et en l'adaptant aux conditions de leur environnement physique et humain. Car, elle a permis de remporter une incontestable victoire dans la lutte séculaire contre la pénurie alimentaire.

Les pays africains qui s'engagent dans un tel processus devront développer l'expérimentation et les recherches au niveau :

a) Des produits chimiques pour étudier les conditions d'accélération de la croissance des plantes en vue de l'amélioration des rendements et les effets de l'utilisation des pesticides et engrais sur la production et les sols ;

---

[89] A. LOUAT : Le sous-développement, stratégies et résultats, Éditons Ellipses.

b) Des manipulations génétiques pour améliorer les espèces et accroître les rendements ;

c) De la photosynthèse, de la prévision météorologique.

En dépit de ces avantages, il est généralement reproché, entre autres, aux technologies de la révolution verte d'aider le plus souvent les agriculteurs riches des pays en développement tout en encourageant une sujétion excessive aux engrais chimiques. Une autre critique est qu'elle fait une place plus grande aux considérations économiques au détriment de l'environnement. C'est dire qu'elle produit une société rurale duale et creuse les inégalités entre la paysannerie traditionnelle pauvre et une élite technicienne de propriétaires fonciers.

Ces critiques proviennent d'universitaires qui ne connaissent pas les problèmes réels des Pays Sous-développés (PSD). Étant donné les problèmes croissants de sécurité alimentaire et les progrès constants de la biotechnologie, les scientifiques africains doivent travailler sur les conditions de réalisation d'une deuxième « révolution verte ».

En dépit de ces résultats positifs, la Révolution verte présente des limites bien évidentes. Tout d'abord l'utilisation de nouvelles semences est limitée à deux cultures vivrières dont on suppose qu'elle a induit un ensemble d'effets irréversibles particulièrement dans l'agriculture indienne (PENJAB). Ensuite, les résultats produits sont largement inégaux en Asie et ailleurs. Enfin, le potentiel de développement des semences parait limité et elles n'ont pas les performances que l'on bien voulu leur prêter.

L'ampleur des pénuries alimentaires et des déficits vivriers en Afrique aggravés par une démographie galopante et une urbanisation accélérée font que des menaces graves de famine pèsent sur de nombreux pays africains. Dans un pareil contexte la révolution verte se présente comme une nécessité impérative pour le continent. Elle est une stratégie qui, lorsqu'elle est disponible et possible, peut contribuer à accroître les réserves alimentaires. Toutefois, sa conception et sa mise en œuvre doivent être soumises aux chercheurs même s'il est maintenant prouvé qu'il existe d'autres moyens pour augmenter la production vivrière : amélioration des systèmes de polyculture, de la qualité des semences, locales et de l'efficacité de l'utilisation des ressources locales.

Les pays doivent chercher à tirer le maximum de profit de la révolution verte en la systématisant et en l'adaptant aux conditions de leur environnement physique et humain. Car, elle a permis de remporter une incontestable victoire dans la lutte séculaire contre la pénurie alimentaire.

9°) Avec l'avènement d'une classe moyenne africaine, il faut élaborer une politique de commercialisation, de stockage et de conquête des marchés urbains nationaux et régionaux.

La classe moyenne est : une appellation problématique et mouvante d'une couche sociale privilégiée par les revenus. Sa montée fulgurante soulève l'impérieuse nécessité de repenser le modèle national de consommation.

> Afin de mieux cerner cette réalité, on peut utiliser plusieurs approches. L'approche économique privilégie une délimitation par les revenus et – plus rarement – par les patrimoines : seraient considérés comme appartenant aux classes moyennes les actifs ou les ménages disposant de ressources monétaires proches du revenu médian (a). Selon la fourchette de proximité retenue, on délimite une classe médiane plus ou moins vaste. Par exemple, en retenant tous ceux qui sont au-dessus des 40 % les plus démunis et au-dessous des 20 % les plus riches, on obtient un ensemble allant des franges inférieures des cadres aux employés et ouvriers les mieux rémunérés. Les principales difficultés de cette approche résident dans la grande dispersion des niveaux de vie qu'elle autorise et dans le fait que ces classes de revenu peuvent amalgamer des personnes aux profils sociaux très divers.
>
> **Serge BOSC :** Alternatives économiques, n° 265 (01/2008)

Il convient de souligner que la commercialisation au même titre que les prix et les revenus est une composante déterminante dans l'orientation de la demande des produits vivriers et donc dans la conception même de toute stratégie de sécurité alimentaire. Pourtant, il apparaît aujourd'hui que les stratégies agraires accordent une impédance mineure aux problèmes de commercialisation si bien que, par moment, faute de circuits adéquats de commercialisation, les surplus de production sont détruits. Il est de plus en plus évident qu'il ne suffit pas de produire mais il faut surtout vendre de bons produits, à bons prix rémunérateurs et sur de bons marchés qui présentent des qualités de stabilité et de solvabilité. C'est pourquoi, l'organisation et le contrôle des principales étapes de la commercialisation s'imposent cela d'autant plus que les politiques de libéralisation renforcent démesurément le pourvoir des commerçants et des intermédiaires du monde rural. Les données rendues disponibles par beaucoup de plans céréaliers montrent que la faiblesse notoire des quantités de cultures vivrières locales commercialisées.

Les offices nationaux de commercialisation souvent déficients, s'ils existent, s'intéressent prioritairement aux cultures spéculatives de rente et négligent les autres produits. Ils maîtrisent, faute de données statistiques fiables les circuits de distribution et surtout la structure des prix. Ils laissent alors la place aux spéculateurs traditionnels (non officiels ou privés) sur l'important marché urbain et régional. À ces arguments s'ajoute l'absence de moyens de stockage qui affaiblissent le pouvoir de négociation des paysans et leur capacité à réguler le marché.

Dans ces conditions la commercialisation des céréales importées, notamment le riz et le blé dans les grands centres urbains, aggrave les « subventions étatiques et conduit à des prix dérisoires pour la consommation des céréales locales. Dans la plupart des pays africains les centres urbains avec un taux de croissance supérieur font exploser la demande alimentaire et constituent des marchés à la fois solvables. Au Sénégal, les marchés urbains représentent annuellement un chiffre d'affaires 5 fois plus que l'apport dl' l'arachide et de ses dérivés. Le Sénégal ne fait pas exception et son agriculture ne peut se développer sans reconquérir les marchés urbains. Cette importante demande doit être maîtrisée pour stimuler la production agricole et les échanges. Toutefois il faut commencer par modifier le modèle de consommation extraverti fondé sur des biens importés. La généralisation de la **rizification** indique qu'il est plus commode et plus facile de préparer des repas avec du riz ou du blé qu'avec du mil ou du sorgho, c'est dire qu'il faut au plus vite accélérer les recherches et diffuser les résultats des technologies de transformation des céréales locales. L'un des défauts de nos statistiques est la faiblesse des enquêtes sur la consommation citadine, celles sur les revenus en milieu rural ainsi que la structure des prix.

Au niveau des marchés régionaux du bétail et des céréales, les mesures doivent viser à créer les conditions d'un libre-échange avec la révision des taxes intérieures, l'amélioration des infrastructures routières et les transports, l'harmonisation des protections aux frontières. Pour ce qui concerne la promotion des exportations, il importe d'analyser avec minutie et rigueur, les coûts, l'accès aux marchés et les filières dont la gestion serait professionnalisée. Les acteurs doivent être formés aux techniques modernes de vente.

Les réformes significatives de l'agriculture imposent de manière plus déterminée une bonne gestion du marché intra-régional et de moderniser les marchés agricoles internes du bétail et des céréales. La réalisation d'une politique agricole communautaire en Afrique devrait beaucoup aider à l'élaboration d'une politique concertée d'approche des marchés internationaux pour ces produits agricoles exportés (oléagineux, coton) afin de mieux négocier et de mieux vendre.

Pourquoi le continent africain qui a toutes les dotations factorielles pour produire des richesses sécrète-t-il de lourds déficits alimentaires, la pauvreté ? Force est de constater qu'en trente ans, l'Asie a mis sous céréales 70 millions d'hectares, exactement l'équivalent du total des terres africaines cultivées. Cette production céréalière a augmenté de 175 % alors que celle de l'Afrique s'est accrue très peu de 17 %.

PROPOS D'ÉTAPE : L'AFRIQUE A TOUS LES ATOUTS POUR S'EN SORTIR PAR LA MISE EN ŒUVRE ET LE PILOTAGE DE RÉFORMES AGRICOLES PERTINENTES ET EFFICACES.

Au moment des indépendances africaines, il y a environ plus d'un demi-siècle, la situation alimentaire en Asie était catastrophique avec une gestion désastreuse du secteur agricole alors que l'Afrique ne connaissait point ce type de problème. Plus de cinq décennies de politique agricole, après Mamadou DIA, révèlent que les résultats obtenus sont restés à la fois éloignés des objectifs et modestes. Au fil du temps, il s'est développé une crise profonde de l'économie agricole qui se manifeste à travers la faillite du secteur public rural considéré comme l'instrument et le moyen d'action de l'État, la stagnation de la production, les déficits et pénuries alimentaires et la détérioration du pouvoir d'achat des producteurs.

Aujourd'hui, il est caractéristique que « les greniers sont pleins en Asie et vides en Afrique ». On constate qu'en trente ans, l'Asie a mis sous céréales 701 millions d'hectares, exactement l'équivalent du total des terres africaines cultivées. Cette production céréalière a augmenté de 175 % alors que celle de l'Afrique s'est accrue très peu, de 17 %. L'Afrique a remplacé l'Asie et l'Amérique latine dans le recours à l'aide alimentaire. Un Rapport prospectif de la Banque mondiale (1990-2020) était encore beaucoup plus pessimiste, puisqu'il prévoit dans l'intervalle le doublement des importations alimentaires. Pendant une longue période, l'Asie s'est transformée en atelier de sueur et de labeur et l'Afrique en continent d'immobilisme : la productivité par surface cultivée et par actif rural y est une cinquantaine de fois plus élevée. Pourquoi le continent africain qui a toutes les dotations factorielles pour produire des richesses, secrète-t-il une telle stagnation de son économie agricole ?

L'histoire du développement en Afrique subsaharienne, des indépendances politiques des années 60 à nos jours, fourmille d'exemples de politiques économiques mal conçues qui ont grandement desservi le processus de croissance en faisant fi de robustes politiques sociales. Comment mieux faire ? Il faut au préalable mieux penser, nous trouvons alors le fameux slogan de l'École de Dakar : penser pour agir. Dans ce sens, le Sénégal est un véritable laboratoire en matière de politiques agricoles, depuis un demi-siècle, il a conduit une foultitude de programmes et de projets de réformes : d'abord la mise en place par Mamadou DIA (socialiste autogestionnaire) d'une centaine de sociétés d'encadrement du monde rural, par l'État développeur ; ensuite, la ruineuse cure conservatrice imposée par les IFI en faveur de la libéralisation totale de toute l'économie agricole a conduit au démantèlement de toutes les sociétés d'intervention dans le monde rural à travers le désengagement de l'État à travers programmes « la Nouvelle politique agricole (NPA, puis NPI pour finir par le Programme d'Ajustement du secteur agricole) ; en outre s'en est suivi la Grande Offensive agricole pour la Nourriture et l'Abondance « GOANA » une initiative au coût d'environ 350 milliards de francs CFA du chef de l'État Abdoulaye Wade géré par le ministère de l'Agriculture, le plan « Retour des Émigrés Vers l'Agriculture » RÊVA et enfin une initiative du président Maky SALL, le PRODAC qui a viré en bamboula financier, un festin de plus d'une quarantaine de milliards de détournements et de prévarications distribuées à des acteurs politiques sans aucune attache avec le monde rural.

Ces initiatives ont mobilisé des ressources publiques faramineuses sans aucune **transformation de l'agriculture à faible rendement du Sénégal en un secteur productif et dynamique, susceptible de contribuer à l'amélioration du niveau de vie des ruraux et au renforcement de la sécurité alimentaire dans les campagnes, se heurtent à des obstacles complexes.** Les programmes se sont succédé sans aucun bénéfice d'inventaire. Il en va de même concernant le Delta où les résultats sont médiocres : les effets directs des investissements dans l'agriculture irriguée n'ont pas répondu aux attentes ni des pouvoirs publics, ni des populations. La vallée n'a pas profité des possibilités qui lui ont été offertes pour se développer. Comme le soulignent Abdou Salem FALL et Amadou BA, « *la vallée du fleuve qui abrite 4,4 % des ménages agricoles en dessous du seuil de pauvreté reçoit 40 % de l'investissement total de l'agriculture... Les cultures irriguées rizicoles ont reçu en investissement une somme cinq fois supérieure à leur valeur totale de production* » ceci démontre que les investissements sur la riziculture n'ont pas été rentables pour la filière agricole.

Source : Pierre JACQUEMOT sur le pastoralisme

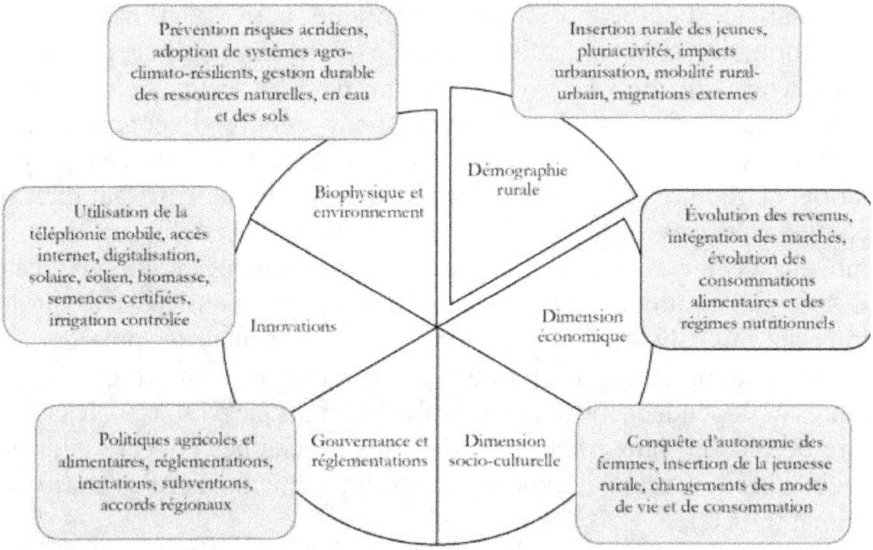

J'avais conclu un article sur les politiques agricoles qu'il est impossible de transformer le secteur agricole sans une vision sociale plus globale, il est impératif d'élaborer une stratégie agricole qui soit complète, cohérente et précise pour surmonter les contraintes et faire éclore les potentialités socio-économiques que renferme le corps social, la société mise sur ses leviers politiques destinés à actionner les initiatives socio-économiques porteuses de dynamiques nouvelles. Le social, l'économique et le politique constituent un triptyque dont le fonctionnement harmonieux représente une garantie de progrès. En somme, il importe à l'État d'intégrer le paysan au cœur des politiques agricoles. Force est de reconnaître que le retour des paysans dans les politiques publiques est une nécessité, car l'approche technocratique et industrialisante de l'agriculture a montré, toutes ses limites par rapport à la résolution des grands problèmes de la paysannerie : alimentation, santé, travail, environnement, etc.

Parmi les principaux facteurs limitants, les difficultés d'accès à la propriété et au crédit entravent le développement des activités agricoles, particulièrement pour les femmes et les jeunes. Assurer la sécurité alimentaire face à l'accroissement et la diversification des demandes alimentaires représente un enjeu multisectoriel qui interpelle les secteurs suivants : agriculture, élevage et agroalimentaire. Donner la priorité à leur modernisation suppose les mesures suivantes :

1. **Avoir une bonne politique sectorielle** basée sur l'option volontariste d'édification d'une économie agricole à partir de la transformation et la modernisation de l'exploitation familiale paysanne **:** avec la massification des investissements dans les secteurs productifs et élargir les gains de productivité pour rendre l'économie plus compétitive. Si on a la volonté politique d'aboutir à moyen et long terme, de réduire le déficit alimentaire et devenir autosuffisant dans un contexte de très forte croissance démographique, il faut utiliser les moyens de protection de tous les pays développés, y compris ceux d'Asie, qui continuent à mettre des droits de douane très élevés sur les importations alimentaires. Il faut avoir le souci de protéger les agriculteurs parce que les produits alimentaires ne sont pas comme les autres et dépendent fortement des aléas climatiques. Or, ces aléas vont être de plus en plus importants dans les prochaines années, selon les prévisions du Groupe d'experts intergouvernemental sur l'évolution du climat (GIEC).

2. **Mettre les citoyens au travail avec une utilisation efficiente des ressources humaines et des compétences technologiques**. Accroître la croissance par transpiration (atelier de sueur) mais aussi par inspiration en se dotant de capacités techniques, deux phénomènes qui entraînent l'élévation et l'accélération de la productivité. Travailler plus, produire plus et mieux et gagner plus.

3. **Améliorer les productivités agricole et animale pour satisfaire la demande alimentaire croissante.** Élargir les gains de productivité pour rendre l'économie plus compétitive. La demande alimentaire continuera à augmenter, et ce dans un contexte de changements importants de la composition structurelle de la demande de produits alimentaires. L'amélioration des productivités devrait s'appuyer sur une intensification et une diversification des productions accompagnée d'une exploitation des ressources en terre et en eau disponibles selon

des modes de gestion durable. Dans le même temps, les ravageurs et maladies nationaux et transfrontaliers des cultures et des animaux, et d'autres menaces émergentes qui ont une incidence sur les productivités et la santé humaine, devraient être contrôlés, prévenus et éradiqués par des mesures coordonnées aux niveaux régional et international.

4. **Promouvoir la recherche et le développement** suite aux nombreux obstacles (changements climatiques, sécheresse) auxquels l'agriculture africaine fait face, la recherche doit être une priorité dans le développement des technologies appropriées et rentables permettant aux producteurs de faire face à ces aléas. De nouvelles méthodes de modernisation des chaînes de valeur des produits agricoles, en particulier à la faveur de l'application des technologies de l'information et de la communication (TIC), émergent. L'utilisation des TIC et surtout l'intelligence artificielle (IA) peuvent changer radicalement les coûts et les modèles de livraison d'une vaste gamme de produits et services aux agriculteurs et autres acteurs intervenant le long des chaînes de valeur agricoles.

5. **Rendre les systèmes alimentaires plus efficaces et plus inclusifs.** Les changements survenus au niveau des systèmes alimentaires donnent lieu à des défis concernant la diversification des sources alimentaires, les chaînes d'approvisionnement alimentaires et la participation de l'ensemble des acteurs à ces chaînes.

6. **Accroître les investissements dans les appuis aux productions agricole, animale et agroalimentaire**. Les changements rapides en cours des systèmes alimentaires exigent des investissements accrus en services de conseils et de vulgarisation, en recherche-développement, en facteurs de production et dans les infrastructures productives pour améliorer les productivités et le fonctionnement des marchés des intrants et des productions, et promouvoir les innovations.

7. **Renforcer la convergence intersectorielle des politiques. Une transformation structurelle dynamique des habitudes alimentaires est en cours avec des impacts sur les chaînes de valeur alimentaires**. Elle soulève le besoin d'une convergence des politiques des secteurs agricoles, élevage et agroalimentaire.

8. **Disposer de bonnes institutions c'est-à-dire des règles du jeu stables capables de valoriser les agrientreprises** comme vecteurs du développement et de la croissance, capables de promouvoir l'égalité des chances.

9. **Réformer le marché financier et le système bancaire qui sont déficients avec l'accès au crédit limité malgré la surbancarisation et les taux d'intérêt usuraires.** Le système bancaire est une entrave majeure au développement. L'État commence à mobiliser des ressources financières substantielles par des émissions de titres publics qui constituent parfois plus de 30 % des recettes fiscales. Malheureusement les emprunts sont dominés par des titres à court terme et leur utilisation pas toujours productive. Ici se pose aussi la question lancinante du taux de change qui limite la compétitivité des entreprises. Il importe techniquement d'assurer des prix rémunérateurs et stables à moyen et long terme aux agriculteurs pour qu'ils puissent investir en toute sécurité et aussi pour que les banques leur accordent des crédits parce qu'elles seront assurées que les agriculteurs auront des prix minimums permettant de rembourser ces prêts.

10. **Rompre avec un modèle de consommation fondé sur des produits importés qui creusent le déficit commercial.** Les importations de biens concurrencent de manière déloyale avec la constitution d'oligopoles appuyés par le système bancaire et discriminant la production locale. Les consommateurs africains ont pris l'habitude de consommer les produits alimentaires importés, car moins chers que les produits nationaux du fait des fortes subventions dont les premiers bénéficient. Il faut s'investir à changer leurs habitudes alimentaires en taxant les produits importés tout en améliorant la transformation des produits locaux pour les rendre aussi faciles à consommer que le pain ou les pâtes à base de blé.

Nombreuses sont les bonnes stratégies de réforme qui n'atteignent pas les objectifs postulés en raison de l'attention insuffisante accordée d'abord, à la traduction plus efficacement de l'orientation stratégique du programme en actes et ensuite, à l'appropriation et internalisation des objectifs par les acteurs de la mise en œuvre de la stratégie. Celle-ci constitue une mission à l'ensemble de la trajectoire des processus de transformation structurelle des secteurs ? Elle nécessite d'accorder une attention particulière à un certain nombre d'enjeux comme la structure organisationnelle et le cadre incitatif, l'agencement des variables, les acteurs du processus, les partenariats, l'évaluation des parcours par clarification des liens avec la programmation et les ressources, etc. Des mesures ponctuelles, si habiles et appropriées qu'elles soient ne sauraient remplacer une politique cohérente qui seule peut permettre à l'agriculture :

a) De créer des surplus importants donc d'alimenter les fonds nationaux d'accumulation pour le financement du développement économique et social,

b) D'accroître et de diversifier la production agricole et de couvrir ainsi les besoins vivriers en croissance rapide du fait de l'explosion urbaine,

c) D'élever la productivité et l'efficacité du travail ; ce qui va permettre de libérer une partie de la main-d'œuvre pour d'autres activités productives,

d) D'élargir et de diversifier les bases de l'industrialisation.

Si l'agriculture doit accomplir ces fonctions économiques et sociales, elle doit être rationnellement réorganisée par l'État à qui il revient de créer des fermes ou des exploitations d'expérimentation et de recherche qui contribueront à lui permettre une plus grande maîtrise du développement des forces productives dans le secteur.

Le pilotage du processus des réformes et du changement doit être conduit par un leadership transformationnel visionnaire et compétent qui doit savoir maîtriser les institutions et les acteurs, anticiper la disponibilité des ressources humaines et financières, les charges et les résistances et surtout la communication interne et l'adoption d'une démarche démocratique et méthodologique. L'État doit intervenir par des incitations d'autant qu'il a pour l'essentiel perdu son rôle d'employeur en dernière instance.

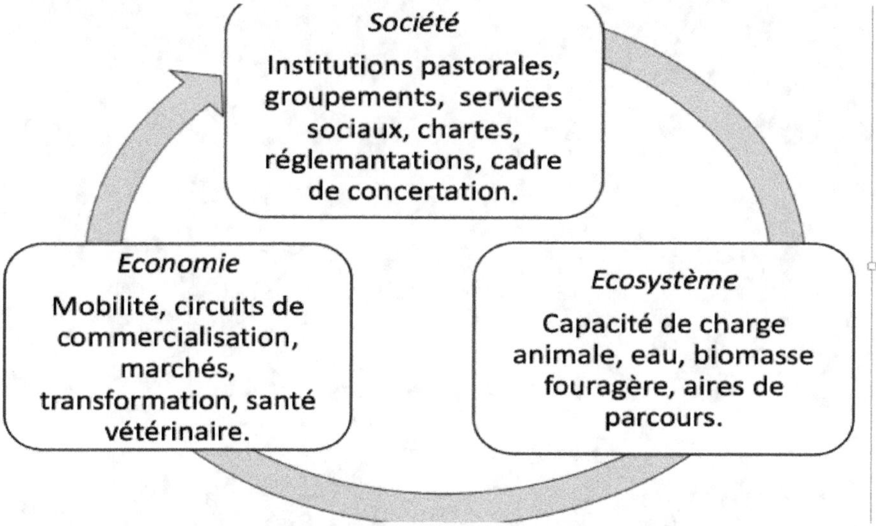

Les leaders de l'Alliance des États du Sahel doivent être très attentifs sur le pastoralisme à la fois source de revenus, mais aussi de déstabilisation. Selon l'excellente étude de P. JACQUEMOT (Le pastoralisme a-t-il un avenir en Afrique ?). « En plus de nourrir les humains et les animaux, l'élevage pastoral fournit un revenu de subsistance à des populations qui ne pourraient survivre autrement dans ces régions. « *La monétarisation de l'accès à l'eau d'abreuvement, la taxation de l'accès du bétail transhumant engendrent de multiples conséquences négatives : décapitalisation du bétail, montée des conflits entre les usagers des espaces ruraux et dissolution des liens sociaux entre les communautés comme au Nigeria, dans la Corne de l'Afrique ou les Grands Lacs ».*

« La crise sécuritaire fait peser un lourd tribut sur les pasteurs ». *Les frictions sont amplifiées par l'insécurité ambiante, le banditisme et les conflits armés comme au Sahel. Plusieurs facteurs bouleversent les conditions d'existence des pasteurs et de leur élevage. Alors, les pasteurs se trouvent dans des positions de vulnérabilité politique ou économique exploitée par des autorités et les groupes armés. Dans ces conditions sociales dégradées, les pasteurs deviennent très vite la clientèle facile des entrepreneurs de la violence.*

CHAPITRE IV

LES DÉFIS POUR BÂTIR UNE POLITIQUE INDUSTRIELLE COMPÉTITIVE ET OFFENSIVE, CLEF DU DÉVELOPPEMENT ET DE LA CROISSANCE INCLUSIVE

« La surexploitation en Afrique, c'est principalement le pillage des ressources naturelles du continent. C'est-à-dire que l'Afrique est utile pour le système mondial dans la mesure où elle est une source de richesses naturelles assez fabuleuses. L'Afrique utile, c'est l'Afrique sans les Africains. Les peuples africains pour le système mondial sont de trop. Ce qui intéresse l'impérialisme, ce sont les ressources naturelles de l'Afrique. Et pourquoi l'Afrique est vulnérable ? Après les indépendances, les pays africains ne se sont pas engagés suffisamment dans une politique d'industrialisation accélérée. Je dis le contraire de ce que l'on disait généralement : l'industrialisation, c'est pour plus tard. L'Afrique n'est pas mûre pour l'industrialisation. On disait ça de la Chine il y a cinquante ans. On disait ça de la Corée du Sud. Ce sont précisément les pays qui sont rentrés dans l'industrialisation, alors, l'Afrique a pris cinquante ans de retard. C'est la faiblesse même des classes dirigeantes qui ont accepté de se situer dans le statut d'État client de l'Occident. Cela ne réduit pas la responsabilité des pays occidentaux ».
Samir AMIN.

Comme le dit avec malice Joseph STIGLITZ, *« si la Corée avait suivi les préceptes de la théorie de l'avantage comparatif, de la libéralisation des échanges et du refus de promouvoir l'émergence de champions nationaux, elle serait aujourd'hui une nation de cultivateurs de riz et non le leader mondial de l'Internet haut débit ».*

C. SAINT-ÉTIENNE et R. RIVATON (Que reste-t-il des politiques industrielles ? Revue du CERIS, 21 mai 2007).

« Les pays africains ont la possibilité de transformer leurs économies au moyen d'une stratégie d'industrialisation fondée

sur les matières premières. Une telle politique doit être menée si le continent veut devenir une puissance économique mondiale en mesure de relever les défis du chômage des jeunes, de la pauvreté et de l'inégalité des sexes ». ***Commission Économique pour l'Afrique - l'Union africaine***[90]**.**

INTRODUCTION : L'INDUSTRIE EST LE CATALYSEUR DU PROGRÈS TECHNIQUE, DE L'INNOVATION, DE L'EMPLOI, DE LA COHÉSION SOCIALE ET DE LA PUISSANCE. ELLE CHANGE LES OUTILS DONT LES BRAS DE L'HOMME SONT ARMÉS

La théorie économique considère que l'industrialisation est la voie royale de création de capacités productives et d'emplois. La recherche contemporaine n'a, sans doute, jamais autant écrit sur la question. Que ce soit pour souligner l'impérieuse nécessité de s'industrialiser (pays en développement particulièrement ceux de l'Afrique subsaharienne) soit pour s'inquiéter de son déclin (la fameuse désindustrialisation dans les pays développés). L'industrie est le vecteur du progrès collectif et de la cohésion sociale. De quelque côté que l'on se situe, les recherches, les analyses confirment que depuis 2 siècles, l'industrie est au cœur du développement des sociétés occidentales. Depuis la fin du 18e siècle, de l'industrie manufacturière a profondément transformé les modes de production, mais aussi redessiné la géographie des territoires. Y a joué un rôle capital dans leur développement. Son essor après la Seconde Guerre mondiale fut au cœur de la dynamique des Trente Glorieuses pendant lesquelles la croissance a été rapide et au taux le plus élevé, le pouvoir d'achat a progressé au même rythme que la productivité. Aujourd'hui, son recul et les déséquilibres qu'ils entraînent ne font que confirmer une désindustrialisation qui hypothèque l'avenir des anciennes puissances européennes. De longs processus d'industrialisation ont fait apparaître de nouvelles usines particulièrement en Asie qui ont réussi à sortir de la pauvreté en une génération. Pendant cette période, les Institutions Financières internationales (IFI) ont en Afrique, démantelé les faibles bases industrielles hypothéquant l'avenir de tout un continent confiné dans les fonctions simples de producteurs de matières premières

[90] Commission Économique pour l'Afrique-Union africaine : « Tirer le plus grand profit des produits de base africains » : l'industrialisation au service de la croissance, de l'emploi et de la transformation économique ». Ce Rapport économique sur l'Afrique est publié en mai 2013, au moment où nous achevions la rédaction de cet ouvrage.

brutes sur des marchés dont les mécanismes leur échappent (rôle de garde-manger des puissances industrielles).

Les images d'Épinal ne manquent pas : l'industrie est notre avenir donc hors industrie point de salut. ***Pas d'avenir sans industrie.*** L'industrie dessine un chemin de progrès et d'une nouvelle cohésion sociale pourtant, l'élite africaine, chercheurs, techniciens comme décideurs politiques, croyait que l'émancipation économique du continent passerait par une industrialisation volontaire et rapide. Cette conception s'appuyait à la fois sur les théories tiers-mondistes en cours et l'insolente réussite des pays comme le Japon et plus tard, la Chine et les dragons d'Asie.

Malgré plusieurs expériences, l'Afrique est restée largement sous-industrialisée et semblait ainsi condamnée à n'être qu'un réservoir de matières premières d'origine agricole et minière. Bien que la croissance se soit améliorée sur plus de deux décennies, elle n'a pas été créatrice d'emplois et n'a eu que des incidences modestes sur la lutte contre la pauvreté et les inégalités. Entre 1990-2013, le taux de croissance de l'emploi est inférieur à celle du PIB. Sur la période, le chômage des jeunes (11,9 % en 2013) double de celui des adultes. Plus de la moitié de la population a moins de 25 ans en 2020, la pauvreté et les inégalités se sont accentuées dans des proportions socialement inquiétantes.

Dans ces conditions, le retour des politiques industrielles fortement souhaité était bloqué par deux oppositions de taille de nature idéologique : la première émane de la Banque mondiale et ses émules qui estimaient, jusqu'à la fin des années 90, qu'une politique industrielle n'est pas nécessaire pour le continent africain, dans la mesure où le marché mondial peut fournir à ces pays, aux moindres coûts, les produits manufacturés dont ils ont besoin ; la seconde idée provient de certains théoriciens qui considèrent que la nature même de l'industrialisation ayant, aujourd'hui, radicalement changé, elle est hors de portée des pays africains.

Nonobstant ces platitudes, trois faits stylisés et massifs vont ramener la question industrielle dans les préoccupations de recherche et dans le débat public.

Le premier est relatif aux mutations intervenues dans le système productif industriel mondial avec les processus de désindustrialisation, de délocalisation et de réindustrialisation. Toutes les évaluations de la mondialisation s'accordent sur le basculement industriel mondial qui ouvre des boulevards à l'industrialisation de l'Afrique. La richesse industrielle, financière et technologique mondiale se fera en l'ASIE et les BRICS qui sont les puissances d'aujourd'hui et le seront davantage demain. Les projections les plus crédibles montrent qu'en 2050, plus de la moitié de la production se fera en Asie et plus la moitié des biens échangés le seront également avec la même région. Les pays occidentaux, ne représentent plus aujourd'hui que 17 % de la population mondiale. En 2030, ce ne sera plus que 12 %, soit un retour à la proportion du 17e siècle. Quant à la production brute de ces pays, elle était passée de 32 % de la production mondiale au début du 19e siècle à 68 % en 1950, et sera retombée à moins de 30 % en 2030. Depuis 31 ans déjà, le taux de croissance annuel moyen de la Chine est de 9,8 %, alors que les sociétés européennes sont au bord de la stagnation. Au premier trimestre de l'année 2010, la Chine affiche un insolent 12 % de croissance alors que dans le monde développé est « ravis » ou agréablement « surpris » d'avoir des taux de croissance entre 0,2 % à 2 %. Dans la même direction, Hubert VEDRINE observe que *« Le train du triomphe occidental en cachait plusieurs autres* : *l'émergence de nouvelles puissances et de nouveaux pôles mondiaux qui s'affirment de façon spectaculaire, pas uniquement comme de nouveaux marchés, mais aussi comme les rivaux économiques et concurrents stratégiques de l'Occident ». « Combiner ouverture, réformes, adaptation, solidarités, protection et régulation ». Tâche difficile, si l'on n'y croit pas ou si l'on ne retrouve pas confiance en soi ».*

Le second fait concerne les profondes transformations depuis plus d'une décennie, du continent africain grâce aux modifications apportées aux termes de l'échange par les nouveaux partenaires, les investissements et l'arrivée sur l'échiquier de grandes multinationales africaines. Également, on observe depuis le début du XXIe siècle un reclassement géopolitique de l'Afrique : accessibilité aux ressources minérales et aux hydrocarbures, rôle du capital naturel, nécessité pour les puissances d'étendre leurs champs d'influence. L'Afrique a des terres arables convoitées par les investisseurs privés et publics notamment par les émergents d'Asie, la deuxième forêt du monde (le bassin du Congo est un des poumons de la planète), une réserve de biodiversité, des réserves minières et pétrolières qui permettent la diversification des risques et qui sont nécessaires à la croissance et à la puissance des pays industriels et du second monde émergent à commencer par la Chine et l'Inde. Il existe un nouvel enjeu des matières premières et de nouveaux partenaires puissants. L'exemple le plus remarquable est la venue de la Chine l'exemple de la Chine qui a, au début de l'année 2006, a investi dans 27 projets pétroliers ou gaziers répartis dans 14 pays africains. Elle a réalisé 720 projets clefs en main pour 49 pays africains et en 2005, elle a acheté 39 millions de tonnes de pétrole à l'Afrique, soit 9 % de plus que l'année précédente. Elle a par ailleurs déjà annulé 1,2 milliard de dollars de dettes contractées par 31 pays d'Afrique. En 2007, les relations d'affaires entre la Chine et l'Afrique se sont élevées à 73,3 milliards de dollars, soit un accroissement de 32 % par rapport à 2006. Ce sont ces faits massifs qui font écrire au bureau d'études « **Ernst & Young » dans son rapport de 2010 « *It is time for Africa* ».**

Le troisième fait est la sortie progressive des dirigeants africains des naïvetés néolibérales entraînant des révisions déchirantes de certaines orientations et pratiques des Institutions Financières Internationales (IFI) comme la Banque mondiale qui s'est reniée en déclarant, dans son Rapport de 2009, que « *pour mieux profiter de cette embellie et finalement augmenter sa part de la production et du commerce, l'Afrique doit privilégier l'industrialisation comme moteur de sa croissance et de son développement*».

Ces trois faits et bien d'autres confortent largement l'idée que l'industrie est vitale et qu'en dehors d'elle point de salut pour le développement économique et social de l'Afrique. Elle crée plus d'emplois que les activités traditionnelles, génère des revenus plus substantiels, contribue à la diversification et à la modernisation de l'économie par la diffusion du progrès technique, par la formation des hommes et par les effets d'entraînement sur les autres secteurs. Elle entraîne des transformations structurelles notamment le développement du salariat, des classes moyennes, l'urbanisation. Enfin, elle assure un meilleur équilibre entre les activités et permet de redessiner les territoires. L'industrialisation n'est pas une revendication, mais relève du droit au développement. Il faut en faire un axe stratégique majeur.

De ces trois faits, il résulte deux conséquences claires, inéluctables et interdépendantes. La première est qu'avec les mutations/recompositions de la multipolarité mondiale, il s'opère un remodelage des systèmes industriels dans le Sud global. La seconde est qu'avec tous ses atouts, l'Afrique constitue un espace pertinent qui devrait permettre aux États de mener des politiques industrielles efficaces en mettant à leur disposition des programmes intégrateurs générateurs pour les économies nationales intégrées.

PARAGRAPHE 1

Précisions sémantiques préalables : les clefs de la boite à outils.

Bien que ne voulant point sacrifier à l'obligation de commencer cette réflexion par des définitions et les sempiternelles querelles des théories de l'économie politique de l'industrialisation, nous avons préféré éclaircir les paradigmes qui sont les clefs de la boite à outils permettant d'aller au fond de l'analyse. Ces clefs doivent offrir aux divers acteurs la même compréhension des problématiques de l'industrialisation pour participer aux débats sur cette question vitale. Il faut alors redéfinir l'infrastructure théorique et la sémantique de l'industrie pour en comprendre les ressorts. Ce travail a été un des objectifs majeurs de notre ouvrage sur l'industrialisation.

1°) La transformation structurelle[91]

Le Rapport de la CNUCED « Transformation structurelle et développement durable en Afrique » établit qu'en Afrique, malgré quelques progrès accomplis par la région durant la dernière décennie, **le profil actuel de la croissance n'est ni inclusif ni durable.** Il y a à cela plusieurs raisons dont la plus importante est sans doute les très faibles transformations structurelles. Elles expliquent, selon l'ONUDI dans son Rapport de 2014 (Soutenir la croissance de l'emploi productif en Afrique) que la faiblesse des transformations structurelles explique à la fois le modeste rôle de l'industrie manufacturière, la faible croissance économique africaine et la piteuse création de l'emploi productif. Les raisons procèdent de trois caractéristiques : d'abord, les pays africains sont fortement tributaires des ressources naturelles qui sont les moteurs de la croissance économique, ensuite la production et la productivité agricole par habitant sont encore faibles dans la région par rapport à la moyenne mondiale, ce qui a de graves conséquences pour la sécurité alimentaire et la stabilité sociale. Enfin le profil de la croissance de l'Afrique, c'est qu'elle a eu pour corollaire la désindustrialisation, ce qui ressort du fait que la part de l'industrie manufacturière dans le produit intérieur brut (PIB) de l'Afrique est tombée de 15 % en 1990 à 10 % en 2008 et en Afrique de l'Ouest de 13 à 5 %. S. KUZNETS (1979) mentionne dans son travail sur les transformations structurelles

[91] Moustapha KASSE : L'industrialisation africaine est possible Quel modèle pour le Sénégal, Édit. L'Harmattan 2013, 434 et Alternatives économiques Comment sauver l'industrie, Hors-série n° 93.

qu'il est impossible à un pays de réaliser de façon durable des taux de croissance du produit intérieur brut (PIB) par tête en termes réels sans toutefois enregistrer des changements substantiels dans de nombreux secteurs de l'activité économique. D'un point de vue normatif, les transformations structurelles de l'économie ont nécessairement les implications suivantes : une réallocation de ressources des secteurs et activités moins productifs à des secteurs et activités plus productifs ; un accroissement de la contribution relative du secteur manufacturier au PIB ; une diminution de la part de l'emploi agricole dans l'emploi total ; un redéploiement de l'activité économique des zones rurales vers les zones urbaines ; l'essor d'une économie industrielle et des services modernes ; une transition démographique assurant le passage de taux de croissance et de mortalité élevés (fréquents dans les zones sous-développées et dans les zones rurales) à de faibles taux de croissance et de mortalité (associés à de meilleures normes sanitaires dans les régions développées et dans les régions urbaines), et une urbanisation croissante.

L'intérêt principal du recours à la transformation structurelle pour promouvoir le développement durable réside dans la pertinence de la politique de diversification de l'économie et la planification du développement sectoriel en vue d'optimiser la trajectoire de l'émergence. Toutefois, la croissance ne sera porteuse de transformation structurelle que si elle est inclusive et s'accompagne d'une augmentation durable de la productivité des facteurs. Sa capacité à stimuler l'innovation et à améliorer la productivité des facteurs déterminera son efficacité à réduire la pauvreté. Pour diagnostiquer son caractère inclusif, il faut analyser la contribution des secteurs et les possibilités de réallocation de la main-d'œuvre.

La croissance économique est associée à l'accumulation de ressources (main-d'œuvre, capital physique, capital humain, ressources naturelles) et leur plein emploi de la façon la plus efficace possible. Cependant, le développement économique est bien plus qu'un simple changement d'échelle de l'activité productive. Il a comme cheville ouvrière la transformation structurelle, à savoir le changement de la composition sectorielle de l'économie, processus caractérisé par la diversification des activités, la plus grande division du travail, la complexité croissante des 15 matériels utilisés et une modification du degré de qualification et des types de compétences exigés de la force de travail. La transformation structurelle est un processus d'innovation qui, par une offre élastique de facteurs, modifie la structure économique et favorise la création d'une série de complémentarités entre l'offre et la demande.

Ces liens guidés par l'efficience allocative se diffusent dans tout le tissu économique et favorisent la rétroactivité. Le miracle économique de la Corée du Sud a retenu l'attention de nombreux chercheurs (voir HERRENDORF *et al.*., 2014), spécifiquement en raison du rôle majeur des transformations structurelles, de l'ouverture commerciale et de la performance économique. Les transformations structurelles ont conduit à l'amélioration de la valeur ajoutée industrielle et de meilleures performances économiques.

2°) Qu'est-ce l'industrialisation ?

L'industrialisation est conçue comme un processus d'accroissement des activités industrielles et une transformation des modes de production par l'utilisation des machines. Cependant, il ne s'agit pas seulement de produire, mais aussi d'être compétitif pour espérer tirer profit des marchés mondialisés de plus en plus ouverts et concurrentiels. Cette compétitivité nécessaire pour accéder facilement aux marchés internes comme externes dépend de la disponibilité des ressources humaines qualifiées, des potentialités naturelles, des infrastructures économiques et énergétiques viables et favorables à la prise de décisions commerciales sur les marchés. L'industrie crée des emplois, accroît les revenus, augmente la valeur des produits agricoles et favorise le progrès technologique. Elle est un catalyseur d'innovation, d'emploi et de puissance. Bien au-delà d'un périmètre traditionnel limité au secteur manufacturier, il faut désormais prendre en compte l'énergie, l'agroalimentaire, les industries de santé, de l'information, les services à l'industrie, l'ensemble des industries réseau (télécommunications, transports ferroviaires, maritimes, routiers, électricité, etc.) et les produits futurs issus des nouveaux domaines de recherche (énergies renouvelables, sciences du vivant, génomique et biotechnologies pour la santé, nanotechnologies, matériaux intelligents, nouveaux procédés de production, etc.). Elle accroît et diffuse la technologie et devient ainsi un vecteur d'élargissement du potentiel scientifique et technique, un amplificateur du savoir-faire. Elle ouvre également des perspectives économiques aux agents et procure des recettes aux États, leur permettant d'alimenter les fonds d'accumulation productive.

3°) Qu'est-ce qu'une révolution industrielle ?

Les révolutions industrielles désignent ces grands cycles d'innovation qui ont profondément transformé non seulement la production industrielle et son organisation, mais aussi la dynamique économique dans son ensemble. On en recense en général trois : la première se situe au début de la seconde moitié du 18e siècle, la seconde apparaît à la fin du 19e et la troisième commence dans les années 1970.

4°) Qu'est-ce que la désindustrialisation ?

De nombreuses sociétés développées connaissent aujourd'hui un processus de désindustrialisation. Celui-ci se caractérise à la fois par un recul de l'emploi industriel et par une baisse de la contribution de l'industrie à la richesse créée par le pays, qu'on mesure généralement en rapportant au produit intérieur brut (PIB) la valeur ajoutée dégagée par le secteur, exprimée en valeur, c'est-à-dire non corrigée des effets de prix à la hausse comme à la baisse.

5°) Pourquoi l'industrie est-elle vitale pour les économies africaines

Bien que son poids n'ait cessé de reculer ces dernières décennies, l'industrie conserve un rôle crucial de locomotive dans l'économie. Tout d'abord, par ses consommations intermédiaires (les produits qu'elle utilise dans le cadre de ses processus de production), elle fait souvent travailler de nombreux autres secteurs. Ainsi, la chaîne de production d'un avion implique des motoristes, des équipementiers, des entreprises de sous-traitance, des prestataires de services, etc. Une hausse de l'activité dans le secteur de l'aéronautique a donc un effet décuplé dans le reste de l'économie.

6°) L'implication du secteur privé, du secteur informel, des PME, PMI et des Clusters d'entreprise

La recherche de nouvelles formes d'organisation de la politique industrielle appelle une connaissance de la stratification et de la composition du système productif qui se compose d'une mosaïque d'entreprises et d'entrepreneurs (Grandes entreprises, PME, PMI et TPE). Elle peut être établie en fonction de la taille et du type d'organisations de l'entreprise Cohabitent dans le système productif, un secteur moderne structuré et un secteur de l'économie populaire, majoritairement urbaine, communément appelé informel. Les principaux atouts de ce secteur résident dans sa flexibilité : il est capable de s'adapter rapidement aux besoins du marché visé et aux changements de la demande. La création d'emplois est totalement souple et n'est entravée par aucune barrière réglementaire. C'est aussi un secteur porteur de créativité et d'innovation. Malgré ce dynamisme sur le plan économique, le secteur informel est caractérisé par une faible dotation en capital et une productivité médiocre. Les ressources financières de l'entrepreneur sont généralement confondues à celles de son entreprise.

Le concept de cluster est devenu un outil de politique industrielle, tant dans les pays industrialisés qu'au niveau des pays émergents. Le cluster (ou encore selon les pays grappe d'entreprises, district industriel, système productif local, de pôle de compétitivité) est « une concentration sectorielle et géographique d'entreprises qui ont des activités similaires, fabriquent ou réalisent des produits ou services connexes ou complémentaires et qui donc se trouvent face à des défis et opportunités communs ». Dans le contexte européen, les politiques récentes d'innovation et de compétitivité sont souvent fondées sur la logique des clusters dont l'approche par la méthode des grappes soulève beaucoup de difficultés.

Le point faible des PME et PMI est moins leur taille que leur isolement. De nombreux obstacles au développement et à la croissance des PME résultent de leur isolement : individuellement, les PME ont des difficultés à réaliser des économies d'échelle sur les intrants, à mettre en place une division efficace et spécialisée du travail, ainsi qu'à internaliser des fonctions telles que la formation du personnel, la veille sur le marché, l'innovation technologique ou la logistique ; elles n'ont pas la capacité de fabriquer des produits en quantité suffisante, d'appliquer des normes de production homogènes et de respecter les délais de livraison pour tirer parti des débouchés commerciaux qui s'offrent à elles. La coopération inter-entreprises permet de remédier à un autre point faible des PME : le manque de moyens. Dans une économie mondialisée, les entreprises doivent innover et faire preuve de flexibilité pour pouvoir s'adapter à l'évolution constante des marchés ; cette nouvelle forme de concurrence fondée sur l'innovation s'est généralisée avec la libéralisation des marchés. Or, les PME ayant des marges bénéficiaires étroites, elles n'ont souvent pas les moyens et la capacité de perfectionner sans cesse leurs produits, leurs techniques, leurs modes d'organisation et de distribution.

7°) Zone économique spéciale (ZES)

Elle est une région géographique dans laquelle les lois économiques sont plus libérales, c'est-à-dire plus avantageuses pour les entreprises, que celles pratiquées dans le reste du pays. Lorsqu'un gouvernement crée de telles zones, c'est généralement dans le but d'attirer les investissements étrangers. La Zone Économique Spéciale est un modèle d'organisation industrielle et commerciale inspirée des réformes de Deng Xiaoping au début des années 1980. La ZES qui a remporté le plus grand succès est celle SHENZHEN, qui était à l'origine un simple village, devenue en une vingtaine d'années, une ville de plus de

10 millions d'habitants. Les ZES en Chine ont connu une forte croissance, et représentaient en 1991 20 % du commerce extérieur. D'autres pays ont suivi de la Chine tels que l'Inde, l'Iran, la Jordanie, la Pologne, le Kazakhstan, les Philippines, la Corée du Nord et la Russie. Selon les estimations de la Banque mondiale, il existe depuis 2007, plus de 3 000 ZES déjà créées ou en projet dans 120 pays.

8°) Typologie des ZES : Les zones économiques spéciales de la production industrielle

Les Z.E.S de production industrielle qui peuvent se situer dans les principales régions industrialisées du pays afin d'assurer aux investisseurs la proximité des sources des matières premières, de la main-d'œuvre qualifiée et de l'accès aux infrastructures réseaux de transport existantes. **(ii) Les zones économiques spéciales touristiques et de loisirs** peuvent être créées sur des territoires désignés par le gouvernement et qui se situent dans les plus belles régions du pays et les plus visitées par les touristes, afin d'assurer aux investisseurs les conditions optimales pour la création et le développement du business dans les domaines du tourisme, des loisirs et du sport. (iii) **Les Parcs agroindustriels** sont des espaces délimités géographiquement dotés d'une loi agricole, d'un code national d'investissement, d'un plan national d'investissement, des facilités. Bref disposent d'un climat d'affaire ayant pour finalité de faciliter et d'attirer les investissements tant publics que privés capables de relancer l'ensemble de l'économie

9°) La chaîne de valeur (CV) comme outil d'analyse pour obtenir l'avantage concurrentiel

Elle est considérée par Michael PORTER (l'Avantage concurrentiel) comme l'ensemble des étapes qui conduisent une firme à obtenir un avantage concurrentiel et qui correspondent aux services de l'entreprise ou de manière arbitraire aux activités complexes imbriquées qui constituent son organisation. La chaîne de valeur se présente comme un outil de quantification et d'analyse permettant à la firme d'élaborer la stratégie à adopter pour réussir dans un secteur donné en cernant d'abord, les chaînes de valeur des concurrents, ensuite, en entrevoyant la CV idéale pour réussir cette stratégie et enfin, en connaissant ses forces et faiblesses pour hiérarchiser ses atouts de manière à déterminer les facteurs clés de succès dans le secteur, c'est-à-dire, les éléments stratégiques qu'il convient de mettre en œuvre pour obtenir un avantage concurrentiel. En toute conséquence, la firme, doit optimiser l'utilisation de ses ressources financières et humaines afin de maximiser la valeur ajoutée qu'elle crée. L'État a le même intérêt dans la mesure où sa taxation porte sur la valeur ajoutée. Le développement industriel doit constituer un élément central de tout programme de transformation économique en Afrique subsaharienne. Cependant, pour que celui-ci soit efficace, il est nécessaire que les mesures politiques puissent favoriser l'intégration dans les CVM et développer les chaînes de valeur régionales. Aussi les objectifs d'industrialisation des pays d'Afrique subsaharienne devront-ils reposer sur la collaboration au sein des Communautés d'intégration économique. La zone de libre-échange continentale africaine (ZLECAf) représente un début dans la mesure où il s'agit d'une plate-forme pour promouvoir le commerce intra-régionale et intensifier la transformation des matières premières à exporter vers les marchés extérieurs, créer de la valeur ajoutée dans les matières premières provenant de la région, ainsi qu'accroître l'accès aux marchés de la région pour ces produits.

10°) Les PME/PMI : l'épine dorsale, les cendrillons des politiques économiques et financières mondiales

Les PME/PMI sont avant tout des entreprises juridiquement, sinon financièrement indépendantes, opérant dans des secteurs primaires, manufacturiers ou des services, et dont les fonctions de responsabilités incombent le plus souvent à une personne en général seule propriétaire du capital ». Véritables épines dorsales des économies des puissances industrielles de l'OCDE (États-Unis, Allemagne, Japon, la France, Union Européenne, etc.), elles peuvent représenter jusqu'à 90 % des entreprises qui fournissent les deux tiers des emplois dans le secteur privé et génèrent plus de la moitié de la valeur ajoutée créée. On reconnaît, un peu partout, qu'elles sont l'une des clés du développement économique et social. Au Sénégal, c'est la plus grande partie des populations (70 % ou plus) qui vit grâce aux PME, des petites sociétés rurales ou urbaines. Elles symbolisent surtout le dynamisme, la capacité d'adaptation, la diversité nécessaire à la croissance. Les statistiques de l'OCDE montrent que les pays possédant la plus forte croissance du nombre de PME sont aussi ceux dont le PIB hausse le plus vite. Ces pays mettent en place des institutions comme la **« Small Business Administration »,** l'Afrique est en train de suivre ce mouvement.[92]

[92] Moustapha KASSE : Le secteur privé sénégalais entre entreprenants et entrepreneur, Harmattan, 2018, 454 pages.

11°) Les clusters et le « cluster ING » ou la fabrique de champions nationaux à partir des PME/PMI

Le cluster en tant que lieu d'échanges et de transferts de compétences, facilite l'entrée des entreprises dans de nouveaux champs d'activités qui permettent aux PME/PMI et même TPE d'augmenter de taille. L'organisation en *cluster* peut, en outre, promouvoir des mécanismes qui facilitent un accès des PME/PMI aux moyens de financement requis par l'investissement tout en conservant, au besoin, leur identité et leur capital. Également, dans le cadre de l'export vers les marchés, les clusters comme une coopération inter-entreprises peuvent être d'un grand apport comme cela se fait en Allemagne ou aux États-Unis qui constituent aujourd'hui les meilleurs exemples de réussite. Les membres des clusters ont un meilleur accès au crédit, du fait qu'ils demandent des sommes plus importantes, et peuvent les garantir de manière solidaire et par leur production ; notamment par l'allocation de warrant, l'accès à des services et des équipements collectifs est facilité. De fait, une fois organisé, un groupe acquiert de meilleures capacités de négociations vis-à-vis des fournisseurs, des banquiers ainsi que de l'administration. Michael PORTER vante l'apport inestimable et l'efficacité de cette forme particulière de développement à savoir le cluster (ou "grappe"), réseau d'acteurs locaux autour d'une "industrie" donnée. Les Clusters, mis en relation, avec la décentralisation présentent d'énormes avantages.

12°) Politique d'amélioration des incitations

De nombreuses mesures sont prises pour favoriser l'apparition d'un environnement incitatif pour les entreprises en vue de leur croissance (nouveau code des investisseurs, simplification des procédures administratives, création d'un guichet unique pour les investissements, libéralisation des prix, assouplissement de la réglementation du travail, allégement dans une certaine mesure de la fiscalité, etc.). Pour abaisser les coûts de production et accroître les capacités de compétition le Gouvernement devrait intervenir pour réduire les prix de facteurs de production. D'autres mesures similaires doivent être envisagées en ce qui concerne d'autres intrants. Le Code du Travail est également à réexaminer pour mieux l'adapter aux réalités actuelles. Plus globalement, le moment est venu de réorganiser par la concertation et le consensus les relations du travail au sein de l'entreprise et de reformuler les termes de la problématique salaire-productivité-partage des gains entre travail et capital

13°) Les pôles de compétitivité

Elle est une combinaison, sur un espace géographique donné, d'entreprises, de centres de formation et d'unités de recherche publiques et privées engagées dans une synergie autour de projets communs au caractère innovant. Ce partenariat s'organise autour d'un marché et d'un domaine technologique et scientifique qui lui est attaché, et doit rechercher une masse critique pour atteindre une compétitivité et une visibilité internationale. Telle est la définition des pôles donnée par l'État lors de leur lancement. L'objectif de ce dispositif est de créer une dynamique de cluster (« grappe » en français), un mode d'organisation industriel dont les vertus ont été mises en évidence par l'économiste britannique Alfred Marshall dès la fin du XIXe siècle, et plus récemment par l'Italien Giacomo BECATTINI et l'Américain Michael PORTER notamment. Les modèles de réussite se situent principalement en Italie et aux États-Unis

14°) Le partenariat public privé au-delà des pétitions de principe : Qui fait Quoi ?

Le concept de PPP lancé par les IFI fait l'objet, comme tous les « concepts valises », d'une pluralité de définition suite à l'existence d'une variété d'arrangements contractuels impliquant l'État et le secteur privé pour réaliser un ensemble d'opérations économiques et financières. Dans la littérature économique, les PPP sont définis alternativement comme l'ensemble des arrangements contractuels public-privé (SAUSSIER *et al.* 2009)) ou comme le sous-ensemble d'arrangements public-privé liant la phase d'investissement et celle de l'exploitation d'une infrastructure et/ou de la fourniture d'un service dans un seul et même contrat. Dans la première définition, les marchés publics font partie des PPP alors que dans la seconde, ils en sont exclus. Pour une compréhension suffisamment large, le PPP est un ensemble d'arrangements contractuels de long terme entre un opérateur (ou un consortium) privé et la puissance publique par lesquels est prévue la fourniture d'un service avec généralement des investissements associés[93].

[93] Dans la littérature économique, les PPP peuvent être définis alternativement comme l'ensemble des arrangements contractuels public-privé (SAUSSIER *et al.* (2009)) ou comme le sous-ensemble d'arrangements public privé liant la phase d'investissement et celle de l'exploitation de l'infrastructure et/ou de la fourniture du service dans un seul et même contrat. On parle alors de bundling (HART, 2003). Dans la première définition, les marchés publics font partie des PPP. Dans la seconde, ils en sont exclus. Nous retiendrons pour ce rapport la seconde définition (Bundling) qui a l'avantage de

Le système mondial et particulièrement les IFI reconnaissent sans détour l'importance fondamentale du PPP en tant que mode de financement du développement. Ainsi, Teresa Ter MINASSIAN, Directrice du département des finances publiques du FMI, note que *« les Partenariats Public Privé (PPP) promettent d'augmenter l'offre de services, en particulier d'infrastructures, sans peser excessivement sur les finances du pays »*. Dans la même veine, la Commission Européenne présente une vision favorable des partenariats public-privé (PPP) au sens large qui exerce un rôle décisif dans la relance économique. Certains économistes comme Oliver E. Williamson fournissent des outils utiles à l'analyse de ces arrangements contractuels.

15°) Le crowdfunding

C'est un mode de financement désintermédié qui se fait sans l'intervention des acteurs traditionnels du financement. Il désigne une technique de financement de projets reposant sur des outils et méthodes de transactions financières qui permettent à un porteur de projet, qui ne dispose pas de ressources nécessaires pour démarrer son activité et qui ne souhaite pas faire appel au crédit bancaire, de recourir à des épargnants via des plateformes dédiées.

Ce financement participatif en capital ressemble à une prise de participation en actions dans une entreprise. Les apports des épargnants peuvent être de trois sortes : don, participation aux fonds propres et prêts (non rémunérés afin de se conformer à l'éthique musulmane). La rétribution se fait via des dividendes et de la plus-value potentielle réalisée.

16°) Qu'est-ce qu'une start-up ?

Elle traduit littéralement, "l'entreprise qui démarre" est une jeune entreprise innovante qui évolue dans un nouveau secteur et qui a un fort potentiel de croissance. Elle a pour but de transformer une idée innovante et de la concrétiser sous forme d'entreprise. Elle porte sur les nouvelles technologies et doit avoir un concept innovant qui a des liens avec le secteur des nouvelles technologies notamment internet. D'ailleurs l'émergence d'internet a permis aux start-ups de toucher une clientèle importante en s'implantant rapidement et en visant les plus gros marchés. Elle suit la démarche d'un business plan en vue de l'expérimenter et de le tester sur le marché. Pour cela, un résumé du

---

faire référence essentiellement aux contrats de partenariats et aux concessions. Cependant, cette définition n'est pas assez précise car nombre de marchés publics lient plusieurs phases d'un projet (par exemple les marchés publics de conception-réalisation).

projet est nécessaire ainsi que l'identification des facteurs clés. Toutefois, sa rentabilité immédiate n'est pas toujours assurée. En effet, le business plan permet de présenter concrètement le projet en établissant un plan d'affaires, un plan financier mais aussi en faisant une présentation virtuelle du projet. Cette étape permet de valoriser le projet et d'anticiper sa rentabilité. Le besoin de financement de son activité pour démarrer et espérer une rentabilité élevée implique alors de convaincre les investisseurs surtout le capital risque pour qu'ils puissent s'investir dans le projet. De fait, la start-up présente des ressemblances mais également des différences avec la PME et PMI par leur petite taille et leur flexibilité tant dans les heures de travail que dans les tâches. Leurs différences sont importantes : la PME reste une entreprise plus mature que la start-up car c'est une entreprise avec des bases solides tandis que la start-up étant une jeune entreprise, elle est attraite à une forte croissance, la stratégie, de la PME évolue généralement dans un domaine connu et déjà établi et exécute un modèle économique existant et sans grande prise de risque alors que la start-up innove sur des sujets fondamentaux et évolue dans un domaine, nouveau et elle est toujours à la recherche d'un modèle économique lui correspondant enfin, malgré les conditions et l'environnement de travail qui est généralement similaire, ces deux entreprises peuvent différer notamment sur leur lieu de travail, la PME évolue dans des bureaux lui appartenant tandis que la start-up peut évoluer dans des espaces de coworking.

Au demeurant, l'ambition de cette contribution est d'offrir aux décideurs et industriels engagés dans le secteur, une réflexion sur le pourquoi et le comment de l'industrialisation, les stratégies, les instruments et les modèles appliqués par les pays africains. **Il est bien connu qu'hors de l'industrie point de développement**, car elle seule permet d'exploiter toutes les potentialités et de remonter les chaînes de valeur. Les théories l'enseignent et les pratiques des révolutions industrielles de par le monde le prouvent largement. Il faut alors questionner ces théories pour profiler les stratégies et les politiques et interroger concomitamment les expériences historiques passées et présentes pour savoir comment les pays ont fait pour amorcer leur cycle industriel.

17°) La filière un concept flou mais évolutif

Certains auteurs définissent une filière par l'orientation vers un « marché » ou un « consommateur final ». D'autres l'analysent par les liens étroits tissés entre différents acteurs et leur rôle dans une chaîne de valeur. Dans les cas les plus simples où il existe quelques grands donneurs d'ordre qui fabriquent un type de produit bien identifié (un avion, une voiture, un téléviseur…), on peut définir la filière correspondante comme la réunion de ces donneurs d'ordre et de leur chaîne de sous-traitants « dédiés ». Quoi qu'il en soit, les problèmes de bornage de la filière (identification de ses contours, de sa structure, de son fonctionnement) compliquent son analyse. L'absence de méthode unifiée pour découper le système productif en filières peut ainsi conduire à des représentations, des analyses et, in fine, à des recommandations d'actions variées. J'en ai recensé plus d'une dizaine dans le cadre de la Stratégie de Croissance Accélérée. Le Plan de Lagos avait dénombré les plus grandes filières africaines en vue de l'industrialisation.

Dans cette direction, nous allons opérer une étude de cas à partir du Sénégal, que certains analystes avaient catalogué comme un pays ne pouvant réussir une grande ambition industrielle malgré les quelques legs de la colonisation.

18°) Digital pour tous et partout : Réussir la transformation digitale qui résume les mutations qui s'opèrent sur un secteur d'activité en particulier

Enclenchée depuis une vingtaine d'années, la révolution numérique est au moins aussi importante, si ce n'est plus, que la révolution industrielle. Elle entraîne une transformation complète du travail, de la société, du monde. Et elle s'effectue sur une durée si courte et à un rythme si soutenu qu'il est quasiment impossible de trouver le temps de prendre du recul, pour analyser ce que l'on vient de vivre. À peine a-t-on apprivoisé les réseaux sociaux qu'il faut s'intéresser à la blockchain (« désintermédiation », en français), à peine a-t-on intégré le concept de cloud qu'il faut s'ouvrir à l'intelligence artificielle… Pour le Think Tank Entreprise et Progrès, qui vient de réaliser un passionnant rapport intitulé « Être un leader à l'ère du numérique, le constat est sans appel : « la seule certitude pour les dirigeants, c'est qu'ils doivent désormais vivre dans l'incertitude. Soit être capables d'agilité et de modestie afin de bouger très vite… mais avec discernement. » Et d'alerter sur un point : imaginer que seuls le marketing, l'informatique ou la communication doivent se numériser est illusoire. « L'heure est à la métamorphose systémique et en profondeur, pour que la culture numérique pénètre tous les compartiments de l'entreprise mais aussi ceux de l'Administration publique, « La transformation numérique, c'est désormais un changement continu. Il ne s'agit pas d'un but à atteindre, mais d'un chemin à prendre… sans perdre de temps : (L'entreprise à l'heure du digital, Revue MANAGEMENT, Hors-Série, 2016) [2].

19°) Le défi d'une révolution sociale pour sortir des pathologies sociales

Les mutations à introduire et les transformations structurelles à la fois profondes et radicales de la société appellent une pensée sociale absolument indispensable surtout dans une société qui accuse un retard des forces productives et qui est condamnée à opérer des transformations décisives de son système économique. Cela appelle par moment une période d'austérité et de sacrifice. Or, l'austérité, la rigueur et les sacrifices ne se décrètent pas, ils se discutent. Dans pareil contexte, les fondements de la démocratie relèvent plus du contrat social que des engagements à régler telle ou telle revendication catégorielle même justifiée. Dans ce monde quasiment en état de guerre économique, il y a de moins en moins de place pour les rapports sociaux basés sur les vieux principes de la lutte de classes et de l'affrontement syndical. Car l'entreprise est devenue l'otage d'un environnement économique caractérisé par l'exacerbation de la concurrence. Ce que le patron gagne n'est plus forcément perdu par le travailleur : elle doit en permanence investir, innover pour garder l'initiative sur le marché et sauvegarder les emplois.

Pour faire aboutir le train de réformes économiques, politiques et institutionnelles et survivre dans la mondialisation darwiniste, les États devront élaborer des chartes sociales nationales basées sur les principes directeurs ci-après : une confiance réciproque entre patronat et syndicat ; un plus grand réalisme de part et d'autre ; une volonté farouche de l'entreprise (patrons et employés) en faveur de l'amélioration continue des gains de productivité ; une sécurité sociale consensuelle, variable et modulable en fonction des spécificités du secteur d'activités et des vicissitudes de l'environnement de l'unité de production.

Au niveau institutionnel, il faut observer que la fragilisation de l'État débordé d'en haut par la mondialisation et d'en bas par l'informalisation impose l'édification d'une Société décentralisée pour une meilleure responsabilisation de tous les acteurs impliqués dans le développement. L'auto-développement devient en conséquence un moyen de démocratisation très avancée en ce qu'elle responsabilise les acteurs à la base. C'est pourquoi il est particulièrement décrié et combattu par les administrations classiques dont les agents s'enrichissent par le trafic d'influence, les commissions sur les marchés publics, les circuits d'import-export et la spéculation immobilière.

Au demeurant, quels que soient les orientations et les moyens que met en place une société démocratique pour maîtriser son développement, elle ne peut les faire accepter que si les objectifs sont ressentis comme prioritaires par la majorité des citoyens et mieux si on arrive à transformer en programmes leurs espérances. Si les buts et les cheminements sont clairement perçus et acceptés, il s'installe alors une volonté nationale de progrès, une intériorisation des sacrifices et des contraintes, un changement dans les attitudes. Ce dynamisme est porteur de progrès économique et social, d'innovation et de créativité ; il permet la mobilisation des populations et des militants au service de l'intérêt national. L'asymétrie de l'information et le déficit de communication peuvent être source d'inefficience ou de paralysie, voire de déstabilisation. En définitive, la reformulation des stratégies de développement et de croissance, dans le double sens de l'efficacité et de l'équité pour une société qui soit selon la formule de Olof PALME – « plus douce pour les faibles et plus exigeantes pour les forts » appelle la reformulation des politiques sociales et institutionnelles.

PARAGRAPHE 2

Le contexte de l'industrialisation africaine. Plusieurs études et recherches montrent à suffisance la fonction motrice de l'industrialisation dans la croissance et le développement.

Si les débats sur les perspectives et modèles d'industrialisation dans les pays en voie de développement sont d'une affligeante pauvreté, cela procède souvent des obscurités de départ sur le rôle historique de l'industrialisation dans le processus de développement économique et social. Faute d'avoir profondément analysé ces fonctions industrielles, les théoriciens ont balancé entre deux extrêmes : le premier que l'on pourrait qualifier d'industrialisme tente d'expliquer toutes les évolutions socio-économiques par la révolution industrielle.

En d'autres termes, c'est l'industrie qui introduit toutes les ruptures dans le système productif et même social pour installer des mécanismes et un dynamisme nouveau. Elle est alors une condition nécessaire et suffisante du développement économique et social c'est-à-dire que l'on sort de la barbarie par transformation des outils. L'industrie n'est plus alors un pan marginal de l'économie : elle en est le cœur. Le second extrême considère l'industrialisation comme une étape, mais moins importante que l'agriculture. Pour sortir de ces visions extrémistes, il importe de retracer les fonctions de l'industrialisation telles qu'elles se révèlent dans l'expérience des pays actuellement industrialisés.[94]

À grands traits, l'histoire des pays établit que l'industrie a produit cinq (05) séries d'effets qui font qu'elle est désirée et considérée comme une variable essentielle du processus de transformation des forces productives matérielles et humaines. Ces séries d'effets se résument comme suit :

1) Sommairement parlant, la production de richesses est fonction de la quantité d'outils et de matière grise dont les bras de l'homme sont armés dans le travail productif. L'industrie offre la possibilité de créer des outils qui améliorent systématiquement les conditions de travail des producteurs et dans les branches. Elle participe à l'accroissement de la productivité du travail et de celle des autres sous-secteurs de l'activité économique. Elle assiste les bras de l'homme et dote les autres secteurs d'outils fonctionnels, accroît leur niveau d'efficacité c'est ainsi que certains goulots d'étranglement sont liquidés, ce qui permet l'avènement d'un travail plus efficient. SCHUMPETER développe l'idée de **« destruction créatrice »** les entreprises, vouées à innover sans cesse ce qui modifie en profondeur le paysage productif.

Globalement, l'industrie offre de grandes opportunités d'accumulation du capital, exploitation des économies d'échelle, dynamisme de la productivité, acquisition nouvelles technologies, promotion changement technologique, effets d'entraînement sur d'autres secteurs

Elle participe à la promotion de la transformation structurelle du pays permettant aux pays en développement de réaliser la diversification de leurs activités productives sectorielles de l'agriculture et de la production de produits industriels dans le secteur manufacturier. Cette transformation structurelle s'opère généralement au détriment de l'agriculture, dont la part se contracte de façon spectaculaire.

2) Elle valorise les ressources naturelles conformément aux besoins des autres secteurs. De ce fait, elle devient la source d'importantes externalités positives ce qui permet le fonctionnement d'un système productif cohérent au niveau des différentes activités de production.

---

[94] Moustapha KASSE : L'industrialisation africaine est possible : quel modèle pour le Sénégal, Édit L'Harmattan 2013. Colloque du LARED.

3) Elle participe à la formation et à l'accroissement du capital productif national. Le processus d'industrialisation est largement générateur de surplus financiers qui peuvent être réinvestis pour accroître les capacités intersectorielles de production (investissement autonome) ou transférés vers d'autres utilisations productives. Ainsi, l'industrie se présente comme une source importante d'accumulation productive. Elle concourt largement à la création et à l'affermissement du marché national, c'est-à-dire qu'elle ne peut exister sans élargir la sphère de la circulation des biens et briser les barrières régionales. Elle développe les économies en les intégrant et en les rendant souples et capables d'engendrer elles-mêmes une croissance autonome.

4) Elle apporte une grande productivité relative avec une forte capacité d'absorption de la main-d'œuvre donc d'emplois.

Les dirigeants africains, les techniciens du développement, les chercheurs, les organisations d'intégration africaine et les partenaires techniques et financiers internationaux (Union Africaine, Commission Economique pour l'Afrique, ONUDI), multiplient les études et les recommandations de l'industrialisation comme moteur du développement. Après des revirements remarquables, de nombreux pays africains font de l'industrie une priorité. Les « Décennies du développement industriel de l'Afrique » se multiplient.

Manifestement, les résultats des politiques et programmes volontaristes d'industrialisation restent bien médiocres par rapport au reste du monde et surtout de l'Asie : l'Afrique reste à la traîne au niveau de l'industrie mondiale, et particulièrement au niveau de l'industrie manufacturière. Bien que la valeur ajoutée manufacturière créée sur le continent ait positivement évolué passant par exemple de 79 milliards de dollars US à 144 milliards de dollars US entre 1990 et 2014, elle reste très modeste comparée à la valeur ajoutée manufacturière mondiale qui a quasiment doublé sur la même période, passant de 4 753 milliards de dollars US à 9 228 milliards de dollars US (UNIDO, 2016).

Les Rapports de l'ONUDI (2014,201 6) établissent que l'Afrique reste toujours la région du monde dont la part dans la valeur ajoutée manufacturière mondiale est la plus faible. Cette part a très peu évolué et se situe à 1,6 % en 2014 pendant que celle de la région d'Asie et du Pacifique était en hausse constante. Au même moment, la part de la valeur ajoutée manufacturière dans le Produit intérieur brut (PIB) en Afrique dégringolait de 12,8 % en 1990 à 10,1 % en 2014. Les objectifs qui étaient prévus en 2011 à savoir une croissance économique forte et durable, la création d'emplois et la réduction notable de la pauvreté n'ont pas été atteints.

Ces modestes résultats de l'industrialisation africaine m'avaient amené à visiter plus profondément la problématique à travers mon ouvrage sur la question. Cette réflexion a été largement discutée au niveau du Colloque de notre laboratoire « le Laboratoire d'Analyse, de Recherche, d'Étude du Développement (LARED) », à la présentation du Rapport de l'UNIDO de 2013 : « Soutenir la croissance de l'emploi : Le rôle du secteur manufacturier et du changement structurel » au niveau de l'IDEP et lors du 3e Congrès des Économistes Africains regroupant cent cinquante économistes africains, venus des Universités, des institutions internationales et de la diaspora, sous l'égide de la Commission de l'Union Africaine. Les réflexions importantes ont gravité autour des questions concernant l'industrialisation dont l'impact sur la croissance et le développement est déterminant suite aux avantages comparatifs relativement à l'agriculture et a sa capacité réelle d'absorption des innovations technologiques.

Les principales questions abordées lors de ces diverses rencontres et débats sont pour l'essentiel les suivantes : 1) L'industrialisation africaine est-elle possible ? Quels en sont les facteurs bloquants de l'industrialisation en Afrique ? Quelles sont les stratégies et politiques industrielles ? 2) Quelles sont les ressources humaines dans les économies du savoir ? 3) Quel rôle de l'enseignement supérieur et de la recherche ? Les chefs d'État de l'Union africaine (UA) avaient recommandé de consacrer, au moins 1 % de leur produit intérieur brut à la recherche. L'Afrique ne fournit que 1,1 % des chercheurs scientifiques de la planète et compte un scientifique ou un ingénieur pour 10 000 habitants, alors que les pays industrialisés en comptent de 20 à 50. 4) Qu'elles sont les supports institutionnels et financiers d'appui à la politique industrielle ?

CHAPITRE V

L'INDUSTRIALISATION AFRICAINE DES ILLUSIONS AU DÉSENCHANTEMENT : DU PLAN DE LAGOS AUX NOMBREUSES POLITIQUES INSPIRÉES PAR LES BUREAUX D'ÉTUDES ÉTRANGERS. *« L'AFRIQUE NE POURRA SE DÉVELOPPER QU'EN S'INDUSTRIALISANT »*

> *« On ne dissocie pas un pays de sa puissance industrielle. Pas de grand pays sans industrie puissante ».*
>
> *Jacques **CHIRAC** – Valeurs actuelles 5 octobre 1996*

À cet égard, l'industrialisation est conçue, pas seulement comme un moteur de la croissance, mais un élément de la transformation socio-économique, technologique et financière qui permet à un pays en développement d'accéder au statut d'économie développée. Le développement économique d'un pays est aujourd'hui basé sur le dynamisme de son secteur industriel. Aussi l'industrie doit-elle être classée au premier plan de tout programme d'action en faveur du développement. Elle ne doit pas être considérée comme une priorité, mais la priorité,

Au lendemain des indépendances, l'industrialisation était présentée, par les décideurs et les élites comme une priorité dans le cadre des politiques pour l'émancipation économique et sociale du continent. Il était attendu principalement qu'elle valorise les ressources agricoles et minières sur lesquelles reposait la formation de rente élément essentiel du système d'accumulation productive. Également, le secteur industriel a été, dans la plupart des expériences historiques, producteur d'externalités positives et d'effets d'entraînement ou de polarisation sur d'autres activités de la vie économique et sociale. Il devrait aussi contribuer à la création de l'emploi et à l'augmentation des revenus aussi bien de l'État que ceux des individus. Il pouvait influencer l'organisation sociale et diffuser le progrès technique, accroître le savoir-faire et les innovations technologiques à partir de ses effets de liaisons. Elle est alors considérée comme l'un des principaux facteurs de bien-être des populations.

1°) L'industrialisation avortée du continent : le Plan de Lagos (PL) et l'échec des décennies perdues du développement industriel (DDIA).

Le sommet économique de l'OUA à Lagos avait proclamé les années 1980-1990 de décennies du développement industriel de l'Afrique. Les objectifs du Plan d'action et de l'Acte final de Lagos décrivent les obstacles bloquants du secteur industriel africain. Dans son paragraphe 66, le Plan d'Action de Lagos indiquait que les pays africains devaient jeter, au cours de ces décennies, les bases de l'intégration industrielle pour **accélérer le passage des pays africains d'une économie agricole à une économie moderne** au niveau sous-régional et régional et atteindre au moins 1,4 % de la production industrielle mondiale.

a) La première décennie du développement : 1980-1990

Le Plan avait établi les filières les plus significatives sur les lesquelles l'Afrique présentait des avantages comparatifs les objectifs étaient clairement spécifiés et les obstacles bien identifiés. Le Programme d'Action reposait sur les options intangibles de base qui suivent : (i) **l'intervention massive de l'État dans le fonctionnement de l'économie en vue d'un développement endogène et autocentré** appuyé par une volonté politique de réduire le degré de dépendance et le caractère extraverti des économies africaines essentiellement tournées vers les anciennes puissances colonisatrices ; (ii) **la planification industrielle à deux niveaux de décision c'est à dire, au niveau national et au niveau régional, conformément à l'esprit du plan d'action de Lagos** de réorienter les efforts vers un renforcement des mécanismes et capacités institutionnels afin d'évaluer la richesse en réserves naturelles et matières premières de chaque pays et de développer les complémentarités. Chaque pays devait adopter une stratégie réduite à certaines industries fondamentales, les autres devaient faire l'objet d'une coopération multinationale ; (iii) **la production industrielle intégrée pour permettre la réalisation d'économies d'échelles aux micropays africains qui ne disposent pas d'un marché local** et stimuler les autres secteurs d'activités au fur et à mesure de la constitution du tissu industriel. (iv) la stratégie de politique industrielle retenue a pour fondement, l'institutionnalisation et l'intensification de l'intégration et l'adaptation de plans de coopération entre les pays de la même sous-région.

La mise en œuvre a été confiée conjointement aux structures des Nations Unies notamment la CEA, et l'ONUDI et des experts africains. Les résultats de la première DDIA furent modestes sur 113 projets clés d'investissements, 45 projets ont reçu un soutien estimé à 140 Milliards de dollars. Malheureusement en dépit de ces objectifs ambitieux, le contexte économique difficile, conjugué aux mesures restrictives imposées par les PAS, n'a pas permis réellement la mise en place d'un programme industriel à la hauteur des ambitions de départ.

b) La deuxième décennie du développement industriel, 1991-2000, est mise en œuvre pour corriger les erreurs de la première

La seconde DDIA2 avait pour principal objectif de corriger les lacunes structurelles de la première en faisant du secteur industriel le moteur de la croissance du développement. La vision stratégique continue d'être celle d'un programme destiné à mettre fin à la dépendance exagérée des pays africains envers les pays industrialisés, pour promouvoir les moteurs internes de la croissance, pour s'appuyer sur la richesse de l'Afrique et les ressources naturelles et peu à peu, pour atteindre l'indépendance économique et l'autosubsistance. Les modifications de trajectoires ont été opérées selon les axes qui suivent :

Chaque État membre est appelé à élaborer son propre programme national en utilisant l'expertise locale et s'appuyant sur les ressources disponibles ; en conséquence, les organisations internationales que sont l'OUA, la CEA et l'ONUDI, n'exercent plus le rôle central dans la préparation des programmes de la DDIA II : ceux-ci se feront au niveau national ; la prise en compte de l'indispensable relation entre l'industrie et l'agriculture, leurs rapports doivent être optimisés ; le secteur privé est appelé à jouer un rôle important, en conséquence, il doit être renforcé et intégré dans le jeu économique. C'est le début d'un appel timide à la libéralisation. Malheureusement, cette deuxième décennie ne produira pas non plus les résultats escomptés. Il semble donc que les orientations prises souffrent de limites qu'il convient d'explorer.

2°) Les évaluations critiques du Plan de Lagos (PL) par la Banque mondiale : les limites des constructions illusoires de l'industrialisation du continent

Les critiques majeures adressées aux DDIA ont été nombreuses, toutefois, les plus virulentes sont venues de la Banque mondiale qui a rejeté en bloc toutes les orientations du Plan d'Action de Lagos et imposé aux États africains une vision de libéralisation totale de leur économie par les Programmes d'Ajustement structurel.

a) Les critiques du Plan de Lagos par la Banque mondiale

La Banque mondiale a présenté successivement trois rapports qui ont tous été des contrepropositions au Plan de Lagos et qui ont abouti à l'ajustement structurel auquel vont être désormais assujettis tous les pays ; cela va alors compromettre toute chance de réussite des politiques de reconversion des économies. Ces critiques sont formulées à partir de trois plans proposés presque comme substitut au Plan de Lagos, ce sont : le premier programme est publié en 1981 sous le titre : le développement accéléré en Afrique au Sud du Sahara plus connu sous le nom du Plan BERG qui remet en cause le développement endogène, autoentretenu et autocentré. Il recommande l'orientation de la stratégie vers le développement de la dynamique des exportations donc vers une plus grande extraversion des économies africaines ; le deuxième Rapport est paru en 1983 sous le titre : « Rapport intérimaire sur les perspectives et programme de développement ». Tout en adoptant l'essentiel des analyses et conclusions du Plan BERG, il tient compte de l'environnement commercial et financier international le troisième rapport de la Banque mondiale date de 1984 sous le titre : « Un Programme d'Action concertée pour le développement stable de l'Afrique au Sud du Sahara. ». Le rapport insiste sur le caractère capital des indispensables changements politiques et institutionnels.

b) Les critiques du Plan de Lagos par l'expertise africaine

Elles émanent principalement des élites et de l'expertise africaine qui, sans remettre fondamentalement en question les options stratégiques de base, insistent sur les points saillants qui suivent : (i) les objectifs ambitieux du PLA ne sont jamais planifiés de leur conception aux actes ; (ii) le Traité portant création de la Communauté Économique Africaine prévue dans l'Acte Final de Lagos n'a connu aucun début de commencement. Même quand il a été adopté en 1991, à ce jour il n'y a aucune réalisation concrète ; (iii) L'échéancier de la politique de la première décennie de développement n'a connu aucune mobilisation importante de ressources financières et humaines ; (iv) Il en est de même des grands projets qui ont été adoptés comme le Plan Agricole, le Plan d'Industrialisation du Continent, le Plan de coopération élargie, la Coopération en matière de ressources naturelles, le Plan des Transports et de la Communication.

CHAPITRE VI

LE SÉNÉGAL UN DEMI-SIÈCLE DE RECHERCHE D'UNE POLITIQUE INDUSTRIELLE : ENTRE VŒUX PIEUX ET INACTION

Pourquoi s'industrialiser ? La raison principale est liée aux multiples conséquences du système techno-industriel dont les plus significatives sont : une plus grande interactivité entre l'industrie et le secteur agricole et tertiaire ; une économie dominée par la plurisectorialité ; une importance grandissante des services productifs ; un accroissement continu des investissements en recherche et développement et la création de structures de recherche et de développement technologique ; un rôle stratégique des sources et des modes de traitement de l'information ainsi que de la communication où la capacité et la qualité prédominent sur la quantité ; la naissance de nouveaux métiers basés sur la connaissance, etc.[95]

PARAGRAPHE 1

Le difficile envol des politiques industrielles du début de l'indépendance au post-ajustement structurel (PAS).

Au lendemain de son indépendance en 1960, le Sénégal comptait parmi les pays de toute l'Afrique Occidentale Française (AOF), la meilleure dotation en infrastructures industrielles composées essentiellement d'industries de branches légères. Mamadou DIA déclarait lors de l'élaboration du premier plan de développent que « le développement économique et social rapide du pays passe par le développement des deux mamelles de l'économie : l'agriculture et l'industrie ».

---

[95] Moustapha KASSE : L'Industrialisation africaine es possible. Quel modèle pour le Sénégal L'Harmattan 2013.

1°) La première période s'étend de 1960 à 1980 : le démantèlement des entreprises publiques de « l'État développeur » de Mamadou DIA

La décennie 1960 a été caractérisée par une intervention permanente de l'État développeur dans le processus d'industrialisation, sous la conduite du Président Mamadou DIA, qui met en place une double stratégie de développement industriel : d'abord la stratégie de l'import-substitution qui s'inscrit dans la continuité du modèle industriel hérité de la colonisation et ensuite un second modèle plus élaboré est dirigé directement par l'État en tentant la valorisation industrielle des ressources locales et la recherche de l'intégration intersectorielle. Cette politique devait partir de la mobilisation des gisements de production autour de quelques pôles de croissance (en amont, les industries de base : sidérurgie, cimenterie, électricité, chimie ; en aval, les industries de valorisation des produits du cru pour l'exportation et le marché local : industries agroalimentaires, industrie de la pêche, etc., et les industries de service). Les principaux instruments ont alors été l'intervention massive de l'État ce qui a entraîné l'extension du secteur public, la nationalisation des unités stratégiques, la planification globale et sectorielle et l'organisation du système bancaire au service de l'industrie face aux insuffisances de l'investissement privé.

Cette nouvelle stratégie était construite par un État volontariste autour de 4 composantes déterminantes tirées par des entreprises d'envergure que l'on pourrait appeler aujourd'hui des champions nationaux :

a) Celle des agro-industries qui valorisent toutes les chaînes de valeur et développent les interdépendances avec l'agriculture, la pêche (AFRICAMER) et l'élevage. Quatre filières intégrées comme le textile (SOTIBA-SIMPAFRIC), l'huilerie (LESIEUR, la SEIB), la transformation des fruits et légumes et l'industrie cuir et peaux (BATA) ;

b) Celle des industries pétrochimiques et énergétiques avec trois grandes unités : les Industries chimiques du Sénégal (ICS), la Société Africaine de Raffinage (SAR) et la Société commerciale du Ciment (SOCOCIM) ;

c) Celle des industries de valorisation de la façade maritime avec Dakar Marine, une unité de transport ferroviaire TRANSRAIL et le développement du tourisme balnéaire avec la constitution des Zones d'expansion touristique, etc.

d) Des institutions de financement et d'encadrement des PME et PMI avec la Banque Nationale de développement (BNDS), la Société Financière pour le développement industriel et le tourisme (SOFESEDIT), l'Union Sénégalaise des Banques, la Banque sénégalo-koweïtienne, la Banque Commerciale du Sénégal, la SONEPI et les banques françaises comme la SGBS, la BICIS.

2°) La seconde période s'étale de 1980 à 2000 : les politiques néolibérales ont cassé les locomotives de la croissance et éteint le processus d'industrialisation avec la Nouvelle Politique Agricole (NPA) et la Nouvelle Politique Industrielle (NPI)

La crise des années 80, avec une succession de cycles de sécheresse, le second choc pétrolier et la poursuite du dérèglement du Système Monétaire International, a entraîné au Sénégal, une montée des déséquilibres macroéconomiques et macro-financiers et une envolée de l'endettement. Les Institutions Financières Internationales devenues les principaux bailleurs de fonds vont imposer partout des politiques de réajustements au système de Division Internationale du Travail. En rupture sur bien des points avec les objectifs et les instruments des politiques économiques antérieures et pour juguler les contre-performances, la NPI dans la mouvance des Programmes d'Ajustement Structurel, consacre un désengagement total, brutal et non maîtrisé de l'État dans l'organisation de l'activité industrielle et cela autour :

a) De la réduction du niveau élevé des protections tarifaires,

b) De la suppression des protections non tarifaires,

c) Du renforcement de la compétitivité de l'industrie,

d) De la promotion des produits à haute valeur ajoutée,

e) De l'accélération de la relance industrielle.

Les résultats d'ensemble de la Nouvelle Politique Industrielle (NPI) croissance vertueuse, réduction de la pauvreté, du chômage et des inégalités ont été simplement catastrophiques : aucun des objectifs projetés n'a connu le moindre début de réalisation. Les réformes de libéralisation réalisées ont eu des effets pervers alors que la chute des exportations, l'augmentation des importations deux phénomènes conjugués qui vont accroître le déficit de la balance commerciale. Fait aggravant, la mise en œuvre de la NPI a coïncidé avec l'appréciation du franc français, et par conséquent du franc CFA fort, par rapport au dollar. En conséquence, les incitations de la NPI n'ont pu compenser la surévaluation du franc CFA et explique en partie la détérioration observée du déficit de la balance commerciale.

3°) La troisième période (2003-2014) est celle des mirages du Plan Sénégal Émergent (PSE : plus « d'incantations et de fanfaronnade » que d'actes concrets pour mettre en place une véritable politique industrielle »

Avec l'avènement de l'alternance politique intervenue en mars 2000, un bilan diagnostic de la politique industrielle a été réalisé pour mieux cerner les limites qui entravent le développement de l'industrie sénégalaise et lancer de nouveaux programmes industriels. En effet, ce bilan révèle que de l'indépendance à 1991, la contribution de l'industrie dans le Produit Intérieur Brut (PIB) a varié entre 12,5 % et 16,2 % avec des pics en 1970 (18,3 %) et en 1985 (18,5 %). Par ailleurs, le poids de l'industrie dans l'économie nationale est resté entre 1991 et 2001 stationnaires autour de 16 %. Ces modestes performances, pour un secteur déterminant dans le développement et la croissance, montrent l'impérieuse nécessité de redéfinir de nouvelles orientations et politiques industrielles pour relancer les enjeux du secteur. C'est dans ce cadre que seront conçus de nouveaux programmes industriels dont le Programme intégré de Développement industriel (PIDI 2000-2008) et la Politique de Redéploiement Industriel (PRI, 2005-2015).

Le Programme Intégré (2000-2008) a connu deux phases (2000-2004 et 2004-2008) qui ont contribué à l'élaboration et mise en œuvre de la stratégie industrielle, au développement de la Micro, Petite et Moyenne Entreprise (MPME), au développement du partenariat industriel, à la promotion de la Qualité, la Normalisation et la Métrologie et à la mise à niveau d'entreprises dans les secteurs jugés prioritaires par l'État. Au plan opérationnel, il s'agit surtout de la création de structures d'appui technique à la mise en œuvre de la politique industrielle du Sénégal telles que le Réseau National d'informations Industrielles du Sénégal (RNIIS), la Bourse Nationale de Sous-traitance et de Partenariat du Sénégal (BNSTPS), l'Association Sénégalaise de Normalisation (ASN), le Centre de promotion du textile, mais aussi la promotion de la micro et petite entreprise par la mise en place du Projet d'Appui à la Petite Entreprise du Sénégal (PAPES), du Programme de Développement de l'Entreprenariat Régional (PDER), le projet pêche en appui à l'entreprenariat féminin, le Projet de Plateformes Multifonctionnelles (PTFM).

La Politique de Redéploiement Industriel se propose de doter le Sénégal d'une industrie moderne, dynamique et compétitive, capable à la fois de satisfaire le marché local et d'accéder aux marchés extérieurs. Elle prône la stratégie d'un développement industriel endogène qui consiste, par l'impulsion d'une dynamique interne de valorisation optimale des ressources nationales, à corriger la faible intégration de l'industrie locale par la remontée des filières et à promouvoir des activités industrielles viables, orientées aussi bien vers les marchés nationaux que vers les marchés mondiaux. La faible intégration de l'industrie sénégalaise est à l'origine de la forte tendance à l'importation des biens intermédiaires qui ne cesse de croître. Le taux de couverture des importations par les exportations s'est dégradé depuis l'indépendance : de 80 % en 1961, il est tombé à 50 % en 1999. De plus, la structure de la production industrielle n'a pas connu de changement notable, et la physionomie des produits à l'export, demeure pour l'essentiel la même, avec la prédominance des produits arachidiers, des produits dérivés de phosphates et des produits halieutiques.

En définitive, depuis les années 80, la contribution du secteur manufacturier au PIB est relativement faible avec l'industrie agro-alimentaire (4,7 %), la construction (4,2 %), et les industries extractives (2,0 %). Il en va de même pour sa part dans la croissance économique qui est de l'ordre de 1,2 %. Le secteur industriel dans son ensemble compte environ 1270 entreprises dont le maillon essentiel est formé par le sous-secteur de l'industrie agroalimentaire, suivie de l'industrie des matériaux de construction (19,3 %), de la chimie (16,6 %) et du secteur Eau-Energie (15,7 %). L'industrie agroalimentaire est le sous-secteur dominant avec 47,5 % des établissements industriels de la base du CUCI, 37 % du chiffre d'affaires de la filière industrie dont près de 10 % à l'exportation, environ 20 % du PIB du secteur industriel, 36 % de la production industrielle nationale et 38,5 % de la valeur ajoutée globale de l'industriel. Également, elle réalise aussi 70 % du chiffre d'affaires à l'export du secteur industriel du Sénégal ce qui est un apport non négligeable à l'économie nationale. En plus, elle a d'importants effets de liaison avec l'agriculture, la pêche et l'élevage ; il est un important pourvoyeur d'emplois et de ressources financières à la fois pour le monde rural et urbain.

Bien que l'évolution du secteur industriel soit très erratique, depuis plus d'un demi-siècle, différentes politiques ont été expérimentées sans que le secteur ne soit parvenu à atteindre les objectifs impartis : de contribution à la croissance économique, à la création d'emplois décents dont le pays a besoin eu égard à son expansion démographique et à celle de son système scolaire et universitaire, à l'accroissement de la productivité des facteurs et à la valorisation de certaines ressources primaires. Différentes évaluations de l'Agence nationale de la statistique et de la démographie (ANSD) (voir schéma) montrent les fortes fluctuations traduisant une évolution très intermittente de l'indice de la production industrielle de 2000 à 2015 en faisant ressortir des périodes de crise, notamment entre 2001 et 2006, en 2008 et de 2011 à 2014. Globalement, la contribution du secteur manufacturier au PIB est demeurée relativement faible avec l'industrie agroalimentaire (4,7 %), la construction (4,2 %), et les industries extractives (2,0 %). Il en va de même pour sa part dans la croissance économique qui est de l'ordre de 1,2 %.

Les évaluations conjoncturelles de l'ANSD, du secteur industriel indiquent des dysfonctionnements et des blocages provenant essentiellement de

a) L'obsolescence des outils de production des entreprises avec des coûts élevés des facteurs de production (en particulier l'énergie et les délestages intempestifs)

b) La forte concentration du tissu industriel dans la région de Dakar (90 %) ;

c) Faible niveau de capitalisation ;

d) L'accès et le coût du financement difficiles avec des taux d'intérêt exorbitants et dissuasifs. Malgré la baisse du taux directeur de la BCEAO (de 3 à 2,75 %) elle n'a pas été répercutée sur leur taux d'intérêt qui est resté à des niveaux élevés (11 % et plus pour certains prêts aux entreprises). De plus, l'accès au foncier est laborieux, fortement spéculatif et souvent conflictuel ;

e) L'insuffisance et le coût élevé de la main-d'œuvre qualifiée ;

f) Le faible niveau de la productivité globale des facteurs qui a été en moyenne de 3,7 sur la période 2008 à 2014, en deçà de celle des autres secteurs tels que le commerce et les autres services qui ressortent respectivement à 5,3 et 4,7 sur la même période ;

g) L'étroitesse du marché local et le niveau modeste des exportations par manque de compétitivité, mais concurrencée de manière déloyale par les importations ;

h) L'extrême vulnérabilité face aux chocs exogènes ;

i) La faible utilisation des capacités de production (70 % en moyenne) ;

j) Climat des affaires et l'insuffisante coordination des mesures de soutien et d'assistance technique aux PME.

Ces éléments factuels isolés dévoilent l'échec des politiques industrielles passées qu'il faut réévaluer avec rigueur en les intégrant dans des problématiques analytiques plus globales des dysfonctionnements ce qui permettrait de définir une nouvelle vision stratégique d'industrialisation bien construite autour du développement des capacités productives nationales, dans un contexte de mondialisation des économies et de concurrence exacerbée qui rendent impératif la compétitivité des entreprises et la planification.

Les dysfonctionnements les plus caractéristiques de l'impasse des politiques industrielles proviennent des orientations et des choix de politiques industrielles, des problèmes institutionnels et de gestion des acteurs du jeu industriel, des questions relatives à la R&D, à la technologie et aux innovations, au financement.

En définitive, durant plus d'un demi-siècle, l'industrie nationale ne parvient toujours pas à répondre aux attentes en matière de contribution à la croissance économique et à la création d'emplois décents dont le pays a besoin eu égard à son expansion démographique et à celle de son système scolaire et universitaire. Ces objectifs, pour se réaliser, appellent une vision et une politique industrielle bien construite autour du développement des capacités productives nationales et de la compétitivité des entreprises.

PARAGRAPHE 2

Quels enseignements tirés de la juxtaposition de multiples projets industriels du Sénégal, sans aucun bénéfice d'inventaire et sans résultat ?

En faisant de l'industrialisation une composante fondamentale de la politique de développement, des choix sélectifs et volontaristes doivent être en parfaite harmonie entre l'État, le secteur privé et certains acteurs de la société à partir de présupposés et options du développement industriel : le dilemme de la priorité à l'agriculture ou à l'industrie, la logique publique et logique privée, la valorisation des ressources locales et les ressources internationales et le marché domestique ou le marché international. En plus, l'État doit disposer et utiliser les outils usuels de la politique industrielle que sont les institutions de gouvernance, la commande publique, la promotion des champions nationaux, l'organisation des filières et le clustering, les aides ciblées, le protectionnisme offensif et intelligent.

1°) L'asthénie de la gouvernance institutionnelle des politiques industrielles et le manque de centres de décision efficients

Une des contraintes majeures à l'efficacité de la politique industrielle est la faiblesse des capacités de gouvernance car ce secteur ne peut, à elle seule, assurer le développement et poursuivre son expansion sans accroc. Les conditions d'offre industrielle font appel à sept éléments qu'il importe de conjuguer : la gouvernance institutionnelle c'est-à-dire l'organisation de la production, les infrastructures de base, la maîtrise de la technologie, les coûts des facteurs, la productivité, la compétitivité, les financements des investissements et la protection commerciale des industries naissantes. Dans le contexte de mondialisation des économies, devenu très instable, de concurrence tous azimuts, de montée en puissance des nouveaux concurrents et de porosité des barrières facilitant la contrebande, il importe de définir de nouveaux modes de gestion industrielle plus rigoureux et plus consensuelle. Pendant longtemps, la gestion du secteur est restée trop administrative, l'État s'occupant laborieusement de problèmes comme les orientations, les mécanismes de subvention et de protection des branches et leurs effets sur la production sans associer directement et coordonner l'essentiel des divers acteurs du jeu industriel. L'arrière-pensée était que le tout marché pourrait tout régler, l'administration centrale devait s'abstenir d'une coresponsabilité avec la composante principale de la politique industrielle qu'est l'entreprise.[96]

La formulation des diagnostics et ensuite des stratégies et programmes d'actions pour les filières industrielles, y compris l'ensemble des politiques d'accompagnement, constitue la pièce maîtresse du processus technico-économique entièrement abandonné au ministère de l'Industrie et de la Recherche scientifique. Celui-ci met en jeu la substance de la concertation, c'est-à-dire le dialogue ouvert entre l'État et les partenaires sociaux, notamment le Secteur privé, dans la définition des

---

[96] KWABENA Nyarko Otoo : *Politiques industrielles en Afrique de l'Ouest,* Publié par : Friedrich-Ebert-Stiftung, en 2013, souligne qu'Il est absolument crucial d'améliorer significativement les capacités de l'État à gérer le processus de développement industriel. En outre, puisque de par sa nature, la politique industrielle implique une certaine forme d'intervention gouvernementale, il y a nécessité d'intégrer les capacités du gouvernement à prendre des décisions au regard de l'ampleur de son intervention dans l'économie.

politiques économiques et sociales. L'objectif central est de déclencher des dynamiques d'acteurs, des synergies, des coopérations et des actions collectives d'intérêt commun. On met en place des groupes stratégiques sectoriels comprenant souvent les représentants de l'Administration, les représentants des organisations patronales, les représentants des syndicats de travailleurs. Ces structures multiples ont pour mission de proposer désormais toute mesure à caractère industriel sans avoir les capacités techniques, ni les instruments et outils d'analyse, ni pouvoir de décisions et d'exécution sur les marchés.

Ces lacunes des capacités de gouvernance ont compromis le démarrage et le bon fonctionnement du secteur industriel sous la férule de la bureaucratie. Beaucoup de programmes de développement industriel ont eu à faire face à cette difficulté. Contrairement à cette praxis, les expériences de l'Asie de l'Est sont bâties sur deux éléments institutionnels centraux qui ont déterminé leur succès. Le premier est l'existence d'une bureaucratie efficace, motivée donc honnête et performante. Le second était que les États et les institutions ont fonctionné dans une situation d'autonomie inhérente dans la mesure où ils collaboraient étroitement avec le secteur privé dans la formulation et la mise en œuvre des politiques.[97] La vingtaine d'années de politiques d'ajustement structurel a affaibli les capacités des États en matière de formulation et de mise en œuvre des politiques de développement et conséquemment les ministères de l'Industrie sont réduits à de simples officines d'élaboration de vœux pieux.

Ii importe alors d'incorporer dans une structure efficiente de gestion de l'offre et de la demande de produits manufacturés, dans un tel cadre les objectifs économiques et sociaux seraient mieux définis, les problèmes des entreprises aussi bien sur les marchés internes qu'externes, sur leur productivité et leur capacité compétitive, leurs contraintes liées aux marchés, mais également leurs besoins de formation et de renforcement technologique seraient mieux appréhendés. Les statistiques de l'ensemble des activités de transformations des entreprises étant mieux connues, les aides, subventions et autres appuis seraient mieux ciblés. Les efforts du Sénégal dans la gestion institutionnelle sont trop dispersés ce qui aboutit à la multiplication des agences ou autres structures d'acteurs non dotés de pouvoirs réels.

---

[97] Les travaux sur les institutions et surtout ceux de Douglas NORTH établissent que les systèmes économiques et politiques efficaces sont ceux qui ont réussi à développer des structures institutionnelles flexibles, capables de survivre aux chocs et aux changements qui sont eux aussi partie prenante d'une évolution efficace.

2°) Les acteurs du jeu industriel : les agences, comme instrument de l'État, pêchent par leur nombre et le télescopage de leurs missions

La politique industrielle peut aussi s'appuyer sur des acteurs industriels responsabilisés qui assurent le pilotage de la gestion de certains aspects : information sur les divers marchés physiques et financiers, sur les innovations et les nouvelles technologies, sur le renforcement des capacités. L'implication forte des industriels est un élément essentiel de validation des produits rendus possibles par la politique, de connaissance des demandes significatives et de l'accès aux marchés, etc.

Dans pareil contexte, l'Agence doit jouer un rôle essentiel de centralisation de la gestion interministérielle des programmes industriels. Elle doit avoir une gestion dynamique des PME/PMI, permettre le renouvellement et la réorientation de certains projets en fonction des résultats de l'évaluation, détenir de robustes capacités d'analyse pour étudier de façon approfondie l'intérêt des projets industriels et technologiques nouveaux qui sortent des horizons opérationnels des entreprises, disposer d'une attribution de mission prospective et accompagner la recherche de financement le nœud gordien de toutes les entreprises.

L'organisation et le fonctionnement de l'Agence doivent intégrer toutes les parties prenantes nécessaires à la mobilisation nationale autour des politiques industrielles : Administrations, Parlements, Conseil Economique, Social et Environnemental (CESA), industriels, organisations syndicales et universités et institutions de recherche. Les responsabilités de gestion de l'Agence seront partagées entre un conseil de surveillance et un directoire. Par ailleurs, l'Agence sera dotée d'un comité scientifique et d'une cellule prospective.

Le nombre impressionnant d'agences, au-delà de leur caractère budgétivore que dénoncent, du reste les IFI, ne milite pas en faveur de leur efficacité surtout que leurs missions disparates se télescopent souvent. À cela s'ajoutent les comportements de non-décision, conséquence du caractère flou des textes relatifs à leur mise en œuvre.

3°) Technologies, productivité et création d'emplois : les relations complexes entre le progrès technique et le travail dans une économie du savoir

La production des richesses déplace son centre de gravité vers le savoir qui devient la variable clef du développement. Le travail n'est plus capable de concurrencer les formes de production nouvelles comme chaînes, la robotisation, les réseaux alors il se réfugie dans les pays à faible coût de main-d'œuvre. Cela explique que les États opèrent des investissements massifs dans la Recherche-développement. La Chine met l'accent sur la recherche pour passer du statut « d'atelier du monde » à celui d'une économie du savoir avec des investissements qui dépassent ceux de l'Europe et du Japon. Les programmes développés sont de sont de trois ordres : (i) développement technologique pour la création d'objets industriels surtout à haut risque technologique, énergie, nucléaire, espace, aviation, océan ; (ii) diffusion des technologies de base matériaux, filières électroniques, biotechnologies, pharmaceutique et (iii) traitent des effets sur l'homme et la culture, développement, pauvreté, technologie-emploi-travail et environnement.

Nous rentrons dans un monde où tout est construit par le savoir et les innovations qui sont en train de modifier profondément les systèmes productifs, les perspectives de la croissance et l'emploi et conséquemment les systèmes éducatifs et de formation. Les activités économiques, financières et autres se réorganisent autour d'elles et au détriment des savoir-faire et des métiers traditionnels qui avaient structuré les systèmes industriels des siècles antérieurs. Il se crée alors à l'échelle mondiale un immense réservoir technologique dont peuvent bénéficier tous les pays pour innover et exploiter leur potentiel compétitif dans les secteurs industriels, celui des services et de l'agriculture agricole par acquisition de ressources humaines de qualité, à condition, bien évidemment que les pays disposent de systèmes éducatifs et de formation, d'un système universitaire et d'une politique de recherche technologique pertinente. Ce sont ces trois composantes qui forment la qualité et la quantité des ressources humaines, qui, dans un monde où les capitaux et les technologies circulent librement, déterminent le niveau de performance des pays (voir schéma qui suit).

Pour ne pas se laisser distancer, les pays doivent renforcer l'efficacité de leurs systèmes de recherche et d'innovation et trouver de nouveaux moyens de stimuler l'innovation dans un contexte mondial marqué par l'intensification de la concurrence.

La gestion institutionnelle tripartite de la recherche : mise en synergie des acteurs implique des politiques plus opérantes de financement autour de trois sources principales : D'abord l'État qui finance la majeure partie de la recherche, ensuite, les entreprises qui s'impliquent en mobilisant des ressources substantielles et en privilégiant leurs recherches propres et enfin les fondations financement des recherches dans certains secteurs État, Entreprises et agences de la recherche.

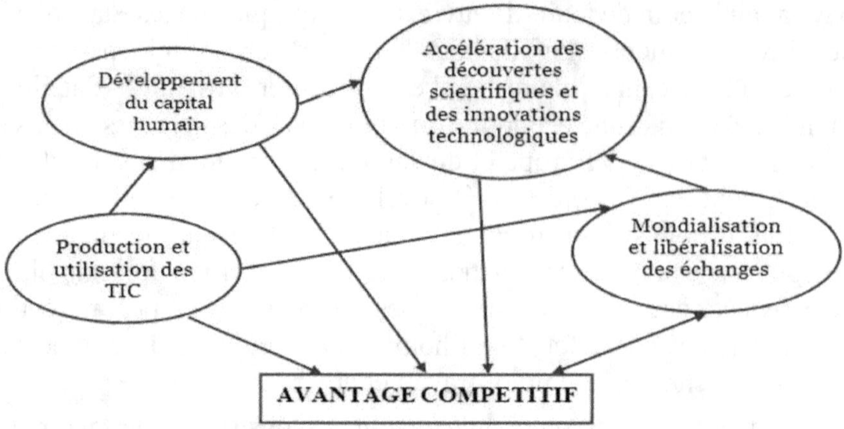

L'avantage compétitif

L'Économie du savoir est ce que devient l'économie en général quand la connaissance est sa composante décisive, quand elle fonctionne dans la dynamique du savoir et des compétences. Aujourd'hui, elle prend appuie sur une révolution inédite celle des TIC qui entraînent trois mutations déterminantes dans la production des richesses et la résolution du chômage et sous-emploi dans tous les secteurs : une première par modification des systèmes productifs, une seconde par bouleversement de la structure des entreprises et une troisième par recomposition des territoires industriels. P. JACQUEMOT, M. RAFFINOT (1993) mettent au cœur de la question de l'appropriation technologique, la notion de Potentiel Scientifique et Technique National (PSTN) définie par certains critères : le nombre et équipements des centres de recherche, la qualification des chercheurs, l'aptitude des entreprises locales à mettre en œuvre les nouvelles technologies. Les pays africains ont jusqu'à présent au mieux un PSTN « imitateur » c'est-à-dire une capacité partielle de recherche fondamentale et appliquée, de recherche-développement, de production et de commercialisation et le plus souvent, un PSTN « utilisateur » qui développe seulement l'activité de commercialisation des innovations technologiques. L'enjeu pour ces pays est de passer d'un PSTN « utilisateur » à un PSTN « autonome ». Ceci sera rendu possible, grâce à la mise en place par les pouvoirs publics d'une politique industrielle stratégique qui consisterait pour ces pouvoirs publics d'une part, à financer la recherche fondamentale et appliquée et d'autre part, à subventionner la recherche-développement des entreprises nationales permettant ainsi à ces dernières d'avoir des coûts unitaires de production inférieurs aux entreprises étrangères concurrentes et d'être compétitives sur les marchés internationaux.

Les nouvelles technologies débouchent sur des combinaisons productives radicalement neuves et sont source de gains de productivité. Elles réclament une qualification accrue de la main-d'œuvre. Les principaux changements technologiques de ces dernières décennies concernent les domaines les plus variés, par exemple les nouveaux matériaux, les énergies nouvelles, les technologies de l'information (informatique, robotique, bureautique, télécommunications), les sciences de la vie et les biotechnologies, l'agro-industrie, la valorisation des océans et celle de l'espace. Il est exigé des entreprises certaines performances et la plus grande efficacité au niveau de la production, de la technologie, de l'emploi et de l'allocation des ressources nationales. Si cet idéal d'efficacité n'est pas atteint, c'est parce qu'il y a des distorsions qu'il faut localiser et supprimer au niveau des comportements et des structures.

Après l'échec patent du technopôle sénégalais, il faut se tourner vigoureusement et urgemment à la création d'une Agence pour l'Innovation industrielle (AII) qui s'appuie sur la trop grande concentration de l'effet de R&D sur des secteurs de faible technologie et très concurrencés, avec pour objectif la réorientation de l'industrie vers les hautes technologies en lançant de grands programmes pilotés par les champions nationaux en association étroite avec les nombreuses petites et moyennes entreprises, les universités et les laboratoires de recherche.[98]

4°) L'absence d'une protection commerciale des industries naissantes, une pratique devenue courante au niveau des pays développés. Que faut-il protéger ? Pourquoi ? Le retour du protectionnisme nouvelle voie de la souveraineté des nations.

Depuis le 19e siècle et les travaux de Friedrich LIST (1789-1846) de l'École historique allemande, il a été suffisamment analysé l'impérative nécessité d'un protectionnisme éducateur dans le cas des industries naissantes. Cet auteur avait suggéré en son temps qu'une insertion internationale réussie suppose qu'un pays initialement spécialisé dans l'exploitation de ses ressources naturelles et possédant une main-d'œuvre

---

[98] J'avais soumis cette proposition aux chercheurs lors de ma Conférence inaugurale de la SARIS (Salon Africain de la Recherche et des Innovations au Sénégal) sur le thème : *Recherche et innovation technologique : quelles politiques de rattrapage ?* Le 1er décembre 2013 au King Fahd.

peu qualifiée, abondante et bon marché s'oriente progressivement vers la production de biens utilisant de la main-d'œuvre qualifiée et bien payée. Or, ce changement de spécialisation nécessite le recours au protectionnisme : lorsqu'il y a des économies d'échelle, un nouvel entrant ne peut pas être immédiatement compétitif, sauf si sa maîtrise préalable d'un marché domestique large (Chine, Inde, autres émergents) ou une aide publique lui assurent un niveau de production suffisamment élevé. Même en l'absence d'économies d'échelle, il faut tenir compte des effets d'apprentissage : avec le temps, l'expérience se traduit par l'accumulation de connaissances pratiques et d'une culture qui augmentent l'efficacité productive.[99]

Après une période de consensus autour d'un libre-échange sans nuance dans les années 1980-1990, aujourd'hui, on observe un retour des politiques protectionnistes sous des formes variées dans plusieurs pays : États-Unis, Allemagne, France, au niveau de l'Union Européenne (UE), il est en débat l'avènement d'un protectionnisme sélectif et raisonné pour conserver une part essentielle de l'appareil industriel et éviter de plonger dans la déflation salariale, Pays émergents d'Asie, Afrique dans le cadre des « stratégies d'émergence»). Les avantages comparatifs naissent de l'effort d'insertion dans les échanges internationaux, conduisent certains pays ou groupes de pays à prendre des mesures protectionnistes afin de protéger certaines industries jugées comme stratégiques pour la croissance et le développement. Ces mesures peuvent prendre la forme de subventions à la production et aux investissements, comme cela fut le cas en Europe au moment de la naissance du groupe industriel Airbus. En Éthiopie, le « protectionnisme » est beaucoup plus « radical », note Alioune Gueye du bureau d'étude Afrique Challenge : « Là-bas, pas un seul McDonald's à l'horizon ».

Dans la période de l'Industrie de Substitution aux Importations (ISI) au Sénégal des politiques protectionnistes ont été mises en œuvre à travers des barrières tarifaires sous la forme de droits de douanes, mais aussi sous la forme de barrières non tarifaires, de systèmes de quotas, ou de barrières réglementaires par exemple. Elles étaient accompagnées de mesures de subventions à la production et aux exportations. Les résultats de cette palette d'instruments ont été dévoyés et accaparés par

---

[99] Selon Friedrich LIST : « C'est seulement chez des peuples semblables, que les restrictions commerciales en vue de créer et de soutenir une industrie manufacturière peuvent être légitimes ; elles ne le sont que jusqu'à ce que cette industrie devienne assez forte pour ne plus craindre la concurrence étrangère. »

les groupes industriels agissant dans une logique de rente et qui avaient l'objectif, comme le souligne Makhtar DIOP, vice-président de la Banque mondiale pour l'Afrique, de conserver leur pré carré »[100]. Il faut rappeler les mesures de protection mises en œuvre à travers les barrières tarifaires sous la forme de droits de douane, de barrières non tarifaires, de systèmes de quotas, de diverses barrières réglementaires de même que toutes les mesures de subventions à la production comme aux exportations.

Aujourd'hui, le protectionnisme est pratiqué dans tous les pays où les industries naissantes comme les producteurs locaux doivent être protégés face à la concurrence internationale. Dans le fond, les arguments en faveur de la protection sont plus solides que les quolibets des néolibéraux des Institutions Financières Internationales à savoir que la protection des industries naissantes comporte une série d'avantages :

a) La protection permet à l'entreprise de bénéficier de rendements d'échelle croissants dans le secteur, du fait de son statut de quasi-monopole qui profite généralement des avantages du marché. Ainsi, l'entreprise protégée est en mesure de produire à grande échelle avec des coûts faibles, tandis que les entreprises qui produisent à petite échelle ont des coûts très élevés. La protection facilite, une substitution plus conséquente des importations : les exemples du riz local, de l'industrie de la tomate, du sucre et du textile sont édifiants dans le cas du Sénégal.

b) La protection n'est pas permanente, mais temporaire, pendant la phase d'apprentissage d'une activité. Les investissements de départs (dépenses) sont réalisés pour générer des profits futurs (recettes). En l'absence de fonds propres adéquats et de l'imperfection du marché financier, l'endettement bancaire et les diverses subventions publiques de soutien devraient couvrir les frais de démarrage.

c) Les théories du dualisme montrent que l'industrie, secteur à productivité élevée contrairement au secteur traditionnel, est plus productive et distribue des salaires plus élevés avantageux à l'économie du pays d'où la nécessité de la protéger.

Il existe beaucoup d'autres arguments pertinents sur les avantages de la protection (la protection et l'amélioration des termes de l'échange, de

---

[100] Guy ROCHETEAU : *Pouvoir financier et indépendance économique en Afrique, le cas du Sénégal*, Édition ORSTOM Karthala 1982, 379 pages.

l'emploi, pour une politique commerciale stratégique). Cependant, il faut éviter comme dans le passé au Sénégal que les rentiers prennent tous les avantages en minimisant les effets bénéfiques sur l'économie nationale si bien que toute la question repose sur l'utilisation des gains réalisés par ces échanges. Au bout du compte, il faut souligner que la spécialisation dans les échanges internationaux selon les avantages comparatifs ne produit pas forcément des effets positifs sur l'économie de tous les pays en recherche d'émergence. Certaines spécialisations dans la production de matière première et de produits primaires à faible valeur ajoutée, la croissance de leur demande est relativement plus faible que celle des produits manufacturés, également leur prix relatif a tendance à diminuer, ce qui correspond à un processus de détérioration des termes de l'échange entraînant des effets négatifs sur l'économie du pays.

5°) Des politiques déficientes d'accès aux marchés international, régional et sous régional. L'IA peut offrir aux consommateurs de nouveaux produits pour obtenir de bons produits à de meilleurs prix, sur de bons marchés. Exemple « LE PLAN MADE IN CHINA 2025 »

La politique industrielle doit étudier profondément puis exploiter la structure des échanges internationaux, régionaux et sous régionaux. Il faut sortir de ces naïvetés intentionnelles des néo-libéraux postulant que toutes les industries doivent se soumettre au calendrier de libéralisation pour affronter en conséquence les échanges internationaux qui se modifient profondément. Les exportations sont une variable déterminante, mais pas la seule. La vocation de toute politique industrielle doit s'appuyer sur une analyse exhaustive des marchés, des barrières à l'entrée, mais doit aussi passer à travers la coopération inter-entreprises. Dans ce cas, l'exportation vers les marchés africains doit passer par la coopération inter-entreprises connue sous le nom de Cluster (regroupement ou associations d'entreprises de même secteur, technologique, productive, ou manufacturières, etc.), comme cela se fait en Allemagne ou aux États-Unis et qui constituent aujourd'hui les meilleurs exemples de réussite.

En conséquence, il est impératif dans l'optique de productions industrielles nouvelles de connaître d'abord la demande nationale, ensuite d'analyser les deux voies d'élargissement économique de cette demande : la voie régionale permettant d'atteindre le marché des pays voisins par les schémas d'intégration et la voie de l'exportation sur le marché mondial s'il existe une demande potentielle. Dans tous les cas, avec l'ouverture des frontières, la compétitivité devient un élément déterminant pour le système de production de l'entreprise et sa capacité à atteindre les marchés externes.

Au demeurant, comment articuler ces instruments actuels de la politique industrielle pour amener une forte dynamique de réorientation de l'industrie vers les technologies et les innovations en vue de la création de la richesse (économie de l'offre), de la croissance et de l'emploi. Cette nouvelle stratégie doit être le reflet d'au moins cinq éléments fondamentaux : une appropriation des technologies (PSTN autonome), une protection des industries naissantes, une compétitivité extérieure des prix et des produits, une organisation rationnelle de la production, un clonage des produits manufacturés importés. Une bonne santé des entreprises est d'abord la base pour un pays qui désire avoir une croissance robuste, plus de création d'emplois et plus de recettes fiscales. L'État doit aussi assurer sa mission avec la construction des infrastructures de base sur l'ensemble du pays afin de créer de nouveaux pôles de développement économique sur toute l'étendue du territoire, favoriser la création d'entreprises et attirer davantage des investissements étrangers. Enfin, toute nouvelle stratégie d'industrialisation devra tenir compte des contraintes environnementales tant nationales (taille des marchés, dotations factorielles) qu'internationales (évolutions permanentes des technologies et des innovations). Tous ces aspects appellent une planification globale et sectorielle et prospective.

6°) Autres carences constatées : le rôle clef de la création des champions nationaux (Moustapha Kassé : le secteur privé la jambe faible (CH 5 p. 365)

L'absence de champions nationaux pour impulser la politique industrielle, d'un environnement juridique et réglementaire offrant des garanties aux investisseurs nationaux et étrangers, d'une fiscalité spécifique des entreprises industrielles comportant de véritables préférences pour les PMI, d'une infrastructure de base pour éviter au pays les goulots d'étranglement tels que le manque d'eau et d'énergie à prix compétitifs d'un système économique et monétaire régional capable de créer des projets intégrateurs produisant des externalités positives pour les États membres, de données fiables qui soient à la disposition des investisseurs à la recherche d'opportunités de placer leurs capitaux, d'un patriotisme économique qui accentue le déséquilibre commercial.

PARAGRAPHE 3

Le cas de la braderie scandaleuse de la filière textile : un exemple de liquidation d'une chaîne de valeur par les politiques néo-libérales et la classe dirigeante.

Le cas d'un démantèlement par les politiques néolibérales du développement industriel par la remontée des filières

Décennie	Japon	Corée du Sud – Taiwan – Singapour – Hong-Kong	Malaisie - Indonésie Thaïlande Philippines
1990	Bio-industries Informatique Nucléaire Cosmétiques	Électronique Automobile	Électronique
1980	Electronique Robotique	Construction navale	Chaussures Textile Travail du bois
1970	Automobile Construction navale	Chaussures Textile Travail du bois	Textile
1960	Sidérurgie	Textile	
1950	Textile		

La théorie économique dans les années 50 et 60, assimilait l'industrialisation du Tiers-monde à la fameuse formule « le textile d'abord ». La filière textile était constituée de 14 unités industrielles et transformait plus de 40 % de la production cotonnière qui varie entre 25 et 50 000 tonnes ce qui est insignifiant par rapport à la production du BF (500 000 tonnes), le Mali et la Côte d'Ivoire si bien que le Sénégal est le dernier de la classe dans l'UEMOA. Sur les 14 entreprises industrielles, il n'en reste que 3 : la Cotonnière du Cap-Vert (CCV), la Société Sénégalaise de Filterie (SOSEFIL) et la NSTS.

Au moment où les Asiatiques ont fait ce qu'il fallait pour construire une industrie textile forte, au Sénégal toutes les industries ont été démantelées par les politiques néo-libérales qui ont conduit à l'immobilisme de l'État, à l'absence d'une véritable Stratégie industrielle et à la concurrence agressive des pays asiatiques.

La fermeture des Industries de transformation du coton : ICOTAF, NSTS, FTT, la SOTEXKA, SOSEF, la fermeture des industries d'impression, de tissage d'égrenage, la filature, comme SOTIBA-SIMPAFRIC, COSETEX (Compagnie Sénégalaise de Textile) et la liquidation des industries de la confection comme la SIV. En exemple, ICOTAF (Industrie cotonnière africaine) avait un effectif de 2000 à 3000 employés et faisait vivre environ 25 000 personnes avec une masse salariale 4,5 milliards de FCFA/an, des cotisations sociales d'environ 1,5 milliards de FCFA/an.

Actuellement rien que la sous-facturation des produits textiles importés est estimée à plus d'une quarantaine de milliards. Aujourd'hui, le secteur est totalement sinistré et le Sénégal ne transforme plus un gramme de son coton produit, après avoir atteint un taux de transformation de l'ordre de 40 % en 1998. Il se retrouve le dernier des pays de l'UEMOA producteur de coton et disposant d'industries textiles. Au même moment, la société turque AYKA Textile, soutenue par les autorités burkinabè, a annoncé son intention de construire un complexe industriel pour la fabrication de vêtements au Burkina Faso avec un investissement de 225 milliards de CFA. Le projet sera porté par une société d'économie mixte détenue à 45 % par l'État et 55 % par AYKA Textile avec un lancement de la production fin 2020. Sept unités de production filature, tissage, tricotage, teinture, recyclage de fils et de tissus et enfin confection de vêtements vont créer 12 000 emplois directs. Quant au Maroc, il compte 66 unités industrielles dans le secteur du textile qui emploient plus de 170 000 personnes et pèsent 7 % du PIB national.

Lors du Colloque sur l'industrialisation (**Un nouvel élan industriel est possible aujourd'hui. Quelle politique mettre en place ?),** le PDG de la Nouvelle Société Textile Sénégalaise (NSTS) monsieur Ibrahima Macodou FALL évalue à près de 300 milliards Cfa par an la demande du marché national. En effet sur la base des statistiques de 2012, et en considérant la dépense textile annuelle par habitant au Sénégal estimée à environ 4,5 % du PIB, elle s'établit à 23 000 CFA, soit 300 milliards CFA par an pour les 13,7 millions de Sénégalais. Cette hypothèse est relativement basse au regard de nos habitudes de consommation textile. **Trois cents milliards CFA, c'est plus que la dépense en riz du Sénégal ! Est-ce que nous allons continuer à donner du travail aux autres et nous en priver ?** En plus, le Sénégal qui appartient à deux espaces économiques, celui de l'UEMOA et de la CEDEAO, est à la fois gros consommateur de produits textiles et gros producteur de coton. Nous disposons d'une position géographique privilégiée, d'un savoir-faire avéré dans la création et le design, d'un secteur textile artisanal fort et dynamique dans le tissage, l'impression et la confection, d'une proximité de marchés gros consommateurs d'intrants textiles comme le

Maroc, d'un potentiel important d'accroissement de notre production cotonnière, etc. C'est tout cela qui devrait permettre le renouveau industriel car notre pays a tous les moyens pour se doter d'une industrie textile viable et compétitive capable de répondre aux besoins du marché intérieur et à la demande des marchés d'exportation. L'auteur ajoute, « *Dès qu'on parle de relance de l'industrie textile, effectivement on suscite de nombreuses interrogations en raison de l'état du secteur, et de l'hégémonie de la Chine dans le secteur. Mais, il faut savoir que le contexte actuel ouvre des voies de solutions pour un renouveau industriel dans notre Pays en dépit de la crise. C'est vrai et j'insiste, de réelles possibilités d'avenir s'offrent à notre industrie textile en considérant les mutations qui se sont opérées au plan international et les ruptures observées au plan national. En réalité, le succès des plans dépend de nous-mêmes. Si le Sénégal décidait de développer des plateformes spécialisées dédiées à la production de vêtements en partenariat avec des privés dans le cadre du PSE, les bailleurs de fonds nous suivraient. Je n'ai aucun doute là-dessus. Le PSE, c'est d'abord notre affaire avant d'être celle des autres et notre pays dispose, pour le développement du textile, d'atouts sérieux à faire valoir.* »

S'agissant de la friperie (feug Jaay), si le Sénégal décidait de sa disparition de nos marchés dans les prochaines années, il pourrait y arriver comme d'autres pays l'ont déjà fait. Pour éradiquer ce mal, il faudra mettre en œuvre toute une politique de promotion de la confection industrielle et artisanale au plan national. Il faudra former des milliers de jeunes dans les métiers de la confection, soutenir le financement des équipements nécessaires à l'implantation de plateformes de confection et appliquer une fiscalité appropriée à la friperie et aux intrants textiles. Lorsque le produit neuf est proposé au prix de la friperie, celle-ci disparaitra tout naturellement. Cela est tout à fait réalisable. C'est une question de choix économiques et de volonté politique.

CHAPITRE VII

ÉDIFIER UNE POLITIQUE INDUSTRIELLE PIVOT D'UNE STRATÉGIE DE DÉVELOPPEMENT ENDOGÈNE, POPULAIRE ET SOUVERAINE

L'argument de la protection de ***« l'infant economy »*** *: c'est bien la protection des industries nationales émergentes, le soutien ouvert des gouvernements nationaux apporté à certains secteurs qui ont favorisé les appareils industriels nationaux en formation.... De plus, les nouvelles théories du développement ou de la croissance endogène mettent en exergue le rôle de l'État dans la fourniture des infrastructures physiques, intellectuelles et institutionnelles pour le développement économique. Prétendre avec les tenants du consensus de Washington, qu'il suffit qu'une économie soit ouverte pour décoller c'est méconnaître les leçons de l'histoire.*

Saint-Étienne et R. RIVATON[101]

Les performances économiques et sociales mondiales, observées ces dernières années, montrent que l'industrialisation et en particulier l'industrie manufacturière joue un rôle capital dans le développement général des nations. Les pays dotés de secteurs hautement industrialisés, connaissent une croissance économique plus grande, créent des emplois en plus grand nombre et réduisent considérablement la pauvreté, les inégalités et autres précarités. À cet égard, l'industrialisation doit être conçue, pas seulement comme un moteur de la croissance, mais un élément de la transformation socio-économique, technologique et financière qui permet à un pays en développement d'accéder au statut d'économie développée. Aujourd'hui, le développement économique d'un pays est basé sur le dynamisme de son secteur industriel. En conséquence, l'industrie ne pas être classée comme une priorité, mais la priorité.

---

[101] C.SAINT-ETIENNE et R. RIVATON : *Que reste-t-il des politiques industrielles ?* L'Industrie, Revue du CERIS, mai 2007.

L'industrialisation reste essentiellement un projet à construire et le projet trouve sa justification dans la réussite industrielle du monde occidental, et plus récemment, dans celle des Nouveaux Pays Industrialisés d'Asie (NPI).

PARAGRAPHE 1

Comment les Nouveaux Pays Industrialisés d'Asie ont fait pour bâtir un nouvel horizon industriel pour devenir en moins d'un demi-siècle l'usine du monde. Résumé du processus.

Jan TINBERGEN, avec la rigueur mathématique qui le caractérise a calculé que la mise en œuvre des PAS recommandée par la Banque mondiale finirait par résoudre les drames sociaux et les précarités dans exactement 908 ans.

Quand le modèle asiatique contredit le consensus de Washington : les trois leçons que l'Afrique pourrait en tirer.

L'économiste britannique Joe STUDWELL, dans son ouvrage « **Comment l'Asie fonctionne : réussite et échec dans la région la plus dynamique du monde** » affirme que le modèle de développement économique des pays asiatiques contredit la plupart des préceptes néolibéraux et il s'oppose fermement aux dix politiques économiques que John WILLIAMSON, un autre économiste britannique avait rassemblées en 1989 avec le concours du FMI, de la Banque Mondiale pour former le « consensus de Washington », résumé par le triptyque « stabiliser, privatiser, libéraliser ». Selon L'essai de l'économiste britannique Joe STUDWELL, la transformation structurelle des économies d'Asie du Nord-Est est le résultat d'une recette à trois ingrédients :

1) La libéralisation du potentiel agricole par la redistribution des terres de sorte à faire émerger une agriculture capitaliste rurale, soutenue par des politiques de services d'accompagnement (accès aux intrants et aux crédits, infrastructures de stockage et de distribution) ;

2) La remontée sur la chaîne de valeur industrielle par l'acquisition à marche forcée des techniques et technologies de pointe par l'industrie nationale, à travers une politique proactive de l'État forçant les entrepreneurs nationaux à concentrer leurs efforts dans l'acquisition de ces technologies et la compétition internationale ;

3) L'orientation de la finance pour la réalisation prioritaire des deux objectifs précédents, au détriment de profits à court terme supérieurs dans des activités spéculatives (rente foncière, spéculation immobilière) pour privilégier des objectifs de plus long terme comme la maîtrise des technologies industrielles de pointe.

L'auteur souligne que si le Japon, la Corée du Sud et la Chine ont construit leur modèle de développement en exportant, ils l'ont fait de manière protectionniste : l'État couve les industries naissantes, en les protégeant de la concurrence extérieure, mais en les poussant à exporter pour repérer les meilleurs et les perdants.

Bill GATE dans une chronique s'est demandé « si l'Afrique peut reproduire ce miracle asiatique » « Ces leçons venues d'Asie contredisent un certain nombre de dogmes véhiculés par la vulgate des IFI. Des pays comme l'Éthiopie et le Djibouti ont déjà une relation solide avec la Chine et des projets économiques ambitieux sur le long terme. Malheureusement, beaucoup d'autres pays ne disposent pas des mêmes outils de réussite, en particulier ceux qui sont éloignés du littoral et qui n'ont que peu d'infrastructures. »

Source : D'Après Joe STUDWELL : *How Asia Works: Success and Failure in the World's Most Dynamic Region.*

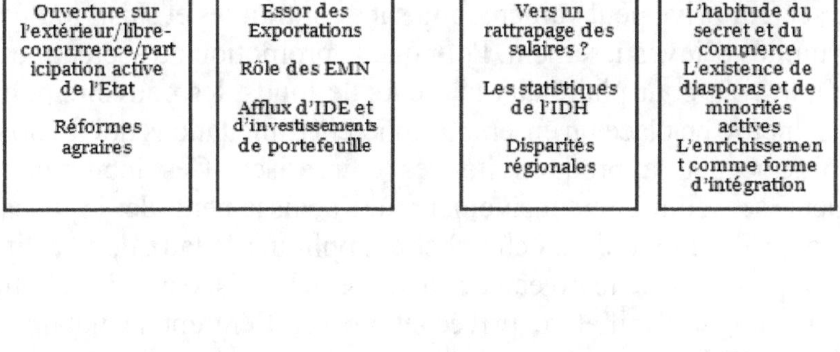

Le premier élément établit que les stratégies de développement élaborées se veulent à la fois endogènes et différentes de ce qui se fait ailleurs

Le mimétisme mécanique est toujours systématiquement écarté au profit de politiques qui s'appuient sur les valeurs sociétales, les ressources disponibles et les exigences du marché. En d'autres termes, les efforts internes sont principalement orientés dans des domaines où le pays a un avantage concurrentiel ou alors là il peut se construire des avantages compétitifs.

Le deuxième élément est que ces expériences ont été à la fois peu libérales et pas démocratiques

Dans ces pays, on observe un leadership autoritaire avec des États forts qui monopolisent le pouvoir d'orientation et de décision en partant de l'idée qu'on est responsable que sur les choses pour lesquelles on a un certain pouvoir. Les réussites sont en définitive le fait de pouvoirs autocratiques qui sont obligés de fonder leur légitimité sur les résultats économiques. Dans ce sens Lee KUAN YEW un des artisans des succès économiques de la Corée du Sud déclarait « Je ne crois pas que la démocratie amène le développement nécessairement. Je crois que ce dont un pays a besoin pour se développer, c'est de la discipline plus que de la démocratie. Le jeune idéologue chinois Pan WEI note que la démocratie n'est pas un préalable au progrès, et l'Occident ne comprend pas la Chine. En effet, « Mettre en opposition la démocratie et l'autocratie relève d'un obscurantisme politique qui s'est développé après la guerre froide, et surtout après l'éclatement de l'Empire soviétique. Beaucoup de Chinois rejettent cette dichotomie et estiment qu'elle sert surtout à alimenter une croisade contre notre pays.

Le troisième élément est le rôle déterminant joué par le secteur privé

Le secteur privé peut vaincre toutes les contraintes et saisir toutes les opportunités d'investissement. Pour que la promotion du secteur ne soit un simple vœu pour plaire aux bailleurs de fonds, les pouvoirs publics doivent mettre en place un ensemble cohérent d'incitations qui favorisent la croissance et la productivité des entreprises. Ces incitations ne sauraient se réduire exclusivement à l'abaissement de la fiscalité (encore qu'il faille toujours chercher et appliquer le taux de fiscalité le plus compatible avec le niveau des activités). Le dispositif d'incitations doit encourager l'initiative privée et libérer l'entreprise notamment les PME et PMI.

Le quatrième élément concerne les coûts sociaux lourds, mais supportés

Ceux-ci sont bien acceptés par les populations qui trouvent quelque intérêt dans la stabilité sociale en vue du développement économique. Ainsi, la plupart des NPI ont démarré comme de véritables « ***sweat shop*** ». Cela soulève la problématique de l'attitude des Africains vis-à-vis du travail : les horaires, les rythmes du fait de l'importance de la question de l'efficacité du travail, l'absentéisme qui nuit dangereusement à la compétitivité de la main-d'œuvre ainsi que la moralisation souhaitée des grèves (port d'un bandeau rouge comme au Japon pour exprimer son mécontentement) participent d'une nouvelle volonté de changer les mentalités et les comportements. Les pays sont systématiquement mis au travail.

Le cinquième élément est l'importance stratégique accordée à la formation et à la recherche : primauté des filières techniques et scientifiques

Ces deux éléments, la formation et la recherche, constituent les nouveaux facteurs d'élévation de la compétitivité globale des économies ; au moment où justement le débat sur la compétitivité prend une dimension mondiale. Le BIT a montré que le coût de la main-d'œuvre dans les secteurs manufacturés était plus élevé en Afrique (particulièrement dans la Zone Franc) qu'en Asie. De même, le rapport productivité/salaire est plus attrayant en Asie qu'en Afrique.

PARAGRAPHE 2

Un construit technique robuste au cœur de la stratégie du développement économique et social souverain et populaire de l'industrialisation et sa mise en œuvre pour réaliser la rente industrielle et relever les défis sociaux ?

1°) Impérieuse nécessité d'un État stratège, vigile, régulateur, et planificateur réactif et volontariste garant des règles de stabilité et de sécurité du jeu économique, financier et social

Il est souvent souligné, pour l'exemple, que le succès du modèle asiatique repose essentiellement sur le dirigisme d'État et sur la classe des nouveaux riches qui en profitent. *Cette* irruption de l'Asie, par ses succès, oblige à recadrer le débat « État/marché » sur un terrain renouvelé. Cela d'autant plus que le retrait de l'État, longtemps préconisé par la Banque mondiale, au profit d'un « État minimum » a conduit à l'échec : la faillite des Programmes d'Ajustement Structurel en atteste largement et cela est maintenant reconnu par la Banque mondiale, elle-même, qui remet en question la rigidité des affirmations du néolibéralisme. Certains auteurs ont présenté les succès asiatiques comme le résultat de politiques libérales et d'ouverture au libre jeu des forces du marché : cette interprétation est, à l'évidence, une caricature, car les États ont toujours manipulé les prix, les taux de change et taux d'intérêt et n'ont jamais cessé d'intervenir pour aider les entreprises à franchir les étapes de l'industrialisation et de la maîtrise de la technologie. C'est dire qu'en Asie, la liberté du marché n'est pas un but en soi, mais plutôt un des instruments utilisés pour atteindre des objectifs subordonnés à l'impératif de croissance industrielle et de puissance économique et politique.

L'État est être désormais au centre de la politique industrielle, avec autres missions la régulation des marchés, la gestion des institutions et les externalités, le développent des transverses notamment la planification et les infrastructures de la politique économique et sociale.

L'avenir du continent avec ses immenses ressources naturelles est l'industrialisation malgré le poids de l'agriculture et du secteur tertiaire largement dominants. Les activités industrielles présentent des avantages évidents pour le processus de développement en ce qu'elles créent davantage d'emplois que les activités traditionnelles et procurent plus de revenus ; de plus, elles permettent de diversifier et de moderniser l'économie par l'introduction plus rapide du progrès technique, par la formation des hommes et par les effets de liaison et d'entraînements sur les autres secteurs économiques. Parallèlement, l'industrie provoque des transformations structurelles : le développement du salariat, des classes moyennes, de l'urbanisation et des échanges monétaires. Enfin, elles assurent un meilleur équilibre entre les activités et une moindre dépendance vis-à-vis des aléas climatiques et des fluctuations des cours mondiaux que les activités d'exploitation des produits primaires.

L'expérience sénégalaise montre qu'il ne suffit pas de vouloir l'industrialisation ; il faut aussi pouvoir la « faire ». Or, l'industrialisation a été souvent associée à une acquisition massive d'objets de tous horizons techniques et de toutes provenances sans regard particulier sur leur nature et leur compétitivité. On a souvent relevé de nombreuses négligences à la fois dans les options, les décisions et dans les aspects opérationnels des projets industriels. Les insuffisances soulignées plus haut ont engendré leurs propres surcoûts qui sont venus s'ajouter à d'autres lacunes : faiblesse de la conception et de l'encadrement locaux, contradictions des politiques industrielles et technologiques suite à l'intervention massive et coûteuse des cabinets d'experts internationaux et surtout des IFI qui ont hypothéqué note avenir industriel.

2°) L'industrialisation rurale : l'organisation des relations de production intersectorielle

Les PSD sont principalement des sociétés où l'agriculture est dominante par les ressources qu'elle procure et la population qu'elle occupe. Pour cette double raison et également pour les fonctions qu'elle a historiquement jouées dans le développement économique et social, elle est un élément essentiel, une pièce centrale dans la stratégie des transformations socio-économiques. La crise profonde dans laquelle elle est placée, qui se matérialise dans la faiblesse de la productivité du travail, le caractère rudimentaire des outils, le faible volume des surplus formés et la dégradation permanente de l'existence des producteurs, trouve sa solution dans deux (02) directions : d'une part les transformations structurelles et d'autre part, son articulation en amont comme en aval avec le secteur industriel.

En clair, les formations sous-développées ne pourront accéder à une mutation structurelle adéquate et une transformation radicale de leur agriculture si elles ne constituent pas un système industriel qui satisfasse les besoins en amont et en aval de l'agriculture. En amont, ce système industriel doit fournir les instruments de travail mécaniques, les produits phytosanitaires, les fertilisants nécessaires pour réaliser une expansion régulière de la production. En aval, l'industrie doit contribuer à la valorisation de la production agricole ; ce qui commande la promotion des industries agroalimentaires, textiles, des cuirs et pharmaceutiques.

C'est de cette manière que l'industrie, contrairement à l'expérience historique européenne, rendra possible et relancera la révolution verte indispensable. Dès lors, les relations entre l'agriculture et l'industrie deviennent déterminantes pour un développement économique équilibré. Elles vont constituer un ensemble de systèmes complexes qui sera au cœur des préoccupations des décideurs politiques et des techniciens du développement.

L'élaboration d'un modèle entendu comme la schématisation grossière d'une réalité riche et complexe est nécessaire pour représenter les diverses articulations entre les deux (02) secteurs et pour opérer des choix décisionnels. Les axes pourraient être :

Premièrement, l'analyse du système rural pour saisir l'ensemble des éléments interconnectés et appréhender toutes les contraintes et obstacles qui s'opposent aux transformations. Cela concerne l'écosystème, la force de travail, l'ethnie, la culture. Cette analyse revêt toute son importance, car elle devra permettre de décrypter toutes les relations des divers éléments de la structure agraire complexe. On verra alors les modifications à apporter et la méthode à utiliser.

Deuxièmement, la spécification des moyens de production nécessaires et adaptés au système rural considéré comme un tout intégré. Pierre GONOD distingue trois (03) catégories de moyens de production : les moyens de production exogènes, c'est-à-dire ceux fournis par l'industrie (moyens mécaniques, chimiques, énergétiques). On pourra observer que chaque catégorie de moyens peut donner lieu à la constitution d'une industrie. On aurait alors trois (03) sous-secteurs industriels liés aux activités agricoles : celui de l'aménagement des infrastructures de base : réseaux d'irrigation, barrages, bâtiments de stockage, etc., celui des biens de consommation intermédiaires que l'on appelle les intrants agricoles : les machines-outils, les engrais, les produits phytosanitaires et celui de la valorisation, de la conservation et de la transformation de la production agricole.

Il apparaît clairement à la simple énumération de ces domaines d'action, que le secteur agricole peut et doit en dernière instance, définir le contenu de l'industrialisation. En d'autres termes, la structure industrielle à développer devra être orientée pour servir principalement l'expansion soutenue de la production et des activités agricoles.

Troisièmement, les techniques de production seront articulées de façon harmonieuse aux structures agricoles qu'elles soient extensives ou intensives. C'est à ce niveau que l'on perçoit tout l'intérêt de l'industrialisation rurale. Les unités agricoles en tant que centre de pouvoir réagissent aux perturbations économiques externes. Elles sont obligées d'améliorer leur forme d'organisation et de gestion pour ne point subir de sanctions économiques négatives qui les condamneraient à la disparition.

Elles vont se trouver ainsi dans l'obligation d'épouser une nouvelle rationalité en cherchant les combinaisons les plus efficientes des intrants industriels pour maximiser les profits. Ainsi, l'industrie déclenche au niveau de l'agriculture non seulement un esprit productiviste, mais aussi de nouvelles normes de décision, de production et de gestion des unités économiques. De même, la propension à l'utilisation de technologie progressive dans le monde rural va s'élargir. La paysannerie comprendra toute seule, ou aidée par les divers services de recherches et de vulgarisation, que l'obtention d'une production élevée, donc des revenus monétaires appréciables est directement fonction d'une agriculture intensive au double niveau de la productivité du sol et du travail. Or, ces objectifs de productivité sont atteints par une utilisation des engrais et de la mécanisation.

Si la socialisation de l'agriculture est recherchée, c'est bien pour obtenir des unités économiques de dimension optimale permettant une utilisation efficiente des intrants de l'industrie rurale. C'est l'une des raisons pour lesquelles le socialisme doit d'une part, lutter, mais très démocratiquement contre le principe travailliste de la terre à ceux qui la travaillent et d'autre part, mettre sur pied de façon non bureaucratique des fermes d'État. Dans un premier cas, le morcellement des terres installe des formes minifundiaires qui posent plus de problèmes qu'elles n'en résolvent. Observons que saisir les terres puis les redistribuer selon ce principe ne règle absolument pas la question de savoir dans quel cadre doivent travailler ceux qui perçoivent la terre, pour quels objectifs précis doivent-ils le faire et comment les emmener à le faire effectivement. Ce problème est important, seulement, il doit être réglé démocratiquement par une persuasion de la petite paysannerie pauvre et parcellaire pour l'entraîner vers la coopération. Dans le second cas, l'État devrait donner l'exemple en réorganisant l'agriculture de façon rigoureuse et conséquente. Il pourra alors créer des unités de dimensions appropriées pour recevoir la mécanisation et les autres facteurs modernes de production agricole. Il reste entendu que le travers bureaucratique doit être dépisté et impérativement éliminé.

Au total, l'unité de décision qui optimise les intrants de l'industrie doit être de grande taille, car s'il n'en était pas ainsi, les investissements techno-agronomiques réalisés ne pourraient être rentabilisés. En effet, toute baisse tendancielle des surplus monétaires de la paysannerie serait un frein au processus recherché de modernisation de l'agriculture.

Par l'industrialisation, les formations sous-développées doivent amorcer dans les meilleures conditions, une profonde révolution agraire. Il s'agit de mettre la science et le savoir-faire technique au service d'un vaste mouvement de transformation radicale et profonde des structures et de la base matérielle du secteur agricole. C'est l'objet **des transformations structurelles** dont parlent toutes les sphères de l'administration publique, les IFI et les nombreux bureaux d'études, sans propositions ou recommandations concrètes du comment le faire.

Un second volet l'industrialisation concerne la valorisation en aval de la production agricole. Ces industries d'aval exercent d'importants effets sur les techniques de production. Il s'agit principalement d'un feed-back qui se manifeste sous forme contractuelle dans le cas d'intégration verticale par le respect de programmes de production, de livraison, de standards de qualité, qui sont directement liés à l'utilisation de techniques déterminées. En plus, de telles industries fournissent aux populations rurales un complexe de biens permettant de couvrir certains besoins quotidiens et elles contribuent dans une large mesure à la décentralisation industrielle.

Au total, l'industrialisation rurale permet un double accroissement de la productivité du sol et du travail, donc l'augmentation de la production ; le développement conséquent d'une substitution aux importations, donc d'une réduction du déficit extérieur ; le transfert et la diffusion technologiques et l'augmentation de l'efficience d'ensemble des structures de production et même de commercialisation.

La Chine comme l'Inde ont offert des expériences édifiantes en matière de politique économique de l'industrialisation rurale. Par exemple, pour soutenir son agriculture, la Chine a développé **un système diversifié d'industries en amont et en aval du secteur, selon le principe de la ligne de masse qui consiste à « prendre les grandes entreprises comme ossature tout en multipliant les moyennes et les petites entreprises ».** Ce principe apparaît très tôt comme le seul capable de traduire dans les faits les mots d'ordre « d'indépendance et d'autonomie », ou celui de « compter sur ses propres forces », « de lutter directement et d'édifier le paysage avec diligence et économie ». De la sorte, l'industrie rurale sera intégralement au service de l'agriculture et permettra la constitution d'un réseau industriel fait de grandes et petites unités locales. Cette expérience chinoise, ne peut être reproduite de façon mimétique. Seulement, elle indique des directions d'action pour valoriser économiquement et socialement le monde rural en s'appuyant d'une part, sur les acquis séculaires de l'exploitation familiale et d'autre part, en offrant aux paysans pauvres de profondes motivations pour le travail créateur en les libérant des pires formes d'inégalité et d'exploitation. Le Vietnam a développé la même expérience et cette politique industrielle d'envergure commence à produire un ensemble d'effets bénéfiques sur la production agricole et les structures agraires.

Cette industrialisation au service du monde rural a permis aux pays d'Asie d'atteindre un niveau appréciable de sécurité

alimentaire. C'est là un acquis de taille comparée aux situations désastreuses des pays du Sahel où les dirigeants tendent la main pour nourrir leurs populations rurales. L'instabilité de l'environnement ne saurait cacher les énormes erreurs des politiques agraires.

Tous les développements établissent en conclusion que les relations entre l'agriculture et l'industrie sont déterminantes pour l'amorce d'un processus de croissance et d'expansion économique et sociale. L'industrialisation, pour être effective, doit prendre en charge tous les besoins du secteur agricole. Celui-ci connaîtra alors des niveaux élevés de productivité et les populations rurales auront des revenus monétaires plus importants permettant la formation d'une demande de biens de production et de services à l'industrie qui, à son tour, va se consolider, améliorer ses performances techniques et élargir progressivement ses bases.

L'industrialisation rurale permet de résoudre les distorsions sectorielles caractéristiques des pays en voie de développement ainsi que la dichotomie croissante et socialement dangereuse entre villes et campagnes.

3°) Le dilemme industrie lourde-industrie légère : la nécessité de l'élaboration d'une politique cohérente de filières industrielles valorisant les ressources de base. L'exemple algérien

Historiquement l'industrie lourde a été à la base du développement de tous les systèmes sociaux (capitaliste comme socialiste) c'est dire que tous les processus d'industrialisation véritable sont partis de tendances lourdes qui ont amené des mécaniques nouvelles qui vont détruire et remplacer systématiquement toutes les vieilles techniques. Ainsi, le capitalisme a vaincu tous les autres systèmes sociaux antérieurs en révolutionnant systématiquement les moyens de production. C'est ce constat qui faisait dire à K. MARX que la bourgeoisie a joué un rôle historique éminemment progressiste qui a été de tirer l'humanité de la stagnation, de la barbarie. Et depuis, les pays qui ont le plus développé les industries lourdes ont dominé la division internationale du travail et soumis les autres systèmes productifs (Allemagne depuis BISMARK, puis les États-Unis). Conformément aux schémas de la reproduction élargie et dans ses versions européennes, le socialisme réel a développé prioritairement l'industrie lourde c'est-à-dire le développement prioritaire du secteur des biens de production.[102]

---

[102] Voir sur ce point l'article de G. DEBERNIS : *Le Sous-développement, analyses ou représentation.* In Revue Tiers-Monde, n° 57, janvier-mars 1974. L'auteur y observe

Les Pays en Développement qui visent la réalisation d'une croissance forte et accélérée de leurs forces productives matérielles et humaines doivent avoir une politique industrielle comportant deux composantes : d'une part, le développement prioritaire des industries rurales et d'autre part, la constitution simultanée de secteurs de valorisation des ressources naturelles existantes. Bien entendu, cette politique d'industrialisation doit donc articuler, « un secteur moderne de l'industrie rénové dans ses orientations au secteur des petites industries rurales qui permettent de mobiliser les forces latentes du progrès »[103].

Ce développement industriel, essentiellement au service des besoins internes, s'appuie sur les secteurs suivants : 1) la production des biens d'équipements industriels permettant de valoriser les matières premières locales, de production de machines-outils et d'instruments qui peuvent être destinés au secteur rural 2) l'industrie chimique : industrie chimique minérale (électrochimie, soufre), engrais, produits phytosanitaires, produits pharmaceutiques, produits de la chimie organique et 3) l'énergie, car ce secteur est vital en ce qu'il accompagne et conditionne le développement industriel.

Dans ce sens, l'élaboration d'une structure industrielle cohérente et autocentrée s'impose inévitablement aux décideurs des formations sous-développées. Ces pays ayant besoin de faire leur retard, l'industrie industrialisante s'impose à eux comme l'alternative unique. Dans cette optique, l'État est appelé à jouer des fonctions importantes au triple niveau de la définition des secteurs prioritaires, de l'allocation intersectorielle des ressources et de la socialisation. Cela se traduira surtout par le fait que l'État sera l'initiateur et le réalisateur (à titre principal) du programme industriel qui devra être très fortement concentré. Il faudra bien sûr éviter d'écraser les initiatives privées, même externes, qui exploitent dans de meilleures conditions certains secteurs industriels et satisfont aux moindres coûts certaines demandes internes ou externes de bien manufacturés. C'est souvent le cas dans les industries de transformation.

---

avec pertinence qu'il faut se méfier cependant des similitudes qui dissimulent des différences essentielles. De même, il faut se méfier des recettes que l'on prétend tirer de l'expérience européenne. Elles n'ont de sens que si elles ne proviennent pas d'une réduction du processus européen d'industrialisation à des phénomènes tout à fait secondaires : le textile non la mécanique, le taux d'épargne et non le modèle de consommation.

[103] Samir AMIN : *Développement autocentré, autonomie collective et nouvel ordre économique international. L'Avenir Industriel de l'Afrique*, p. 30.

L'État devra éviter une intervention directe et massive dans ce secteur des industries de transformation qui doivent être partiellement ou totalement abandonnées à l'initiative privée. Il faudra l'aider et l'encadrer pour que d'une part, elle utilise au maximum et de façon efficiente les matières premières locales existantes et d'autre part, qu'elle satisfasse les besoins prioritaires de consommation.

Certains États se sont énormément distraits à vouloir contrôler tous les compartiments du secteur industriel. Dans ces cas d'espèce, ils ont souvent installé des bureaucraties lourdes gérant parfois un vaste secteur industriel composé pour l'essentiel d'unités de production déficitaires et maintenues grâce à des subventions financières. Il y a là un énorme gaspillage de ressources rares qu'il faut éviter en circonscrivant l'intervention de l'État dans les unités véritablement décisives de l'industrie de base. De telles unités nécessitent de lourdes immobilisations financières qui ne sont pas à la portée des entrepreneurs privés nationaux ou étrangers. Ceux-ci ne pourraient point s'intéresser à de tels investissements massifs si la rentabilité économique et financière est lointaine ou simplement douteuse.

Dans l'expérience algérienne, selon **Mohamed Dowidar professeur à l'Université d'Alexandrie et d'Alger III,** la politique de développement suivie par l'Algérie à l'indépendance, axée sur l'industrie industrialisante, inspirée du modèle soviétique **« n'a pas été concluante »**, dans la mesure où elle n'a pas été menée dans le cadre d'un développement global et équilibré. Pour lui, l'Algérie devrait s'atteler désormais à reconstruire le monde rural, non pas dans le sens seulement d'augmenter la production agricole, mais de l'industrialiser pour faire de l'agriculture une filière industrielle et améliorer les conditions de vie de sa population rurale.[104]

Les énormes réserves de changes de l'Algérie pouvaient permettre de développer ce secteur pour garantir son autonomie et sa sécurité alimentaire. Le concept de l'économie verte, rappelle-t-on, est un nouveau paradigme dont l'objectif est de repenser fondamentalement l'économie, la finalité du développement et la croissance économique. « Les réserves de change de l'Algérie sont supérieures à 250 milliards de dollars ». Cette rente financière produit du secteur pétrolier, est

[104] Mouhamed DOWIDAR est premier président de « L'Association des Économistes du Tiers-Monde formée à OUAGADOUGOU avec l'appui du Président Thomas SANKARA et le Colloque s'accompagnait avec lui tous les après-midis pour planter des arbres aux campus universitaires.

déposée dans des banques occidentales ». Ces avoirs ne sont plus contrôlés même pour d'autres utilisations ». Cette manne a incité « le FMI à demander des emprunts à l'Algérie pour participer avec l'Allemagne et la France aux crédits consentis aux pays européens en crise très profonde comme « la Grèce, le Portugal et l'Irlande ». Pourquoi prêter au FMI s'interroge encore le professeur DOWIDAR, alors que des pays comme l'Égypte baisent les pieds de cette institution pour avoir un prêt ? L'Algérie est certes un État membre du FMI, mais les États-Unis le sont aussi et ont une plus grande part de responsabilité. S'il s'agit de contribuer au financement du système rentier américain et avoir en retour l'inflation, je crois que le choix est vite fait.

« En définitive, déclare-t-il, « les africains donnent au capital étranger toutes les garanties et facilités, mais sans lui faire obligation de tenir compte des plans de développement du pays ». Dans le cas Algérien, Mohamed DOWIDAR questionne : « Montre-moi, insiste-t-il, un seul complexe industriel bâti dans les années 70 et 80 qui est resté en l'état, à El Hajjar, à Bouira ou ailleurs ». Et de s'interroger : « Est-ce que l'absence ou la présence du capital étranger a changé quelque chose ? Quel est le changement qualitatif qui a abouti en cinquante ans à l'ouverture du capital étranger sur l'industrie en Algérie ».

4°) Définition des filières industrielles au niveau des politiques sénégalaises élaborées par les cabinets d'études extérieurs

Les objectifs ont été déclinés dans certains programmes notamment la Stratégie de Croissance Accélérée (SCA) elles ont manqué d'une définition claire des filières et de leur articulation avec l'économie nationale. Elles sont rentrées dans les effets d'annonce des politiques gouvernementales. Par moment le bureau d'étude s'est rappelé que le Plan de Lagos préconisait la réalisation rapide d'une croissance industrielle endogène et autoentretenue ; une industrialisation qui devait permettre de satisfaire les besoins nationaux de base. Le plan préconisait entre autres, les stratégies suivantes qu'il est important de rappeler en vue d'une relance du débat sur la question industrielle :

a) Création d'une structure de production industrielle permettant de faire face aux besoins locaux ;

b) Exécution d'activités de production, de commercialisation, de recherches propres à promouvoir la croissance économique d'ensemble ;

c) Expansion et restructuration des marchés nationaux en intégrant l'économie rurale au secteur industriel ;

d) Une intégration économique sous régionale visant à développer les industries de base et l'industrie des biens d'équipement sur des marchés intégrés.

Les projets industriels intégrés dans les sous-secteurs prioritaires ont été identifiés. Ils concernent l'alimentation, le textile, les matériaux de construction, l'énergie, les forêts, les métaux, les produits chimiques, l'ingénierie et les petites industries. Les projets, peuvent être choisis sur la base d'un ou plusieurs des éléments suivants :

a) Fourniture de facteurs à d'autres industries et activités économiques, principalement l'agriculture,

b) Utilisation optimale des ressources nationales surtout pour la consommation africaine suivant l'objectif de l'autosuffisance,

c) Remplacement des facteurs essentiels importés dans les États membres dont la capacité d'importation ne cesse de diminuer,

d) Exploitation de l'effet multiplicateur des industries de base

Dans cette direction, il a été recensé les variables qui sont à la base de l'autonomie et de l'autosuffisance d'un développement intégré, à savoir les ressources naturelles, les matières premières et l'énergie. À partir de ces variables alors vont s'élaborer des projets industriels. Deux (02) catégories de projets sont alors distinguées : les projets de sous-secteurs industriels hautement prioritaires, le facteur principal et intrants connexes.

Le point de départ de l'analyse du contenu de ces sous-secteurs est hautement significatif et consiste en un rejet systématique de la stratégie de substitution aux importations suivie par les États africains. Il est alors affirmé que *« les pays africains ne peuvent et ne devront plus continuer dans ce chemin de substitution aux importations qui les mène vers le désastre.* Ils devront alors changer radicalement la structure existante et se diriger vers l'autonomie collective et le développement de l'auto-suffisance qui ne peuvent se réaliser qu'à partir d'un développement systématique de priorités fondées sur des ressources et des industries de base, avec des effets multiplicateurs et des relations optimales avec d'autres secteurs économiques.

Les principales activités retenues dans cette direction sont : i) Les industries de transformation alimentaires ; ii) Les industries à base forestière ; iii) L'Industrie de la viande, du lait et produits laitiers, produits marins ; iv) L'industrie textile et l'habillement ; v) Les industries du bâtiment et des matériaux de construction ; vi) Les industries métallurgiques et mécaniques, électriques et électroniques ; vii) Les industries chimiques et pharmaceutiques, etc.

Le Plan de Lagos avait parfaitement saisi l'importance liée à ce secteur (§. 56. a) qui contient des effets de liaison appréciables en aval comme en amont le remplacement de certains produits manufacturés souvent importés. Les principaux projets industriels pourraient graviter autour :

a) Des unités de production des produits destinés à l'agriculture ; c'est le cas des engrais et pesticides qui contribuent d'une part à augmenter la production et d'autre part à réduire les pertes alimentaires et de production. Il faut dire que la dotation africaine est particulièrement importante pour le phosphate (47,2 milliards de tonnes, soit 70 % des réserves mondiales).

b) Des unités de production pharmaceutique qui sont indispensables pour réduire et liquider les importations qui se sont élevées à 1,326 milliards de dollars en 1978. Par ailleurs, de telles unités devront contribuer à produire des produits à base de plantes médicinales traditionnelles ;

c) Des unités de production de pesticides, notamment à base d'oxyde de cuivre, des insecticides chlorés à base de phosphore. Des efforts gigantesques sont à faire dans ce sous-secteur où les Africains sont presque totalement tributaires des importations.

5°) La délocalisation industrielle est-elle industrialisante comme elle l'a été en Chine

Les bases objectives de la délocalisation sont l'épuisement des innovations technologiques majeures au Centre et le fait que la concurrence devient essentiellement une concurrence par les coûts qui pousse les groupes vers des régions à faibles rémunérations du travail. En effet, les groupes qui ont les coûts les plus faibles peuvent élargir leurs marchés aux dépens des autres.

Ce processus de délocalisation tendant à rejeter vers la périphérie certains segments de production concerne principalement les secteurs industriels déclinants, certaines productions technologiquement banalisées ou absorbant une forte quantité de main-d'œuvre. On peut noter à la suite d'A. FAIRE, « *qu'il s'agisse d'unités de production de produits banalisés contrôlés par les groupes multinationaux... ou appartenant aux secteurs non monopolistes de l'industrie du centre (textile, habillement, cuirs et chaussures...), la relative stagnation des marchés centraux provoquée par la crise, rend considérablement plus sévère la concurrence par les coûts... Dans la mesure où la crise a déjà réinstauré le leadership américain dans le monde occidental, on pourrait penser que rien ne s'oppose plus à un mouvement important de délocalisation industrielle vers les pays du Tiers-Monde, concernant l'ensemble des branches industrielles, à l'exception des industries de pointe* ».

Ces transferts peuvent être importants et concerner des secteurs décisifs (sidérurgie, pétrochimie) seulement, au meilleur des cas, ils forment un processus industriel de contrôle constituant un facteur d'articulation au marché mondial et ayant un coût financier et social excessif. En effet, les firmes délocalisées jouent le rôle de sous-traitant à l'échelle internationale et cela entraîne une modification du transfert technologique vers le pays d'accueil.

La création de complexes industriels qui ont un caractère industrialisant entraîne trois séries de conséquences qu'il faut entièrement assumer, à savoir :

a) Une dépendance souvent très forte vis-à-vis de l'engineering international,

b) Une dépendance financière à l'égard des institutions financières externes,

c) Une dépendance vis-à-vis des marchés internationaux sur lesquels il faut écouler les surplus de production du système industriel.

Cette triple dépendance est souvent dénoncée particulièrement par les forces politiques dites progressistes, comme si elle était évitable. Dans le fond, il faut savoir avec exactitude ce que l'on veut dans une politique économique. Si la finalité reste la construction d'un système industriel, il faut chercher les moyens partout où ceux-ci peuvent se trouver et accepter les conséquences en essayant cependant de les atténuer.

Il en est ainsi parce que les pays ne contrôlent pas les éléments essentiels de l'industrialisation. **Ils doivent accepter cette triple dépendance pour s'en libérer progressivement avec d'une part, l'émergence d'un engineering national et d'autre part, la création de surplus financiers importants**. Si les formations sous-développées refusent l'alternative de l'autarcie et de la stagnation, leur processus d'industrialisation passera par une période de dépendance externe. Seulement, elle est voulue contrôlée et surtout transitoire.

Le « raccourci de rattrapage » passe par l'acceptation de cette dépendance. Dans cette optique, même MAO-TSE-TOUNG admettait que « sans aide étrangère, en prétendant ne compter que sur nos propres forces, nous n'y arriverons pas vite ». Le « forcing » industriel est donc à ce prix. Il est certain qu'il comptera des gaspillages, des retards et des pannes, mais comme l'observe A. EMMANUEL, si on veut le développement accéléré, c'est à ce prix.

C'est de la sorte que le Japon, l'Union Soviétique et la Chine se sont industrialisés. Analysons rapidement ces trois expériences de pays qui se sont industrialisés par une ouverture très grande sur l'extérieur et l'acceptation momentanée de la dépendance.

Pour le Japon, il faut observer que *« ce pays, loin de s'opposer à l'afflux de la technologie occidentale, est allé la chercher. Il l'a imitée, copiée, plagiée, contrefait à tour de bras et à la limite de la légalité. Résultat, loin d'aggraver sa dépendance, il a ce faisant forgé les instruments de sa libération et mis en place les moyens qui lui ont permis ensuite d'entreprendre ses propres recherches scientifiques et techniques »*[107]. Il en va autrement pour l'Union Soviétique qui, depuis LÉNINE a systématiquement accepté la dépendance extérieure contrôlée pour maîtriser la révolution scientifique et technique. On peut se souvenir de la loi de LÉNINE du 23/11/1920 sur les concessions qui offrait des avantages et concessions sérieusement exorbitants pour obtenir un afflux de capitaux et de technologie. Dans ce sens, la NEP n'était pas un recul l'ont montré les travaux de PREOBRAJENQUI. De même, la Chine est aussi un exemple édifiant d'acceptation d'une dépendance externe dans le domaine de l'industrialisation et de la technologie. Les importations massives venaient d'Union Soviétique et maintenant du Japon.

À la Conférence sur la question des intellectuels[108], les Dirigeants chinois reconnaissaient l'indispensable nécessité du recours aux technologies étrangères. C'est bien cela qui se passe actuellement en Algérie où le processus d'industrialisation s'accompagne d'une dépendance externe et d'un endettement très lourd[109]. Il s'agit de

---

[109] G. DEBERNIS : *« L'Algérie à la recherche de son indépendance : nationalisation et industrialisation »*. In l'Afrique de l'indépendance politique à l'indépendance

contraintes avec lesquelles il faut donc compter. L'essentiel ne se situe donc pas à ce niveau, mais il réside dans la définition d'objectifs réalistes, dans la mise en place d'une structure institutionnelle pour gérer adéquatement et rigoureusement le modèle industriel et dans la spécification de l'ensemble des moyens à mobiliser.

Au total et au sein même de la Division Internationale du Travail, (DIT) l'industrialisation lourde passe par la recherche de compromis, de formules nouvelles, de collaboration capable de permettre aux PVD d'accéder dans les délais les plus brefs aux technologies et industries de pointe. C'est de la sorte que s'établiront les bases d'une économie nationale homogène et autodynamique. Bien entendu, la politique appliquée accepte l'insertion dans la mondialisation, même si celle-ci est soumise aux nécessités du développement dont les objectifs et finalités sont nettement fixés.

6°) De nouvelles institutions de management de la politique industrielle incluant une synergie du binôme État-Secteur privé

La stratégie d'industrialisation est complexe. Elle doit être menée de façon volontariste et permanente par un État stratège, proactif, organisateur, planificateur et régulateur qui se donne des moyens sûrs d'action directs ou indirects pour mener les impulsions nécessaires et les transformations permettant le succès de la politique industrielle. Les problèmes nombreux et complexes ne peuvent être résolus par de simples initiatives individuelles ou par les mécanismes aveugles du marché. Pour cela, il importe de construire un État efficace, c'est-à-dire capable de promouvoir et de fournir des services aux acteurs de l'activité industrielle et de créer un climat favorable à l'esprit d'entreprise et à la croissance. La faiblesse des institutions de la gouvernance et des capacités a été la cause centrale des médiocres performances économiques en Afrique au cours des décennies passées. En l'absence de progrès dans le domaine de la gouvernance, toutes les autres réformes auront un impact limité. En effet, l'État doit prendre toutes les initiatives et exercer des fonctions managériales dans les compartiments les plus importants de la politique industrielle. Trois règles devraient guider les actions majeures de la politique industrielle : 1) S'appuyer sur ses propres forces ce qui suppose l'endogéneisation des stratégies de développement, 2) Concentrer les ressources là où le pays a un avantage concurrentiel, 3) Choisir les domaines les plus

---

économique, Édit. François MASPERO. En plus, *« Les industries industrialisantes et les options algériennes »*. Revue Tiers-Monde, n°47, juillet-septembre 1979.

étroits possible compte tenu des ressources disponibles et des exigences du marché, ce qui signifie une stratégie de différenciation verticale et horizontale de la production cela pose la nécessité de définir les formes et les domaines de l'intervention de la puissance publique. Il faut rappeler d'abord que le succès du modèle asiatique repose essentiellement sur le dirigisme d'État et sur la création d'une classe de nouveaux riches qui en profitent et ensuite que le retrait de l'État, longtemps préconisé par la Banque mondiale, au profit d'un « État minimum » a conduit à l'échec et fut abandonné. Au plan strictement économique et financier, les tâches de l'État se résument à :

a) Amener toutes les transformations structurelles qui permettent une rupture véritable avec toutes les bases de l'économie néocoloniale, par essence extravertie ;

b) Instaurer une autre politique agraire plus conforme aux besoins d'une population qui connaît un mouvement urbain rapide ;

c) Refondre et unifier les institutions d'encadrement et de gestion du système ;

d) Contrôler tous les instruments monétaires et fiscaux, les institutions financières de mobilisation des excédents financiers et assurer leur transformation en investissements productifs.

L'État doit réaliser toutes les actions qui ne peuvent être résolues ni par le libre jeu de forces du marché, ni par des mécanismes spontanés, ni par de microdécisions.

La planification s'avèrera indispensable pour une gestion effective et efficace de l'ensemble de la politique industrielle. Elle doit être réhabilitée comme la mémoire de l'État. Elle devra spécifier les grands projets, maîtriser les moyens et les sources de financement et fixer des délais de réalisation. Elle devra encourager l'innovation et l'efficacité des PMI et PME.

Pour ce faire, une bonne inspiration viendrait de l'ILE MAURICE qui était autrefois pauvre et tributaire de la monoculture sucrière qui a réussi une économie diversifiée dans laquelle l'industrie manufacturière et le tourisme jouent un rôle de plus en plus important. Son revenu par habitant est d'environ 10 000 dollars, ce qui est nettement supérieur au revenu moyen de 500 à 1000 dollars de l'Afrique de l'Ouest. L'État a réussi au moins deux actions indispensables : (i) ***l'organisation de la compétitivité globale et sectorielle de l'économie nationale*** face à un environnement mondial de plus en plus instable, mais de plus en plus fortement concurrentiel, le Sénégal ne devrait point s'embarrasser de rigidités. L'inscription de sa stratégie dans une dynamique d'une meilleure insertion dans le commerce mondial passe par une politique cohérente de compétitivité. Cela nécessite d'importants investissements dans l'amélioration de la compétitivité en vue de l'atteinte de deux objectifs : d'une part, le renforcement des avantages comparatifs (à travers une politique de la productivité) et d'autre part, l'amélioration de la qualité de sa spécialisation. Le premier objectif suppose des actions et des paquets de mesures à court et moyen terme tandis que le second appelle la construction de l'amélioration sur une longue durée des déterminants de la compétitivité que sont le capital physique et le capital humain (ii) ***la construction, la diversification et l'exploitation des partenariats partout dans le monde par une diplomatie économique active.***

La configuration actuelle de la compétition mondiale avec l'avènement des nouvelles puissances émergentes, l'Afrique, grande réserve des matières premières, peut revenir dans la géostratégie planétaire de l'industrialisation. Cela se traduit par profiter de la diversification des offres de partenariat et les renouvellements des anciens : les APE avec l'Europe, l'AGOA, le MCA avec les États-Unis, le « Plan d'Action de Beijing » avec la Chine, la « Nouvelle coopération Inde-Afrique », les encrages du Brésil dans l'espace lusophone et les balbutiements d'une francophonie économique. Des grandes puissances commerciales du futur dénommées BRICS, seule la Russie ne manifeste pas encore une présence massive. Le Sénégal doit diversifier ses partenariats et se doter d'un important pouvoir de négociation.

PARAGRAPHE 3

Définir un nouvel horizon d'une croissance économique inclusive et durable, à la mesure des potentialités, de l'ambition et de l'avenir, l'industrie est le préalable au cœur des stratégies publiques. L'importance de la recomposition territoriale.

Deux facteurs rendent aujourd'hui impérative la recomposition du territoire : la fracture du Sénégal et la nécessité d'une redistribution des activités et conséquemment des revenus. [110]

[110] Moustapha KASSE : Ce texte est extrait d'une conférence prononcée au Conseil Economique et Social en 2018 sur le thème : Pour un schéma créatif d'aménagement du territoire au service du développement. Cette réflexion a été approfondie avec le Prof MACKEPAYO en 2000.

Aggravation de la bipolarité, Dakar une grosse tête sur un petit corps : plus de 23 % de la population vivent sur 0, 3 % du territoire et se partagent plus de 80 % de la richesse nationale avec multiplication des effets d'agglomération environ 95 % des entreprises industrielles et commerciales, 87 % des emplois permanents, 75 % des salariés plus de 60 % des infrastructures scolaires et sanitaires.

En fait le « Scénario inacceptable » : iniquité, absence de solidarité et d'efficience de territoires sous optimaux.

– Poursuite du double jeu amplifiant : d'un côté des effets d'attraction (**spread effects**) et de l'autre des effets d'appauvrissement (**backwash effects**) relativement aux régions de l'intérieur.

– Les régions s'appauvrissent et révèlent les limites de leur découpage administratif : chômage, pauvreté, exode rural, émigration ce qui transforme les villes comme en volcan en ébullition.

Les limites du développement par en haut/ développement par en bas : faiblesse des instruments de la décentralisation et surtout les limites liées aux articulations administratives et à l'insuffisance des ressources des Instances de gestion du PNAT.

Aujourd'hui nous avons une chance historique d'avoir des décideurs ambitieux et mutants avec le document Vision du PASTEF qui spécifie notamment à l'axe : « Bonne gouvernance et Engagement africain » : (i) renforcer l'État de droit et la protection du citoyen (ii) réformer les institutions nationales (iii) réformer l'Administration publique centrale et décentralisée (iv) renforcer le civisme, la citoyenneté et la démocratie participative (v) renforcer la sécurité nationale et (vi) impulser les réformes et projets nécessaires au renforcement de l'intégration africaine ». Alors, les nouvelles autorités ont

1) L'ambition et la vision ;

2) Le sens des actions d'envergure à prendre ;

3) les infrastructures institutionnelles, productives à densifier, etc.

Quels sont les enjeux et les questions ?

4) Repenser toute la stratégie des politiques publiques antérieures en articulant, l'espace, les potentialités et les acteurs.

5) Donner une chance à chaque territoire

6) Revisiter les institutions de la décentralisation

Quelles sont les réponses et les méthodes ?

7) Engager une nouvelle dynamique d'aménagement

8) Recomposer un nouveau schéma de pôles de compétence et de compétitivité.

9) Mobiliser de nouveaux instruments géographiques, juridiques, économiques dans le cadre d'une nouvelle multidisciplinarité coordonnée.

Comment le faire ? : Identifier et mieux mettre en valeur les pôles de compétitivité, mettre en cohérence les versants économiques et les versants sociaux, établir des plans et contrats locaux de création d'activités productives, motiver et encourager les réseaux d'entreprises, investir dans les ressources humaines et le recherche, développer les infrastructures, articuler le local, le national, le régional et le mondial et développer des partenariats

Harmonisation et cohérence institutionnelle : en finir avec les cloisonnements administratifs surannés inopérants.

Dans le cadre d'une nouvelle stratégie de développement pour l'émergence économique, il importe d'abandonner le mythe d'une société capable de s'autoréguler par les seules forces du marché. En effet, dans l'histoire, les sociétés humaines ont cherché à définir des normes et des institutions dont la fonction essentielle réside dans la régulation des intérêts contradictoires. L'État est de ce point de vue l'institution de régulation économique et sociale la plus importante. Il doit assurer la stabilité macroéconomique, lutter contre la pauvreté de masse, le chômage et les différentes précarités, il doit rechercher l'équité à travers les dépenses publiques et la fiscalité et élever les niveaux d'éducation et de santé de la population. Il doit investir massivement dans les infrastructures de base, routières, énergétiques et hydrauliques qui constituent des externalités positives pour l'ensemble de l'économie nationale. L'État doit jouer un rôle en matière d'organisation de la concurrence tant interne qu'externe, encourager et aider les entreprises à améliorer leur compétitivité et leurs performances. C'est de la sorte que l'État crée et organise une économie compétitive et une société ouverte.

Au demeurant, l'État doit mettre en œuvre, en accord avec le secteur privé, une stratégie de développement industriel basé sur des outils économiques (contrôle du taux de change, niveau de protection, paramètres de productivité et compétitivité, etc.), mais aussi social (développement du système éducatif adéquat et de formation des compétences, politique sociale, etc.) et institutionnel (de nouvelles formes innovantes d'organisation de l'économie nationale).

En conséquence, il importe d'abord de réajuster les différents programmes du gouvernement notamment la Stratégie Nationale de Développement Economique et Sociale, la Stratégie de la Croissance Accélérée, le 12e Plan de Développement économique et social et le Plan Sénégal Emergent. Il s'agit ensuite de définir des objectifs cibles clairs et précis ainsi que les moyens adéquats et judicieux de leur mise en œuvre et enfin, de réorganiser la coexistence de plusieurs systèmes de pilotage et de régulation souvent antinomiques et de recentrer les priorités autour des deux pôles moteurs que sont l'industrie et l'agriculture.

1°) Créer des pôles régionaux de développement pour fortifier la décentralisation et exploiter les potentialités industrielles des terroirs. Vers un modèle territorial d'adapté aux économies du local au global. Quelles leçons prospectives pour les dynamiques territoriales ?

> *Les entreprises doivent former des réseaux ancrés dans un territoire de type district industriel (G. BECATINI) qui regroupe toutes régions en fonction de leurs dotations factorielles naturelles. Cette forme territorialisée de la production était totalement négligée, mais aujourd'hui, le phénomène mérite attention et analyse. Des grands clusters technologiques des PME et TPE, la gamme des systèmes économiques territorialisés est donc variée mais ne constitue pas pour autant la totalité du phénomène de clustérisasion.*

L'approche régionale, devra donc reposer sur la mise en place d'infrastructures et d'équipements structurants permettant la disponibilité de l'eau, de l'énergie, des voies de communication, des infrastructures de stockage, des écoles, des centres de santé L'ouvrage moins connu d'Ousmane SONKO avec[111] ce pooling est une idée ancienne, il était fortement présent dans le Programme du Parti Africain de l'Indépendance (PAI)[112] et Mamadou DIA qui en avait défini les contours. Je lui avais envoyé une note.

---

[111] Ousmane SONKO et Moussa Bala FOFANA : Les territoires du développement, Édit L'Harmattan, 2022,188 p.

[112] Moctar Fofana NIANG : Trajectoire et documents DU PAI au Sénégal, Édit de la Brousse, mars 2014 p329¨n plus l'ouvrage de Sadio CAMARA dit Alphonse.

2°) Rendre le secteur privé dynamique et motivé pour exécuter la stratégie pertinente d'industrialisation. Du cluster en général au « système productif local » en particulier

Le rôle et la place de l'entreprise sénégalaise dans l'émergence économique sont essentiels et déterminants. Elle doit être mise dans une logique de création de richesses et des emplois. Pour cela, il faut une politique systématique de promotion des PME, PMI et TPE. En effet, il faut rompre avec cette idée fausse, mais répandue que les pays africains doivent rentrer dans la « modernité industrielle » par le chemin de la grande entreprise. Cette idée est historiquement fallacieuse, car les pays industrialisés ont construit leur développement à partir de la ramification de plus en plus dense de petites activités de production et de commerce souvent «au ras du sol ». Il en a été de même en Asie de l'Est, comme en Amérique Latine. La véritable épine dorsale de l'économie européenne est constituée de PME qui présentent 99 % des entreprises, fournissent deux tiers des emplois dans le secteur privé et génèrent plus de la moitié de la valeur ajoutée créée. Neuf PME sur dix sont en fait des microentreprises comptant chacune en moyenne, deux personnes. Cette idée est vérifiée en Afrique subsaharienne, c'est la plus grande partie des populations (70 % au Sénégal) qui vit grâce à ces PME qui sont micro-entreprises inventives qui butent sur des contraintes multiples d'ordre politico-administratif, économico-financiers.

3°) Les contraintes au développement des PME : les rendre plus grandes

Les contraintes les plus importantes sont relatives à la technologie et au crédit. Les besoins de financement des PME sont énormes et ne sont couverts qu'à hauteur de 60 % par le SFD. À ces contraintes s'ajoutent deux de nature technique à savoir l'état des infrastructures de base, les coûts élevés de certains facteurs ainsi que les coûts de transaction et l'absence de qualification du personnel.

Les PME et PMI placées au cœur des mutations doivent savoir concevoir et produire dans des conditions de flexibilité, de qualité, de coûts et de délai. Cela devrait imposer quatre types de flexibilité : la flexibilité financière, la flexibilité technique, la flexibilité fonctionnelle visant une polyvalence accrue dans l'activité et la flexibilité numérique. Ce sont ces caractéristiques qui permettront notamment la réalisation du **Hub logistique et industriel** à travers deux (02) ou trois (03) plateformes industrielles de taille significative, dans les domaines de l'agroalimentaire, du textile-confection et des matériaux de construction.

Pour ce faire, il importe de créer des organes nationaux de promotion de l'entreprise privée avec une double fonction : une fonction d'identification et de préparation de projets, de recherches de partenaires financiers et techniques et de prise de participation directe au capital de l'entreprise ; une fonction de bureau d'ingénierie chargé de réaliser pour les opérateurs économiques nationaux toutes les études techniques commandées par leur politique d'investissement et de transfert technologique, d'évaluer et de contrôler toutes les opérations liées à l'exécution des projets.

4°) L'Instauration d'une politique fiscale et douanière incitatrice pour le secteur industriel

Les politiques économiques des années soixante-dix croyaient découvrir, dans le recours systématique aux investissements privés directs étrangers, un moyen pour amorcer et accélérer la croissance. Dans ce sens, les codes d'investissement seront élaborés et publiés comme une sorte d'appel d'offres à des détenteurs extérieurs de capitaux à qui des conditions fiscales et douanières sont offertes qui ouvrent des perspectives de coûts plus faibles et des marges plus fortes et plus durables.

Cette législation incitatrice, de désarmement fiscal et douanier n'a point concerné l'entreprise privée nationale qui pourtant peut contribuer plus efficacement que l'entreprise étrangère à la valorisation des matières premières locales, à la résorption du sous-emploi et à la génération de surplus pour le financement d'autres activités. Il importe donc d'élargir les avantages et concessions aux entrepreneurs nationaux.

5°) Mettre en place des formes innovantes d'organisation : filières, clusters ou pôles de compétitivité

De nombreux obstacles au développement et à la croissance des PME résultent de leur isolement : individuellement, les PME ont des difficultés à réaliser des économies d'échelle sur les intrants, à mettre en place une division efficace et spécialisée du travail, ainsi qu'à internaliser des fonctions telles que la formation du personnel, la veille sur le marché, l'innovation technologique ou la logistique. Le développement d'une collaboration des PME entre elles, ainsi qu'entre les PME et les institutions locales, leur permet de mieux faire face à ces problèmes. Cela établit le lien entre le local, le national et l'international.

Les ressorts de l'avantage compétitif des clusters reposent sur la spécialisation, la coopération et la flexibilité : le développement d'un cluster s'accompagne d'une spécialisation accrue des compétences techniques des ressources humaines locales. Les infrastructures et les instituts de formation au sein du cluster se spécialisent fortement. Le savoir-faire accumulé au niveau local est la principale motivation des entreprises qui viennent s'installer. Cela nécessite disponibilité des ressources, mais aussi flexibilité des entreprises.

6°) Agir au niveau des Communautés régionales d'intégration par une exécution des Projets intégrateurs et la promotion de l'entreprise privée nationale

Face à la mondialisation, il faut penser et actionner les politiques industrielles dans l'espace régional d'intégration. La sous-région ouest-africaine constitue un marché désormais potentiel en voie d'unification aussi bien du point de vue de l'offre que de la demande. Elle est le niveau pertinent pour articuler les politiques industrielles nationales. Dans ce cadre les États doivent définir de véritables politiques et stratégies industrielles de long terme, favoriser la transparence des transactions sur les patrimoines nationaux (contrats de concessions, partenariats public/privé, contrats d'exploitation des ressources naturelles). Il importera alors de réactualiser et d'unifier les deux Programmes que sont la Programme Industriel Communautaire (PIC) de l'UEMOA et la PICAO de la CEDEAO.

Les États en isolement sont totalement impuissants à élever le niveau de forces productives matérielles et humaines et surtout à édifier des systèmes économiques performants capables d'avoir une conjoncture autonome. Dès lors, les stratégies du développement doivent s'inscrire dans une problématique de création d'un ordre régional ouest-africain qui garantisse une libre circulation des capitaux, des marchandises et des hommes. Les entreprises nationales devront être les vecteurs de ce processus intégrateur qui leur ouvre des horizons nouveaux en élargissant leurs marchés nationaux étroits.

De même ce processus peut leur procurer des partenaires pour une mise en commun des capitaux propres et une exploitation de toutes les opportunités de développement. C'est de la sorte que l'on pourra bousculer le cloisonnement des marchés nationaux et créer de meilleures conditions d'intégration des systèmes productifs et des entreprises privées. Ainsi, le régionalisme sortira des vœux pieux pour modifier les ordres économiques internes, rationaliser les potentiels de production et mettre en place des unités économiques de dimension optimale. La libre circulation cessera alors d'être une simple commodité.

L'État doit vigoureusement soutenir ces tendances à l'intégration au double plan institutionnel et financier et favoriser le déploiement et la valorisation régionale des entreprises nationales.

CHAPITRE VIII

LES DÉFIS DU FINANCEMENT DES POLITIQUES SECTORIELLES : FORCES ET FAIBLESSES DE L'ÉCOSYSTÈME BANCAIRE ET DES SERVICES FINANCIERS

Il faut souligner avec force que c'est aux pays qu'il incombe de piloter leur propre développement. De plus en plus, ce sont les ressources intérieures qui soutiendront le développement et la croissance. Les pays doivent prendre en charge leurs propres priorités de développement. Les ressources intérieures propres, telles que les impôts, sont la plus importante source de recettes, même dans les pays les plus démunis. L'OCDE a mis en place deux programmes – Fiscalité et Développement et Inspecteurs des impôts sans frontières – en vue d'améliorer les recettes fiscales. Face à ces enjeux de portée mondiale, il est nécessaire de mobiliser la participation de tous les acteurs – et chacun doit prendre sa part de responsabilité dans l'action, qu'elle soit individuelle ou collective.

La mondialisation et la globalisation financière dévoilent une organisation mondiale de la production dans les secteurs stratégiques avec une circulation de plus en plus libre des marchandises du fait des coûts de transport décroissants, de la déréglementation et des progrès des télécommunications permettant des baisses de tarifs, une interconnexion des marchés financiers avec un essor phénoménal de nouveaux produits (création à l'infini de produits dérivés négociés de manière très sophistiquée) et une instantanéité des informations (par les TIC) qui abolit le temps et l'espace en conférant aux transactions papier une plus grande ampleur par rapport aux opérations physiques. Cette organisation mondiale darwinienne et concurrentielle, très peu régulée, est raboteuse entre les entreprises qui doivent disposer en quantité et en qualité de crédits pour financer leur cycle d'exploitation et optimiser leurs coûts en vue **de fabriquer de bons produits, à de bons prix et pour de bons marchés.**

Toutes les études et les recherches académiques montrent, à suffisance, qu'en Afrique comme au Sénégal, le problème lancinant du financement des PME/PMI constitue une contrainte majeure de leur expansion. L'insuffisance des capitaux propres handicape grandement leurs investissements ou restructurations diverses qui nécessitent, bien souvent, un apport important de capitaux propres. La faiblesse de l'autofinancement commande le recours au financement bancaire[113] qui devient ainsi le moyen de toute l'ossature du système de financement des PME. Faut-il rappeler que l'offre de crédits bancaires est fortement concentrée sur le court terme et elle exclut quasiment le secteur agricole ; elle représente plus de 60 % des concours à la clientèle, les crédits long terme comptent pour moins de 10 % des crédits et sont essentiellement constitués de crédits immobiliers et concernent pour plus de 70 % les grandes entreprises, les véritables PME n'occupent que moins de 20 %.

PARAGRAPHE 1

Taxonomie descriptive de l'écosystème bancaire et financier.

Les nombreuses recherches théoriques ont largement établi qu'un système efficace qui mobilise l'épargne et la dirige vers les investissements est un élément indispensable de la croissance et du développement économique. Pour les entreprises privées, le crédit est indispensable pour la croissance et le progrès et sert, en outre, à imposer une certaine discipline aux entreprises emprunteuses et leur permettre compétitivité et performance.

Malgré les mutations du secteur financier et bancaire, le sempiternel problème du financement de l'entreprise et du développement économique reste encore entier avec un déséquilibre grandissant entre la demande de financement et l'offre de crédit. La forte progression bancaire ne profite pas ou peu aux PME et TPE. Ce déséquilibre apparaît dans les traits caractéristiques du secteur bancaire à savoir :

---

[113] À ce propos, on observe des contradictions entre le banquier et le politique, une sorte de dialogue de sourds, car ils n'ont pas les mêmes objectifs, ils n'ont pas les mêmes contraintes, ils ne se retrouvent pas dans le même espace référentiel. L'un parle de risque financier et donc de possibles sanctions contre lui, alors que l'autre parle d'espoir à donner aux jeunes et aux entrepreneurs. Les patrons de PME manifestent souvent une grande appréhension à l'idée de recourir aux services d'un banquier. Cela traduit une sorte de méfiance profonde entre banquiers et entrepreneurs.

a) La forte concentration de l'activité bancaire sur des opérations de crédits de court terme, ce qui est préjudiciable au développement économique et au bien-être social. Les taux d'intérêt à court terme sont supérieurs aux rendements à long terme ce qui signifie que les banques vont arbitrer les prêts en faveur des opérations de court terme au détriment de l'investissement productif ;

b) Le très faible taux de bancarisation qui est d'environ 12 %, ce niveau est largement en deçà de celui de certains PVD comme l'Afrique du Sud (63 %), le Maroc (62 %) la Tunisie (60 %), la Namibie (55 %), le Botswana (54 %), et la Zambie (33 %) : le niveau de financement de l'économie reste légèrement supérieur à environ 20 % du PIB ce qui constitue un handicap sérieux ;

c) La trop forte concentration des crédits bancaires sur trois secteurs (78 % des concours) : les services (28 %), le commerce (26 %) et les industries manufacturières (24 %) et le secteur agro-sylvo-pastoral, par exemple n'ont reçu que 3 % des concours bancaires ;

d) Le faible volume des crédits long-terme **:** ils ne représentent que 5 % des crédits et se concentrent pour plus de 70 % aux grandes entreprises ; les PME ne mobilisent que 13,5 milliards sur 64,5 milliards toutes entreprises confondues.

L'accès aux services bancaires est largement contraint par plusieurs facteurs notamment les coûts de transaction élevés (transport, frais d'agence, etc.), ainsi que des facteurs discriminatoires de nature géostratégique ou géopolitique en faveur des grandes entreprises multinationales ou oligopoles au détriment des PME et secteur informel dont l'immense majorité des entrepreneurs n'a que faiblement accès à un crédit bancaire : les raisons classiques invoquées étant l'insolvabilité, le manque de garanties et de formation financières, d'information et la méfiance, etc. Les PME sont presque exclues du système bancaire au détriment des grandes entreprises et des opérations sur les titres de créances qui ont connu une accélération considérable dans le bilan des banques.

À ces quatre (4) limites viendra s'ajouter le durcissement prochain du dispositif prudentiel avec la mise en place de Bâle 2 et Bâle 3 ce qui ne va pas faciliter le développement de l'offre de crédits. Les recommandations de Bale2 reposent sur trois piliers : le premier concerne l'exigence minimale en fonds propres intégrant le risque de crédit, le risque de marché et le risque opérationnel (n'existant pas dans l'approche bale I), le deuxième concerne le contrôle du processus de gestion des risques et la couverture en capital par les autorités prudentielles et le troisième définit les obligations de publication imposées aux banques et établissements assimilés.

PARAGRAPHE 2

La politique monétaire de la BCEAO et le mystère des taux d'intérêt usurier.

En ce qui concerne la politique des taux d'intérêt, elle contribue à l'utilisation optimale des ressources financières à l'intérieur des États de l'Union. Elle s'appuie sur l'open-market, la promotion du marché interbancaire et la libéralisation des conditions de banque. Elle s'articule autour des taux directeurs de la Banque Centrale applicables aux principaux guichets de refinancement à savoir, le taux d'escompte pour le guichet de réescompte qui est une procédure d'achat définitif d'effets à douze mois au plus, le taux de pension qui est une procédure d'achat temporaire d'effets pour 30 jours au plus et le taux du marché monétaire par appel d'offres.

Pour encourager, en 2011, les banques à booster les crédits à l'économie et à se prêter davantage entre elles, la BCEAO avait mis en place une politique de taux de réserves obligatoires différents d'un pays à l'autre (Exemple 7 % au Sénégal et 5 % en Côte d'Ivoire), les résultats mitigés ont amené une modification de cette politique en mars 2017 par une réduction harmonisée du taux de 5 % à 3 % pour, une fois encore, dynamiser le marché monétaire.

Il n'en fut rien, car cette modification n'a point entraîné un abaissement des taux d'intérêt préteur des banques dans leur ensemble. À titre d'illustration, le taux de crédit en moyenne mensuelle est de 15,32 % et varie suivant les différentes banques : 10 % pour la Banque de l'Habitat du Sénégal (BHS), 14 % pour la Citibank, 15 % pour la Compagnie Bancaire de l'Afrique Occidentale (CBEAO), la Banque Internationale pour le Commerce et l'Industrie au Sénégal (BICIS) et la Caisse Nationale du Crédit Agricole du Sénégal (CNCAS), 16 % pour la Société Générale de Banque au Sénégal (SGBS) et 18 % pour ECOBANK, le CRÉDIT LYONNAIS et la BANK OF AFRICA (BOA) et les BANQUES ISLAMIQUES. Les taux d'intérêt appliqués par les Services Financiers Décentralisés diffèrent de ceux appliqués par les banques et sont fixés à 27 %, à cause dit-on des spécificités des institutions et notamment l'extrême vulnérabilité de leurs clientèles qui ont des coûts de risque élevé.

Cette analyse sommaire de l'écosystème bancaire soulève directement deux problèmes sous-jacents, voire même deux obstacles qui influencent fortement l'accès du secteur privé au crédit : la question du risque et des garanties et la mise en place d'autres modes de financement. L'aversion du risque a amené l'essor des fonds de garantie même si l'on considère que le risque représente l'essence même de toute activité économique et financière.

La relation « banque-entreprise » est une relation complexe basée le plus souvent sur une information imparfaite et incomplète : les banques estiment ne posséder les informations sur les projets présentés par les entreprises, celles-ci, à leur tour, affirment ne pas connaître les stratégies suivies par les banques par rapport à la décision d'accorder des crédits. Chaque acteur évoque les méthodes d'évaluation du risque, ce phénomène est qualifié d'asymétrie d'information. L'absence d'une telle relation de confiance durable entre les entreprises et les établissements de crédit est à l'origine de plusieurs erreurs telles que : l'amalgame dans les méthodes d'évaluation du risque de crédit des diverses PME, l'évaluation inexacte du risque-crédit, le coût élevé du crédit pour certains clients.

En conclusion sur ce point crucial, l'État devrait pousser les banques commerciales à jouer leur rôle de prêteur de premier ordre pour faire fonctionner l'économie et non pas en devenir un frein. Étant donné la faible rentabilité des PME/PMI/ETI dans nos pays, un taux d'intérêt à deux chiffres n'est pas acceptable. Ce taux ne devrait pas dépasser 6 % soit l'équivalent du double du taux directeur de la BCEAO.

PARAGRAPHE 3

L'impérative nécessité d'amener l'écosystème bancaire à s'intéresser au long terme.

La stratégie d'un développement endogène privilégie les grands projets structurants qui contribuent à l'amélioration de la productivité globale des facteurs, à la compétitivité et à l'attractivité des Investissements directs étrangers appelle des politiques de financement clairvoyant. Les Investissements dans ces secteurs sont massifs et demandent des crédits longs. Nos champions nationaux veulent participer à ce genre d'investissements mais la systémie bancaire ne peut les accompagner faute d'intérêt pour les crédits longs.

Il est de la responsabilité de la Banque centrale d'inverser la courbe des taux de sorte que les rendements à long terme soient supérieurs aux rendements à court terme, il est vrai que cette technique ne peut fonctionner que si on arrive à instaurer une corrélation entre les taux directeurs de banque centrale d'une part, avec les taux offerts par les banques à la clientèle et d'autre part, associer cette démarche avec une politique monétaire compréhensible et lisible pour un niveau d'inflation compatible avec l'environnement économique.

Par ailleurs, la mise en place de fonds de garantie est, certes, une bonne mesure, mais leurs engagements doivent plutôt porter prioritairement et massivement sur les crédits d'investissements industriels. Également, dans l'optique de mobiliser des capitaux longs d'autres leviers s'offrent par recours au marché financier, aux institutions financières supranationales. Il faudra être attentif au fait que l'objectif de rentabilité ne va pas de pair avec une hausse même marginale des coûts des ressources ce qui pose le problème du patriotisme économique des banques. Également, il est envisageable pour accroître les crédits longs d'exonérer les crédits d'investissements industriels de la TOB de revoir le niveau à la baisse ou même éliminer carrément les réserves obligatoires sur les crédits industriels. Il existe, aujourd'hui, dans le système financier mondial, plusieurs leviers qui permettent d'amener le secteur bancaire à s'intéresser davantage au long terme. Il revient à l'État d'aider à accroître considérablement la quantité, la variabilité, la qualité, et l'efficacité des institutions de l'intermédiation financière, des instruments et des services financiers. Il est vrai qu'il est difficile de lever, dans le court et moyen terme, les multiples contraintes auxquelles font face les banques commerciales classiques.

Toutes les études et les recherches académiques ont montré, à suffisance, qu'en Afrique comme au Sénégal le problème lancinant du financement des PME/PMI constitue une contrainte majeure de leur expansion. L'insuffisance des capitaux propres handicape grandement leurs d'investissements ou restructurations diverses qui nécessitent, bien souvent, un apport important de capitaux propres. La faiblesse de l'autofinancement commande le recours au financement bancaire[114] qui devient ainsi le pivot de toute l'ossature du système de financement des PME. Faut-il rappeler que l'offre de crédits bancaires est fortement concentrée sur le court terme et elle exclut quasiment le secteur

[114] A ce propos, on observe des contradictions entre le banquier et le politique, une sorte de dialogue de sourds, car ils n'ont pas les mêmes objectifs, ils n'ont pas les mêmes contraintes, ils ne se retrouvent pas dans le même espace référentiel. L'un parle de risque financier et donc de possibles sanctions contre lui, alors que l'autre parle d'espoir à donner aux jeunes et aux entrepreneurs.

agricole ; elle représente plus de 60 % des concours à la clientèle, les crédits long terme comptent pour moins de 10 % des crédits et sont essentiellement constitués de crédits immobiliers et concernent pour plus de 70 % les grandes entreprises et les véritables PME n'en occupent que moins de 20 %.

Tout cela montre l'enjeu fondamental du crédit qui pose alors trois questions essentielles : d'abord, quelles sont les caractéristiques de l'écosystème bancaire ? Ensuite, quels sont les obstacles que rencontre le secteur privé ? Et quelles sont les lignes de réforme en faveur des PME/PMI.

1°) Le système bancaire et la politique de prêt

Le paysage bancaire sénégalais connaît une forte évolution à la fois quantitative qualitative composée majoritairement de capitaux africains qui détiennent plus de 60 % des parts du marché avec une prééminence des banques marocaines et nigérianes. La configuration permet de faire ressortir trois groupes avec des implantations différentes et des politiques d'intervention différente : le premier groupe est formé des banques anciennes (principalement françaises), il est caractérisé par son ancienneté sur le marché ce qui lui confère une clientèle solide et une certaine expertise, un réseau d'agences étendu, le parrainage par leur maison-mère qui consolide leur clientèle des grandes entreprises souvent multinationales qui accèdent sans peine aux prêts et crédits de long terme, le deuxième groupe est composé des nouvelles banques qui cumulent des avantages comparatifs, marqués par leur flexibilité dans la conquête d'une nouvelle clientèle au niveau des PME/PMI en accordant des taux défiant toute concurrence. Généralement, ces banques ont un service de qualité supérieure et traitent les dossiers souvent plus rapidement ; le troisième groupe est celui de la microfinance beaucoup plus adaptée aux besoins des micros et petites entreprises, tant par rapport aux montants proposés que par la rapidité des procédures d'octroi cependant, le SFD ne dispose pas d'un système de tarification spécifique pour la PME, les taux sont simplement fixés selon la durée des prêts.

Malgré sa forte croissance, le secteur bancaire accuse des déficiences structurelles importantes sur un double fond d'un faible taux de bancarisation et d'une surliquidité relative. Également, l'encours des crédits reste dominé par les crédits à court terme (78 %), destinés notamment à soutenir les besoins de trésorerie des entreprises, plus de 79 % de ces crédits accordés par le secteur sont absorbés par les PME bénéficiaires pour financer leur besoin de trésorerie.

Globalement, les déficiences structurelles du secteur bancaire sont de quatre ordres[115] :

a) L'offre est fortement concentrée sur les crédits à la clientèle à court terme, elle exclut quasiment le secteur agricole, y compris la pêche et la cible PME ;

b) L'absence de structures et de ressources dédiées aux PME dans l'organisation des banques ;

c) La règle de couverture des risques, "rapport fonds propres effectifs sur risques pondérés", pénalise l'affectation de ressources aux PME.

d) Le ratio de structure du portefeuille doit être égal ou supérieur à 60 %. ;

La tarification des crédits destinés aux PME manque de structuration. Le ratio de couverture des emplois à moyen et long terme par des ressources stables vise à prévenir une transformation excessive des ressources à court terme des banques en emplois à moyen ou long terme cela pour assurer l'équilibre de la structure financière des établissements. Des produits et instruments de financement sont très peu diversifiés.

À ces limites viendra s'ajouter le durcissement prochain du dispositif prudentiel de la BCEAO avec l'application des recommandations de Bale2 qui repose sur trois piliers : le premier concerne l'exigence minimale en fonds propres intégrant le risque de crédit, le risque de marché et le risque opérationnel (n'existant pas dans l'approche bale I), le deuxième concerne le contrôle du processus de gestion des risques et la couverture en capital par les autorités prudentielles et le troisième définit les obligations de publication imposées aux banques et établissements assimilés (le tableau qui suit fait ressortir les différences avec l'accord de bale1)

2°) Les mécanismes de la politique monétaire de la BCEAO

Les développements qui suivent se veulent un bref rappel des instruments et canaux de transmission de la politique monétaire qui est le premier palier pour débroussailler les réformes impératives du financement de l'économie et du secteur privé et particulièrement des PME/PMI. Depuis les réformes de 1993 et 1996, globalement, la

[115] Ministère des mines, de l'industrie, de la transformation alimentaire des produits agricoles et des PME - Direction des PME : sérieuse étude du CABINET VA CONSEILS *: Étude sur l'offre et la demande de financement des PME au Sénégal., financée par* la KFW Coopération Financière Allemande, 30 avril 2009.

politique monétaire poursuit quatre objectifs, le fameux carré magique : la croissance économique, le plein-emploi, la stabilité des prix et l'équilibre de la balance des paiements. Les deux instruments utilisés sont basés sur l'ajustement de la liquidité globale à l'économie à savoir : la politique des taux d'intérêt et le système des réserves obligatoires.

Le système des réserves obligatoires est constitué de dépôts que les banques sont tenues de conserver à la BCEAO en pourcentage, essentiellement, des dépôts de leur clientèle. Il est appliqué depuis 1er octobre 1993 en substitution au fameux système d'encadrement du crédit. Il permet de satisfaire les besoins temporaires de liquidité immédiate de la clientèle bancaire et d'influencer la capacité des banques à octroyer du crédit par création ex nihilo de monnaie. L'assiette et les coefficients de réserves varient en fonction des impératifs de la politique monétaire soulignée plus haut.

Quant à la politique des taux d'intérêt, elle contribue à l'utilisation optimale des ressources financières à l'intérieur des États de l'Union. Ainsi, la politique des taux d'intérêt s'appuie sur l'open-market, la promotion du marché interbancaire et la libéralisation des conditions de banque. Elle s'articule autour des taux directeurs de la Banque Centrale applicables aux principaux guichets de refinancement à savoir, le taux d'escompte pour le guichet de réescompte qui est une procédure d'achat définitif d'effets à douze mois au plus, le taux de pension qui est une procédure d'achat temporaire d'effets pour 30 jours au plus et le taux du marché monétaire par appel d'offres.

Depuis octobre 1989, la politique de la monnaie et du crédit mise en œuvre par la BCEAO, s'est traduite par une responsabilisation accrue des banques dans leurs politiques de distribution du crédit, de mobilisation de l'épargne et de gestion de leurs actifs, en consolidant le rôle d'appoint de la monnaie centrale.

3°) La multiplication des fonds de garantie pour lever l'aversion du risque.

La relation « banque-entreprise » est une relation complexe basée le plus souvent sur une information imparfaite et incomplète : les banques estiment ne posséder les informations sur les projets présentés par les entreprises celles-ci à leur tour disent ne pas savoir les stratégies suivies par les banques par rapport à la décision d'accorder des crédits. Chaque acteur évoque les méthodes d'évaluation du risque, ce phénomène est qualifié d'asymétrie d'information. L'absence d'une telle relation de confiance durable entre les PME et les établissements de crédit est à l'origine de plusieurs erreurs telles que : l'amalgame dans les méthodes d'évaluation du risque de crédit des diverses PME, l'évaluation inexacte du risque-crédit, le coût élevé du crédit pour certains clients.

4°) La démultiplication des modes de financement : le capital-risque, le financement islamique, le crowdfunding et les lignes de crédits internationales

Les différents théoriciens de l'entreprise considèrent celle-ci comme une institution cardinale de la dynamique économique (F. PERROUX). La plupart des auteurs avancent diverses explications en insistant sur la prise de risque (F. KNIGHT), l'appât du gain par l'innovation (J. SCHUMPETER), un état d'esprit (M. WEBER), l'efficacité dans la coordination des activités (R. COASE), l'institution étant considérée comme une entité homogène, ce qui est loin d'être le cas. Si la grande entreprise est le prototype du capitalisme triomphant, elle est aujourd'hui une composante du secteur privé à côté de la PME/PMI qui contribue fortement à la création des richesses et l'emploi. Quelles sont les meilleures expériences de traitement de la PME ?

Dans les pays en développement, le secteur privé se compose souvent d'un très grand nombre de Petites et Moyennes Entreprises (PME) et d'un petit nombre de grandes entreprises solidement établies. Pour tenter de rétablir un équilibre entre ces deux populations, on peut promouvoir l'expansion des PME en concentrant l'attention sur leurs besoins spécifiques, notamment en leur facilitant l'accès aux services financiers et en les aidant à prendre part au processus d'élaboration du cadre stratégique dans lequel doit s'inscrire le développement national.

PARAGRAPHE 4

La mobilisation des ressources financières pour le développement : les axes d'intervention dans une économie où les PME, PMI, TPE et le secteur informel sont les principaux acteurs à besoins élevé de financement.

1°) Premier axe : Développer avec plus de vigueur la microfinance

Elle présente des avantages certains avec des coûts d'implantation plus modérés, une meilleure adaptation à l'environnement d'implantation, des coûts de transactions plus faibles, des services adaptés, et des taux d'intérêt sur le crédit plus malléable dans le cas de coopératives et des mutuelles, il importe de disposer de bonnes politiques et institutions de mobilisation d'autres ressources. On peut citer quelques exemples de grandes réussites de la microfinance en Inde avec un guichet pour moins de 4 000 habitants et plus de 65 % des ruraux ont accès au crédit, les Caisses Populaires Desjardins au Canada avec 5,4 millions de sociétaires soit plus du quart de la population active, en Allemagne les 13 000 guichets qui représentent 20 % du marché bancaire et environ 60 % de l'intermédiation bancaire et même la France avec le Crédit Agricole en France qui dispose de 6 millions de sociétaires et plus de 16 millions de clients (environ le quart de la population française.[116]

2°) Deuxième axe : Mobiliser les IDE et en faire une meilleure utilisation pour des avantages partagés

Les mouvements de capitaux et en particulier les Investissements Directs Etrangers (IDE), constituent la voie privilégiée pour les PSD de résorber leur déficit important d'épargne. Ces IDE se présentent sous deux formes dominantes : celle des flux financiers qui cherchent à se rentabiliser dans un système monétaire globalisé complètement décloisonné et déréglementé et celle des Firmes multinationales qui visent à augmenter leurs profits, leur rentabilité, leur compétitivité par le contrôle de leurs espaces de valorisation ce qui leur permet d'échapper aux contraintes et législations nationales dans le domaine productif. L'aboutissement des deux formes est le transfert de flux financiers et la délocalisation de la production qui accroissent leur rentabilité et améliorent les conditions de leur valorisation.

Dès lors, l'objectif est clair : créer un environnement favorable et rendre l'investissement privé plus attractif et de sorte à attirer plus particulièrement l'IDE cela d'autant plus que deux facteurs concomitants vont approfondir le mouvement des IDE vers l'Afrique : d'abord, avec un taux de croissance de près de 5 %, qui augure le doublement du PIB dans les dix prochaines années et ensuite, le retour sur investissement de 24 à 30 % selon la Banque mondiale.

Parmi les investisseurs étrangers qui ont décidé de miser sur l'Afrique, sont très souvent originaires des pays du BRICS : Chine, Brésil et Inde qui ont profité de la désertion sur ce continent, de nombreuses entreprises occidentales en provenance des anciens empires coloniaux pour s'y implanter durablement. Ces pays émergents disposent,

---

[116] Ahmadou Aly MBAYE, Sogué DIARISSO, Ibrahima Thione DIOP : *Quel secteur bancaire pour le financement des économies de l'UEMO ?* Éditions L'Harmattan, 2011, 321 p.

aujourd'hui, de plus de 50 % des réserves financières du monde, il est de l'intérêt de l'Afrique de se tourner vers ces pays pour espérer obtenir à des conditions douces pour les capitaux dont elle a besoin pour son industrialisation.

3°) Troisième axe : L'Aide Publique au Développement (APD) trop de promesses et de faibles réalisations : les pays émergents tentent péniblement de prendre le relai

En progression dans les années 80, les montants alloués à l'aide publique au développement (APD) n'ont cessé de se réduire pendant les années 90, même si ce mouvement s'est stabilisé au début des années 2000, mais à son niveau le plus bas. Désormais, tous les partenaires semblent prendre conscience de la nécessité d'une véritable refondation de l'APD afin de la rendre efficace et plus conforme aux priorités du développement des pays bénéficiaires. Cette refondation est la conséquence de la critique interne de la mondialisation libérale qui, dans ses dimensions Nord-Sud, est révélatrice de très profondes inégalités sociales.

La Déclaration de Paris sur l'efficacité de l'aide, entérinée en mars 2005, est un accord international conclu entre donateurs et bénéficiaires de l'APD. L'objectif principal de ce texte est de réformer les modalités d'acheminement et de gestion de l'aide pour augmenter son efficacité, notamment en matière de réduction de la pauvreté et des inégalités, de consolidation de la croissance.[117]».

Les investissements directs chinois sont supérieurs à ceux de toutes les anciennes puissances coloniales réunies. Cette aide financière est faite de prêts bonifiés ainsi, pour la période 2010/2012, la Chine a prêté 10 milliards de dollars au continent pour financer des projets d'infrastructures. En plus, des institutions financières chinoises ont accordé 1 milliard de dollars sous forme de prêts spéciaux aux petites et moyennes entreprises africaines. S'y ajoutent les annulations de dette réalisées en faveur des 31 pays africains les plus pauvres.

4°) Quatrième axe : Assurer un meilleur placement des transferts des migrants leur dans les politiques sectorielles

Le financement est certainement le levier le plus important qui exige une intervention systématique de l'État sur un système financier frileux, peu innovant avec des produits peu diversifiés. Compte tenu des enjeux, il faut explorer tous les types de financements innovants dans le réseau bancaire. Habituellement l'État met l'accent sur l'allocation des ressources plutôt que sur la mobilisation des ressources dans la conduite de la politique industrielle. Il faut tirer grand parti du secteur financier public (BNDE, FONSIS, FONGIP), de toutes les sources de financement internes et externes (BAD, BOAD, IDE, IFI, etc.), des perspectives ouvertes par les partenariats et coopération internationale (Aide Publique au Développement). Nous avons tout le long de ce texte insisté sur la mobilisation des ressources comme si on ne compte que sur l'argent de l'extérieur. La question des taux d'intérêt doit être réévaluée pour encourager les investissements dans les entreprises à travers des prêts bancaires destinés dont le taux d'intérêt ne devrait dépasser 5 % soit l'équivalent du double du taux directeur de la BCEAO. Dans la Zone Euro pour un taux directeur de 0,5 % les banques commerciales revendent cet argent aux entreprises à un peu plus de 3 % en moyenne, or dans l'espace CFA le taux est à deux chiffres.

Les difficultés d'accès aux financements et le renforcement des capacités demeurent des problématiques transversales. Il est aujourd'hui nécessaire de remettre la finance au service de l'industrie et du développement des activités productives. Toutefois, il est important de noter que les difficultés s'expriment non seulement différemment selon la taille des entreprises. Les caractéristiques actuelles de notre système bancaire font obstacle à la disponibilité de financements à des conditions appropriées pour l'investissement et le développement de l'entreprise de manière générale et les champions nationaux ; elles bloquent l'expansion de l'économie. Malgré des possibilités financières considérables, le secteur bancaire demeure très en retrait dans le financement de l'investissement. Le gouvernement peut jouer en relation avec la BCEAO un rôle important pour pallier la carence du marché bancaire et l'inciter à jouer un rôle actif dans le financement des entreprises.

Cela appelle, une solide formation des entrepreneurs sénégalais afin de présenter un profil de capitaine d'industrie tenace et persévérant, confiant en lui-même, patient et innovateur, respectueux de ses engagements contractuels, en quête d'informations et de formations professionnelles et bon communicateur. Les entrepreneurs sénégalais sont loin de disposer toutes ces attitudes souhaitées. Les entreprises au cœur des mutations doivent savoir concevoir et produire dans des conditions très contraignantes de flexibilité de qualité, de coûts et de délai. Ces flexibilités sont de quatre ordres : la flexibilité financière ensemble des pratiques visant à ajuster les coûts d'investissement et la masse salariale aux variations du marché ; la flexibilité technique qui est l'introduction de techniques de production adaptables en vue de modifier rapidement la ligne de production ; la flexibilité fonctionnelle de gestion qui vise une polyvalence accrue dans l'activité du travail et enfin, la flexibilité numérique qui est un ajustement des formes d'emploi et du volume de main-d'œuvre aux fluctuations du marché.

Suite à l'analyse des dysfonctionnements et limites objectives de la systémie bancaire, l'heure de réformer l'écosystème bancaire pour mettre le système au service de l'industrie. Pour ce faire, il importe de

a) concevoir un fonds opérationnel de bonification de taux d'intérêt sur investissements industriels.

b) Réaménager tout le système de garantie industrielle par l'État en vue de couvrir notamment les crédits à court, moyen et long terme ou d'exploitation, les crédits d'investissement, les apports en fonds propres mobilisés éventuellement par des sociétés de capital-investissement, élargir le niveau des garanties ;

c) Créer des fonds de garanties spécialisées : technologies et innovation, environnement, tourisme et certaines filières agroalimentaires ;

d) Encourager la création de sociétés de capital-risque et de leasing ;

e) Aider à une utilisation plus productive des envois de la diaspora.

5°) cinquième axe : Bonne mobilisation des ressources extérieures, des recettes de l'évasion fiscale et des envois de la diaspora

> *« L'évasion fiscale passe alors par des prix de cession intra-groupes inférieurs aux prix de marché. Entre 2008 et 2010, la perte pour l'Afrique liée à l'évasion fiscale est estimée à 38,5 milliards de dollars, davantage que l'aide au développement sur la même période, qui s'est élevée à une trentaine de milliards. Toutes ces ressources détournées, c'est un crime.*

De nos jours, 1 personne sur 10 à travers le monde participe directement aux envois de fonds, soit en envoyant soit en recevant ces fonds. En 2007, on estimait à quelque 125 millions le nombre de travailleurs migrants qui aident de la sorte 500 millions de personnes, membres de leurs familles restés dans leur pays d'origine.

Ces envois de fonds en Afrique sont estimés à environ 50 milliards de dollars et constituent pour de nombreux pays africains la source principale et des flux de capitaux qui dépassent à la fois l'IDE et l'APD.

Quelques exemples méritent d'être cités : au Maroc, ces envois de fonds représentent 637 % de l'IDE et 452 % de l'APD, en Égypte, ils représentent 467 % de l'IDE et 225 % de l'APD, au Cap-Vert, ils représentent 929 % de l'IDE et 103 % de l'APD. L'étude de la BAD arrive à la conclusion que, globalement, ces envois de fonds représentent 9 % à 24 % du PIB et entre 80 à 750 % de l'APD.

Au Sénégal, une excellente contribution de la diaspora au développement est établie par un groupe éclairé qui observe que « La diaspora, aujourd'hui est estimée à près de 3 millions soit 20 % de la population nationale, elle joue un rôle primordial. Selon une étude de la Banque Centrale des États de l'Afrique de l'Ouest (BCEAO), depuis 2006 les transferts officiels de fonds des Sénégalais de l'extérieur ont atteint 500 milliards de FCFA. Et cela, sans compter les envois de fonds effectués par des canaux non officiels, c'est-à-dire de façon informelle, par l'intermédiaire des relations familiales et amicales. La voie informelle demeure très populaire de nos jours parce qu'elle permet à ses usagers de réduire sensiblement le coût parfois exorbitant des frais de transfert et de change.

D'ailleurs la BCEAO considère que le total des transferts par canaux informels représente facilement 40 % des envois formels. Cela porte le total des fonds transférés par la diaspora sénégalaise à près de 700 milliards de FCFA chaque année. Selon la Banque Africaine de Développement (BAD), depuis 2005 le Sénégal est l'un des pays africains dont le principal bailleur de fonds est sa diaspora. Les transferts de fonds des Sénégalais de l'extérieur dépassent aujourd'hui de loin le montant combiné de l'Aide Publique au Développement (APD) et du Volume des Investissements Directs Etrangers (IDE), ce qui est essentiel. Car les aides et les investissements sont souvent prévus et budgétisés à l'avance. Alors les populations qui en ont besoin ne sentent presque jamais les effets de cette assistance dans leur vie de tous les jours. Par contre les fonds transférés par la diaspora ont un effet immédiat sur les ménages qui les reçoivent et surtout sur l'économie sénégalaise.

Les économistes avancent souvent que le faible niveau de l'épargne nationale est un facteur bloquant les opportunités d'investissements productifs ou de restructurations des activités entrepreneuriales. **Toutefois, il y a dans les politiques financières des préjugés aussi difficiles à détruire qu'un atome : d'une part, on pense que l'épargne est nulle parce que le revenu est faible, on ne cherche donc pas à mobiliser celle qui existe, de l'autre, on croit savoir que la planche à billets est**

inflationniste, on s'interdit avec aveuglement tout déficit budgétaire, ou bien, à l'opposé, on ne mesure pas les limites du déficit qui dérègle les mécanismes à partir des dépenses publiques. Ces préjugés contribuent à l'affaiblissement structurel et à l'inefficacité du système bancaire et financier pivot de l'ossature de l'écosystème financier.

Il en va de l'évasion fiscale qui passe par les prix de cession intra-groupes inférieurs aux prix de marché. Entre 2008 et 2010, la perte pour l'Afrique liée à l'évasion fiscale est estimée à 38,5 milliards de dollars, davantage que l'aide au développement sur la même période, qui s'est élevée à une trentaine de milliards. Toutes ces ressources détournées, c'est un crime.

Ces recettes traditionnelles appliquées, au Nord comme au Sud, ne fonctionnent plus. En ce qui concerne l'Afrique, elle demeure une économie de rente où le processus d'accumulation productive n'est réellement pas enclenché avec la majorité des sociétés dominées par le capital marchand et en plus les emprunts et l'APD constituent la première fonction d'investissement.

Il est d'une importance capitale de mener une politique vigoureuse de mobilisation des institutions financières en vue de collecter toute l'épargne nationale disponible pour empêcher qu'elle ne s'enfuît vers les paradis fiscaux comme cela est révélé par les « PANAMA PAPERS » et autres récents « PANDORA PAPERS » qui épinglent une cinquantaine de dirigeants politiques et de personnalités publiques africaines.[118] Ce n'est pas pour rien que les sanctions brandies par la fameuse « communauté internationale » contre nos dirigeants en faute concernent **« le gel des avoirs et l'interdiction de voyage »**. Il importe alors d'élaborer de bonnes politiques de l'épargne disponible au niveau des acteurs qui ont des excédents notamment : les intermédiaires financiers que sont les banques, les assurances, les compagnies et institutions financières, les entreprises privées et publiques, les investisseurs institutionnels comme les caisses d'épargne, les marchés financiers, les fonds de pension, la Caisse des Dépôts et Consignation, les organismes publics et parapublics, le Fonds monétaire international (FMI), le Groupe de la Banque mondiale (BM), etc.

[118] Les PANDORA PAPERS ont épinglé des personnalités et des sociétés dont une vingtaine pour le Sénégal.

6°) Sixième axe : Les capitaux enfuis et flux financiers illicites : exercer une surveillance vigilante et vigoureuse

Les capitaux enfuis constituent des pertes énormes de ressources financières. Selon deux chercheurs, Léonce NDIKUMANA et James K. BOYCE, les fuites de capitaux dont a été victime l'Afrique subsaharienne entre 1970 et 2004 s'élèvent au total à 341,6 milliards de dollars (en dollars de 2004). Si l'on inclut les intérêts rapportés par ces placements, les 40 pays couverts par cette étude ont souffert d'un manque à gagner sur la période de 476 milliards de dollars, soit le double de leur stock de dettes extérieures. Les auteurs montrent, par ailleurs, que les fuites de capitaux sont étroitement corrélées à l'endettement extérieur : pour chaque euro emprunté, en moyenne 60 centimes repartent à l'étranger, dès la première année. Les recherches sur la fuite des capitaux établissent que ce phénomène est causé aussi bien par des acteurs privés que par des autorités publiques (NDIKUMANA et BOYCE, 2003, 2008 et 2011b ; AJAYI, 2007 ; NDIAYE, 2009 et 2011). Selon ces auteurs, la fuite des capitaux est opérée par les acteurs privés en raison d'une incertitude macroéconomique, d'une instabilité politique et institutionnelle, d'un système financier faiblement développé, et de taux de rendement plus élevés à l'étranger. L'étude très documentée du Dr Ameth Saloum NDIAYE a examiné l'effet de la fuite des capitaux sur la croissance économique en Zone Franc. Sur la période 1970-2010, la fuite effective des capitaux pour les 15 pays de la Zone Franc est trouvée positive et massive avec une ampleur qui s'élève à environ 86,8 ou 80,1 milliards de dollars, représentant 122,1 % ou 112,6 % du PIB. Pour le Sénégal, la fuite est estimée plus de 10 000 liards de FCFA. Globalement plus de 300 responsables politiques dont des chefs d'État africains, ainsi que des stars ou des criminels ont été épinglés dans l'enquête journalistique "PANDORA PAPERS" sur l'opacité des sociétés offshores. Il en est de même pour le Sénégal avec, plus de 30 sociétés et des personnalités du monde des affaires sont concernées. Ce monde vient s'ajouter aux personnes précédemment citées dans les « PANAMA PAPERS ».

7°) Septième axe : Exploiter les perspectives des fonds souverains et les eurobonds pour le financement de projets rentables

Les Fonds Souverains sont nombreux à s'investir en Afrique, certains sont mis en place par les pays émergents qui y recyclent leurs excédents. Il existe une deuxième catégorie, les fonds de capital-investissement de stature mondiale qui se développent avec rapidité et qui, antérieurement, avaient longtemps boudé l'Afrique, lui préférant les marchés matures.

Dans un système financier globalisé où la crise est quasi permanente, le durcissement des règles prudentielles pour les banques et les assurances vont rendre les placements en actions moins attrayants. Dans ce contexte, il faut prêter une plus grande attention à la vingtaine de fonds souverains qui pèsent environ plus de 15 000 milliards de dollars, même si leur opacité peut alimenter quelques soupçons. C'est le cas de la *China Investment Corporation* (CIC, 300 milliards de dollars d'avoir), l'un des deux fonds souverains de la Chine, des fonds du Golfe à l'image de *Dubaï Ports* qui a tenté d'acquérir six ports américains, du fonds norvégien *Government Pension Fund*, (500 milliards de dollars), du fonds souverain australien *Australian Future Fund*, (50 milliards de dollars). En 2008, le CIC avait proposé de sous-traiter une partie de ses placements à des gérants de capitaux. Cela lui avait valu, en quelques jours, plus de deux cents offres de service.

8°) huitième axe : un endettement judicieux, approprié et équitable

L'endettement est le débat le plus malmené à la fois par une bonne partie des citoyens et ainsi que les États et les IFI. La littérature relative à la solvabilité de la dette publique extérieure et à la soutenabilité de la politique budgétaire pose, entre autres, l'hypothèse de solvabilité en termes d'équilibre entre l'encours de la dette et la valeur actualisée des surplus primaires anticipés ou entre le taux d'intérêt réel et le taux de croissance du PIB dont dépend l'évolution de la dette. Si la production escomptée croît à un taux supérieur au taux d'intérêt réel, le gouvernement n'est soumis à aucune contrainte budgétaire. Il n'existe aucune borne à l'augmentation de la dette puisque la croissance du PIB permet de financer le service de la dette[119]. Dans le cas contraire, l'État n'est pas solvable et sa politique budgétaire n'est pas soutenable.[120]

L'explosion de la dette fait planer le spectre d'une paralysie de l'économie mondiale, par surendettement et hausse des taux d'intérêt

[119] Une bonne lecture de J. KEYNES, KINDELBERGER et même de BARRO (1976) permet de montrer que l'endettement bien régulé est, donc bien géré, génère des investissements nouveaux qui accroissent d'abord les capacités de production et les recettes fiscales. Dans cette optique, tout freinage de l'endettement par les fameux critères de soutenabilité va ralentir la croissance. En 1994, j'avais lancé cette idée aux décideurs africains « endetter vous non point pour construire des monuments aux morts ou des éléphants blancs ». Il faut bien réfléchir sur le cas de la Grèce dont le désendettement imposé a été un multiplicateur des difficultés.

qui bloquent dans de nombreux États le financement du développement. En Afrique subsaharienne, selon la Banque africaine de développement la dette extérieure totale de l'Afrique, qui s'établit à 1 120 milliards de dollars 2022, le ratio d'endettement moyen a presque doublé en seulement dix ans, passant de 30 % du PIB à la fin de 2013 à près de 60 % du PIB à la fin de 2022. Quelques exemples pour l'Afrique de l'Ouest en 2024 : le Ghana exhibe un taux d'endettement de 82,51 % de son PIB, la Côte d'Ivoire présente un ratio dette/PIB de 59,28 %. Concernant le Sénégal, la dette publique représente 84,34 % de son PIB en 2024. Elle est passée de 347 milliards en 2012 à 1826 milliards de CFA en 2024 soit 5 milliards par jour. L'encours global est constitué par 67 % de dette extérieure et 33 % de dette intérieure. Le service de la dette, en augmentation croissante, passe de 26,4 % des recettes fiscales en 2012 à 43,7 % en 2024. Le ratio paiement d'intérêts/recettes, qui indique le risque de crise budgétaire, a été multiplié par plus de deux depuis le début des années 2010.

En préparant mon ouvrage « L'Afrique endettée » en 1992, copublié par les NEAS et le CREA, en 1980, les deux questions en débat au niveau des chercheurs étaient : Comment la dette s'est-elle massifiée ? Quelles sont les solutions ? Il faut changer de modèle et les modes de gestion de la dette. En comparant la gestion budgétaire sage du Président AHIDIO et celle du Président HOUPHOUET avec un endettement lourd pour certains secteurs comme les infrastructures, j'avais avancé le slogan « Endettée-Vous !!! Mais pas pour construire des monuments aux morts » (dettes toxiques). J'ai été détruit par le Pr Joseph TCHUNDJANG (qui venait du FMI) et défendu bec et ongles par Samir AMIN (Son ouvrage : le multiplicateur). Mon approche était de type keynésien à savoir l'endettement bien géré contribue à la relance de l'économie nationale par les investissements qu'il occasionne et exerce un effet de relance de la demande globale (capacités de production et capacités de consommation). Samir AMIN de s'écrier : « la problématique n'est ni le volume ni le plafond mais la qualité des politiques économiques et sociales : une croissance au taux le plus élevé compte tenu des ressources disponibles, une croissance harmonieuse débarrassée de trop fortes fluctuations en hausse comme en baisse, une croissance équilibrée compte tenu des ressources disponibles ». En somme, la bourgeoisie compradore africaine est incapable de réaliser de telles politiques qui sont indépendantes et souveraines.

Le monde de la recherche a copieusement critiqué les travaux de Carmen REINHART et Kenneth ROGOFF (Brain trust du FMI) qui se fondant sur des séries économiques avaient établi qu'une dette supérieure à 90 % du produit intérieur brut (PIB) était néfaste pour la croissance. Il est vrai que le FMI est revenu sur cette conclusion en considérant qu'une dette peut devenir insoutenable au-delà de 120 % du PIB comme le montrent les quatre pays européens de la Troïka. Dans pareille situation il suggère la restructuration de la dette ce qui est le cas dans les quatre pays européens passés sous le joug de la Troïka. Il faut, dans ce cas, comme le suggère le FMI, restructurer la dette pour éviter des ajustements budgétaires brutaux. Il demeure que la dette des États-Unis est abyssale 140 000 milliards de dollars, qui avait effarouché le Général DEGAULLE. Elle fait partie des griefs des BRICS qui obligent cette organisation depuis leur rencontre récente à KAZAN à mettre en place une alternative monétaire et financière.

Les forces du changement doivent réactualiser le débat sur l'endettement en accordant une attention vigilante sur les conséquences de l'endettement, son impact sur l'économie nationale, sur la vulnérabilité de la dette, les indicateurs d'évaluation des IFI et la qualité des statistiques du FMI et des agences gouvernementales.

Également, il importe de tenir parfois compte d'une part, de l'avis des agences de notation comme Moody's qui avait procédé à l'augmentation du crédit souverain du Sénégal et d'autre part, de **l'état du marché financier international. Tout** ceci doit être mis en relation avec les mutations des Banques centrales et les énormes besoins des États qu'appellent les conséquences de l'inclusivité de la croissance, la durabilité du développement et les impératifs de l'économie verte et la lutte contre le terrorisme et la stabilité interne.

À l'allure actuelle, la dette sera un fardeau ?

Tout remboursement de dette implique un "fardeau", le pays endetté devant dégager des ressources pour rembourser. Ceci ne suffit toutefois pas à conclure au caractère négatif de l'endettement : ce fardeau doit en effet être mis en balance avec les avantages tirés par le pays du prêt qu'il a reçu et des prêts qu'il est susceptible de recevoir par la suite. Si ces prêts permettent de créer plus de richesses que n'en nécessite leur remboursement, l'endettement est souhaitable.

Dès le XIXe siècle, les économistes discutaient de la possibilité qu'un paiement à l'étranger, par exemple un remboursement de dette, cache un second transfert, du fait de la réduction de la masse monétaire $^{+}$ dans le pays qui rembourse et de la baisse des prix interne qui en résulte (théorie des transferts). Selon cette logique, une baisse du prix des biens produits localement (y compris les matières premières) se retrouve dans la faiblesse des prix de ces biens lorsqu'ils sont exportés (effet "SINGER-PREBISH"). Dans le cas des pays les plus pauvres, il y a peu de chances que cet effet se manifeste, car les transferts de ressources financières sont en général positifs si l'on tient compte des dons reçus (les pays africains reçoivent plus d'argent qu'ils redonnent).

À la fin des années 80, des économistes comme Jeffrey SACHS et Paul KRUGMAN ont développé l'idée d'un "fardeau virtuel" de la dette. Passé un certain niveau, le pays aurait intérêt à ne plus rembourser ses dettes, les sanctions que le créancier peut lui imposer étant inférieures au service de la dette [+]. Le coût des sanctions n'est pas facile à évaluer. Contrairement à ce qui se passait au XIXe siècle, où les créanciers avaient la capacité de mettre véritablement sous tutelle les débiteurs (Empire ottoman) ou de monter des expéditions militaires, les créanciers actuels n'ont guère à leur disposition que l'arrêt des financements – ce qui suppose une bonne coordination en cas de défaut de remboursement ne touchant qu'une partie d'entre eux.

Paul KRUGMAN a montré que la valeur de marché de la dette (ce que les créanciers s'attendent à toucher en réalité) suit alors une courbe en cloche. Dans ce cadre, quand la valeur nominale (celle qui figure sur les conventions de prêt) de la dette dépasse un certain seuil, les créanciers s'attendent à des problèmes de remboursement et la valeur de marché baisse. Une réduction de dette est alors souhaitable du point de vue à la fois des débiteurs (baisse du fardeau de remboursement) et des créanciers (la valeur de marché de la dette augmente). Tant que la dette ne dépasse pas le seuil, en revanche, une réduction de dette se traduit par une perte pour le créancier. Même si cette théorie a été souvent invoquée pour justifier les réductions de dette, peu d'études empiriques ont été capables de la valider de manière claire.

Extrait de "Le fardeau virtuel de la dette extérieure. Une revue de la littérature à l'aune de l'initiative "pays pauvres très endettés"", par Khadija IDLEMOUDEN et Marc RAFFINOT, *Cahier de recherche EURIsCO* n°2005-03,

PARAGRAPHE 5

Les financements des PME, PMI et TPE soucis majeurs de la Confédération Nationale des Employeurs du Sénégal (CNES).

Incontestablement, de partout dans le monde, les PME/PMI et les TPE sont la source essentielle de croissance économique en ce qu'elles constituent la forme dominante de la configuration entrepreneuriale entre 80 % et 90 % des entreprises selon les pays, assurent entre 60 et 70 % des emplois et jouent un rôle particulièrement déterminant la mise sur le marché de techniques ou de produits innovants. En dépit, de cette importance vitale dans le développement économique, partout en Afrique et au Sénégal, leur expansion est bloquée par la question cruciale et lancinante de leur financement : l'accès au crédit bancaire est une condition essentielle à l'éclosion et à l'expansion des entreprises.

En Afrique les crédits au secteur privé représentent moins de 20 % du PIB, contre 255 % aux États-Unis alors que seulement 6,4 % des PME et PMI africaines ont accès aux financements bancaires. Par suite, de l'absence ou insuffisance de financement, les entrepreneurs ferment leurs entreprises ou alors se détournent des institutions légales et opèrent dans l'économie informelle esquivant la fiscalité et la réglementation. Les obstacles qu'elles rencontrent pour accéder à des financements bancaires sont de nature diverse : caractère incomplet des produits financiers de l'offre du système bancaire, manque d'informations ou insuffisance des capacités d'analyse des banques, les difficultés rédhibitoires des garanties rigidités réglementaires ou insuffisances du cadre juridique, etc.

Les PME et PMI, la quasi-totalité des TPE et le secteur informel ont des besoins de financement énormes. Les entrepreneurs nationaux ne disposent pas de fonds propres importants même quand ils ont des excédents de ressources financières, ils les utilisent dans des emplois économiquement stériles : thésaurisation, consommation ostentatoire et de luxe, placements à l'étranger, et souvent se trouvent dans l'obligation de recourir au système bancaire et financier dont la structure ne répond pas à leurs besoins.

Également, tout entreprise quelle que soit son efficacité ou quelle que soit sa structure financière, peut se trouver confrontée à un problème de trésorerie de façon conjoncturelle ou structurelle pouvant survenir, à court terme, obligeant l'entreprise à chercher le financement de son actif circulant (stock, crédits accordés aux clients, créances diverses).

Au total, les besoins de financement des PME sont énormes et sont de plusieurs ordres que l'on peut résumer :

1°) le besoin de financement pour l'implantation. Il est lié à l'insuffisance du capital disponible pour faire face aux investissements nécessaires pour le démarrage de l'activité d'où le besoin de recourir à d'autres sources sur la base de l'élaboration d'un plan d'affaires. Ce besoin varie en fonction des fonds propres du promoteur et de la nature de l'activité ;

2°) les besoins de financement liés aux investissements qui sont de fait les plus importants et interviennent lorsque l'entrepreneur souhaite engager un capital dans une opération de laquelle, il attend des gains futurs par l'investissement, les ressources financières sont transformées biens corporels ou incorporels. Ces investissements peuvent avoir pour objet de maintenir les capacités de production existantes en procédant à des investissements de remplacement d'un matériel ancien, amorti, usé ou démodé par d'autres, plus performant, de rationaliser la production pour avoir un niveau de productivité plus subséquent ce qui accroît la capacité concurrentielle, de valoriser le capital humain par des dépenses de formation ou de perfectionnement contribuant à améliorer la productivité du facteur travail. En somme ces investissements contribuent à l'extension des activités. Ils relèvent de la nécessité pour l'entreprise de se doter de moyens de plus en plus performants : nouvelles acquisitions permettant, soit de renouveler les équipements, soit d'acquérir des équipements additionnels. Il peut s'agir de projet risqué, coûteux et innovant de R&D qui améliore la production ou la productivité de l'entreprise et que résigne à financer le secteur bancaire ;

3°) les besoins de financement liés à l'exploitation qui intervient à court terme, lorsque l'entreprise cherche le financement de son actif circulant : stock, crédits accordés aux clients, créances diverses. Ce besoin peut prendre la forme d'un découvert bancaire ou toute autre forme de crédits destinée généralement à financer les actifs circulants du bilan ;

4°) les besoins de financement lié à l'innovation technologique. Ces besoins sont des investissements dans des projets de recherche et de développement, ils sont à la fois lourds et coûteux avec une rentabilité différée, c'est donc un choix risqué. C'est pourquoi dans les pays développés il est opéré des subventions importantes et parfois des dégrèvements fiscaux pour pallier à la réticence des acteurs privés du capital-investissement qui refusent d'intervenir avant que les débouchés industriels et commerciaux de l'innovation ne soient assurés. Dès lors, le soutien des acteurs institutionnels (L'État et le secteur bancaire) apparaît plus nécessaire que jamais ;

5°) le besoin de financement pour de gros marchés spécifiques dans le cadre de la réalisation des commandes publiques qui impliquent que l'entreprise dispose au préalable de ressources financières importantes ;

6°) le besoin de financer d'autres services financiers comme la caution sur marché et la caution d'avance de démarrage.

Globalement, au plan quantitatif, les besoins se chiffrent à un peu moins de 200 milliards de FCFA, couverts à hauteur de 60 % par le SFD dont les offres de financement se concentrent sur trois secteurs : le commerce, les services divers et l'artisanat. Le commerce prédomine et absorbe 60 à 80 % des crédits. À ces besoins, il convient d'ajouter d'autres comme les fonds spécifiques de restructuration, de roulement et d'investissement.

7°) Le financement islamique

Ce type de financement prend un important envol dans le monde et en Afrique notamment au niveau des pays arabes où se localisent de substantielles ressources financières[121]. Les banques islamiques accordent des financements pour toutes les activités exception faite à celles liées à l'alcool, l'élevage de porc, la production d'armes, la spéculation financière et toutes autres activités illicites ou prohibées par la Charia. Les relations banque-clients priment. En sus de ces activités écartées du financement islamique, la BIS jusqu'en 2006 pour des raisons stratégiques n'intervenait pas non plus dans les secteurs de l'agriculture et de la pêche. Les conditions classiques de prêt sont : la rentabilité financière, la solvabilité et la valeur sociale du projet décliné en termes de création d'emploi, d'impacts économiques. Elles exigent pour instruire le dossier de prêt, la présentation de documents certifiés allant du bilan au business plan mais aussi des garanties qui ne diffèrent pas beaucoup de celles des autres banques seulement que la demande de garanties n'est pas en général systématique au niveau des banques islamiques.

Les instruments de financement par participation sont de quatre ordres à savoir :

---

[121] Geneviève CAUSSE-BROQUET : *La Finance islamique*, Edité par la Revue Banque, 2012.

***a)* Le Moudaraba** (commandite simple) qui est une opération sous forme de commandite simple, une association à but lucratif matérialisée par un contrat entre la banque (Rabb-al maal) et un ou groupe d'entrepreneurs (Moudarib). Dans cette opération, en cas de finalisation, la banque fournit 75 à 95 % des fonds et cela par tranches selon la planification indiquée dans le contrat. La rémunération de la banque varie entre 40 % et 55 % des bénéfices nets. En cas de faillite, la banque supporte les pertes financières et le promoteur rembourse les coûts d'opportunité ;

***b)* Le Mousharaka** (la participation) est un contrat de partenariat entre deux ou plusieurs parties en général entre une institution financière et un ou groupe d'entrepreneurs où chaque partie doit réaliser un apport soit en numéraire ou en nature. Il est un prêt participatif où le remboursement se fait selon un plan défini dans le contrat. À l'échéance, la banque cède ses parts à l'entrepreneur et se retire complètement du projet au bénéfice de ce dernier.

***c)* Le Mourabaha** est un contrat de vente entre une banque islamique et un client de la banque. Le client donne l'ordre à la banque d'acquérir pour son compte un actif et s'engage dans un contrat à racheter le bien au prix de revient avec une marge de bénéfice revenant à la banque. Le Mourabaha peut être très utile aux PME et pourrait être un excellent moyen pour importer des marchandises, des matières premières ou des équipements et outils industriels.

***d)* Ijara ou crédit-bail** est l'équivalent de l'opération de leasing ou de crédit-bail dans la finance islamique. Ce mode de financement qui peut permettre aux particuliers et aux entreprises d'obtenir des équipements ou des immobilisations qu'ils ne peuvent acheter directement.

En définitive, il est reproché aux banques islamiques d'exiger des garanties (hypothèques, nantissement, etc.) jugées élevées en raison du caractère fragile des PME, et cela sans compter que le coût des produits islamiques est souvent plus coûteux que celui des banques classiques, du fait surtout des frottements fiscaux. Or, si la pérennité de l'établissement est nécessaire, la finalité du financement islamique dépasse en effet le simple bannissement de l'intérêt. Celle-ci a pour but de participer au développement, à l'augmentation de la production de biens et services et à la création d'emplois. Ainsi les PME/PMI peuvent recourir aux financements structurés conformes à la Sharia pour répondre à divers besoins de financement : financement court terme (murabaha, salam, istisna, etc.), financement immobilier en leasing (ijaara) et financement de projets (mudaraba, musharaka, wakala, etc.).

1°) Le crédit-bail ou leasing une technique de financement judicieuse pour s'équiper et résoudre la faiblesse de fonds propres des PME/PMI

Le leasing ou le crédit-bail est une technique de financement d'origine anglo-saxonne très opérante qui a tendance à se généraliser aujourd'hui à de nombreuses entreprises toutes catégories confondues qui ont besoin de financer l'acquisition de biens (mobiliers ou immobiliers) onéreux, outils, meubles et automobiles dans le cadre de leurs activités professionnelles. Le leasing, terme anglophone du crédit-bail, fait l'objet de plusieurs définitions et compréhension selon qu'on soit économiste, juriste ou comptable. Pour certains, le leasing est une technique de financement par laquelle la société de leasing achète simplement un bien déterminé suivant les indications spécifiques du futur locataire et le lui donne en location pour une période déterminée. Le locataire obtient donc un droit d'usage. L'opération de leasing fait intervenir obligatoirement 3 personnes (morales ou physiques) **le vendeur** ou fabricant qui fournit le matériel, **le crédit preneur** ou encore l'utilisateur qui loue le matériel (les PME/PMI, entreprises industrielles, commerciales, artisanales, agricoles, professions libérales, associations, entreprises publiques, administrations, collectivités locales, etc.) **le crédit preneur** qui est l'établissement de crédit qui assure le financement du matériel, le crédit bailleur.

Dès lors, le leasing est défini comme un contrat à durée déterminée par lequel une personne, le crédit bailleur (société de financement, banque…) achète un bien et le met à la disposition d'une autre personne, le preneur (locataire), moyennant le paiement d'un loyer. Le locataire n'est donc pas juridiquement propriétaire du bien mis à sa disposition. Cependant, dans une logique de comptes consolidés, les biens acquis en crédit-bail sont assimilés à des immobilisations.

Au plan juridique, le crédit-bail recouvre trois contrats : le mandat qui permet à l'utilisateur de choisir le bien sans responsabilité du loueur, le contrat de location d'une durée basée sur l'amortissement fiscal et enfin la promesse unilatérale de vente du loueur à l'utilisateur locataire. Par ailleurs, les opérations de crédit-bail sont considérées comme une forme de crédits.

Ces définitions ont été affinées par plusieurs économistes pour la majorité, le leasing (ou crédit-bail) est une opération de financement dans laquelle le crédit bailleur agit comme un prêteur en mettant des fonds (le montant du bien financé) à disposition d'un emprunteur (le locataire) qui acquitte les sommes ainsi prêtées selon un échéancier de remboursement (les loyers) convenu contractuellement au départ. D'autres économistes affinent en considérant que le leasing est une forme alternative de financement qui permet à l'investisseur, en tant que donneur (souvent une banque ou un établissement financier proche d'une banque ou du fabricant), laisse la jouissance des biens mobiliers (tels que véhicules, machines, installations industrielles) ou immobiliers (immeubles commerciaux, usines, bâtiments administratifs) au preneur (généralement une entreprise), qui peut ainsi financer certains de ses investissements entièrement au moyen de fonds d'un tiers. En contrepartie, le preneur verse, pour l'utilisation du bien, une redevance, qui inclut une partie amortissement en plus des intérêts et des frais administratifs. À la fin du contrat, le crédit preneur dispose de trois possibilités : restituer le bien, renouveler le contrat (avec de nouvelles conditions) ou lever l'option d'achat et devenir propriétaire en achetant le bien à sa valeur résiduelle, c'est-à-dire en tenant compte des loyers qu'il a déjà versés (le prix de cession doit être indiqué dans le contrat).

Malgré son faible développement au Sénégal et en Afrique francophone, le leasing comporte beaucoup d'avantages comme une meilleure alternative aux fonds propres et aux crédits bancaires pour les PME/PMI dans la mesure où :

a) Il n'implique aucun effort d'autofinancement préalable puisque la société de leasing assure et finance l'investissement à 100 % ;

b) Il est facile à être obtenu puisque les garanties demandées sont légères par rapport à celles exigées par les banques ;

c) Il permet aux PME à faibles capacités d'endettement, de financer leur développement ;

d) Il facilite aux entreprises de s'équiper sans avoir à investir, la location des actifs pour une durée fixée en fonction de la durée de vie économique, l'entreprise peut obtenir de nouveaux outils de production sans avoir à mobiliser les fonds nécessaires à l'investissement ; il offre la possibilité d'échanger, à la fin ou au cours du bail, les équipements loués contre d'autres, plus modernes, ou plus adaptés à son besoin ;

e) Il permet de bénéficier d'avantages fiscaux (droits de douane appliqués, TVA appliquée par rapport à un crédit de financement classique ;

f) Les loyers peuvent être libellés en devise souhaitée ;

Ce mode de financement augmente la capacité de la firme à trouver des fonds.

Le fournisseur, à son tour, peut bénéficier d'un financement souple et d'être réglé au comptant sans être exposé au risque d'impayé et de change. Également, il peut jouir d'une garantie sur le bien loué dont il garde la propriété jusqu'à la vente à quoi s'ajoutent des avantages fiscaux que certaines juridictions permettent d'amortir, de manière accélérée, le coût d'acquisition du bien.

Il faut souligner quelques inconvénients que comporte le leasing, au-delà même de sa complexité technique et du manque de spécialistes sur la question qui handicapent son développement. En effet, leur exercice à titre habituel est soumis à la sollicitation d'un agrément conformément aux dispositions de la loi bancaire ou la loi portant réglementation des systèmes financiers décentralisés, ce qui n'est pas le cas pour les pays de zone franc car au niveau de la BCEAO comme de la BEAC, les banques sont autorisées par la législation à établir des contrats de crédit-bail. Quels sont alors les principaux inconvénients de ce mode financement ?

1) Le coût du crédit-bail est très élevé ; en effet les loyers à verser et le prix résiduel devant être payé dans le cas de l'option d'achat sont importants.

2) La complexité du montage des opérations juridiques et comptables, l'absence de spécialistes, sans parler de l'informatique qui doit avoir été préalablement conçue pour cela ;

3) Le bailleur est exposé à différents risques (juridiques, monétaires ou politiques) qui expliquent la réticence des "sociétés de leasing". La responsabilité du preneur est lourde en cas de dommage causé au bien loué.

Nous avons là quelques facteurs bloquants auxquels s'ajoutent le fait que l'utilisateur n'est pas propriétaire de l'équipement ce qui est un obstacle psychologique important pour des pays où le voyeurisme des entreprenants veut que l'on exhibe son bien comme signe de réussite. Ensuite, malgré l'apparente facilité du contrat, il exige des garanties, des taux d'intérêt élevés mais surtout une compétence professionnelle révélée par des indicateurs de capacité par le bilan de l'activité qui font l'objet d'une surveillance suivie. La complexité des opérations juridiques et comptables peuvent être dissuasives pour des utilisateurs qui ont un faible niveau de formation. Enfin des problèmes complexes de garantie, de financement et de rentabilité prévisionnelle selon les caractéristiques du marché.

Le leasing est compris comme un modèle anglo-américain et cela explique en partie le faible développement de cette pratique dans les pays francophones (WAFABAIL au Maroc, SAFBAFL en Côte d'Ivoire, LOCAFRIQUE au Sénégal)[122]. La SFI a tenté de faire bouger les lignes en organisant une vaste campagne de communication sur les possibilités qu'offre le leasing en observant le Sénégal où le leasing a démarré en 1977 mais aujourd'hui, il est loin derrière les pays comme l'Ile Maurice, la Mauritanie, l'Afrique du Sud, le Maroc, le Nigéria, le Ghana… À titre d'exemple, Riadh NAOUAR, expert international du crédit-bail à l'IFC et chargé d'opération Senior de l'Africa Leasing Facility de la Société financière Internationale (SFI) a montré qu'en Tanzanie, le crédit-bail est passé de zéro en 2004 à 50 milliards de dollars en 2006, au Ghana, leur marché qui était à 27 milliards de dollars en 2004 a atteint les 115 milliards de dollars deux ans après. D'après les experts de la Société financière Internationale (SFI), le leasing est un outil efficace de financement de l'économie, grâce à sa flexibilité. Il est une forme de crédit adapté à la Très Petite Entreprise et à la PME.

La pratique se développe, appuyée par certaines banques commerciales qui ouvrent des guichets crédit-bail (SGB, ATTIJARIWAFA BANK, BICIS et surtout BGFIBank avec FINATRA FINANCE). La loi n°71-458 du 22 avril 1971 qui fixait les conditions d'exercice de l'activité de leasing été revue pour le rendre conforme à l'évolution de la nouvelle dynamique économique et apporter une réponse au besoin de financement des entreprises. Le nouveau texte fait passer le marché du crédit-bail de 5 milliards FCFA en 2009 soit 0,2 % du total des concours financiers nets, à 80 milliards FCFA pour les prochaines années. Les succès de LOCAFRIQUE qui détient désormais 34 % de la Société Africaine de Raffinage (SAR) avec un financement de 46 milliards de Cfa.

2°) La Caisse des Dépôts et de Cautionnements (CDC)

Quel est le rôle exact de cette institution, omniprésente, mais peu connue du grand public ? La formule sénégalaise est imitée de la Caisse des Dépôts et Consignation française et ses filiales qui « constituent un groupe public au service de l'intérêt général et du développement économique du pays. Ce groupe remplit des missions d'intérêt général en appui des politiques publiques conduites par l'État et les collectivités territoriales et peut exercer des activités concurrentielles. » La CDC n'est pas contrôlée par le gouvernement, mais par le Parlement. Sa commission de surveillance est présidée par un député, et composée pour un tiers de parlementaires (quatre membres sur douze). Mais c'est le président de la République qui nomme son directeur général, pour un mandat de cinq ans. Par son indépendance et l'importance des fonds qu'elle contrôle (200 milliards d'euros), elle est la clé de voûte du système financier français. Elle garantit en effet une « sécurité absolue » à l'argent qui lui est confié. Ce qui n'est pas le cas des banques, même les mieux gérées. Le volume des fonds mobilisés permet à la CDC d'être le « bras armé » de l'État dans l'économie. Mais en plus des missions publiques, elle remplit aussi des missions privées qui la rapprochent des banques commerciales. Elle centralise l'épargne déposée sur le Livret A de la Poste et à la Caisse d'Épargne, et redistribue ces fonds aux organismes HLM (Habitations à Loyers modérés) et aux collectivités locales sous la forme de prêts à long terme (6,5 milliards d'euros en 2007). Elle intervient aussi dans le financement de grandes infrastructures, comme les lignes. Et elle gère les régimes de retraite des fonctionnaires de l'État, des collectivités locales et des hôpitaux. La Caisse joue aussi un rôle d'investisseur institutionnel. Par son intermédiaire, l'État est présent à long terme dans le capital de sociétés qu'il veut soutenir, ou dont il espère simplement tirer des dividendes.

La Caisse de dépôts et Consignation sénégalaise (CDC) est un établissement public à statut spécial créé par la loi 2006-03 du 04 janvier 2006 sur le modèle français ; cette loi a été modifiée pour élargir ses compétences et lui attribuant désormais un rôle important dans le financement du développement. Désormais, elle a pour mission de gérer les dépôts versés par les épargnants à la caisse nationale d'épargne, ceux des professions juridiques (fonds des notaires et des greffes, les retenues opérées à la suite de saisie-arrêt) ainsi que ceux des caisses de retraite publiques et parapubliques. Il reçoit également les consignations de toutes sortes prévues par une disposition législative ou réglementaire et les dépôts de garantie constitués par les usagers auprès des concessionnaires des services publics. Également, il est autorisé, sur ses disponibilités uniquement (fonds propres issus des placements) à prêter aux collectivités locales, aux PME/PMI ainsi qu'a constitué des portefeuilles de valeurs mobilières. Au bout, il a le monopole absolu sur les cautions à l'intérieur du marché à l'exception, toutefois, des cautions sur le marché public et joue le rôle de préposé du Trésor au niveau des régions, pour se rapprocher de ses partenaires.

La CDC qui a effectivement démarré ses activités en juin 2008, ambitionne de s'investir pleinement dans le financement de l'économie sénégalaise, à l'instar de la Caisse de Dépôt et de Gestion (CDG) du

Royaume du Maroc qui intervient sur différents segments de l'économie marocaine, notamment le développement territorial, les infrastructures, les marchés financiers, le logement et le financement de l'entreprise. Dans cette direction, la CDC a élaboré un nouveau business Plan 2013-2017, pour redresser ses finances ce qui lui permet d'acquérir une autonomie financière suffisante de manière à jouer pleinement son rôle d'outil de financement de la politique économique et sociale. Une nouvelle stratégie d'investissement est envisagée qui privilégie, en plus des placements habituels sur la place bancaire locale que leur extension sur le marché financier sous-régional. En conséquence, elle se positionne progressivement sur le marché local des PME, suite aux nombreuses demandes émanant de celles-ci.

La CDC dispose d'importantes ressources financières qui sont passées de 33 milliards de FCFA en 2008 à 68 milliards de FCFA en 2012. Selon le Directeur, si « tous les fonds escomptés étaient logés à la CDC », cette enveloppe pouvait atteindre les 100 milliards de FCFA. Dans le lot des fonds attendus, le Dg de la CDC souligne que le FNR (Fonds National de Retraite) logé au Trésor ainsi que ceux relatifs à la retraite des agents non fonctionnaires de l'État, domiciliés à l'IPRES, sont « supposés être logés à la Caisse ». Les placements en portefeuille, durant l'année 2010, ont généré des produits financiers (intérêts et autres produits financiers) de 2,443 milliards de francs contre 2,331 milliards de francs pour l'exercice précédent, soit une augmentation de 112,580. Millions de francs en valeur absolue et 4,8 % en valeur relative.

3°) Les lignes de crédits internationales et l'impérative nécessité de les réévaluer

Dans le cadre de coopération économique et financière internationale, le Sénégal a signé des accords de **lignes de crédits** avec d'autres pays et organismes internationaux, en vue d'accorder des crédits plus avantageux (taux d'intérêt moins élevé, différés plus importants…) à différents acteurs du secteur privé (voir en annexe les plus importants. Cependant, ces lignes exigent des critères d'éligibilité souvent difficilement réalisables et qui portent généralement sur la taille, le secteur d'activité et les garanties et autres suretés, manquent d'efficacité et surtout de lisibilité. S'y ajoute une communication quasi inexistante si bien qu'elles sont ignorées des potentiels bénéficiaires. Les bailleurs prompts à demander aux États transparence et traçabilité ne s'appliquent point, en la matière, ces beaux principes de bonne gestion et de bonne gouvernance. Ils oublient souvent leurs engagements dans la fameuse Déclaration de Paris en 2002. Un audit et une refonte de ces lignes de crédit doivent être sérieusement renégociés et révisés afin que l'appui puisse parvenir aux bénéficiaires ce qui est signe d'efficacité.

4°) Le mobile bankink : offre des services financiers aux non-bancarisés du fait des coûts de transactions bancaires élevés

Le mobile banking ou encore le service de banque mobile, est utilisée pour désigner un service qui permet aux clients d'accéder à un certain nombre de prestations bancaires ou financières à partir d'un simple téléphone mobile. Cette prestation financière, bien que non encore analysée dans les sphères de la recherche et de la littérature économique, inaugure dans le système bancaire mondial, surtout au niveau des pays en développement où le taux de bancarisation est très faible, une ère de modernité.

Selon la base de données GLOBAL FINDEX de la Banque Mondiale, seulement 41 % des adultes dans les pays en développement ont un compte bancaire. Les raisons de l'absence de compte tiennent à un certain nombre de facteurs notamment le caractère élevé des coûts de transaction bancaire (le manque d'argent, les coûts facturés par les banques, l'éloignement des établissements et le manque de documentation nécessaire) ainsi que des facteurs culturels qui favorisent les réseaux informels (tontines et autres).

Au Sénégal, SONATEL-ORANGE est le premier opérateur téléphonique qui a lancé en 2009 le mouvement avec Orange Money. Il apparaît comme le plus important de par sa dimension sous-régionale et au vu des capacités opérationnelles et commerciales d'Orange. Depuis, le phénomène est en train de s'élargir en l'absence d'une évaluation quantitative.

En conclusion, il importe de refonder totalement toute la systémie bancaire qui permet aux banques commerciales et autres compagnies d'assurance d'engranger des profits exorbitants au détriment du système productif. Il faut enfin oser sortir de l'immobilisme et de la facilité pour instituer un système bancaire innovant et engagé aux côtés du secteur privé pour financer les activités haut de gamme. Des expériences et de bonnes pratiques existent au niveau des pays qui ont de fortes ambitions économiques. En effet, les grandes entreprises sont bien traitées par le système bancaire commerciale et peuvent en même temps recourir sans grande difficulté aux marchés financiers, les entreprises du secteur informel et des TPE peuvent se diriger vers le microcrédit et les réseaux du système financier décentralisé, quant aux PME/PMI, elles arrivent à disposer de porte d'entrée facilement accessible dans l'écosystème financier.

Il faut s'orienter vers la création d'une Banque de Développement des PME (BDPME) réunissant un pool de capitaux et de compétences qui leur est exclusivement destiné. Les cas du Maroc et de la Tunisie sont brièvement analysés, certainement le meilleur exemple est l'Allemagne avec les « *hausbank* » (banque maison). Dans ce pays, le secteur public, ainsi que les secteurs coopératif et mutualiste, dominent pour plus des 2/3 le marché bancaire : les banques des Länder détiennent elles-mêmes plus de 20 % de ce marché. Avec le « *hausbank* » (banque maison), les entreprises entretiennent avec leur banque, souvent unique, des relations suivies de partenariat à long terme et lui confient la plupart de leurs opérations tandis que leur gestion fait l'objet d'un suivi attentif de la part de la *hausbank.* Ce type de relation fait que les faillites de PME, notamment, sont moins nombreuses en Allemagne qu'en France. Cette organisation du marché financier a permis à l'industrie allemande d'afficher une meilleure liaison recherche-formation-production et une compétitivité hors coût supérieure à celles de la France.

L'État et la BCEAO doivent intervenir et sortir de l'immobilisme, rappelons que, dans le cadre de l'Euro système, la Banque centrale européenne et la Banque de France ont accordé des prêts aux banques commerciales pour leur permettre de reconstituer leurs liquidités et de prêter aux entreprises. C'est dire toute l'importance d'une réforme profonde du système bancaire et de la politique du crédit, avec un pôle financier public national et décentralisé capable de transformer les pratiques et critères du crédit pour les investissements matériels et de recherche du secteur privé qui, ainsi financés, augmenteraient la création de richesse et l'emploi.

Finalement, l'important aujourd'hui est de lever le verrou du financement de l'investissement comme l'ont fait nombre de pays qui ont choisi de résoudre les déficiences des financements en créant de banques commerciales de taille plus modeste (Kenya) ou de banques rurales (Ghana) afin de réduire la distance géographique et économique entre les banques traditionnelles et les PME. Dans une perspective analogue, l'Afrique du Sud avait adopté début 2005 deux lois visant à élargir le système bancaire aux caisses d'épargne et de crédit (banques de second rang) et aux banques coopératives (banques de troisième rang) tout en assouplissant la réglementation bancaire qui les régit afin de préserver une certaine flexibilité dans leur offre de crédits. Enfin, dans de nombreux pays, des unités de crédit aux PME se développent au sein des banques commerciales traditionnelles.

CHAPITRE IX

PROBLÉMATIQUE DES TRANSVERSES FACTEURS PRIMORDIAUX DANS L'ÉDIFICATION D'UN SYSTÈME ÉCONOMIQUE PERFORMANT ET COMPÉTITIF[123]

Les PAS et leur continuation se donnent comme objectif d'assainir les économies en vue de restaurer un cercle vertueux de croissance par élimination ou réduction des déficits internes et externes, compression de la demande, suppression des distorsions pour le fonctionnement des marchés, privatisation et promotion du secteur privé. Ces éléments forment les conditions sine qua non d'une économie performante et compétitive. Tout le processus de la croissance sera tiré par les exportations et l'investissement.

Les différentes études et rapports sur la compétitivité de l'économie sénégalaise notamment le Rapport national sur la compétitivité au **Sénégal** (**RNCS** 2011) soulignent que « le revenu par tête d'habitant reste légèrement plus faible que la moyenne des revenus par habitant de tous les pays d'Afrique subsaharienne et que par rapport aux pays de référence membre de la CEDEAO et d'Afrique subsaharienne, le Sénégal a enregistré une plus faible croissance du PIB entre 2000 et 2009. Le taux de croissance se situe en dessous du seuil de 4 % sur cette période ce qui est encore loin du seuil de 7 % fixé dans le DSRP. La croissance économique du pays devrait être relevée substantiellement afin de réduire l'incidence de la pauvreté monétaire. »[124] Nonobstant la mauvaise qualité des politiques sectorielles le RNCS analyse la faiblesse de la productivité globale des facteurs comme principal facteur de la compétitivité.

Dans la mondialisation darwiniste caractérisée par de multiples interdépendances, si on veut garder chez soi sa part du marché national ou aller conquérir une part de marché extérieur cela passe impérativement

---

[123] Moustapha KASSE : L'Économie du Sénégal, les 5 défis d'un demi-siècle de croissance atone ; l4Harmattan 2015, 270 p.

[124] RNCS de 2011 p. 30.

par la compétitivité qui est le maitre mot de la performance économique et de la création-conservation des avantages concurrentiels ou compétitifs. Toutefois, si tous les décideurs politiques cherchent la performance, ce concept est malheureusement sujet à de nombreuses polémiques avec des critères et des perspectives d'analyse différents selon la discipline ou les écoles de pensée auxquelles appartiennent les auteurs. La réalité est qu'aujourd'hui, il n'existe pas de consensus ou d'unanimité autant sur ce qu'est la performance si bien que la façon de la mesurer est sujette à caution. Alors on se retourne vers la compétitivité comme étalon d'évaluation.

PARAGRAPHE 1

Rapport National sur la Compétitivité au Sénégal (RNCS 2011) : Compétitivité, productivité : de quoi parle-t-on ? Comment les mesure-t-on ?

Au-delà des controverses, pour faire simple, la compétitivité d'une entreprise ou d'une économie est son aptitude à faire face à la concurrence ou encore la capacité à accroître ou à maintenir des positions sur des marchés domestiques ou d'exportations en offrant de bons produits, au bon prix et sur de bons marchés.

On distingue généralement :

1) La compétitivité coûts qui renvoie aux coûts de production, c'est-à-dire le coût du travail (les salaires), le coût du capital (les intérêts), la charge fiscale, ainsi que la productivité (mesurée en rapportant la quantité produite au nombre d'heures utilisées pour produire ;

2) La compétitivité prix qui s'exprime en monnaie internationale selon un taux de change et elle consiste pour les producteurs de pouvoir vendre sur les marchés extérieurs (même domestiques) à un prix égal ou inférieur à celui des producteurs étrangers (à qualité égale) ; dans ce cadre le taux de change devient l'opérateur crucial ;

3) La compétitivité technologique qui provient de l'innovation et du progrès technique et qui crée une rente de situation par la qualité des produits (ou de l'assortiment offert, c'est-à-dire de la qualité de la spécialisation) ;

4) Et la compétitivité structurelle découlant de la capacité d'adaptation de l'économie aux changements de l'environnement économique international et concerne aussi l'allocation des ressources en vue

d'obtenir une meilleure insertion dans l'économie mondiale avec une politique commerciale à la fois pertinente et stratégique.

La compétitivité est devenue, aujourd'hui, pour des économies ouvertes, un impératif et les politiques économiques s'inscrivent dans une ou l'autre de ces notions. Elle est un élément de l'évaluation des performances d'une économie ou d'une entreprise. En effet, on distingue globalement, trois niveaux d'évaluation des performances :

Sur la première question, la théorie libérale (dans les programmes d'ajustement structurel) tente d'établir que la meilleure façon de s'assurer que l'on est compétitif en étant exposée au jeu de la concurrence sur le marché interne et externe. À l'appui deux arguments, non seulement la concurrence incite à mieux organiser le processus de production (Kenneth ARROW) mais elle stimule et conduit à l'innovation et pousse aussi à améliorer et à renouveler l'offre (Joseph Schumpeter). Pourtant, ces deux points de vue sont contestables. En effet, la concurrence, lorsqu'elle est forte, fait non seulement baisser les prix, mais aussi les profits. Dans ce cas, elle peut également freiner l'innovation. La relation entre concurrence et innovation est donc particulièrement complexe ? Pour le lien, il faut trouver le « bon » niveau de concurrence.[125]

Sur la seconde question, concerne la rigueur. La recherche d'un cadre macroéconomique de qualité recouvre dans nos différentes politiques économiques deux types de mesures : d'abord, la réduction des déficits publics en diminuant les dépenses et/ou en augmentant les recettes (ce qui se limite systématiquement au rééquilibrage des finances publiques par la recherche effrénée d'une augmentation des recettes) et ensuite, des actions visant directement à améliorer la compétitivité des entreprises comme la réduction des coûts salariaux et des autres charges pesant sur elles. Dans ce sens, plusieurs actions ont été initiées, allant de l'élargissement de l'assiette fiscale par la généralisation de la TVA aux actions visant l'amélioration du rendement fiscal. L'amélioration des finances publiques, ces dernières années, s'est plus effectuée au détriment des comptes d'exploitation des secteurs et des entreprises. Or, à chaque niveau de déficit public correspond un

---

[125] Dans le cadre de l'entreprise, Michael Porter a approfondi l'analyse a un double niveau celui de l'avantage concurrentiel, il s'agit d'acquérir une position unique grâce à une particularité qui lui donne prépondérance sur toute autre entreprise constituera un avantage concurrentiel. Pour M. PORTER, un AC ne peut être formulé qu'en faisant référence à un secteur ou un segment. Il n'est pas à priori transposable à d'autres.

niveau d'efficience de l'économie. Pour mieux s'inscrire dans une dynamique de flexibilité, ce sont les finances publiques qui devront s'ajuster au reste de l'économie. Trop de rigueur, notamment budgétaire, appliquée sur une courte période peut conduire à un effet récessif. Celui-ci est aggravé si, malgré la baisse des salaires, les prix intérieurs ne diminuent pas comme c'est le cas dans les pays du sud de l'Europe suite à la hausse de la TVA (Taxe sur la Valeur ajoutée) et d'autres taxes. C'est la raison pour laquelle le Fonds Monétaire International (FMI) a rappelé en automne 2012 la nécessité du bon dosage des politiques de rigueur.[126]

La troisième question concerne la manipulation du taux de change et la problématique des dévaluations compétitives. La question est importante suite à notre appartenance à la Zone Franc et l'arrimage du franc CFA à l'Euro avec parité fixe ce qui interdit toute manipulation du taux de change. Le taux de change peut avoir un impact important sur la compétitivité prix : une dépréciation de la monnaie nationale aura ainsi un effet positif sur celle-ci. En effet, si la devise locale se déprécie, les prix de vente à l'exportation du pays toutes choses égales par ailleurs baissent (ce sont les prix en devise étrangère qui diminuent), les produits deviennent ainsi plus compétitifs et les chiffres de vente devraient augmenter. À l'inverse, cette même dépréciation rend les produits importés plus chers. Néanmoins, un bon niveau de compétitivité internationale ne saurait être maintenu à long terme par des seules dévaluations compétitives ou par la compression des coûts salariaux. Comme le montre l'exemple des pays de l'Asie du Sud-Est, les progrès soutenus de la productivité constituent un élément clé des gains de compétitivité internationale et d'une croissance tirée par les exportations. »[127]

À défaut d'avoir des instruments fiables de mesure, atteindre une meilleure compétitivité par les prix peut se réaliser par des économies d'échelle ou encore le développement du progrès technique visant à réaliser des gains de productivité et la compétitivité par les coûts peut s'améliorer par la baisse des coûts unitaires des facteurs de production (travail, capital et technologie), les Consommations intermédiaires (CI), la politique fiscale et sociale pesant sur le coût du travail, le soutien à l'innovation technique, commerciale et à la formation professionnelle,

---

[126] Revue Problèmes économique n° 3067 de mai 2013 : Compétitivité 2.0.
[127] Thierry LATREILLE et Aristomène VAROUDAKIS : Croissance et compétitivité de l'industrie manufacturière au Sénégal, OCDE Document technique N° 118 1996.

la qualité des infrastructures, les politiques sectorielles ou de filière, les subventions directes ou indirectes, la législation (y compris les coûts de l'administration, les restrictions environnementales, etc.).

Pour procéder à l'analyse de la compétitivité, il importe d'examiner plus à fond le rôle de la productivité globale des facteurs comme déterminant de la compétitivité de l'économie et l'incidence des transverses que sont les infrastructures. La croissance de la productivité étant un élément clé de la compétitivité, il faut identifier et analyser sur le plan théorique et empirique le comment de son amélioration ?

PARAGRAPHE 2

Les performances économiques et ses liens avec la compétitivité absolue, le niveau de la productivité globale des facteurs et les transverses.

À regarder les politiques macroéconomiques et leur insistance sur les performances de l'économie sénégalaise ont négligé l'insertion et la promotion de la productivité qui est souvent déclamée, mais rarement calculée et intégrée dans les politiques[128]. Assez simplement, la notion se définit comme le ratio obtenu en divisant la quantité de richesses produites sur les moyens utilisés pour la produire ce qui permet alors de calculer la productivité du travail, la productivité du capital, des investissements, des matières premières est un déterminant clef, fondamental des différences de niveau de production et de compétitivité entre les Nations du monde et entre les régions d'un pays si bien que l'efficacité d'un mode de production se mesure à partir de la productivité des facteurs. De même, on observe dans tous les pays que les revenus réels et les tendances de la productivité tendent à évoluer en parallèle dans le temps. C'est ainsi que l'augmentation des niveaux de vie et de la qualité de vie passe par les améliorations de la productivité qui sont la base économique des investissements dans l'éducation, la santé, les améliorations de l'environnement, l'infrastructure, la lutte contre la pauvreté et la sécurité sociale. S'il est vrai que la croissance de la productivité peut conduire à des améliorations précitées, il est également vrai que la productivité s'accroît essentiellement par la mise

[128] Une preuve irréfutable est le faible écho, la faible dissémination du RNCS 2011 qui a essayé d'évaluer la compétitivité et les performances économiques du Sénégal. Le rapport antérieur élaboré par l'UEMOA intitulé « compétitivité sectorielle des pays membres en 2004 a eu une diffusion insignifiante.

en place d'un climat favorable en termes d'ouverture commerciale, d'accès au financement, de capital humain, d'infrastructures publiques ;

La problématique de la productivité si importante qu'elle soit soulève d'innombrables questions de compréhension du fait de la pluralité des notions, des modes de calcul et surtout des questions relatives aux enjeux directement liés à la croissance économique. Cette complexité entraîne bien souvent des erreurs fréquentes d'appréciation et d'interprétation. Cela nous conduit à clarifier les notions les plus usuelles avant d'analyser leur niveau au Sénégal à savoir la productivité globale des facteurs, la productivité partielle des facteurs de production les gains de productivité.

1°) L'importance déterminante de la productivité globale des facteurs ou encore la productivité multifactorielle

La notion de productivité globale des facteurs (PGF), vise à synthétiser la productivité d'ensemble du processus de production. De manière plus précise encore elle mesure la productivité totale des facteurs utilisés dans la production. À partir de la fonction de production, cette variable explique la part de la croissance économique qui n'est pas justifiée par l'augmentation du volume du travail et celui du capital, en conséquence, elle mesure l'efficacité de la combinaison productive qui renvoie à divers éléments qui peuvent influencer la productivité des facteurs à savoir le progrès technique (innovations), la qualité des institutions, le capital humain, le capital physique, le développement financier, l'organisation et la gestion des ressources et l'ouverture, etc.

Le Directeur adjoint de la DPEE a indiqué, dans une communication récente, qu'entre 1980 et 2010 la productivité du travail a très peu progressé et qu'elle est même en dessous de la moyenne en Afrique. Entre 2000 et 2009, en moyenne moins de la moitié de la main-d'œuvre, celle employée dans l'industrie et les services, représentait 84 % du PIB total, alors que les 51 % employés dans l'agriculture ne représentaient collectivement que 16 % du PIB. Les faibles niveaux de productivité du secteur agricole seraient imputables à la prédominance de l'informel, à un faible degré de mécanisation et à une forte dépendance vis-à-vis de la pluviométrie. Subséquemment, les phases de croissance significative du PIB sont le plus souvent animées par les services comme sur la période 2000-2007, alors que les années où la croissance est portée principalement par l'agriculture, comme en 2008 et en 2009, les performances de l'économie sont modestes.

2°) La productivité partielle des facteurs de production : travail valeur cardinale et capital

En ce qui concerne le capital, L'ICOR représente la variation du ratio investissement/PIB, et sa détérioration reflète une baisse de la qualité des investissements publics au cours du temps. L'ICOR est alors le coefficient marginal de capital et mesure les unités d'investissement nécessaires à la production d'une unité additionnelle de croissance économique. L'inverse de l'ICOR mesure la productivité marginale du capital. Par conséquent, plus l'ICOR d'un pays est élevé, plus élevé est l'investissement nécessaire pour gagner un point de croissance additionnel du PIB donc plus faible est la productivité marginale du capital. Dans un pays en développement, un ICOR supérieur à 5 dénote un manque d'efficacité des investissements réalisés comme l'indique le tableau ci-dessous, entre 1990 et 2009, l'ICOR du Sénégal a atteint ses meilleurs niveaux durant les périodes 1995-1999 et 2000-2004.

L'ICOR du Sénégal pendant la période 2000-2009 est élevé, mais meilleur que celui de la période 1990-1999. Sur la période 2000-2004, l'ICOR a été de 5,4, mais s'est dégradé sur la deuxième partie de la décade pour atteindre un niveau de 8, traduisant une utilisation moins rentable des investissements sur cette même période. L'ICOR de plus en plus élevé du Sénégal peut refléter une orientation d'investissements massifs dans des domaines non directement productifs ou pour lesquels l'impact sur la croissance économique est différé, et/ou la persistance de contraintes dans l'environnement des affaires.

Les politiques néolibérales ont véhiculé l'idée que dans la mondialisation la productivité du travail implique flexibilité du marché du travail et les bas salaires comme éléments de la compétitivité et de la rentabilité des entreprises[129]. Il était alors affirmé de manière péremptoire que la puissance des syndicats fait fuir les éventuels investisseurs, dans une économie sénégalaise où le niveau du salaire n'est pas reflété par l'excédent de main-d'œuvre sur le marché du travail. Il est alors nécessaire de s'attaquer aux rigidités de ce marché en mettant en place

[129] Une étude de la Direction de la recherche économique a montré que le salaire horaire moyen français était de 55 F. Ce même salaire est de 3F50 en Thaïlande, de 4 F aux Philippines et descend jusqu'à 1,5 F au Viêt Nam et 1,2 F à Madagascar. Ainsi, un travailleur en Thaïlande coûte 16 fois moins cher qu'un travailleur français et un travailleur malgache pratiquement 36 fois moins. Les gains de productivité que permettent de tels écarts de coût de main-d'œuvre fournissent aux entreprises qui délocalisent leur production une compétitivité accrue sur les prix.

une politique de revenu de manière à réduire le prix du bien salarial afin de maintenir le pouvoir d'achat des salaires en dépit de leur baisse nominale ou leur moindre croissance. À cet effet, la politique de rigueur tente d'obtenir une croissance de la productivité du travail plus rapide que celle du salaire réel.

En conséquence, les PAS insistaient particulièrement sur les coûts salariaux dont les niveaux peuvent être dissuasifs pour les IDE. En Afrique de l'Ouest, il était alors souligné que le Sénégal et la Côte d'Ivoire avaient des coûts salariaux bien en dessous de ceux de pays asiatiques. Cet aspect est fortement souligné par l'excellente étude de Mouhamadou Bamba Diop de la Direction du Plan et des Études Économiques (DPEE) quand il observe que « le marché du travail est fortement marqué par un coût élevé de la main-d'œuvre ainsi une étude de la Banque mondiale portant sur l'évaluation du climat des investissements en 2006, la rémunération mensuelle moyenne est de 281,9 dollars dans le secteur manufacturier et de 431,5 dollars US dans les services. Ces taux sont élevés comparativement aux pays concurrents comme la Chine, l'Inde, la Tanzanie, le Kenya.

PARAGRAPHE 3

Les transversales, facteurs vitaux de la croissance endogène : infrastructures, énergie, ressources hydrauliques et humaines.

Les infrastructures routières, maritimes, hydrauliques, énergétiques, les ressources humaines sont un moteur de la croissance et du développement par l'importance des externalités positives qu'elles engendrent. Celles-ci externalités sont de plusieurs types :

a) Effet conjoncturel, effets multiplicateurs à court terme notamment par la croissance de l'emploi, l'investissement public par la construction et l'entretien du réseau des transports sur l'activité de construction ;

b) Effets d'entraînement à moyen long terme (génération de revenus en faveur de la collectivité et de l'État) dus à l'amélioration des conditions de croissance, réseaux plus performants mis à la disposition d'usagers plus nombreux (gains de temps, échanges accrus de personnes et en biens et services)

c) Développement régional, tourisme, accessibilité culturelle et sociale.

Globalement, la mauvaise qualité des infrastructures et des services publics, la cherté des coûts des intrants sont parmi les facteurs qui contribuent le plus à dégrader la compétitivité des entreprises sénégalaises. L'offre des services de fourniture d'électricité et de transport est illustrative de cette situation. Concernant le secteur de l'énergie, à l'important déficit de la production s'ajoutent la mauvaise qualité du service (coupures, délestages, accidents, etc.), la cherté des tarifs et la vétusté de l'appareil de production. Les infrastructures de transport (routier, ferroviaire et maritime) soulèvent des problèmes similaires de qualité, de coûts, de vétusté du matériel et de régularité du trafic.

Analysons plus en détail ces composantes des transverses. Ces problèmes sont aggravés par les nombreux accidents corporels et matériels notés sur les axes routiers et ferroviaires.

1°) Les infrastructures routières : facteur capital de la formation des marchés et révélateur de leurs diverses distorsions

Selon une enquête sur les entreprises sénégalaises, les plaintes et autres jérémiades des entreprises ont surtout concerné les infrastructures, les routes et services de transport, le ramassage des déchets, le transport ferroviaire et la fourniture d'électricité. Là où seulement 0,7 % des chefs d'entreprises du secteur manufacturier estiment selon qu'ils soient en zone industrielle ou non, que les services de téléphone fixe sont de mauvaise qualité, ils sont entre 70 et 77 % à décrier la mauvaise qualité des routes.

L'infrastructure fournit le cadre des activités de production et favorise la croissance. Ainsi, en l'absence d'équipements adéquats pour la fourniture d'électricité, de l'eau, des moyens de transports et de réseaux de communication et de télécommunication, il est impossible d'optimiser les processus de production et de tirer pleinement parti des avantages liés à la situation géographique. Un développement efficient de l'infrastructure est nécessaire à l'intégration des localités à l'intérieur du territoire national, mais également à l'intégration de l'économie nationale à celles de ses voisins pour bénéficier d'un large marché et de réaliser, ainsi, des économies d'échelle.

Au lendemain des indépendances, le Sénégal avait hérité de bonnes infrastructures et d'une base productive relativement solide. La crise économique de la fin des années 70 qui s'est prolongée au cours de la décennie 80 a ralenti le rythme de progrès et les installations existantes ont commencé à se détériorer. La médiocrité des infrastructures a constitué un véritable obstacle à la croissance économique en handicapant l'économie sénégalaise dans la concurrence internationale, surtout au cours de la décennie 80. Un changement de tendance est observé à partir de 1995 avec un relèvement du niveau des dépenses publiques orientées vers les investissements en matière d'infrastructure. Cette hausse a connu un pic en 1998 pour, ensuite, suivre une tendance à la baisse et s'approcher de son niveau avant dévaluation.

Dans ce secteur, depuis 2000, les bailleurs de fonds ont été diversifiés relativement à la mobilisation des financements. Les nouveaux partenaires proviennent généralement des pays émergents, du Moyen-Orient et des institutions de financement comme la BAD, la BID, la BOAD, le Fonds Saoudien, le Fonds Koweitien. Entre 2000 et 2010, les investissements réalisés se sont élevés à 1200milliards de FCFA, ce qui a permis de disposer de 2000 km de route bitumée et 2400 de pistes. Cependant, la plupart des investissements proviennent du secteur public, dès lors, un partenariat public-privé s'avère impératif. C'est dire qu'il faut poursuivre les investissements en associant plus fortement le secteur privé.

Le PSTII (2000-2006) d'un coût total estimé à 364 milliards de FCFA dont une partie provient du fonds routier a permis au gouvernement du Sénégal de faire des réalisations aussi bien en termes de réformes institutionnelles que d'investissement infrastructurel au niveau de tous les secteurs (routier, ferroviaire, portuaire, et maritime, aérien, environnement et social, transport rural). Dans le cadre de ce programme, Dakar se taille la part du lion avec les travaux d'aménagement de la Corniche et le projet d'autoroute à péage qui doivent contribuer de manière significative à l'amélioration de la mobilité urbaine.

2°) Les ressources humaines, formation professionnelle et la croissance économique : former des acteurs innovants et qui ont à la fois l'esprit scientifique et l'esprit d'entreprise c'est-à-dire savoir saisir et gérer les opportunités d'investissement

Sur des marchés où les biens et les services, les capitaux et les technologies circulent et s'échangent librement ce sont les hommes qui font la différence. Finalement, c'est la ressource humaine qui différenciera les performances des divers pays. Dès lors, la politique de l'éducation devient une partie structurelle de la politique économique, car c'est elle qui déterminera l'avenir à moyen terme du pays.

La disponibilité de ces ressources humaines, à savoir des techniciens et ingénieurs locaux, favorise le recours aux nouvelles technologies, augmente l'employabilité des individus et améliore la productivité et la compétitivité des entreprises. Les évolutions technologiques rapides nous mettent à l'aube d'un monde nouveau où tout est construit par le savoir et les innovations qui sont en train de modifier les systèmes productifs, les perspectives de la croissance et l'emploi. Les activités économiques, financières et autres se réorganisent autour d'elles et au détriment des savoir-faire et des métiers traditionnels qui avaient structuré les systèmes industriels des siècles antérieurs. Le système éducatif doit devancer et impulser cette mutation.

Au demeurant, l'acquisition de ces compétences ne peut provenir que de l'Enseignement Technique et Professionnel (EFTP) qui a longtemps été déconsidéré et ravalé au second rang par rapport à l'enseignement scolaire général. Aujourd'hui, les progrès fulgurants des technologies de l'information et de la communication devenues des éléments incontournables pour toutes les politiques sectorielles, qu'elles soient agricoles, de services ou industrielles, rendent nécessaire de repenser entièrement cet enseignement afin de préparer les individus à s'intégrer dans le monde du travail en rapide mutation.

Les offres de formations universitaires et professionnelles n'accordent qu'une très faible importance aux filières techniques, technologiques et de l'ingénierie. Manifestement, l'orientation scolaire dans sa totalité doit diminuer l'attrait massif pour les filières littéraires au profit de l'esprit, scientifique, technique et pratique afin de répondre aux demandes de compétences techniques et managériales. Les sempiternelles réformes des systèmes universitaires ne semblent pas intégrer ces nouveaux enjeux. La nécessité d'apprendre continuellement les moyens de résoudre des problèmes, la capacité de faire face à l'incertitude, la capacité d'innover et l'aptitude au travail avec les autres sont devenues des facteurs essentiels pour la croissance et le seront toujours plus dans l'avenir.

3°) Le peu d'intérêt des États et des entreprises pour la recherche et l'innovation. Il faut alors en la matière réaliser un bouquet technologique diversifié pour atteindre les différents secteurs économiques

L'université doit être au cœur de la recherche et le pilier de l'innovation, comme dans tous les pays industrialisés. Au Sénégal, les relations Université-Entreprises sont quasi inexistantes. Or, c'est cette relation de complémentarité qui permet l'échange d'expérience et la mise en place d'un système productif innovant. Il devient primordial d'établir ce genre de lien à travers la constitution de pôles économiques autour de centres de recherches universitaires pour ne pas être en marge des mutations mondiales. Partout dans le monde, dans les pays industrialisés, l'organisation de la production autour de clusters est à la base de l'innovation dans l'entreprise.

Tout va vite, de plus en plus vite. On estime à plus de 80 milliards d'objets connectés qui feront partie de notre quotidien et on sait qu'il y aura une formidable accélération d'ici les années 2030 avec l'Intelligence artificielle (IA) qui va bouleverser les innovations technologiques. Il faut à nos entreprises créer des produits adaptés à la demande, produire à flux tendus, faire de petites séries à des coûts de production de masse et avoir un niveau élevé de qualité. Elles ont besoin de 4 flexibilités : une flexibilité financière ensemble des pratiques visant à ajuster les coûts d'investissement et la masse salariale aux variations du marché ; une flexibilité technique par introduction de techniques de production adaptable en vue de modifier rapidement la ligne de production ; une flexibilité fonctionnelle politiques de gestion visant une polyvalence accrue dans l'activité du travail et une flexibilité numérique pour un ajustement des formes d'emploi et du volume de main-d'œuvre aux fluctuations du marché. Étant au cœur des mutations de la mondialisation ; elles doivent savoir concevoir et produire dans des conditions contraignantes de flexibilité, de qualité, de coûts et de délai. Pour cela, il faut que les entreprises comprennent l'intérêt d'investir dans la R&D pour leurs produits et tout l'enjeu de la compétitivité. Mais aussi, il faudrait que les centres de recherches les rassurent à travers une certaine crédibilité pour leur assurer un retour sur investissement à moyen et long terme, gage d'une coopération durable et gagnant-gagnant.

En définitive, la relation recherche-production est indispensable pour les prochaines échéances de la compétition internationale. Le retard accusé en la matière est énorme. Cependant, les relations de partenariat, si elles sont exploitées de manière efficiente, constituent une opportunité unique de combler ce gap technologique et être à niveau par rapport aux standards mondiaux.

PARAGRAPHE 4

Digitalisation et intelligence artificielle (IA) les clefs de la compétitivité.

> *Ce qui caractérisait la percée japonaise, c'est moins sa capacité d'innovation que sa capacité à la diffusion de l'innovation : diffusion verticale vers l'application, diffusion horizontale rapide d'un secteur à l'autre.*

La quatrième révolution industrielle, ou industrie 4.0 a été rendue possible grâce à la digitalisation des entreprises. En effet, le passage de méthodes traditionnelles à des solutions digitales a totalement transformé le fonctionnement des entreprises, en introduisant la technologie à chaque étape des processus de production. Désormais, l'optimisation des procédés grâce à l'intelligence artificielle est une pratique courante dans les industries et permet une nette amélioration de la performance globale. Il s'agit d'une technologie structurante à partir de laquelle peut s'organiser une mutation technique dans tous les domaines.

La guerre mondiale de l'IA est lancée car cette technologie a rendu périmée tous les instruments de la guerre militaire, économique, financière, politique et même sociale. La Chine prétend être le leader dans le domaine en 2030 avec des investissements avoisinant 30 milliards de dollars. Olivier TODD estime aujourd'hui même qu'une confrontation entre elle et les États-Unis dans l'Asie Pacifique durera 10 minutes en sa faveur car le dispositif américain du porte-avion et obsolète. Cette technologie offre au continent africain d'énormes opportunités **de progrès,** de rattrapage ; elle est condamnée à ne point rester à l'arrière-cour de l'IA mondiale.

1°) Pour une stratégie nationale d'Intelligence artificielle pour faire face à la montée des risques de toute nature. Construire et investir dans un projet pédagogique autour de quatre idées majeures

a) Formuler, numériser, automatiser, et monotoniser ses processus de métiers pour créer une proposition de valeur optimum, une bonne rentabilité, et une stabilité du modèle organisationnel

b) Investir les moyens nécessaires à la mise en production des besoins initiaux jusqu'à la mise en place d'une organisation en charge de son évolutivité

c) Revoir son modèle de gouvernance et de management en s'appuyant sur la richesse des données digitales.

d) Initier la conduite du changement dès le début du projet et plus en fin de course lorsque le projet est déjà finalisé (mode de l'ancienne économie)

2°) L'IA est désormais accessible à tous, et intégrer ces logiciels peut transformer la façon de travailler pour les raisons qui suivent :

a. Automatisation et productivité : Les logiciels d'IA permettent d'automatiser les tâches répétitives (comme la création de contenu ou la transcription) pour vous libérer du temps et vous concentrer sur ce qui compte vraiment.

b. Personnalisation avancée : L'IA s'adapte à vos besoins spécifiques et peut même être entraînée pour fournir des réponses et un contenu ajusté à vos attentes, que ce soit en rédaction ou en création visuelle.

c. Précision et réduction des erreurs : Pour la transcription, la correction grammaticale ou d'autres vérifications, les logiciels d'IA garantissent des résultats précis et réduisent les erreurs.

d. Créativité : L'IA vous aide à explorer des idées nouvelles, créer des visuels ou développer des concepts inédits, enrichissant ainsi vos projets de façon unique.

e. Accessibilité et coût réduit : Les logiciels d'IA peu coûteux permettent à tout le monde, même sans expertise technique, de réaliser des projets variés sans investir de grosses sommes.

3°) Quels sont les avantages de l'IA dans l'économie ? L'intelligence artificielle apporte toute une panoplie d'avantages à l'économie. Voici les principaux atouts de l'utilisation de l'IA dans le domaine

a. **Stimuler la croissance et la consommation** L'automatisation des tâches et des processus routiniers permet aux entreprises de fonctionner plus efficacement.

b. Gagner en productivité Cela se traduit par un gain de temps et une poussée de croissance. Dans le même ordre d'idées, l'IA peut aussi aider les entreprises à identifier de nouvelles opportunités commerciales et ainsi booster leur taux de croissance.

c. Réduire les coûts À travers l'automatisation des tâches qui nécessite normalement une main-d'œuvre humaine, l'intelligence artificielle aide les entreprises à réduire leurs coûts

d. **Améliorer le processus de prise de décision** L'IA peut aussi fournir aux entreprises des données qu'il serait difficile de découvrir à l'aide des méthodes d'analyse classiques.

Au demeurant, l'Afrique peut bénéficier des coûts décroissants (par exemple, les ordinateurs ou Internet), faire des sauts technologiques dans l'économie verte, trouver de nouveaux créneaux de compétitivité. Elle peut tirer profit d'une diversification des partenaires, notamment asiatiques. L'efficience des nouvelles technologies dépend du tissu économique, technique et social, permettant de se les approprier.

PARAGRAPHE 5

Les politiques commerciales et le solde chroniquement déficitaire de la balance commerciale. Quelle politique de manipulation des taux de change pour réguler la compétitivité ?

Selon la Banque mondiale, sur le demi-siècle, la balance commerciale (% du PIB) a évolué comme le montre la courbe qui suit. Pour l'ensemble de la période 1960-2012, on enregistre une moyenne annuelle de -8,6. C'est en 1960 qu'on enregistre le plus haut niveau (2,5) et c'est en 2008 qu'on enregistre le plus bas niveau (-26,3). **Le changement enregistré entre la première et la dernière année est de 822 %.**

Cette baisse des exportations n'a pas été relayée par une nouvelle offre de biens exportables. Certes, quelques produits émergents apparaissent notamment dans l'agro-industrie, le ciment et les cosmétiques et surtout l'or mais leur croissance de ces produits est encore faible. Pour ce qui est de l'or, son exploitation, débutée en 2008, n'atteint pas encore un niveau élevé avec des ventes qui sont passées de 9,5 Mds FCFA en 2008 (0,2 % du PIB) à 101 Mds en 2010 (1,6 % du PIB).

Le taux de change peut avoir un impact important sur la compétitivité prix : une dépréciation de la monnaie nationale aura ainsi un effet positif sur celle-ci. La mécanique est connue sous le vocable de la dévaluation souvent dite réparatrice. En effet, en dépréciant la monnaie locale, les prix de vente à l'exportation du pays, toutes choses égales par ailleurs, baissent et deviennent ainsi plus compétitifs et les chiffres de vente devraient augmenter. À l'inverse, cette même dépréciation rend les produits importés plus chers.

La baisse de la valeur extérieure d'une monnaie renchérit la valeur des importations. Les consommateurs du pays doivent ainsi payer des prix plus élevés pour les biens et services importés, ce qui réduit leur bien-être. Les entreprises largement dépendantes de biens et services importés sont obligées, si elles ne veulent pas réduire leurs marges bénéficiaires, d'augmenter leurs prix. Cet effet est généralement d'autant plus fort que le pays est petit et qu'il ne lui est pas possible de substituer aux produits étrangers des équivalents nationaux. S'il existe dans le pays un système d'indexation automatique des salaires au niveau général des prix, l'effet est encore plus marqué ?

Les politiques de libéralisation (PAS) des années 80 ont été ponctués par une dévaluation du franc CFA en 1994 dont l'objet tend à corriger les handicaps de compétitivité internationale cumulés pendant les dernières années par les pays africains de la Zone Franc. Néanmoins, un bon niveau de compétitivité internationale ne saurait être maintenu à long terme par des seules dévaluations compétitives ou par la compression des coûts salariaux.

La dévaluation du franc CFA (FCFA) de janvier 1994 constitue un facteur qui tend à corriger les handicaps de compétitivité internationale cumulés pendant les dernières années par les pays africains de la Zone Franc. Néanmoins, un bon niveau de compétitivité internationale ne saurait être maintenu à long terme par des seules dévaluations compétitives ou par la compression des coûts salariaux. Comme le montre l'exemple des pays de l'Asie du Sud-Est, les progrès soutenus de la productivité constituent l'élément clé des gains de compétitivité internationale et d'une croissance tirée par les exportations.

Dans le cas du Sénégal, le manque de compétitivité des industries manufacturières était plutôt lié à la faiblesse des gains de productivité. La plupart des industries sénégalaises ont connu un déclin chronique de la productivité globale des facteurs, qui a largement compensé les gains de productivité provenant de l'investissement. Dans ce sens, suivant l'étude de Thierry LATREILLE et Aristomène VAROUDAKIS « Les problèmes de manque de compétitivité des entreprises sénégalaises étaient liés à une surévaluation du taux de change réel reflétant la faiblesse des gains de productivité. La dévaluation du franc CFA a, certes, permis à l'industrie sénégalaise de corriger les handicaps de compétitivité accumulés pendant les dernières années. Toutefois, pour que cet ajustement de parité ait des effets durables, il est nécessaire de renverser la tendance à la baisse de la productivité globale des facteurs qui a caractérisé la plupart des secteurs industriels. Il est à cet égard significatif que les deux secteurs qui, jusqu'à présent, ont le mieux réussi à tirer parti de la dévaluation (les matériaux de construction et la chimie) sont ceux qui précisément ont connu à long terme un rythme soutenu de progression de la productivité globale des facteurs. Sans un renversement des tendances négatives de la productivité, les gains virtuels de la dévaluation seront rapidement dissipés et l'industrie sera à nouveau confrontée à des problèmes de faible compétitivité. »[130]

C'est dire que les secteurs qui semblent avoir le mieux réussi à tirer parti de la dévaluation du franc CFA sont ceux qui ont connu à long

---

[130] Thierry LATREILLE et Aristomène VAROUDAKIS : croissance et compétitivité de l'industrie manufacturière au Sénégal. Doc de travail de l'OCDE n°118.

terme une progression soutenue de la productivité globale des facteurs. Les insuffisances de l'investissement public en infrastructures et le niveau élevé de la protection commerciale sont des facteurs qui ont joué un rôle important dans l'évolution défavorable de la productivité et de la compétitivité du secteur manufacturier.

PARAGRAPHE 6

LE CFA, L'ÉCO ET LA SOUVERAINETÉ MONÉTAIRE. Après 50 ans de controverses académiques, faisons maintenant place aux professionnels, techniciens monétaristes et décideurs politiques.

> *« L'Afrique se fera par la monnaie ou ne se fera pas. La lutte sera longue et dure, mais à cœur vaillant, rien d'impossible ».* **Joseph TCHUNDJANG.**[131]
>
> « Le franc est mort. Vive la zone franc ! », **Guillaumont P**. et Guillaumont S. J. (2002*CERDI, CNRS et Université d'Auvergne.*
>
> *« Désastres financiers périodiques, crises de la dette, fuites de capitaux, crises de change, faillites de banques, krachs boursiers… C'est assez pour forcer un bon libéral à s'arrêter pour réfléchir ». « **The Economist** » en 2003*

Les manifestations contre le CFA ont de forts relents d'un activisme primaire pour une question aussi délicate que la monnaie et dans une conjoncture d'instabilité financière mondiale et de spéculation monétaire. Le monde ne s'est pas remis de la crise de 2008 et la gouvernance de l'écosystème financier n'est pas assurée par les institutions internationales chargées de veiller sur la santé de l'économie mondiale.

Sachons raison garder et **restons lucides** : Le monde académique discute de la question depuis plus de décennies sans arriver à convaincre les décideurs politiques dans le fond. Ce n'est pas un combat de rue qui réglera le problème, mais une bataille technique rigoureuse et clairvoyante autour des questions essentielles auxquelles il faut apporter des réponses techniques claires faisables et profitables.

Les économistes africains ont réanimé ce vieux débat qui court depuis les années 80 avec l'ouvrage de Joseph TCHUNDJANG Pouémi ancien fonctionnaire du FMI : *Monnaie, Servitude et Liberté : La*

---

[131] Joseph TCHUNDJANG Monnaie, servitude et liberté : La répression monétaire de l'Afrique.

répression monétaire de l'Afrique », Éditions Jeune Afrique, Paris, 1980). Réflexion menée dans le cadre du Club de Dakar versus Africain du Club de Rome dont nous étions les animateurs de la commission économique du Club. Nous avions engagé des controverses parfois dures toutefois, elles étaient bien référencées.

Au milieu des années 2000, un groupe d'économistes et d'influenceurs fortement médiatisés ont réanimé ce vieux débat à partir de l'ouvrage de mon collègue et ami Kako NEBUPKO : « *Sortir l'Afrique de la servitude monétaire. À qui profite le franc CFA* ? » En résumant les idées de ces auteurs dénommés « les souverainistes », on trouve pêle-mêle : le démantèlement de la zone franc (souveraineté monétaire), la mise en place de politiques monétaires nationales autonomes permettant une manipulation des taux de change et des taux d'intérêt (Références incomplètes et analyses trop insuffisantes du système monétaire des pays émergents d'Asie), l'abandon de la parité fixe et de l'arrimage à l'Euro, la résiliation du Compte d'opération pour une utilisation plus productive des ressources de la BCEAO et les changements institutionnels de celle-ci.

À cette période, la BCEAO a publié « *L'Histoire de l'Union monétaire ouest-africaine* est analysée par la BCEAO dans un ouvrage peu connu des chercheurs (édité en 2000 en 3 volumes par l'Éditeur Georges Israël, 1200 pages). Les avantages, les inconvénients et tous les projets élaborés depuis soixante ans sont largement développés. Également, le rôle du système financier est examiné ainsi que l'efficacité de la politique monétaire. Cependant, les perspectives évoquées au quatorzième et dernier chapitre est la partie faible au moment où la Zone franc a atteint un cycle optimal de vie et fait l'objet d'une forte contestation par les élites africaines universitaires : exigence de politiques monétaires nationales souveraines permettant une manipulation des taux de change et des taux d'intérêt, le démantèlement de la zone franc (monétaire), la mise en place (Références incomplètes et analyses trop insuffisantes du système monétaire des pays émergents d'Asie), l'abandon de la parité fixe et de l'arrimage à l'Euro, la résiliation du compte d'opération pour une utilisation plus productive des ressources détenues par la BCEAO, changements institutionnels de celle-ci, etc.

Le débat mené en ces termes est une excellente vulgarisation, mais techniquement misérable, et éminemment politique avec des fondements analytiques et empiriques plus empreints d'idéologie et d'émotion que de techniques rigoureuses d'approche. Les questions fondamentales ne sont pas analysées, il est vrai, malheureusement, que nos élites ne tartinent plus leurs références et se suffisent de formules frappantes et de slogans en direction de médias de qualité douteuse. Alors se posent 5 interrogations :

1. Quels sont les avantages liés à l'appartenance à la Zone Franc (ZF) ?

2. Quel choix de système de change et l'arrimage à l'Euro ?

3. Que faire des réserves de la BCEAO ? Quelles sont les utilisations possibles de ces ressources en cas d'excédents ?

4. Quelles sont les réformes institutionnelles et de gouvernance de la BCEAO ?

5. Quel ordre monétaire régional

En 2001 nous organisé avec le Professeur Hakim Ben HAMMOUDA (ministre des Finances de Tunisie) un Colloque à Ouagadougou qui a connu une participation de 300 chercheurs africains dont des délégations des organisations financières internationales, des techniciens du système financier et des doctorants. Nous avons consigné les travaux dans l'ouvrage : *« L'avenir de la zone franc »* en 2006 j'ai codirigé avec le Pr Pascal SALIN un Séminaire avec le Pr Mamadou KOULIBALY (Président de l'Assemblée Nationale de Côte d'Ivoire), le Pr Ngbo AKE (Président de l'Université de Cocodi), le Prof BOUABRE (ministre des Finances de Côte d'Ivoire), le Pr ONDO Ossa (ministre de l'Éducation du Gabon), le Pr TUNA Mama (Doyen de la FASEG de SOA Yaoundé et Conseiller du Pm) et Mr. BILLION, Président de la Chambre de commerce d'Abidjan.

Lors du Colloque de Ouagadougou en 2001, le Président Abdoulaye WADE qui venait d'être élu Président du Sénégal avait adressé aux participants un message empreint de réalisme et de pertinence ***: « Vous devez sortir de cette rencontre avec des propositions concrètes de réforme qui armeront les décideurs africains. Si vous ne prenez pas l'initiative des propositions, d'autres le feront à votre place et réformeront le système. Il ne vous restera alors qu'à formuler des revendications post réforme auxquelles personne n'accordera le moindre crédit ».***

Au regard des nombreuses études, quelques pistes de réponse peuvent être avancées relativement (1) au choix du système de change ; (2) aux réserves du compte d'opération ; (3) les coûts de transition résultants de la démolition/création de la monnaie nationale ; (4) les réformes institutionnelles et de gouvernance de la Banque Centrale ; (5) l'articulées aux propositions de création d'un espace monétaire ouest-africaine l'éco/CEDEAO.

1°) Quel choix d'un système de change, une variable clef ?

« La façon de classer les régimes de change est un débat qui a une longue histoire (YAMADA, 2013). En Afrique, les pays ont adopté des régimes de change différents. Actuellement, les régimes de change sont en rapport avec les choix qui avaient été faits pendant la période des indépendances ainsi que les récentes évolutions importantes qu'a connues le système monétaire international. Depuis la chute du système de Bretton Woods jusqu'à la fin des années 1990, la classification des régimes de change se fondait simplement sur la déclaration officielle du type de régime adopté par les autorités des pays auprès du FMI. Dans la réalité, le choix d'un régime de change fixe ou flexible dépend en général de la nature des chocs auxquels est exposé le pays considéré. L'adoption d'un taux de change flexible est préférable en cas de chocs extérieurs. Si les chocs sont internes et d'origine monétaire, il est reconnu que le maintien du taux de change fixe est plus efficace dans la stabilisation du produit national. Cette stabilisation requiert l'ajustement du taux de change en présence de chocs réels (F. MAGOUANGOU, 1998)[132].

En fait, la mobilité des facteurs se substitue au taux de change en tant que mécanisme de stabilisation. Selon la théorie exposée par MUNDELL (1962), « The Appropriate Use of Monetary and Fiscal Policy for Internal and External Stability », IMF Staff Papers) si la mobilité des facteurs entre pays est suffisamment restreinte pour que des ajustements de prix relatifs s'opèrent rapidement, il est probable qu'en absence de taux de change flexible, l'ajustement ne se réalise qu'au prix d'importants déséquilibres sur les marchés de la production et de l'emploi.[133] La théorie des MUNDELL est une nouvelle

---

[132] Pr Adama DIAW, Pr Abou KANE et Pr Moustapha KASSE : Étude sur le franc CFA.

[133] Ce que MUNDELL a dit, c'est que l'État-nation n'est pas forcément l'espace le plus efficace pour la circulation d'une monnaie. Une zone monétaire optimale est une " région " plus large, économique plus que politique, définie comme un territoire où les facteurs de production (le travail, le capital) sont immobiles, alors qu'ils sont mobiles entre les régions. Dans un monde idéal, les monnaies circuleraient d'abord au sein de ces régions.

Mais MUNDELL n'a jamais dit que ce monde idéal pouvait voir le jour, ni que les critères économiques, comme la mobilité des facteurs, étaient suffisants pour savoir

illustration du vieux principe selon lequel on ne peut tout avoir en même temps : boire ou conduire, le beurre ou l'argent du beurre, la vie est pleine de ces aphorismes. En l'occurrence, la politique économique doit faire un choix entre trois objectifs (d'où le triangle d'incompatibilité) : 1) la stabilité du taux de change, qui assure un horizon économique clair aux entreprises ; 2) l'indépendance de la politique monétaire, qui permet de fixer le niveau des taux d'intérêt en fonction des besoins internes de l'économie et 3) l'intégration financière, qui permet d'accéder aux marchés mondiaux des capitaux au meilleur prix. Certaines études utilisent des modèles VAR et des modèles espace d'état. Toutefois, les séries annuelles utilisées posent problème.

Les régimes de change ont des avantages et des inconvénients. Dès lors, l'identification de leur efficacité est une question qui ne peut avoir qu'une réponse empirique. Cette section considère les variables d'inflation et de croissance en fonction des régimes de change.

Les rapports annuels sur les régimes et les restrictions de change du FMI classent généralement les régimes de change en trois catégories que sont le régime de change fixe, le régime de change intermédiaire et le régime de change flexible. Pour aboutir à l'option du régime de change le plus pertinent, il faut évaluer les performances de chaque régime en fonction de l'inflation, de la croissance et de la stabilité et de la confiance. Dans notre article avec les professeurs Adema DIAW et Abou KANE, les évaluations ont été faites dans le cadre des propositions du FMI.

Tout ce travail rentre parfaitement dans l'arbre de métier des banquiers centraux, des professionnels et techniciens du secteur monétaire et financier savent le faire et disposent des informations indispensables. Dans le débat actuel, il est souvent proposé deux idées d'abord, l'abandon du taux de change fixe et la déconnexion de l'euro. Il faut observer que le flottement comporte des inconvénients majeurs : une forte instabilité des taux qui accroît l'incertitude et les risques entraînant le retard des investissements comme des désinvestissements (P. KRUGMAN) et pénalise à la fois les importateurs et les exportateurs. La seconde idée est que l'arrimage à l'euro décrété monnaie forte compromet le dynamisme du CFA pour impulser la croissance. Il y a deux omissions graves dans ce type de raisonnement d'abord, le taux de

---

si des unions monétaires pouvaient se faire et durer. Il prévenait même qu'elles ne pourraient " être possibles que si elles s'accompagnent de profonds changements politiques". Une question de faisabilité politique, pas d'efficacité économique.

change nominal entre l'euro et le dollar a suivi une « courbe en U », l'euro s'est déprécié dans un premier temps (1999 et 2000) pour ensuite s'apprécier (2003). La deuxième omission est que l'Europe est notre principal partenaire commercial cela peut empêcher le risque de change et de commission donc cela limite la hausse du taux de change effectif c'est-à-dire du taux de change pondéré par rapport à la part relative de chaque partenaire commercial.

Les souverainistes avancent un autre palliatif à savoir le rattachement à un panier de monnaies constitué par les monnaies des principaux partenaires. Toutefois, cette modalité n'établit en rien une liaison économique rationnelle entre le taux de change et les « fondamentaux » de l'économie. Pour l'histoire, le Malawi est le premier pays africain, en 1973, à rattacher sa monnaie à un panier comprenant la livre sterling, le dollar et le DTS. Il fut suivi de la Mauritanie en 1975, du Kenya, de la Guinée, de l'Ouganda et de la Tanzanie, aucun pays, sauf le Nigéria, pour une brève période, n'a appliqué le flottement. Par ailleurs, la valeur externe future d'une monnaie rattachée à un panier de monnaie est forcément soumise à une plus grande incertitude.

Au-delà de ces aspects de théorie économique, l'expérience montre que la multiplication des turbulences et des crises financières persistantes rendant difficile la défense des taux de change, beaucoup de pays ont estimé qu'il valait mieux adopter un système de changes entièrement fixes qui limite le potentiel des attaques spéculatives. C'est ainsi que le pourcentage des pays qui cherchent à maintenir leur taux de change fixe vis-à-vis d'une seule devise a augmenté. Plusieurs pays partenaires de l'Union européenne ont un encrage, sans le dire, de leur monnaie sur l'euro, ce sont entre autres l'Islande, le Maroc, la Norvège, la Pologne, la Suède ou la Tunisie. De même, une bonne partie de pays comme le Mexique ou le Royaume-Uni, l'Indonésie, les Philippines et, dans une moindre mesure, la Corée du Sud, la Malaisie, la Thaïlande ou le Brésil ont le même encrage de leurs monnaies sur le dollar. Il faut sortir des superficialités.

2°) Quelle utilisation des ressources du compte d'opération ?

Les analyses sur ce point sont très partielles, car ces réserves sont brutes donc il faut déduire le montant des usages obligatoires pour avoir les surplus (excédents, bénéfices) qui, placés auprès du Trésor public français (Compte d'Opération) sont rémunérés au taux de fiscalité marginal de la Banque Centrale Européenne. Il semble apparaître un paradoxe seulement apparent entre les besoins de financement des États et les réserves substantielles de la BCEAO. En réalité, cette question renvoie à deux interrogations, la première est de savoir si effectivement les réserves extérieures de la BCEAO sont excessives et la seconde étant, si tel était le cas, comment tirer profit des excédents. Selon Pr Karamoko KANÉ « La France n'a pas besoin de nos maigres réserves mais du poids que nous lui conférons pour compter dans le Système Monétaire International. Le CFA sert de faire valoir »

Théoriquement, le niveau des réserves d'une Banque centrale est apprécié selon des ratios clairement établis et qui sont de quatre ordres : **(i) le taux de couverture de l'émission monétaire** dont le niveau dépend des caractéristiques économiques et institutionnelles, il s'agit du respect d'un ratio des réserves rapportées à la masse monétaire, il est à hauteur de 60 %, il s'est fixé à 183 % au Japon, à 53 % en Corée et à 71 % en Thaïlande, ce taux est modifiable ; **(ii) l'amortissement des risques de change** face à la montée en puissance des forces du marché réel ou supposé auquel cas, les actions individuelles des États seraient inopérantes suite à la spéculation financière ; **(iii) la couverture des importations surtout incompressibles,** ce ratio est de sept mois pour l'ensemble des pays qui ont des propensions vivrières, énergétiques et de biens intermédiaires à importer très fortes, ce ratio est aussi modifiable et enfin **(iv) les avoirs (non rémunérés) déposés par un système bancaire caractérisé par sa surliquidité provenant de l'optimisation des profits sur le segment des crédits à court terme.** Ces quatre ratios conjugués montrent que le volume des réserves extérieures brutes est moins important que les chiffres faramineux avancés dans le débat. Il faut y soustraire le montant total des utilisations obligatoires, les dépôts du système bancaire et les accumulations d'arriérés extérieurs des États. On obtient un surplus disponible au compte d'opération géré par le Trésor français. Ce surplus est rémunéré par un taux de placement supérieur à celui de l'EURIBOR, du LIBOR et à certains taux d'intérêt des obligations émises par les Trésors publics des États membres. Si bien que le rendement des avoirs extérieurs de la BCEAO accroît ses bénéfices, alors même qu'elle n'offre aucune rémunération aux banques primaires pour leurs dépôts obligatoires ou libres dans ses comptes.

Quelles sont les affections possibles de ces excédents (surplus ou bénéfices) ? Leur utilisation relève du Conseil des Ministres de l'UMOA (art 67 des statuts). Quatre scénarios d'emploi sont possibles : **le premier scénario pourrait être le transfert d'une partie aux Trésors publics des États** membres. Cela reviendrait tout bonnement à faire des avances directes de la Banque Centrale aux trésors publics. Dans le passé, cette pratique s'est avérée contreproductive les ressources étant employées au règlement du déficit budgétaire, ou investies dans le calendrier électoral. **Le second scénario serait la répartition des excédents aux États membres au prorata de leurs apports respectifs** dans les avoirs extérieurs. Dans ce cas de figure, la Côte-d'Ivoire et le Sénégal raflent la mise, certains pays auront des parts modestes et d'autres pourraient ne rien avoir. **Le troisième scénario serait l'Émission d'obligations publiques, soit à la diligence des États** ou celle de la Commission de l'UEMOA pour financer par exemple le Programme Economique Régional (PER) en vue de consolider la gouvernance et approfondir l'intégration par le développement des infrastructures économiques, des investissements productifs dans des projets intégrateurs, la promotion des ressources humaines, les innovations et la recherche. **Le quatrième scénario pourrait être l'affectation d'une partie des ressources excédentaires à la BOAD** qui emprunte sur les marchés financiers internationaux pour prêter aux États membres.

3°) Les coûts de la démolition/ création de la monnaie nationale

L'expérience montre que l'introduction d'une nouvelle monnaie nationale engendre : **premièrement** d*e lourdes contraintes de régulation institutionnelle pour quelle économie et quelle politique monétaire pour chacun des États qui ont des situations fortement contrastées. Comment gérer les* inéluctables mouvements spéculatifs, les fortes anticipations inflationnistes, les réajustements en cascade qui charrieront une perte de confiance aux monnaies nationales respectives et l'intensification de la fuite des capitaux. En exemple, les cas spectaculaires du Zaïre de Mobutu, du Franc malien, du dollar de Zimbabwe, des monnaies qui font de leurs populations des milliardaires qui ne peuvent pas payer une baguette de pain ; **deuxièmement** *des coûts attachés à l'impression et à la fonte d'une nouvelle monnaie* faites forcément à l'étranger. Ce sont les fameux « coinage costs » ; **troisièmement** *des coûts d'apprentissage de la gestion monétaire et de création d'une nouvelle* gouvernance monétaire et financière nationale ; **quatrièmement** *des coûts liés aux effets externes négatifs* des déficits budgétaires considérables et la monétisation de la dette, l'intensification de la fuite des capitaux et **cinquièmement** *les coûts quasi permanents d'ajustement et de réajustement monétaire* pour faire face à l'asymétrie des chocs externes qui deviendront plus nombreux et aux multiples incidences sur le productif et financier. L'absence de réponses techniques concrètes à ces questions intangibles et complexes, nous a conduits à analyser les avantages de la Zone franc ainsi que ses inconvénients pour mieux enserrer les réformes adaptatives et les ajustements indispensables. Celui qui dit mieux pour être crédible doit présenter pour chacun des 8 États membres le scénario de sortie de la zone. Dans un système financier international en train de subir de profondes mutations avec une libéralisation des mouvements de capitaux ayant pour conséquence d'effacer progressivement quatre types de frontières : les frontières géographiques, les frontières institutionnelles, les frontières fonctionnelles et les frontières sectorielles.

4°) Les réformes institutionnelles et de gouvernance de la BCEAO : quelles nouvelles attributions de la Banque centrale souveraine et indépendante

La principale mission de BCEAO, prêteur en dernier ressort, demeure toujours de garantir la stabilité de la monnaie avec de nombreuses règles prudentielles, d'assurer un certain niveau de liquidités pour lutter contre l'inflation comme objectif central (contestée par les partisans de la *free banking* comme soutenu par Mamadou Koulibaly*)*. Depuis la sévère crise financière de 2007/2008, les Banques centrales ont de nouvelles attributions : **booster l'économie, protéger les États par des taux directeurs très bas, injecter plus de liquidités afin d'inciter les banques à accroître les prêts.** Ces fonctions prennent du relief pour un système bancaire caractérisé par une forte concentration de l'activité sur le court terme, l'absence de différenciation de l'offre bancaire (mêmes types de produits et de services), la présence de plus en plus affirmée de non-banques sur certains segments de marché bancaire (*marchés contestables avec entrée et sortie à moindre coût, Pape Diallo, ISF, Financial Afrik 2019*).

Ce système bancaire ne finance pas le long terme et sert des taux d'intérêt élevés. Au Sénégal, les crédits bancaires sont fortement concentrés sur trois secteurs qui totalisent 78 % des concours des banques ; il s'agit des secteurs ci-après : les industries manufacturières (24 %), le commerce (26 %) et les services (28 %). **Ce sont des secteurs où les risques sont moindres suite à une réelle traçabilité de la rentabilité.** En évaluant la courbe des taux, les rendements à court terme sont de loin supérieurs aux rendements à long terme ce qui signifie que les banques vont logiquement arbitrer en faveur des opérations de court terme (80 à 90 %) au détriment de l'investissement productif (moins de 5 % des crédits long terme). Seule la BCEAO peut inverser cette courbe des taux pour faire que les rendements à long terme soient supérieurs à ceux du court terme. Dans ce sens, de multiples leviers existent par exemple établir une corrélation entre taux directeur et taux d'intérêt, exonérer les crédits d'investissements lourds de la TOB, réviser à la baisse ou éliminer même les réserves obligatoires des banques (nonobstant les recommandations de Bale 1,2 et surtout 3). Toutes ces fonctions sont celles d'une Banque centrale indépendante bien qu'il soit vrai que la souveraineté de la Banque Centrale n'est pas inscrite dans les traditions monétaires en France et même en Europe. Cette option d'autonomie de la BCEAO est réalisable progressivement par amélioration des organes d'audit, de contrôle interne de gestion et par révision de la réglementation bancaire en supprimant les multiples protections dissuasives. Le Sénégal de par sa stabilité pourrait abriter des *« Banques offshore »* (Le premier Président sénégalais de la Chambre de commerce, Issa DIOP, avait fait la proposition au Président SENGHOR dans les années 70).

5°) L'articulation des nouvelles monnaies avec la création d'un Système Monétaire Régional

La monnaie unique de la CEDEAO est en débat depuis les années 60 avec la création de la Chambre de Compensation (Sierra Leone) sur la base de deux études techniques : celle de Samir AMIN et celle de TRUFFIN qui ont abouti à la création de la Chambre de compensation de l'Afrique de l'Ouest (CCAO) pour promouvoir le commerce intra-CEDEAO à partir d'un mécanisme de compensation multilatéral c'est-à-dire des arrangements monétaires pour les paiements et les transferts liés aux transactions de compte courant (commerce visible et invisible). Ce Mécanisme devait faire place à l'**Agence Monétaire de l'Afrique de l'Ouest** (AMAO) en 1996 en vue de promouvoir la coopération monétaire, d'harmoniser et de coordonner les politiques monétaires et budgétaires, de mettre en place le Programme de Coopération Monétaire (PCMC) de la CEDEAO qui doit mettre en œuvre des mesures collectives visant à établir un système monétaire harmonisé et une banque centrale commune. Cette institution entre 1999 et 2006 avaient certaines mesures dont 2 sont essentielles : **la création de la** Zone monétaire ouest-africaine **(ZMAO), le** lancement du processus de la monnaie commune et le Mécanisme de la Surveillance multilatéral de la CEDEAO. Il sera, par la suite adoptée, la Multi-feuille de route conduisant à la monnaie unique **(plan d'action de Banjul)**. Il est important d'interroger une expérience comme celle de l'UE qui a réussi le processus de la monnaie unique (**Rapport Emerson de 1990, le passage du Serpent monétaire à l'ECU et à l'Euro, combien de temps** (p 106). Il n'a jamais été sollicité ni MUNDELL, ni MC KINNON, ni KENEN, ni TAVLAS.

Les réformes à venir de la Zone Franc avec l'avènement des monnaies nationales doivent être articulées aux propositions de création d'un espace monétaire ouest-africaine (CEDEAO) qui devraient définir de nouvelles règles de parité entre toutes les monnaies, de convertibilité et de gestion de la monnaie centrale. Le processus de constitution de la monnaie unique de la CEDEAO reporté à 2020 est un véritable serpent de mer, car depuis l'élaboration de la stratégie dite **« approche accélérée de l'intégration » formulée les 9 et 10 décembre 1999 à Lomé les échéances sont toujours ajournées**. Il m'avait semblé que le les États devraient s'orienter clairement à la création d'un Système Monétaire Ouest-Africain (SMOA) articuler autour de trois axes[134] :

a) L'établissement d'un système de changes et l'organisation de règles de stabilité

b) L'établissement de règlements et l'organisation des règles de convertibilité. Cette organisation procède d'une volonté de défense communautaire des différentes monnaies par l'organisation de mécanismes de crédits réciproques. On pourrait s'inspirer alors de l'Accord de Brême qui préconisait la mise en place de trois mécanismes de crédit communautaire ;

c) La mise en place d'un système de création monétaire et d'un Fonds Monétaire Régional (FMR). Ce fonds doit être considéré comme un instrument essentiel de la politique monétaire communautaire. Il doit être une structure de financement des déséquilibres de péréquation des ressources et de concertation monétaire.

D'initiative en initiative, cette stratégie tarde à se matérialiser à cause des difficultés d'instaurer des mécanismes de convergence économique par harmonisation budgétaire et fiscale. Cette limite a conduit au blocage de la première phase relative à la création de la seconde zone monétaire au sein de la CEDEAO, dénommée Zone monétaire de l'Afrique de l'Ouest (ZMAO) censé regrouper des pays à indépendance monétaire (Nigéria, Ghana, Guinée, Sierra Leone. Les

[134] Moustapha KASSE : Le développement par l'intégration, Edit NEAS, 1991, 252 p.

reports successifs du lancement de la monnaie « *Éco* » sont venus alimenter le pessimisme quant à la volonté des États de la ZMAO d'aller, comme prévu, à la fusion de différents mécanismes monétaires avec ceux de l'UEMOA. Le plan d'action de Banjul avait fixé les mesures à mettre en œuvre par les différents États membres, durant la période prorogée (2009-2015), pour la réalisation de la convergence et des autres critères structurels et institutionnels. La fameuse de route ainsi que l'approche accélérée sont restées lettre morte.

CHAPITRE X

DÉVELOPPER LE CAPITAL HUMAIN, LES COMPÉTENCES TECHNIQUES ET PROFESSIONNELLES PAR DES RÉFORMES DES SYSTÈMES ÉDUCATIFS, UNIVERSITAIRES, DE RECHERCHE ET DES INNOVATIONS. INVESTIR DANS LA QUALIFICATION ET LA QUALITÉ DE L'EMPLOI

> *« Tout ce dont un pays a besoin pour réussir sur le plan économique est une main-d'œuvre relativement qualifiée et une certaine quantité de capital physique ou de ressources naturelles. Or, l'Afrique subsaharienne dispose de ressources naturelles suffisantes. C'est l'autre élément de l'équation, à savoir une main-d'œuvre relativement formée qui lui faisait cruellement défaut ». Dans cette mondialisation où les capitaux et les technologies circulent librement, la différence des performances se fait principalement par la qualité des ressources humaines. Dans cette optique, le système éducatif et de formation, l'université et la recherche forment les bras idéologiques et les principaux outils de l'État.*
>
> ***Moustapha KASSE*[135]**

Le capital humain en économie est défini comme ***les connaissances, la qualification, les compétences et autres qualités personnelles possédées par un individu intéressant l'activité économique.***

[135] Moustapha KASSE : une synthèse de 4 conférences faites aux Doctorants du PTCI (Théorie de la croissance endogène Campus de Bobo Dioulasso), à la Confédération Nationale du Patronat du Sénégal (Chambre de Commerce (L'entreprise face aux NTIC), à la 32e Réunion du Conseil des Gouverneurs de la Banque Islamique du Développement (Revitalisation des politiques de production des savoirs en Afrique, mai 2007) et devant le Syndicat des Enseignants du Supérieur du Togo (Université, après les crises, quelles réformes ? Lomé, les 8 et 9 juin 2011.

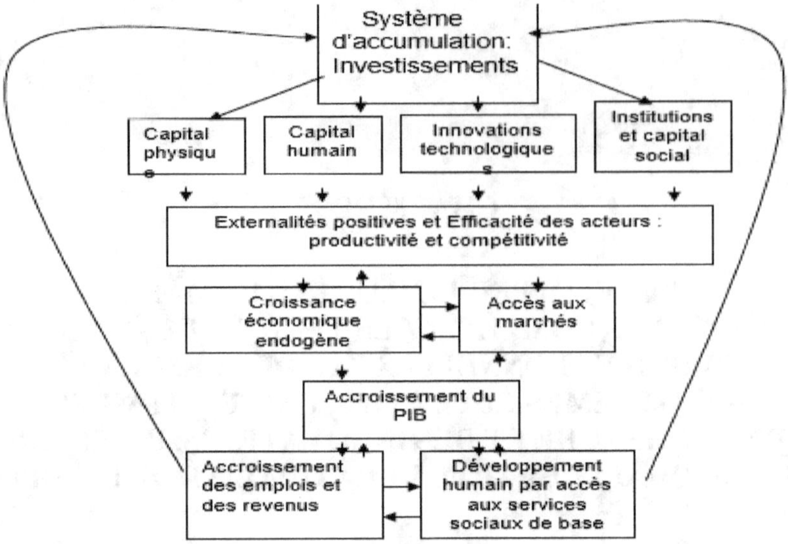

Le capital humain constitue donc un bien matériel qui peut faire progresser et soutenir la productivité, l'innovation et l'employabilité ce qui nous renvoie aux travaux de J. SCHUMPETER (1883) qui développe la première théorie de la croissance sur une longue période en considérant l'innovation portée par les entrepreneurs de la force motrice de la croissance. Pour lui les innovations apparaissent par "grappes", ce qui explique la cyclicité de la croissance économique[136] qui peut croître, se réduire ou devenir inutile. Il subit différentes influences et provient de différentes origines, notamment, mais pas seulement d'un apprentissage organisé sous la forme de l'éducation et de la formation. Il est souvent accolé au capital social qui désigne selon PUTNAM (1993) un ensemble complexe de valeurs, de normes comportementales, d'obligations et de canaux d'information visant à instaurer la confiance, à garantir l'application des contrats, à instituer des mécanismes d'assurance et à favoriser l'apprentissage social.

L'histoire récente a montré que ce sont les pays qui ont le plus investi dans le capital humain qui ont connu les plus grandes performances économiques. Lorsqu'on analyse les faits et les chiffres, on constate que les États-Unis, le Japon, le Canada, l'Allemagne, la Chine, la Corée, la Suisse, les pays d'Europe du Nord doivent leur extraordinaire développement à la qualité de leurs ressources humaines. Les nouveaux

[136] **Joseph Schumpeter (1883),** Les innovations apparaissent par "grappes", ce qui explique la cyclicité de la croissance économique.

pays industrialisés investissent plus de 10 % de leur PIB dans la recherche et développement (plus de 500 milliards de dollars aux États-Unis, plus de 300 milliards en Chine). Ces investissements massifs sur le capital humain sont caractéristiques du capital cognitif construit par l'énormité du progrès scientifique et technique.

Les études consacrées aux "tigres" de l'Asie du Sud-Est sont unanimes pour reconnaître que ce sont les énormes investissements consentis dans le domaine de l'éducation, à la fin des années 1950 et au cours des années 1960-90, qui sont à la base de la croissance rapide enregistrée par ces pays ces dernières années. En définitive, sur un marché mondial unifié et de haute compétition, où les produits, les capitaux et les technologies circulent et s'échangent librement, ce sont les hommes qui vont la différence. En d'autres termes, ce sont les ressources humaines qui différencient les performances économiques.

Le concept de capital humain soutient que les compétences des individus ont une valeur économique, qui peuvent être appréhendées comme un capital à part entière et faire l'objet d'actions d'investissement dans l'optique d'en attendre un retour (en l'occurrence, une augmentation du capital initial). L'investissement dans le capital humain procure donc des avantages aux individus, aux entreprises et aux sociétés. Ces avantages peuvent être de nature économique et prendre la forme d'un supplément de gains de productivité ou de croissance économique.

Nous rentrons dans un monde où tout est construit par le savoir et les innovations qui sont en train de modifier profondément les systèmes productifs, les perspectives de la croissance et l'emploi et conséquemment les systèmes éducatifs et de formation. Les activités économiques, financières et autres se réorganisent autour d'elles et au détriment des savoir-faire et des métiers traditionnels qui avaient structuré les systèmes industriels des siècles antérieurs.

En conséquence, il importe de comprendre que la croissance endogène n'est pas une forme de croissance, mais une théorie qui explique la combinaison productive des facteurs endogènes comme le développement du capital physique, du capital humain, des savoir-faire, du progrès technique qui est une variable fondamentale qui agit positivement sur toutes les grandeurs macroéconomiques par le biais des externalités (effets d'induction et de rayonnement) qui représentent des avantages pour d'autres agents que ceux qui ont réalisé les investissements (schéma des effets d'induction du progrès technique (PT) sur l'ensemble du système productif).

Les différents modèles établissent que l'intervention de l'État est indispensable pour infléchir durablement le taux de croissance. D'ailleurs, l'une des grandes découvertes de l'analyse économique contemporaine est relative à la théorie du capital humain débouchant sur la théorie de la croissance endogène **à partir des recherches de cinq** auteurs : T. SCHULTZ en 1983, G. BECKER, Paul ROMER en 1986, en particulier Robert LUCAS en 1988 et Robert BARRO, Sala - I-MARTIN. Tous ces auteurs se fondent sur l'hypothèse que la croissance génère par elle-même le Progrès Technique qui est à la fois une cause et une conséquence de la croissance. Il ressort des quelques observations empiriques, que l'éducation est un facteur moteur et déterminant de la croissance économique et qu'à ce titre, son implication dans les politiques de développement ne doit souffrir d'aucun désintérêt. Globalement ces modèles de croissance endogène permettent de comprendre l'impact de la mise en place de politiques économiques dans des domaines très variés de projets structurants ayant d'importants effets de rayonnement comme les infrastructures routières, hydrauliques, les réseaux de transport, de télécommunication, la sécurité sociale, etc. Les investissements publics font bénéficier à l'économie d'externalités positives qui améliorent la productivité des facteurs et la compétitivité. Dans cette optique les dépenses publiques deviennent une variable déterminante de la croissance économique.

PARAGRAPHE 1

Le système éducatif du primaire au supérieur constitue une variable fondamentale de la politique économique. Investir massivement dans l'Éducation et élaborer des politiques efficientes d'évaluation permanente des rendements internes comme externes ; cela n'est pas une tradition culturelle française.

Tout Système éducatif comprend principalement deux composantes l'Éducation primaire, secondaire et les formations techniques d'un côté et de l'autre l'enseignement supérieur. L'éducation est comprise comme toute action de formation portant principalement sur les enfants et les adolescents et de manière croissante sur les adultes et qui a pour résultat l'ensemble des habiletés intellectuelles ou manuelles. Cela permet de distinguer deux types d'éducation : (i) l'éducation formelle qui se réfère à toute activité délibérée de formation contribuant au développement des facultés intellectuelles et à l'acquisition de connaissance générale ou spécialisée, y compris celle conduisant à l'obtention d'une compétence et (ii) l'éducation informelle qui regroupe des formations non formelles influençant les attitudes, les comportements, les modes de pensée et les connaissances. C'est par excellence, l'éducation diffusée par le milieu.

La littérature sur la relation éducation-croissance est très fournie. La théorie du capital humain en est la théorie centrale. L'une de ses prédictions qui acquiert le rang de postulat est que l'éducation entraîne la croissance économique d'un pays. Cette théorie du capital humain postule que c'est par le biais de l'amélioration de la productivité des travailleurs que l'éducation contribue à la croissance économique. Cette contribution peut aussi se faire de manière indirecte par les externalités positives engendrées par l'éducation et par d'autres types de ressources humaines comme la santé, la nutrition, la fécondité, etc.

L'éducation, la formation, le développement des connaissances et leur maîtrise par le plus grand nombre sont considérés aujourd'hui, comme des enjeux déterminants pour l'avenir des sociétés. Pour les familles, une éducation et une formation de qualité des enfants constituent la meilleure assurance d'accéder à un emploi stable et correctement rémunéré. C'est aussi de plus en plus un facteur essentiel de la qualité de la vie.

Pour les États, le développement et la maîtrise des connaissances sont devenus des questions stratégiques de première importance. Il est maintenant acquis que le niveau de développement d'un pays est étroitement lié à son niveau d'instruction au point même d'en dépendre. En améliorant la qualification et la dextérité des travailleurs, l'éducation crée un ensemble de facteurs favorables au processus de production. Elle permet notamment à l'économie, selon GRAVOT (1993), de disposer d'une main-d'œuvre qualifiée surtout dans le domaine scientifique et technique. Par ce fait, elle devient un facteur d'efficacité qui élève la productivité des travailleurs et contribue de cette manière à augmenter la production. Une étude de la rentabilité de l'investissement dans l'éducation au Sénégal menée par le Pr Abdoulaye DIAGNE, Dorothée BOCCANFUSO, Djibril Gassama BARRY montre « qu'au Sénégal l'éducation est en général un secteur d'investissement rentable où le rendement privé est plus élevé que le rendement social. De plus, une analyse par sous-secteur fait ressortir que l'investissement social dans le secondaire et le supérieur n'est pas rentable contrairement à l'enseignement primaire et moyen. Enfin, le chômage et le redoublement ont un impact négatif sur les rentabilités sociale et privée » Dans mon enseignement d'Économie de l'Éducation pendant une trentaine d'années à Dakar, Ouagadougou, Bénin, Lomé, Niamey mes conclusions sont **très éloignées des propositions des Institutions Financières Internationales (IFI) dont toutes les médications apportées ne sont que des cautères sur une jambe de bois.**

L'éducation est aussi associée aux autres facteurs traditionnels (capital et travail et technologie) pour expliquer les performances et les contre-performances économiques et sociales. Diverses études ont essayé de tester et de quantifier l'impact de l'éducation sur la croissance économique. La place qu'on lui accorde en Afrique subsaharienne reflète cette importance. Qu'on l'apprécie par l'étendue de la scolarisation, la proportion de la population qui est dans les écoles primaire, secondaire ou supérieure ou par les ressources budgétaires qu'on lui consacre. Les économistes, quant à eux, ont l'habitude de considérer la formation comme un investissement. Les approches les plus récentes vont jusqu'à en faire un des principaux moteurs, sinon le moteur de la croissance (LUCAS 1988, FONTEVIEILLE 1990).

L'accord sur ces principes a suscité sur le plan politique aussi bien que social. La nécessité de politiques cohérentes pour encourager les personnes de tous âges à se former tout au long de leur vie, est reconnue bien au-delà des ministères de l'Éducation, jusqu'au niveau politique le plus élevé. Cela a conduit le conseil des ministres de l'OCDE (1997) a recommandé « *l'urgence de mettre en œuvre des stratégies efficaces de formation tout au long de la vie pour tous, de renforcer les capacités des individus à s'adapter et à acquérir des qualifications et des compétences nouvelles* ». L'UNESCO en a fait sa mission fondatrice ainsi que la quasi-totalité des institutions onusiennes.

Pour améliorer la cohésion sociale, notamment en s'attaquant au chômage, les ministres du Travail du BIT ont également souligné qu'il était important de se préoccuper des besoins de ceux qui, en raison de l'insuffisance de leurs connaissances et de leurs qualifications, ne peuvent pas participer pleinement à une économie fondée sur le savoir et qui ont des possibilités d'apprentissage à vie extrêmement limitées. Les enjeux sont très importants : *« un chômage élevé et persistant, ainsi que de faibles rémunérations affectant une part importante de la population en âge de travailler constituent une menace pour le tissu social si ces problèmes ne sont pas résolus efficacement et à court terme »*.

Il est maintenant acquis que le niveau de développement d'un pays est étroitement lié à son niveau d'instruction au point même d'en dépendre. L'éducation est un facteur d'efficacité qui élève la productivité des travailleurs et contribue de cette manière à augmenter la production. Plus que jamais, pour paraphraser Samuel PISAR ***« c'est la ressource humaine qui différenciera les performances économiques des pays ».*** Ce qui fait de l'éducation le meilleur investissement. Associée aux autres facteurs traditionnels (capital, travail, technologie et innovation) l'éducation explique les performances et les contre-performances économiques, sociales et même politique.

Aujourd'hui, les systèmes éducatifs accusent des crises graves. Le diagnostic des faibles performances du système éducatif apparaît à travers des problèmes qui suivent : une couverture scolaire largement inachevée ; un mimétisme trop grand de modèles étrangers, une éducation aux coûts élevés avec de nombreux effets d'éviction, une efficacité sociale douteuse évaluée à partir des taux de rendement et l'inadéquation formation-emploi. Les études de qualité sur ces divers éléments sont encore rares.

PARAGRAPHE 2

L'Université composante fondamentale du système éducatif : de la crise aux Réformes.

> *« L'Université doit devenir un outil primordial pour le développement dans le nouveau siècle. C'est elle qui peut aider à développer l'expertise africaine et améliorer l'analyse des problèmes en Afrique, renforcer les institutions nationales, créer l'environnement pour la pratique de la bonne gouvernance, la résolution des conflits, le respect des droits de l'homme. Elle doit permettre aux universitaires africains de jouer un rôle actif dans la communauté mondiale des savants. »* **K. ANNAN, Secrétaire Général de l'ONU (2000), Déclaration du millénaire**

Deux importantes personnalités de dimension internationale. F. MAYOR (1998) et Koffi ANNAN (2000) avaient rappelé aux décideurs africains le rôle fondamental de l'Enseignement supérieur dans le développement économique et social du Continent. Ils ont souligné deux évolutions caractéristiques qui confèrent de nouvelles dimensions aux universités : la mondialisation et les sociétés du savoir : (i) la mondialisation, à défaut d'un consensus sur la définition, laisse apparaître une quadruple interdépendance de la production, des échanges, des systèmes financiers et des TIC. Les technologies de l'information et de la communication sont en train de modifier les systèmes productifs et les perspectives de la croissance et de l'emploi. Elles déclenchent une explosion des activités économiques, recomposent les territoires industriels et interconnectent tous les marchés de la planète. Ce sont elles qui font précisément du monde un village planétaire. (ii) La société du savoir est celle dans laquelle la connaissance et les innovations sont des composantes décisives. Quand elle fonctionne dans la dynamique du savoir et des compétences et prend appuie sur une Révolution inédite celle des TIC.

En 1987, le Directeur Général de **l'UNESCO,** Fréderic MAYOR s'adressait au monde universitaire en ces termes « De nos jours, l'université peut-elle encore devenir une institution efficace ? Ne faut-il pas créer une autre université ou une institution qui remplacerait celle qui est dépassée et incapable de se ressaisir ? » Il ajoutera plus tard à une autre occasion que « Il n'est plus besoin de démontrer aujourd'hui l'importance de l'Éducation et de l'Enseignement supérieur pour le développement endogène et durable de la démocratie et la construction de la paix dans l'esprit des hommes et des femmes, le respect et la protection de tous les droits de l'homme et des libertés fondamentales ». (F. MAYOR, 1998).

Il est généralement admis que les universités poursuivent en commun un certain nombre de missions, de finali-tés : la formation, la recherche, l'acquisition et la diffusion du savoir. Les tendances du monde et les différents défis qu'il pose au système éducatif en général, et à l'université en particulier, nécessite donc que soient repensées ses différentes missions et à envisager le développement futur de l'université en fonction de nouvelles approches, des nouvelles priorités et en tenant compte des importantes et rapides révolutions scientifiques et technologiques. Il se crée alors à l'échelle mondiale un immense réservoir technologique dont peuvent bénéficier tous les pays pour innover et exploiter leur potentiel compétitif dans les secteurs industriel, agricole et des services par acquisition de gains de productivité.

Les demandes de toutes les sociétés en termes aussi bien de maîtrise de leur environnement économique, social et culturel, de production et de compétition économique que de compréhension du monde font peser sur toutes les Universités de lourdes responsabilités. Elles doivent faire face à de hautes exigences : être le cerveau d'une recherche d'excellence qui irrigue tous les savoirs. Du fait de la crise de son système d'enseignement supérieur et de recherche, le continent africain risque alors d'être exclu de cette révolution mondiale ce qui va entraîner des conséquences sur le développement des pays et le creusement de la fracture numérique. Si on ne fait rien, selon Carlo DE BENEDETTI alors PDG de Olivetti, « *le développement technologique rendra les riches encore plus riches et les pauvres encore plus pauvres* ». Ce que l'on peut faire ne peut passer que par la disponibilité d'un système universitaire et de recherches à la fois pertinentes et performantes.

1°) La crise profonde des universités africaines francophones : établir un diagnostic complet et rigoureux pour revitaliser les espaces universitaires et de recherche au service du développement et du progrès économique et social

Après plus d'un demi-siècle d'expansion ininterrompue, l'institution universitaire subit partout une crise profonde qui est particulièrement ressentie en Afrique. En effet, à la suite de la transformation de leur système politique et économique, les pays africains ont été incapables d'adapter l'enseignement supérieur à leurs nouveaux besoins. Dans la quasi-totalité des pays africains, l'enseignement supérieur a connu un essor considérable des effectifs, au moment même où la dette extérieure augmentait démesurément, entraînant une aggravation des problèmes sociaux.

Selon les statistiques de l'UNESCO, entre 1970 et 1990, le nombre d'étudiants a été multiplié par huit en Afrique subsaharienne. Il est clair, cependant, que la progression quantitative ne constitue pas la seule tendance significative de l'évolution de l'enseignement supérieur de ces dernières décennies en Afrique. La nécessité d'assurer et d'améliorer la qualité de l'enseignement et d'en apprécier la pertinence et l'efficacité occupe une place non négligeable. Certains indicateurs, tels que le nombre élevé de redoublants dans les universités, l'allongement du séjour à l'université, le taux des abandons en cours d'études, le coût élevé des services et l'incapacité des diplômés à accéder ou à s'adapter au marché du travail, révèlent l'importance de ces aspects.

Inscription des étudiants en Sciences et technologies

Pays	1986-1989	2003-2004
Bénin	21	30
Botswana	9	23
Kenya	32	47
Malawi	17	59
Togo	24	12
Sénégal	39	26
Mozambique	61	37
Ghana	42	35

Source : Prof. Komlavi Francisco SEDDOH,
Intervention au Colloque de LOME

Manifestement et dans leurs grandes lignes, la crise se manifeste de diverses manières. Les éléments de la crise apparaissent et qui peuvent faire l'objet de débats intenses : Crise des contenus et des missions avec une absence de liaison suivie avec la vie productive et les entreprises. L'Université est un pôle clos de distribution de savoirs, désintéressée, fermée et repliée sur elle-même.

a) Le paradoxe de l'implosion des effectifs : croissance des flux ni prévus, ni préparés, mais subis alors même que l'encadrement et les infrastructures ne bougent pas. Pourtant, l'accès à l'Enseignement demeure le plus faible du monde. Il est actuellement de 6 % comparativement à l'Asie du Sud (10 %), l'Asie de l'Est (19 %), l'Afrique du Nord et le Moyen-Orient (23 %) avec un déficit criant des infrastructures souvent inadéquates et mal entretenues. Les ressources disponibles pour l'acquisition d'ouvrages, de revues et d'équipements baissent.

b) Insuffisance du personnel : dans de nombreuses universités africaines, la dotation en personnel enseignant a été compromise par l'exode massif du personnel vers d'autres secteurs de l'économie (ou d'autres pays), la détérioration des salaires réels, l'insuffisance de logements et de moyens de transport et un niveau de vie généralement en baisse. La plupart des enseignants de l'université essaient de cumuler deux ou trois emplois à la fois (parfois même plus). En Afrique francophone, si l'on veut préserver le ratio actuel étudiant/enseignant, les projections indiquent qu'il faudrait recruter 58 000 enseignants supplémentaires entre 2006 et 2015 ? De plus le recrutement est rendu difficile sous l'effet combiné de condition de vie et de travail difficiles pour des charges d'enseignement élevées et des possibilités de recherche faibles.

Inorganisation du couple enseignement et recherche et l'insuffisante orientation de l'élite scientifique vers la Recherche-Développement qui exerce sur l'évolution de la science une forte pression pour améliorer la compétitivité. Elle se traduit par un couplage de plus en plus serré entre la formation et la recherche, une interaction accrue de la recherche publique et de la recherche industrielle. Cela apparaît dans l'inexistence d'un couplage de plus en plus serré entre la formation et la recherche, d'une interaction accrue de la recherche publique et de la recherche industrielle, d'une faible croissance attachée à la technologie la source principale des mutations dans le secteur productif, dans l'industrie, mais dans l'évolution scientifique elle –même et insuffisance de la production scientifique

Inefficacités internes : elles se manifestent par des facteurs suivants : (i) Les ratios enseignants / étudiants très faibles ; (ii) Le personnel non enseignant en surnombre ; (iii) les taux élevés d'abandons et de redoublement des étudiants et (iv) les i**nefficacités externes qui** se manifestent par une inadéquation entre l'offre et la demande de travail (main-d'œuvre qualifiée). L'enseignement supérieur en Afrique met l'accent sur le secteur formel et l'emploi salarié alors que le marché est dominé par le secteur informel.

Ressources financières insuffisantes fournies principalement par l'État qui ne peut les accroître sans remettre en cause ses équilibres budgétaires précaires. À cela s'ajoutent des effets d'éviction importants qui traduisent une très mauvaise allocation des ressources mobilisées. Pendant les années 1980-90, les dépenses au titre de l'enseignement supérieur en Afrique ont diminué en passant de 0,72 % à 0,5 % du PIB (ZIDERMAN et ALBRECHT, 1995). Dans de nombreux pays africains, une part très élevée du financement de l'enseignement supérieur est dépensée non pas pour l'instruction, mais pour le bien-être des étudiants, leur hébergement et leur restauration.

L'implication de certaines organisations dans la gestion des instances universitaires a été dévoyée pour aboutir à la politisation et à la syndicalisation excessive qui ont souvent paralysé le système universitaire. À cela s'ajoute par moment une mauvaise gouvernance du système de gestion notamment les fameux Centres des Œuvres Universitaires.

Exploitation des opportunités des nouvelles technologies éducatives. Avec l'École virtuelle, nous disposons d'outils pour repenser complètement l'acte d'apprendre. En effet, les savoirs de base peuvent être transmis au rythme de l'apprenant avec la nouvelle ingénierie de la formation. De nouveaux dispositifs et supports d'enseignement peuvent être produits. L'acte d'apprendre est privilégié sur la transmission autoritaire du savoir. Il est possible de se former chez soi, ou sur son lieu de travail et au moment de son choix.

Perpétuation et paralysée par des mouvements sociaux irrédentistes aux multiples causes, elle ne donne point satisfaction à la Société. Difficile, dans ces conditions, de ne pas reconnaître que l'Université a besoin d'être profondément réformée, afin de concilier qualité de l'enseignement, démocratisation et réponse aux besoins sociaux.

2°) La réforme LMD que les étudiants de LOMÉ avaient qualifiée, au début de son application, de « génocide intellectuel », est-elle une solution ou un problème pour les Universités francophones africaines ?

Toutes les universités africaines francophones vont appliquer la réforme LMD introduite par le Rapport J. ATTALI, commandité par C. ALLÈGRE, sur l'Enseignement supérieur et l'harmonisation européenne. D'ailleurs, le Rapport de J. ATTALI est assez parlant par son titre *« Pour un modèle européen d'enseignement supérieur »*.

Cette réforme LMD initiée en 2005 par les accords de BOLOGNE étendus à 40 membres européens « de l'Atlantique à l'Oural » procède de l'exigence de faire de l'Europe une économie de la connaissance. Cela était appelé pour propulser l'Enseignement supérieur et la recherche au cœur de toutes les préoccupations des politiques. Sans nul doute, elle marque une avancée réelle de l'internationalisation et de la globalisation de l'Enseignement supérieur. Toutefois, ce modèle clef en main est exporté aux universités, apparemment mal préparées avec quelques mises à niveau confiées à des universitaires français. Il est proposé comme une porte de sortie de la crise, la clef de voûte aux nombreux problèmes universitaires. Ses objectifs majeurs se résument comme suit :

a) l'adoption d'un système de diplômes lisible et cohérent, d'organiser l'Enseignement supérieur en trois paliers (Licence – Master – Doctorat) à travers la mise en place de crédits d'enseignement ;

b) la promotion d'une mobilité des étudiants, des enseignants, des chercheurs et des personnels administratifs afin de favoriser une véritable coopération universitaire et

c) et le développement de la recherche scientifique dans des Centres et laboratoires bien outillés.

L'appropriation de ce processus de Bologne par les pays africains appelle beaucoup de questions : répond-elle effectivement aux préoccupations de ces pays ? Au début de son application, les étudiants de Lomé l'avaient qualifiée de « génocide intellectuel ». Alors quels sont les problèmes qu'elle soulève ?

Quels sont les problèmes qu'elle soulève ? On peut les regrouper en quatre grandes catégories principales et quelques « à côté » : l'ancrage productif de l'université engendre une exigence de lisibilité des savoirs, mais aussi celle des compétences elle doit s'adresser à la fois aux étudiants et aux entreprises. « L'étudiant choisit son cursus (ce qui suppose l'existence d'une équipe pédagogique qui définit et assume la diversité des parcours offerts) pour être ensuite choisi par l'entreprise ou la société si celle-ci existe, le LMD exige des infrastructures considérables. La semestrialisassions entraîne une multiplication des examens et un accroissement de la charge de travail pour les enseignants et les administratifs, le LMD requiert un développement considérable de la recherche scientifique avec la création de laboratoires et Centres de Recherche devant accueillir les étudiants en thèse dans de solides Écoles doctorales.et **les problèmes de** réallocation des moyens, entre disciplines, entre enseignement et recherche, entre composantes et services centraux, etc.

À ces questions viennent s'ajouter quelques « à côté » qui sont de plusieurs ordres et méritent réflexion, parmi lesquels : le contrôle des flux et la fameuse question de l'orientation sélection, les conditions sociales de vie et de travail des personnels des universités, la question centrale de l'autonomie des universités, la gouvernance institutionnelle et la participation des acteurs, la Recherche et les Écoles Doctorales et la relation université-privé-public comme la mise en place de bureaux d'aide à l'insertion professionnelle chargés de gérer le lien université entreprise, de diffuser aux étudiants les offres de Stages, de les assister dans leur recherche de stages et d'un premier emploi et d'informer les entreprises sur les profils de Formations réalistes.

3°) Le système universitaire et de recherche face aux NTIC et à l'économie numérique

> *« Notre insertion dans la compétition internationale reposera de plus en plus sur notre capacité d'innovation et de recherche et sur la qualité de notre éducation et de notre formation. Je sais que la théorie économique. Contemporaine accorde à ces facteurs qui sont les investissements et les emplois de demain, une place déterminante pour la croissance à long terme ».* **Lionel JOSPIN.**

Aujourd'hui, plusieurs Études et Rapports établissent l'avènement des Sociétés du savoir qui se caractérisent par le fait que la richesse d'une nation dépend de sa capacité à transformer les connaissances qui sont en train de modifier les systèmes productifs et les perspectives de la croissance et de l'emploi. Les activités économiques et financières se réorganisent autour d'elles et au détriment des savoir-faire et des métiers traditionnels qui avaient structuré le système industriel. On va alors observer le passage à une économie industrielle intense en R&D et en innovation. Le travail n'est plus capable de concurrencer les formes de production nouvelles (chaînes, robotisation, réseaux) alors, il se réfugie dans les pays à faible coût de la main-d'œuvre. Les transactions de toutes natures et les liens qui en résultent ont tendance à s'imposer comme principaux générateurs de la valeur ajoutée. Il en résulte que les innovations technologiques sont un moteur de croissance économique et un facteur de compétitivité des entreprises que celle-ci soit. Elles enclenchent une explosion des activités économiques, recomposent les territoires industriels et interconnectent tous les marchés de la planète. En définitive, les technologies et les innovations interconnectent tous les marchés de la planète. Ce sont elles qui font du monde un village planétaire. 24 heures sur 24, des contrats, des transactions des informations de toutes sortes traversent les fuseaux horaires, les frontières et les cultures.

Elles enclenchent une explosion des activités économiques, recomposent les territoires industriels et interconnectent tous les marchés de la planète.

En définitive, les technologies et les innovations interconnectent tous les marchés de la planète. Ce sont elles qui font précisément du monde un village planétaire. 24 heures sur 24, des contrats, des transactions des informations de toutes sortes traversent les fuseaux horaires, les frontières et les cultures.

Quelle stratégie pour profiter de ce partenariat mondial pour le développement de la science et de la technologie ? Quatre axes d'action pour une véritable ambition du développement de la science, de la technologie et de l'innovation pour accélérer la croissance et sortir des précarités :

1. L'élaboration d'une stratégie globale, durable et planifiée du développement scientifique et technique.

2. La création ou le renforcement d'instituts de recherches pourvus de moyens adéquats en ressources humaines, matérielles et financières

3. La réforme de l'Université et du système de formation scientifique et technique

4. La mobilisation des acteurs du secteur et leurs nouvelles missions.

PARAGRAPHE 3

Un système d'enseignement et de formation techniques et professionnels (EFTP) pour donner aux politiques sectorielles les compétences nécessaires.

Domaines d'étude	Distribution des diplômés (%)
Agriculture	3
Education	20
Sciences de la Santé	7
Sciences de l'Ingénieur	9
Sciences	9
Sciences Sociales et Humaines	47
Autres	3

Le paradoxe de notre système éducatif est que l'enseignement technique qui devrait normalement, former plus de la moitié des hommes actifs compte dix fois moins, que l'enseignement général, qui prépare dix fois moins d'emplois.

La réforme du système éducatif doit être accompagnée par celle du système d'enseignement technique pour en faire un levier de l'acquisition de compétences pour la productivité et la compétitivité des entreprises surtout industrielles. En effet, le capital humain spécifique à chaque secteur constitue un bien matériel qui fait progresser et soutenir la productivité, l'innovation et l'employabilité. Dès lors, l'utilisation d'une main-d'œuvre plus qualifiée accroît durablement la compétitivité de l'industrie manufacturière. Pour cette raison, l'investissement dans le capital humain qui procure des avantages aux individus, aux entreprises et aux sociétés est un impératif. Il est une des exigences des investisseurs pour s'installer. C'est pourquoi le développement des compétences techniques et professionnelles doit être une des préoccupations prioritaires des réformes du système éducatif.

À l'échelle de l'entreprise, il est de plus en plus clair que l'avantage compétitif a pour ressort la dynamique du savoir et des compétences. Il en découle que la principale source de création de valeur réside dans l'interaction se produisant entre les différentes composantes du capital immatériel. Dans cette optique, la réussite d'une politique industrielle exige l'existence et la mobilisation d'une masse critique de capital humain donc de compétences adéquates, de qualification et la définition d'un niveau d'expérience et de savoir-faire à tous les échelons de la chaîne de production, la mise à niveau du personnel à travers des mesures incitatives pour les entreprises les plus innovantes et l'introduction de formations adéquates et spécialisantes.

La disponibilité de ces ressources humaines, à savoir des techniciens et ingénieurs locaux, favorise le recours aux nouvelles technologies, augmente l'employabilité des individus et améliore la productivité et la compétitivité des entreprises. Les évolutions technologiques rapides nous mettent à l'aube d'un monde nouveau où tout est construit par le savoir et les innovations qui sont en train de modifier les systèmes productifs, les perspectives de la croissance et l'emploi. Les activités économiques, financières et autres se réorganisent autour d'elles et au détriment des savoir-faire et des métiers traditionnels qui avaient structuré les systèmes industriels des siècles antérieurs. Le système éducatif doit devancer et impulser cette mutation.

Au demeurant, l'acquisition de ces compétences ne peut provenir que de l'Enseignement Technique et Professionnel (EFTP) qui a longtemps été déconsidéré et ravalé au second rang par rapport à l'enseignement scolaire général. Aujourd'hui, les progrès fulgurants des technologies de l'information et de la communication devenues des éléments incontournables pour toutes les politiques sectorielles, qu'elles soient agricoles, de services ou industrielles, rendent nécessaire de repenser entièrement cet enseignement afin de préparer les individus à s'intégrer dans le monde du travail en rapide mutation.

Sans doute des investissements importants sont consentis au Sénégal avec la définition en mars 2001 d'une Nouvelle Politique de Formation Professionnelle avec trois objectifs majeurs : accroître le taux de qualification professionnelle, promouvoir l'apprentissage et la formation en alternance, encourager l'employabilité. S'il existe aujourd'hui, 12 lycées techniques, plus d'une quarantaine de Centres de formation professionnelle et 7 Centres sectoriels dans l'agroalimentaire, le fait que le marché du travail absorbe annuellement environ 5000 diplômés de l'Enseignement technique est la meilleure preuve qu'il faut le développer prioritairement. Des efforts supplémentaires doivent être fournis au triple niveau des financements, de la liaison avec les entreprises pour mieux améliorer les contenus et de l'établissement de passerelles vers l'enseignement supérieur. D'ailleurs à terme, il faut créer avec les patronats sénégalais une université des métiers.

Les offres de formations universitaires et professionnelles doivent accorder une large considération aux filières techniques, technologiques et de l'ingénierie, c'est dire que l'esprit technique, scientifique et pratique doit supplanter l'esprit littéraire qui habite l'univers scolaire et universitaire actuel. La nécessité d'apprendre continuellement les moyens de résoudre des problèmes, la capacité de faire face à l'incertitude, la capacité d'innover et l'aptitude au travail avec les autres sont devenues des facteurs essentiels et le seront toujours plus dans l'avenir. En conséquence, des compétences et des approches nouvelles sont désormais indispensables et appellent des réformes autour des objectifs qui suivent :

1) Adaptation des infrastructures et des programmes aux nouvelles priorités économiques pour une meilleure adéquation des qualifications aux besoins du marché de la main-d'œuvre.

2) Développement des investissements dans l'enseignement et la formation professionnelle pour stimuler les innovations et obtenir de plus hauts niveaux de participation et de réussite.

3) Établissement de liens entre l'ETP et l'enseignement supérieur pour permettre aux étudiants brillants de poursuivre leurs études et leur formation à des niveaux supérieurs.

4) Rétablissement des liens entre les établissements d'enseignement et de formation professionnelle, le monde du travail et les entreprises ;

5) Ciblage des programmes de formation à la main-d'œuvre travaillant dans le secteur informel. En effet, ce secteur de l'économie occupe une place importante dans l'économie sénégalaise et offre des possibilités d'emplois immenses. Il faut alors y stimuler l'esprit d'entrepreneuriat et intégrer dans les programmes d'ETP la formation à l'auto-emploi. Cela appelle la définition d'un cadre de référence des profils de compétences et de qualification pour ce secteur.

6) Encouragement de l'acquisition de compétences transversales (ou « de tronc commun »), telles que compétences technologiques, sociales, linguistiques et culturelles, et compétences d'organisation et d'entrepreneuriat, au moyen de méthodes d'apprentissage actives. Pour cela, il faut inscrire dans les programmes d'enseignement général des contenus pédagogiques permettant aux jeunes de comprendre la nature et le fonctionnement du monde du travail, améliorer les relations entre l'EFTP et les autres secteurs de l'éducation et développer l'articulation entre les systèmes d'enseignement et de formation, encourager la participation des gouvernements et de toutes les parties prenantes, en particulier du secteur privé.

7) Une plus grande implication des employeurs dans l'offre de formation ce qui peut singulièrement accroître la rentabilité du système et, plus particulièrement, réduire proportionnellement les dépenses publiques. L'employeur peut aussi prendre en charge la formation continue et assumer les dépenses pour les stagiaires et pour le personnel instructeur comme il peut fournir aussi les locaux, soit pour accueillir un atelier de formation, soit pour une formation intégrée dans les activités productives normales de l'entreprise.

L'évolution des métiers et la rapidité avec laquelle les connaissances et les savoir-faire tendent à devenir obsolètes sont une source de difficultés encore plus graves. Il suffit d'imaginer par exemple les tracas qu'impose à un mécanicien automobile la nécessité d'apprendre à connaître les nouveaux modèles pour satisfaire ses clients. Dans ce sens, il se développe de plus en plus des universités de métiers autour de projets pilotes en matière de formation concernant notamment les spécialités qui suivent : les Technologies de l'information et des télécommunications (engineering, production, maintenance et gestion) ; les métiers des énergies ; 'l'industrie du bâtiment (techniques de construction écologiques) ; le secteur de la plomberie, du chauffage et de la climatisation ; les professions de la métallurgie industrielle (maintenance et recyclage), l''agriculture et surtout l'agro-industrie ; les industries touristiques (tourisme écologique), etc.

Au total, nous vivons, aujourd'hui, dans des sociétés du savoir qui fonctionnent dans la dynamique du savoir et des compétences qui prennent appui sur une Révolution inédite celle des TIC, dans lesquelles la connaissance et les innovations sont des composantes décisives. Ces sociétés mettent en valeur l'impact de la technologie, l'innovation, la créativité et la R&D, il faut alors de solides stratégies permettant d'affronter les contraintes de concurrence et de compétitivité. Les demandes de toutes ces sociétés en termes aussi bien de maîtrise de leur environnement économique, social et culturel, de production et de compétition économique que de compréhension du monde font peser sur toutes les Universités de lourdes responsabilités. Elles doivent faire face à de hautes exigences : être le cerveau d'une recherche d'excellence qui irrigue tous les savoirs. La conséquence la plus significative qui en découle directement est de privilégier l'enseignement supérieur, la formation professionnelle, les passerelles entre ceux-ci et la recherche.

Il se crée alors à l'échelle mondiale un immense réservoir technologique dont peuvent bénéficier tous les pays pour innover et exploiter leur potentiel compétitif dans les secteurs industriel, agricole et des services par acquisition de gains de productivité. Un pays comme le Sénégal qui est loin de la frontière technologique doit mettre en place une solide stratégie dite d'imitation et de rattrapage, en concentrant les moyens sur les besoins de ses secteurs moteurs.

PARAGRAPHE 4

Repositionner les universités et la recherche-développement en Afrique à la quête de la rente technologique.

Dans la foulée des indépendances, les pays africains, contraints par la nécessité de parer de toute urgence à une pénurie de cadres, ont dû consentir des efforts considérables dans la construction d'infrastructures éducatives capables de former des citoyens aptes à prendre en main les destinées de leurs pays.

Or, aujourd'hui le temps a évolué et le contexte a changé lui aussi, et face à la crise actuelle de l'enseignement supérieur, la modernisation et la revitalisation de l'université africaine s'imposent et obligent subséquemment à réévaluer son rôle et ses missions. "Prenons garde à ne pas entrer dans l'avenir à reculons", lançait Paul VALERY. Cet avertissement est pertinent pour l'université africaine dont le défi majeur demeure l'adaptation aux normes universitaires internationales qu'imposent les enjeux du troisième millénaire. Il importe, en conséquence, de redéfinir l'ensemble de la politique d'enseignement supérieur, la place dans la société, le rôle et les nouvelles missions de l'université ainsi que ses liens avec l'État et le monde du travail. Trois axes de réformes sont actuellement perceptibles en Afrique surtout francophone :

1°) La redéfinition des missions des universités autour de quatre idées maîtresses : modernité et excellence, formation professionnelle et formation permanente, développement de la science et des technologies, ouverture et partenariat

À l'évidence, les appareils productifs et de formation manquent encore de performance, car le premier n'arrive pas à absorber le produit du second. Les explications sont différentes selon le côté auquel on se trouve. Pour les entrepreneurs, les étudiants ont certainement "la tête bien pleine", mais ils n'ont aucune qualification professionnelle permettant leur insertion. Il faut noter que la réponse du système des facultés est largement inadéquate. Désormais, le problème fondamental est de former des cadres dont l'économie réelle a besoin. Il faut non seulement ne pas en former trop, mais ensuite il faut bien les former. Dans ce contexte, il devient nécessaire et urgent de réformer l'Université dans la double direction de la formation professionnelle et de la formation permanente. L'université doit former des spécialistes dans des champs disciplinaires de plus en plus diversifiés. En somme, il faut développer chez les enseignants et les étudiants un esprit d'entreprise, ceci non seulement par la formation appropriée à la création et à la gestion des entreprises, mais aussi par la mise en place des dispositifs administratifs et réglementaires favorisant le départ des cadres universitaires vers le milieu économique ainsi que l'accueil de professionnels dans le monde universitaire. C'est donc à ce niveau que des efforts doivent être accomplis. Le problème de l'adéquation entre formation et emploi n'est évidemment pas nouveau ; mais son approche a considérablement évolué, dans l'ensemble des pays africains, depuis une vingtaine d'années. Il est désormais admis que compte tenu de l'évolution rapide des structures de l'économie, il est impossible de prévoir quelles seront les qualifications nécessaires. En effet, cette incertitude provient essentiellement des modifications intervenues dans les systèmes productifs par les Nouvelles Technologies de l'Information et des Communications (NTIC).

Une première réponse a ce besoin complémentaire de formation par l'entreprise a été donnée par le développement de dispositifs d'insertion multiples et successifs et notamment la formation en alternance qui offre une combinaison quasi parfaite entre formation et travail dans l'entreprise. C'est pour favoriser ce processus que dans certains pays des allègements de coût pour l'emploi des jeunes sont consentis aux entreprises. Ces incitations ont sûrement contribué à faciliter l'insertion pour certains jeunes et ont quelque peu réduit leur taux de chômage. Cependant, il est malaisé d'apprécier l'efficacité de ce dispositif, d'autant que parfois on a observé un véritable détournement d'objectif. D'autres pays, au vu des résultats modestes, ont appliqué d'autres formules comme les « contrats de qualification », par exemple, qui s'adressent en théorie aux jeunes sans qualification.

Toutefois, tous ces dispositifs intermédiaires d'insertion ne constituent à bien des égards que des palliatifs, et l'accent doit désormais être mis sur une meilleure intégration entre l'école et l'entreprise. C'est cela qui donne un regain d'intérêt pour la formation « en alternance », c'est-à-dire des parcours éducatifs organisés en séquences successives de formation théorique et de stages pratiques en entreprise.

Il faut développer plus systématiquement le partenariat entre entreprise et système éducatif et universitaire. Cela devrait se traduire par la multiplication des cursus à finalité professionnelle qui vont imposer le recours à des professionnels pour les enseignements surtout pratiques. Ainsi associées à la mise en place des programmes, les entreprises vont sans doute contribuer au financement du développement de ces filières.

Si les entreprises paraissent devoir être appelées à jouer un rôle dans le système de formation initiale, il devrait en aller de même des collectivités locales qui détiennent un avantage comparatif important en termes de connaissance des besoins locaux du marché du travail. Au Sénégal comme au Burkina Faso, les mesures consécutives aux lois sur la décentralisation ont investi les instances locales de responsabilités nouvelles en matière d'équipement et de fonctionnement des établissements scolaires. Les régions ont vu, d'autre part, entrer l'apprentissage et la formation professionnelle dans le domaine de leurs attributions. Ainsi, la part des collectivités locales dans l'ensemble des dépenses d'éducation devrait subir d'importantes évolutions et soulager ainsi les ressources publiques.

La conclusion coule de source : pour que l'Université de développement devienne une réalité, il faut la décloisonner, établir une synergie avec les entreprises, une véritable osmose avec le monde économique.

2°) L'existence de ressources financières suffisantes, diversifiées et stables avec une allocation optimale pour les différentes composantes du système

Les crédits de l'Université sont principalement d'origine publique. Cette subvention de l'État à l'université va sans nul doute se poursuivre, mais, il est indispensable d'en repenser à la fois le volume et les modalités d'attribution, de gestion et de contrôle. Malheureusement, la crise des finances publiques fait que l'État ne pourra que difficilement accroître sa participation financière, il importera alors aux autorités universitaires de diversifier les sources de financement d'abord en augmentant la participation financière de tous les usagers des services universitaires, ensuite en commercialisant toutes les prestations de services en outre en engageant financièrement les entreprises privées et enfin en développant la coopération internationale à la fois avec les institutions financières, les fondations et les universités du Nord.

a) Formation des formateurs : donnez de nouvelles missions à nos jeunes académies.

L'amélioration de la qualité de l'enseignement supérieur nécessite des enseignants compétents ayant de bonnes méthodes pédagogiques. En Afrique francophone particulièrement, où les universités ont été conçues sur le modèle importé, la détention d'un diplôme universitaire et la capacité à mener des travaux de recherche donne directement accès à l'intégration au corps d'enseignant. Les recrutements ne tiennent nullement compte des qualités pédagogiques. Le fait d'avoir fait une bonne thèse confère-t-il des aptitudes à l'enseignement ?

La qualité de l'université soulève la question de la formation des formateurs et la nécessité de formateurs nouveaux, détenteurs d'une praxis et d'une compétence professionnelle utiles aux étudiants. À côté de la formation pédagogique classique, il est aussi nécessaire de favoriser le recyclage de mise à niveau de plusieurs d'entre eux afin, d'une part, d'améliorer leurs aptitudes individuelles et donc la qualité du produit qu'ils offrent, et d'autre part, de les initier et de développer leur capacité à faire de la recherche.

Bien que la formation pédagogique et le recyclage des enseignants figurent parmi les recommandations du Programme d'Amélioration de l'Enseignement supérieur en Afrique de l'UNESCO, adopté à Dakar en 1988, il n'a jamais fait l'objet d'une application effective dans les universités. Mais face aux défis du monde actuel, il importe de réactualiser la question.

La formation des formateurs devient donc un impératif que les institutions d'enseignement supérieur doivent appuyer. Cela peut se faire en partenariat avec les autres institutions, aussi bien du nord que du sud, ou encore dans le cadre des réseaux de recherche, de séminaires, d'ateliers et des cours de formation évaluatifs.

b) Régionalisation et spécialisation des universités africaines

Au lendemain des indépendances, chaque pays africain visait à se doter de sa propre université. Bien que cet objectif soit désormais atteint dans la quasi-totalité des pays, la qualité et les structures des institutions universitaires mises en place ne répondent plus aux besoins de développement de ces pays. En effet, de nombreux pays souffrent de la carence d'enseignants qualifiés et compétents, à même de dispenser des enseignements de haut niveau et de s'investir dans la recherche scientifique.

Bon nombre de formations de troisième cycle sont absentes dans nos universités (surtout francophones), les étudiants continuent à solliciter des inscriptions dans les universités d'Europe et d'Amérique. Là où elles existent, les formations de troisième cycle présentent beaucoup d'insuffisance, tant au niveau du corps professoral que de la qualité des enseignements dispensés. Qu'est-ce qu'il en aurait été pour les sciences économiques en l'absence du Programme de Troisième Cycle inter-universitaire (PTCI) ?

Face à cette situation, il est indispensable de définir une stratégie de formation et de consolidation d'un espace d'enseignement supérieur régionalisé, compétitif et solidaire. Cette stratégie conduirait à développer de synergie par l'élaboration d'une véritable politique de coopération universitaire cohérente incluant à la fois les programmes d'enseignement et de recherche. En effet, si chaque université nationale aspire légitimement à l'excellence, elle ne saurait cependant espérer atteindre, en isolement, le plus haut niveau dans tous les domaines. Dès lors, pour éviter la marginalisation et pour faciliter l'accès à l'excellence, il faut établir une sorte de division du travail entre les différentes universités et qui transcende les frontières nationales.

Cette tendance à l'intégration est aujourd'hui un phénomène mondial. Les institutions d'enseignement africaines se doivent d'emprunter ce processus et de combiner leurs efforts et leurs ressources pour créer ces pôles d'excellence régionaux ou sous régionaux. On laisserait à certains pays, mieux lotis en infrastructures et/ou en compétences, le privilège de développer certaines formations. Les autres pays pourraient y contribuer par la mobilité des enseignants et des étudiants.

En conséquence de cette régionalisation, il est inutile, comme nous venons de le souligner, d'ouvrir plusieurs filières de formation dès lors qu'on n'est pas à même de les gérer en raison de l'absence de compétences qualifiées. Plus positivement, il faut aider les universités à se spécialiser dans les filières pour lesquelles elles disposent de plus d'atouts.

3°) Organisation de la recherche scientifique et technique

La recherche est le domaine de la production du savoir, de la création et de l'innovation. C'est un domaine stratégique, car non seulement elle détermine le progrès de la science, mais aussi la compétitivité dans les secteurs clés surtout des nouvelles technologies. Les pays industrialisés, à travers leurs institutions d'enseignement supérieur et des centres de recherche, y investissent considérablement.

Mais, en Afrique actuellement, la recherche est le parent pauvre de la plupart des institutions universitaires. Les budgets qui lui sont consacrés ont considérablement baissé (ont disparu dans certains pays) à la suite de la crise économique et des mesures d'ajustement mises en place dans la plupart des pays. Or, aucun système d'enseignement supérieur ne saurait remplir sa mission et être un partenaire utile de la société si son personnel enseignant et ses institutions ne font pas des travaux de recherche. Car une des missions essentielles de l'université est d'être un centre actif de créativité, d'élaboration de connaissances et de savoir pour la promotion de la science et de la technologie.

Il importe alors d'avoir une politique de recherche qui pour être opérationnelle et répondre aux objectifs du développement économique et social suppose la mobilisation de moyens matériels importants et des ressources humaines de qualité, c'est-à-dire des hommes de science créatifs, des chercheurs productifs et travaillant en réseau.

Par ailleurs, une politique de recherche suppose l'existence de supports adéquats de publication. En effet, si on retrouve çà et là quelques éminents chercheurs, généralement impliqués dans des centres ou des réseaux de recherche, ils éprouvent parfois des difficultés à diffuser le fruit de leur recherche. C'est ce qui explique que le nombre de publications des chercheurs africains demeure très modeste. Il est fréquent de rencontrer des travaux de recherche de qualité, mais qui ne sont pas validés par une communauté scientifique crédible et disposant de supports de diffusion à dimension mondiale.

La compétition internationale nécessite actuellement beaucoup d'innovations et de créativité sur le plan technologique. La recherche universitaire doit être aujourd'hui à la fois appliquée et fondamentale. Les universités doivent développer et créer des structures de recherche modernes, tout en mettant l'accent sur l'initiation et la formation des chercheurs, la publication et la diffusion de leurs résultats.

Si nul ne peut contester l'importance de la recherche-développement dans les pays industrialisés, l'université africaine est désormais appelée à s'y impliquer afin d'assurer les nouvelles missions qui lui sont assignées. Mais il ne faut pas seulement faire de la recherche pour de la recherche, celle-ci doit aussi se faire en partenariat avec l'industrie, les entreprises et tous les acteurs de la vie socio-économique de la nation. Pour ce faire, la recherche doit être de bonne qualité afin de bénéficier davantage de financement, et savoir s'imposer face aux autres pôles de recherche extra-universitaires qui demeurent des concurrents potentiels.

PARAGRAPHE 5

Une analyse plus complète du financement des universités : d'où peuvent venir les ressources ?

Ces réformes qu'impose la mondialisation par le haut appellent la mobilisation d'importantes ressources qui ne sont pas à la portée des États confrontés à une crise économique et financière grave. D'ailleurs, plusieurs États en proie à des difficultés financières ont progressivement renoncé à opérer les réformes indispensables, car placés dans l'impossibilité de mobiliser aisément des ressources substantielles pour l'enseignement supérieur.

1°) Évaluation des besoins énormes des universités

Réformer l'enseignement supérieur en Afrique, compte tenu des rapides avancées technologiques et scientifiques, suppose d'énormes ressources : humaines, infrastructurelles, matérielles et financières.

Au niveau des ressources humaines, il faudra une mobilisation d'enseignants-chercheurs compétents et qualifiés. Pour ce faire, l'université doit soit en former soit en recruter. Ajouter à cela qu'un recyclage d'enseignants incompétents et non qualifiés s'impose au double plan de la pédagogie et des connaissances scientifiques.

Il y a ensuite l'épineuse question des infrastructures et de l'équipement. En effet, si l'on admet tous aujourd'hui que les universités ont largement dépassé leur capacité d'accueil normal, le nombre toujours croissant des bacheliers et les besoins de diversification des filières et des formations nécessitent des structures supplémentaires donc de nouvelles infrastructures. Ce problème se pose aussi aux niveaux sous-régional et régional en ce qui concerne la mise en place d'établissements interuniversitaires. En effet, cette forme de coopération qui se propose de concentrer les efforts et les ressources dans un pays donné impliquera impérativement des investissements massifs en infrastructure, car non seulement ces universités recevront les étudiants locaux, mais elles devront aussi en recevoir de tous les pays participants à la coopération.

Il s'y ajoute le problème des bibliothèques qui ont un rôle fondamental de support à l'enseignement et à la recherche. Elles doivent être à même d'offrir à la communauté universitaire une documentation complète et appropriée constamment mise à jour. De même, elles doivent s'insérer et insérer la communauté universitaire dans des réseaux internationaux de banques de données grâce au courrier électronique et internet.

Il faut construire, équiper et moderniser les laboratoires et les centres de recherche. Sans des équipements modernes et fonctionnels, ces institutions ne peuvent être performantes et établir les liaisons indispensables avec les réseaux interuniversitaires et bénéficier en conséquence des acquis de la révolution technologique.

La réalisation de ces besoins étant la condition sine qua non pour réussir la réforme de l'enseignement supérieur en vue de l'adapter à la nouvelle donne mondiale, une mobilisation des ressources disponibles et des sources de financement s'impose.

2°) La nécessité de mobiliser des ressources diversifiées et permanentes

La crise économique actuelle et le contexte d'ajustement structurel dans lequel évoluent les pays africains soulèvent bien des réserves quant à la réussite d'une réforme de la politique d'enseignement supérieur. La tendance actuelle est à la réduction des crédits destinés à l'université. Si la Banque mondiale clame une réallocation des financements universitaires vers l'éducation primaire, semble - t-il en raison, du coût relativement élevé d'un étudiant par rapport à un élève africain, et comparativement aux autres continents, l'intérêt et le rôle de l'enseignement supérieur dans le contexte mondial actuel, nécessite pourtant qu'il lui soit accordé des financements supplémentaires. Ce qui revient donc à envisager une diversification des sources de financement. Plusieurs types de concours peuvent ainsi être étudiés tant au niveau national qu'international. Dans ce sens, aux ressources publiques devront s'ajouter les ressources privées. Sont essentiellement concernées par ce type de financement, les familles, les entreprises et l'université en dernier ressort.

Les familles et les entreprises, par ce qu'elles sont les premiers bénéficiaires des effets de l'éducation, doivent plus que jamais s'impliquer davantage dans ce financement. La contribution des familles peut se faire à travers les Associations des Parents d'Élèves (APE) dont les efforts et les assistances en faveur de nos établissements scolaires et universitaires ne sont plus à démontrer. La mise en place de la Fédération des Associations des Parents d'Élèves (FAPE) de l'Afrique francophone en janvier 1995, est un cadre dans lequel peut se définir et se négocier, la contribution des familles au financement de la réforme.

L'implication des entreprises n'est pas elle aussi à négliger. L'université est le lieu privilégié du savoir et de la recherche. À ce titre, ses activités intéressent les entreprises à deux niveaux : au niveau de la formation des cadres et au niveau de la recherche. Le partenariat éducatif qui lie l'université au monde des affaires ne date certes pas de nos jours. Mais plus que tout, il est appelé à se renforcer et à se consolider. Le dynamisme des universités nord-américaines, on le sait, repose sur la base d'un partenariat très participatif entre les entreprises (qui sont très actives lorsqu'il s'agit de financer les recherches) et les universités. Ce n'est d'ailleurs pas par hasard que la plupart des grandes entreprises américaines sont situées dans les périphéries des établissements d'enseignement supérieur qui sont de véritables laboratoires de recherche (l'exemple de la Silicon valley et de l'université de Stanford aux États unis), Israël offre également le même exemple pour la valorisation des terres arides.

Plus que jamais, les entreprises en Afrique doivent s'impliquer davantage dans le financement des réformes universitaires que leur impose l'évolution de l'économie du savoir qui est celle où la productivité et la croissance de l'économie, les performances économiques des pays, dépendent de plus en plus du savoir, de l'éducation, de l'information et de la technologie

3°) Les ressources de la coopération internationale : insertion dans les réseaux de recherche et de partenariat

Il s'agit à ce niveau, pour les pays africains de chercher à diversifier les sources de financement extérieur. Cette coopération porte aussi bien sur l'aide bilatérale que multilatérale. En effet, la coopération Nord-Sud permet aux pays du Sud d'obtenir des financements des pays du Nord pour mettre en place des instituts d'enseignement supérieur multinationaux, locaux, ou des programmes de spécialisation pour le troisième cycle abrités par des universités des pays du Sud. Ces financements peuvent prendre plusieurs formes : des prêts non remboursables aux aides bilatérales et multilatérales.

Tout d'abord il faut travailler dans la reconversion de la dette. Depuis plus de trois décennies, les pays africains traînent avec eux le lourd fardeau de la dette contractée auprès des organismes internationaux et des pays développés. Alors que des voix s'élèvent pour solliciter la suppression pure et simple de la dette, il n'est pas exagéré de demander sa réorientation en faveur du système éducatif et particulièrement de l'enseignement supérieur. Il s'agit là d'une solution salutaire et même très efficace pour doter les universités de moyens financiers nécessaires à la mise en œuvre des réformes.

Ce n'est certes pas une idée nouvelle, puisque la commission internationale sur l'éducation de l'UNESCO n'a pas manqué de le souligner dans son rapport. Mais il est maintenant question de faire de cette idée une réalité.

En plus des aides bilatérales, les apports multilatéraux constituent la seconde source de financement extérieur des universités africaines. Le concours de l'UNESCO est très déterminant à ce niveau, car même par le passé, cette institution s'est beaucoup impliquée dans les réformes des institutions universitaires de plusieurs pays africains. Aussi, au moment où l'un de ses objectifs majeurs est le développement de l'enseignement supérieur en Afrique, à travers surtout le développement de toute forme de coopération entre institutions universitaires, la communauté universitaire africaine doit impérativement solliciter le concours de cette institution.

En dehors de l'UNESCO, une contribution de la Banque mondiale n'est pas à négliger. Bien que cette institution milite actuellement pour une réallocation des ressources de l'enseignement supérieur vers l'enseignement primaire et secondaire, elle n'est cependant pas hostile au financement des programmes d'enseignement interuniversitaire.

L'aide internationale, surtout celle des organismes et des États, étant très précieuse, sinon nécessaire, pour la réforme de l'enseignement supérieur en Afrique, une diversification des partenaires est à encourager.

Depuis plus de trois décennies, les pays africains traînent avec eux le lourd fardeau de la dette contractée auprès des organismes internationaux et des pays développés.

Alors que des voix s'élèvent pour solliciter la suppression pure et simple de la dette, il n'est pas exagéré de demander sa réorientation en faveur du système éducatif et particulièrement de l'enseignement supérieur. Il s'agit là d'une solution salutaire et même très efficace pour doter les universités de moyens financiers nécessaires à la mise en œuvre des réformes.

Ce n'est certes pas une idée nouvelle, puisque la commission internationale sur l'éducation de l'UNESCO n'a pas manqué de le souligner dans son rapport. Mais il est maintenant question de faire de cette idée une réalité. Quant à la coopération Sud-Sud, il reviendra aux pays africains de concourir aux financements de leurs programmes, et de payer le service d'enseignants compétents (locaux et expatriés) dans les disciplines pour lesquelles ils disposent de peu de spécialistes.

Le financement par la coopération interuniversitaire permettra aux pays africains de se doter d'écoles supérieures multinationales spéciales, de qualité comparable à leurs paires des pays du nord, qui formeront des cadres de haut niveau, en nombre suffisant et à moindre coût. Les moyens dont disposeraient ces écoles permettraient en outre de retenir ces quelques rares enseignants et chercheurs de grande notoriété qui tenteraient de s'expatrier pour des raisons diverses.

PARAGRAPHE 6

Une expérience réussie de politique universitaire : la CORÉE DU SUD une économie résolument tournée vers le savoir[137]

Lors du Colloque international organisé par l'International Association of University Professors and Lecturers (IAUPL) et le Syndicat de l'Enseignement supérieur du Togo (SEST) en juin 2011, le Prof. Komlavi Francisco SEDDOH a analysé une expérience réussie : la CORÉE du SUD. En 1960 : l'agriculture **et** la pêche représentaient 36 % du PIB du pays, les services 47 % et l'industrie 16 %[138]. Cette tendance s'est inversée… En 2002 : le domaine des services a progressé à 63 % de la force du travail et l'agriculture et la pêche ont régressé à 4 %. Le PIB par tête d'habitant qui ne représentait que 3000 $ US en 1975 est passé en 2002 à 15 000 $ US.

Les changements intervenus sont fondés sur le savoir : seulement trois (03) pays de l'OCDE ont investi un montant plus élevé de leur PIB dans le savoir : L'accès à l'Éducation primaire pour tous est réalisé en 1970, l'accès à l'Enseignement secondaire qui n'était que de 40 % en 1970 est devenu universel en 1997 et. L'Enseignement supérieur a pris une part importante dans la transformation du pays. Dès les années 1950, l'enseignement supérieur public s'est renforcé. **Entre 1970 et**

[137] Serges IKIEMI : Le savoir secteur zéro de l'économie ; L'Harmattan-Congo-Brazzaville 2020, 197 p.

[138] Prof. Komlavi Francisco SEDDOH, intervention au Colloque de Lomé en 2011 : « Repositionner les Universités dans le développement ». L'auteur est ancien Recteur de l'Université de LOMÉ.

1980, un accent particulier a été mis sur la promotion des programmes axés sur les sciences de base et les sciences de l'Ingénieur. Le pays investit 2,5 % de son PIB dans l'Enseignement supérieur, ce qui représente un niveau de financement plus élevé que celui de la plupart des pays de l'OCDE. L'accès à l'Enseignement supérieur est passé de 6 % en 1965 à 85 % en 2002-2003 avec une prééminence des disciplines scientifiques et techniques.

Le pays dispose de nombreux programmes d'échanges universitaires avec l'Asie, l'Europe et l'Amérique. De nombreux ressortissants continuent d'étudier à l'étranger où les effectifs sont passés de 7000 étudiants en 1971 à 150 000 étudiants en 1999 avec la mise en place de programmes qui facilitent le retour des diplômés dans leur pays.

La recherche a connu des bonds gigantesques particulièrement au plan financier et à celui des publications scientifiques de niveau international qui sont au nombre de 5000. Les TIC sont également utilisées pour interconnecter des amphithéâtres et permettre au plus grand nombre de bénéficier d'un enseignement de qualité de même que les bibliothèques virtuelles. Tout cela fait partie du dispositif de base pour aider à la création d'un environnement propice à l'amélioration de la qualité et à l'innovation.

CHAPITRE XI

QUEL LEADERSHIP POUR GÉRER LES RUPTURES ET LES CHANGEMENTS POUR SOLDER LES PATHOLOGIES SOCIALES : POUVOIR, AUTORITÉ ET LÉGITIMITÉ

> *« J'ai dédié ma vie à la lutte pour le peuple africain. J'ai combattu la domination blanche et j'ai combattu la domination noire. J'ai chéri l'idéal d'une société démocratique et libre dans laquelle tous vivraient ensemble, dans l'harmonie, avec d'égales opportunités. C'est un idéal que j'espère atteindre et pour lequel j'espère vivre. Mais, si besoin est, c'est un idéal pour lequel je suis prêt à mourir ».*
>
> *« Ne me jugez pas sur mes succès, jugez-moi sur le nombre de fois où je suis tombé et où je me suis relevé à nouveau. »*
>
> *« La mort est inévitable. Quand un homme a accompli ce qu'il considère comme son devoir envers les siens et son pays, il peut reposer en paix. Je pense que j'ai fait cet effort et c'est pourquoi je vais donc pouvoir reposer pour l'éternité. »*
>
> **Nelson MANDELA**
>
> ***Le leadership** c'est surtout un visionnaire qui la capacité d'obtenir l'adhésion active et enthousiaste d'autres individus à ses convictions.*

Une théorie complète du changement économique et social doit intégrer d'abord les objectifs visés en matière de développement et de croissance, de répartition des revenus et ensuite, les changements relatifs au système productif au sens large des capacités de production, de consommation, le stock de connaissances et d'exportation, les possibilités de financement interne comme externe, la démographie, et les institutions au premier chef l'État, son leader et son administration et enfin, le secteur privé et les autres acteurs du développement. La difficulté est, qu'au plan analytique, on est loin d'avoir de bonnes théories ne serait-ce que dans un seul de ces trois domaines, sans même parler de leurs interactions. Nous avons analysé plus ou moins clairement les diverses pathologies sociales (pauvreté, chômage, inégalités et autres précarités) qui forment le défi contemporain du social qui menace la stabilité des sociétés africaines. Les stratégies, les visions des politiques économiques, les programmes et projets publics sont au centre des réponses. Quelles sont les réponses économiques pour conjurer ces lourds défis ? Cette question centrale appelle bien d'autres à savoir : Comment les gouvernements décortiquent-ils le processus, l'agencement des variables, le calendrier des mises en œuvre, etc. ? Comment définissent-ils ou font-ils définir les solutions alternatives aux problèmes ? Selon quels critères apprécient-ils chaque solution ? Comment s'opère la décision ? Comment s'effectue la mise en œuvre concrète des mesures décidées ?

Les solutions à cette foultitude de questions doivent être apportées par le leadership qui a la charge de la gestion économique, politique et sociale du pays, l'acteur principal responsable des actions du gouvernement. Il lui revient de piloter les changements. La littérature distingue plusieurs catégories leadership, les trois les plus importants sont :

1°) Leadership autoritaire se caractérise par un certain autocratisme qui rend craintifs ses agents, individualiste dans les prises de décision et usage abusif de la force dans le pilotage dans l'exécution des programmes, tatillon dans le commandement, etc. Il est soupçonneux et ne délègue que rarement des responsabilités. Il dicte exactement ce qui doit être fait et ne dialogue jamais profondément avec son personnel.

2°) Le leadership charismatique « Le Leadership Charismatique repose sur la dévotion à la sainteté exceptionnelle, à l'héroïsme ou au tempérament exemplaire d'une personne individuelle, et des modèles ou de l'ordre découvert ou ordonné par lui. Il inspire la confiance, la foi et la conviction en eux-mêmes. Ils sont traités comme doté de puissances ou de qualités surnaturelles, surhumaines spécifiquement exceptionnelles. »

3°) Le leadership transformationnel qui se caractérise par d'abord par une vision claire de l'état futur de l'organisation (attractif, réaliste,) l'émergence de la vision provient de tous ; ensuite, il génère la confiance, les positions claires et le sens de l'intégrité ; en outre, il a un déploiement créatif, un regard positif sur soi, une conscience des compétences, un exemple au travail, apprentissage et réapprentissage et enfin un acteur respectueux des architectes sociaux jouant sur les normes et les valeurs, nouvelle philosophie, nouvelle identité. Pour toutes ces qualités, il a une capacité d'obtenir l'adhésion active et enthousiaste d'autres individus à ses convictions et à ses projets.

4°) Les autres formes de leadership : le co-gestionnaire avec trop de connivences et de demi-mesures destructrices de l'autorité dans les prises de décision, le leader délégataire avec le risque d'une mauvaise connaissance des dossiers : il est souvent victime des filtres informationnels déformants de ses collaborateurs rapprochés et de son environnement qui peuvent créer des asymétries d'information

Il semble, par rapport à l'énormité des tâches de transformations structurelles, que le leadership transformationnel est le meilleur profil.

Le paradigme de transformations structurelles se retrouve en bonne place dans toutes les études des nombreux cabinets étrangers qui assistent les hautes autorités politiques africaines, mais également dans la plupart des rapports d'expertise des IBW. Malgré cette importance toujours affirmée, on trouve rarement des analyses robustes et pertinentes. Pourtant la littérature économique s'est intéressée très tôt à la question. Initialement A. LEWIS (1954) avait établi que les transformations structurelles représentent une source importante de la croissance économique ensuite, les travaux de CHENERY, ROBINSON et SYRQUIN (1986) et SYRQUIN (1995) ont établi que les transformations structurelles sont un facteur important d'explication des performances économiques des pays.

Globalement, la transformation structurelle reflète le processus à travers lequel l'importance relative des différents secteurs et activités d'une économie change au cours du temps. Ce changement structurel incarne plusieurs faits stylisés dont les plus importants sont : une réallocation des ressources des secteurs ou activités moins productifs vers les plus productifs ;

1. Une distribution de plus en plus égalitaire des productivités et des parts sectorielles de l'emploi ;

2. Une transformation des zones rurales en zones urbaines plus développées, accompagnée d'une formalisation accélérée du secteur informel ;

3. Une transition démographique assurant le passage de taux de croissance et de mortalité élevés à de faibles taux de croissance et de mortalité.

Deux facteurs sont indispensables à l'enclenchement du processus de transformation structurelle. **Le premier est l'impulsion de l'innovation** dans les secteurs stratégiques. En l'absence de ce facteur, les moyens de décollage de l'économie sont insuffisants. **Le second concerne l'accès des secteurs à forte productivité aux facteurs de production afin de favoriser la diffusion des gains de productivité des secteurs stratégiques au reste de l'économie**. Le rythme et l'ampleur des transformations structurelles dépendent de la stratégie de développement adoptée par les pays.

Le succès du processus des transformations structurelles émane d'un leadership qui propose une vision claire de l'orientation du développement, détermine les secteurs stratégiques et mobilise toutes les couches de la société en soutien à l'impératif de développement. **À l'évidence dans une société démocratique un leadership transformationnel n'est point un homme-orchestre qui sait tout, fait tout, décide de tout, mais un chef d'orchestre qui choisit la partition et entraîne les exécutants dans un mouvement d'ensemble dont les objectifs sont connus de tous.**

Pour accélérer les rythmes de croissance dans le moyen et long terme, un conglomérat de projets structurants doublé d'un cadre macroéconomique assaini ne suffira pas à rendre la croissance durable, **il faut impérativement aiguillonner le potentiel de croissance des différents secteurs par des politiques structurelles publiques judicieuses, efficaces et inscrites dans une bonne trajectoire planifiée par un « État Pro » disposant de puissants outils de développement et de fortes institutions de gouvernance économique, politique et sociale**.

Dans tous les documents publics de plusieurs pays, l'émergence se réalise par une transformation structurelle de l'économie et de la société portées par des stratégies fondées sur la recherche d'une croissance inclusive, la valorisation du capital humain et la bonne gouvernance. C'est dire que d'un point de vue normatif, les transformations structurelles de l'économie ont nécessairement les implications dans la réallocation de ressources des secteurs et activités moins productifs à des secteurs et activités plus productifs ; l'accroissement de la contribution relative du secteur manufacturier au PIB ; la diminution de la part de l'emploi agricole dans l'emploi total ; le redéploiement de l'activité économique des zones rurales vers les zones urbaines ; l'essor d'une économie industrielle et des services modernes ; la transition démographique assurant le passage de taux de croissance et de mortalité élevés (fréquents dans les zones sous-développées et dans les zones rurales) à de faibles taux de croissance et de mortalité (associés à de meilleures normes sanitaires dans les régions développées et dans les régions urbaines), et une urbanisation croissante.

PARAGRAPHE 1

Civisme et développement les comportements et attitudes des acteurs qui freinent le développement et la croissance. Pour une nouvelle citoyenneté.

Depuis longtemps les modèles de développement font l'objet de débats surtout en Afrique avec la persistance de la crise des économies et les résultats catastrophiques de l'ajustement structurel appliqué depuis plus de trois décennies et que l'on perpétue avec un aveuglement et un autisme absurde sous des formes plus douces et plus malicieuses avec la coupe réglée et la tutelle des institutions financières internationales (prescription d'un cadrage macroéconomique, haute surveillance des déficits et de l'endettement). L'aboutissement logique de ces projets et programmes est que le développement des pays devra être impulsé de l'extérieur et pour y arriver il suffit simplement d'organiser la mobilité des capitaux, de transférer les technologies et les cultures qui les accompagnent. Les proclamations sur l'émergence actuellement en cours omettent de rappeler que les pays émergents ne sont pas arrivés là où ils sont par hasard. Ils ont réussi à sortir du sous-développement en appliquant d'excellentes visions stratégiques qui reposent solidement sur les vertus prussiennes de travail, de rigueur, de discipline, d'épargne et sur le secteur privé soutenu par un patriotisme économique réfléchi et courageux.

Se posent alors les questions qui suivent : la démocratie et le développement sont-ils possibles sans mise à niveau des mentalités, comportements civiques, des attitudes et sans participation citoyenne ? Il n'y a pas de développement ni de construction de la démocratie sans mise à niveau des mentalités et des comportements, sans civisme et sans participation citoyenne. Comment peut-on se considérer comme citoyen à part entière dans une société qui ne vous assure pas le droit au travail, au logement, aux soins.

En effet, les attitudes et les gestes les plus quotidiens peuvent favoriser ou entraver le développement : villes surchargées et sales avec des déchets immondes, pollution de l'eau et de l'air, etc. Comment modifier toutes ces déviances comportementales et développer le civisme ? Comment former et faire participer une citoyenneté responsable et consciente qui respecte les règles de vie en société ses devoirs, ses droits civils et politiques et qui se soucie du bien-être de la collectivité **Faut-il CONVAINCRE ou CONTRAINDRE ?** Il nous faut pour cela admettre d'emblée deux postulats tout d'abord, le développement n'est pas seulement croissance ni synonyme d'extension de marchés. Il appelle la prise en compte de toutes les dimensions des coûts de l'homme : une analyse simultanée des politiques sociales, des politiques économiques, des idéologies, ce mot étant pris dans son acception qui privilégie le culturel, ou le dialogue avec le réel.

Les aptitudes civiques favorables au développement

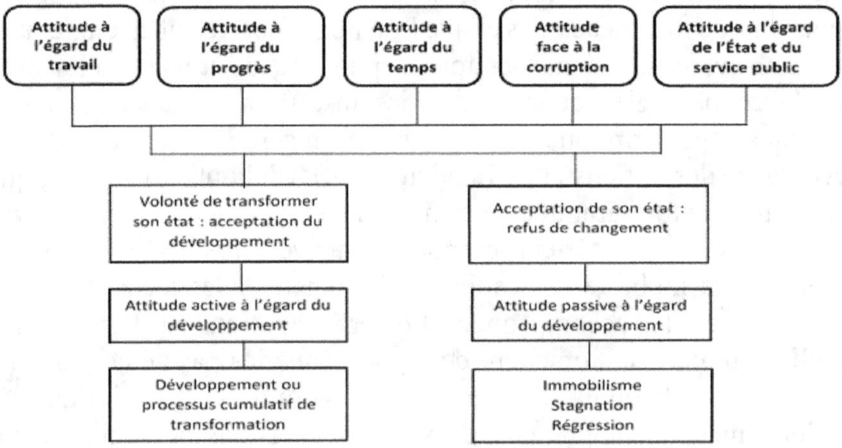

1°) Les attitudes à l'égard du travail : on travaille mal et pas assez ce qui se répercute sur la productivité et compétitivité. Travaille dur pour conserver ton emploi, sinon tu vas travailler dur pour en trouver un

Le génie note **EINESTEIN** ***« C'est 1 % de talent et 99 % de travail. »***

Tous les constructeurs de systèmes sociétaux ont toujours fondé leurs conceptions sur le travail rédempteur et créateur de richesses. En Chine, la population est persuadée qu'il faut travailler dur pour réussir si bien qu'elle est tout sauf un pays rempli d'éphèbes se prélassant sur une plage de sable fin, entourés d'odalisques !

La question qui découle de ces exemples est celle de savoir quelle est l'attitude des acteurs sociaux à l'égard du travail ? Trois faits massifs méritent d'être soulignés et sérieusement analysés. Le premier fait concerne les cérémonies familiales et les nombreuses activités de loisirs qui démobilisent tout le corps social et particulièrement sa composante la plus valide : la jeunesse. Le second fait est relatif à la multiplicité des fêtes officielles qui sont des charges exorbitantes pour les entreprises et partant diminuent leur compétitivité structurale. Le troisième fait est la faible productivité du facteur travail dans tous les secteurs d'activité. En prenant le cas de l'agriculture on s'aperçoit que les hommes consacrent au travail 103 jours, soit 600 heures par an et les femmes 155 jours, soit 1 100 heures. Dans les mêmes climats et sur les mêmes sols, le rendement moyen par actif rural et par hectare cultivé est presque 10 fois plus élevé en Asie.

Que faut-il alors faire pour promouvoir une société de travail, c'est-à-dire une société qui se construit autour des valeurs qui agissent sur la conscience des citoyens pour leur inculquer en permanence des attitudes favorables au travail productif et créatif. Il faut certainement aller bien au-delà de simples appels pathétiques de nos leaders à la conscience professionnelle.

2°) L'attitude à l'égard du progrès matériel : faible importance attachée aux innovations de développement et à l'épargne

Si nous réduisons le progrès matériel à deux variables fondamentales, l'acceptation des innovations technologiques et la recherche, il devient intéressant de savoir si la recherche de ce progrès est tenue pour une finalité de l'activité des citoyens sénégalais. La recherche n'intéresse personne, les preuves ne manquent pas : investissements public et privé dérisoires, les fondations existantes comme les sponsors récompensent principalement les politiciens et les sportifs. Le cas de la lutte sénégalaise est symptomatique au point qu'elle passe pour le LMD (Lutte, Musique, Danse) sponsorisé pour la jeunesse.

Pour ce qui est des innovations, la réceptivité des sénégalais est presque parfaite : vivacité d'esprit, intelligence ouverte à toutes mutations, très forte propension à l'initiation, système éducatif et de formation de bon niveau, mais qui se détruit faute de réformes profondes. Toutes ces raisons font que la dotation de notre pays en ressources humaines est une des meilleures en Afrique francophone.

3°) L'attitude à l'égard de l'accumulation des richesses

Cette attitude soulève les questions suivantes : la richesse est-elle source de consommation, moyen de prestige ou instrument de progrès économique par accumulation et investissement ? Commençons par élucider le lien entre accumulation et développement. Notre pays a besoin d'une croissance rapide, accélérée, harmonieuse et aux taux le plus élevés possible compte tenu des ressources disponibles. Or, le taux de croissance est une fonction directe du taux d'accumulation donc de l'épargne. En conséquence, il ne peut avoir de développement sans une conciliation entre les capacités de génération (production) et d'absorption (consommation) des surplus. Historiquement, les richesses qui se formaient étaient systématiquement détruites par des mécanismes divers (cérémonies, legs, dons…) ; cela pour maintenir la cohésion et empêcher toute différenciation sociale remarquable. Cette tradition s'est renforcée aujourd'hui entraînant une véritable dilapidation des ressources à l'occasion d'interminables cérémonies de tous ordres. L'interférence de deux valeurs l'une traditionnelle le « **navle** » et l'autre moderne le « pouvoir d'achat » entraîne une surenchère dans les dépenses somptuaires par effet d'imitation et de démonstration que les économistes connaissent bien à travers les effets DUSSENBERY/ GIFFEN. Ce double mécanisme finit par liquider ou amoindrir les capacités d'épargne des individus.

Dans ces sociétés asiatiques, les taux d'épargne sont très élevés, car les agents économiques considèrent, dans un premier temps, que les surplus de revenus qu'ils obtiennent sont provisoires et qu'il vaut mieux les mettre de côté pour les temps difficiles. Différemment, le système africain qui, par ses réseaux de solidarité, détruit socialement tous les surplus offre un filet permanent de sécurité sociale.

Comment ajuster les comportements d'épargne des individus pour qu'ils soient d'une part plus favorables à l'investissement et d'autre part mieux corrélés aux risques et à l'incertitude ? Comment imposer un civisme dans la gestion des ressources individuelles ? Faut-il agir sur le modèle de consommation, sur l'environnement social ou sur les incitations ?

4°) L'attitude à l'égard de la corruption : quand la fin justifie les moyens

Cette question est décisive dans les économies de marché où la transparence devrait permettre un fonctionnement efficace des relations marchandes et des règles de compétition. Les Institutions Financières Internationales s'intéressent bien après les théoriciens, à l'économie politique de la corruption.

En revanche, pour la société comme pour les citoyens la corruption impose des coûts moraux, politiques, sociaux et économiques. Ces coûts économiques se traduisent par le gaspillage des fonds publics, l'octroi de rentes de situation parasitaires, la concurrence déloyale pour les entreprises, des pertes de revenus budgétaires et de crédibilité pour l'ensemble du système social. Par ailleurs, elle remet en question l'égalité de traitement des citoyens et l'égalité des chances des entreprises en régime de concurrence. En conséquence, si on laisse la corruption s'incruster et se développer, il va se former des échanges sociaux complexes avec des réseaux qui vont viser à sécuriser les transactions délictueuses hors marché au détriment de l'économie nationale.

5°) L'attitude à l'égard de l'État et du service public : absence totale d'une éthique de l'intérêt général et du souci du bien commun

L'émergence en Asie est partie d'un État fort adossé sur des institutions stables, utilisant les savoirs et les talents. Il a été qualifié d'« État proc'est-à-dire producteur, promoteur, programmeur et prospecteur. Au contraire de l'Asie, en Afrique les politiques néolibérales ont opéré un véritable démontage des pouvoirs de l'État bien que l'État y soit doublement précarisé en haut par la mondialisation et en bas par l'économie informelle dominante. À cela s'ajoute une crise chronique de ses finances publiques du fait de multiples prédations des divers acteurs qui le rendent incapable de disposer de fonds d'accumulation pour investir dans les secteurs créateurs d'externalités positives : infrastructures, éducation et formation, santé, environnement, etc.

Cette prédation concerne d'abord les entreprises (incivisme fiscal qui se traduit par le non-accomplissement des obligations, intéressement social, patriotisme d'entreprise), les élites administratives et politiques et les citoyens. Les élites asiatiques ont mieux utilisé leurs ressources de la prédation, de la corruption en faisant confiance en leurs institutions. C'est le contraire avec les élites africaines qui ont consacré leurs ressources à des placements à l'extérieur ou à des consommations somptuaires. Il manque aux acteurs une éthique de l'intérêt général c'est-à-dire le souci du bien commun ou la recherche d'un optimum social.

L'aboutissement de cette situation conduit à des malversations financières, à la gestion non transparente et gabégique du secteur public, à la démultiplication des passe-droits, à la promotion et à la protection de l'incompétence, la violation des règles d'une compétition stimulante, etc. Pour sûr de tels comportements conduisent un pays à la ruine. Le civisme est alors cette vertu cardinale consistant à préserver le bien public, à s'intéresser à la vie sociale et politique, à se plier aux disciplines nécessaires, à respecter les lois légitimes ainsi que les autorités chargées de les appliquer. Ces qualificatifs ressortent de la bonne gouvernance concept qui a permis aux institutions financières internationales de sortir de l'impasse des années 1970 et 1980 quand elles préconisaient un libéralisme économique forcené hostile à l'État dont l'immixtion dans l'économie était considérée comme la cause principale des déséquilibres.

Dans cette optique, les questions essentielles qui se posent au niveau de la gouvernance auront trait à une organisation plus efficiente du secteur public, plus responsable, plus transparente et plus axée sur la satisfaction des besoins des populations ; une organisation et une gestion plus efficiente des ressources humaines ; un renforcement des capacités de formulation des politiques et de suivi de leur application ; un renforcement des systèmes de contre-pouvoirs (pouvoir législatif, judiciaire, société civile, groupe de pression) afin de leur donner la capacité de suivre et d'évaluer les politiques.

6°) Attitude face au modèle de consommation extraverti avec une hyperconsommation urbaine de biens importés par les classes privilégiées par la fortune : Consommer plus de tout et de partout pour aller où, pour faire quoi ? Nul ne sait, mais allons-y gaiement !

Les distorsions constatées entre structures productives et structures de consommation proviennent principalement à des comportements de consommation largement conditionnés par l'extérieur, à des contingences historiques, des traditions productives technologiquement attardées. C'est ainsi que dans le domaine agricole, la perpétuation après 1960 de l'agriculture coloniale de traite et d'un système d'accumulation fondé sur la rente agricole et minière, a inexorablement conduit le pays à une crise agroalimentaire qui a provoqué une explosion des importations de produits alimentaires.

Rompre avec l'hyperconsommation extravertie des classes moyennes facteur du déficit chronique de la balance commerciale et de blocage du marché intérieur : absence de patriotisme économique et symptômes d'un pays qui travaille pour l'extérieur. Le patriotisme économique que tous les pays pratiquent sans jamais le dire et qui peut se traduire par la rupture d'avec un modèle de consommation extraverti qui accentue les déséquilibres commerciaux

Il reste beaucoup d'autres attitudes importantes qui devraient être analysées par exemple celles concernant la confiance qui facilite les transactions entre agents économiques et celles relatives à l'acceptation des décisions dans un système démocratique ou également « le patriotisme économique ».

En définitive, nous sommes entrés dans un système mondial de très haute compétition où la technologie est la principale clef de la compétitivité. Dans un marché mondial où produits, capitaux et technologies circulent et s'échangent librement, ce sont les hommes qui font la différence. Plus que jamais, selon l'expression de Samuel PISAR, c'est la ressource humaine qui différenciera les performances des divers pays. L'effet du capital social sur la croissance et le développement est l'effet d'une force très qualitative, plutôt qu'une quantité agrégée, dont la mesure est aussi délicate et problématique que celle du capital physique. Le terme de capital social recouvre un certain nombre de phénomènes qualitatifs qui incluent la formation, la santé, l'environnement social, les liens interpersonnels au sein de la famille et des organisations.

Le Japon est le seul pays de peuplement non blanc et de culture non occidentale à avoir réussi à faire fonctionner efficacement un système politique démocratique et une économie libérale performante en ne se fondant que sur ses valeurs propres de civilisation. Il a été imité par une bonne partie des pays d'Asie. L'une de ces valeurs est l'investissement sur l'homme considéré comme le capital le plus précieux. Dans ces conditions, notre pays peut entreprendre et réussir un développement durable si des comportements civiques sont consensuellement adoptés et généralisés à l'ensemble du corps social. Ce sera alors le temps de tous les espoirs.

7°) Comment modifier les comportements et développer le civisme : convaincre ou contraindre pour une nouvelle citoyenneté

Les comportements et les attitudes civiques favorables au développement économique et social peuvent être transcrits en règle normatives claires et précises du genre : Le travail tu exécuteras avec conscience et abnégation (CHEIKH SIDY MOUKHTAR MBACKE, Khalife Général des Mourides) ; le loisir tu accepteras comme complément au travail ; les ressources tu géreras avec des anticipations rationnelles ; le service et les biens publics tu respecteras ((Cheikh Sidy MOUKHTAR MBACKE) ; La confiance tu cultiveras ((Cheikh Sidy Moukhtar Mbacké) et la corruption tu combattras, etc.

Pour que ces prescriptions ne soient pas une sorte de code éthique ou une kyrielle de vœux pieux, il faut les traduire en mécanismes institutionnels ou en règle juridiques et se donner les moyens de les faire respecter.

Je développerais particulièrement les aspects institutionnels. Toutefois, en partant d'un double éclairage pour mieux cerner les valeurs civiques d'appel qui permettent d'atteindre les objectifs de développement préalablement fixés. Le premier éclairage est que notre Parti social-démocrate qui a l'ambition d'édifier une économie performante caractérisée par une croissance aussi forte et aussi continue que possible et qui confère une égalité des chances aux citoyens et une répartition équitable des fruits du travail.

La volonté de moderniser le pays en s'adossant sur toutes les valeurs positives de notre culture nationale. Les principes fondateurs d'une nouvelle citoyenneté.

Quels que soient les moyens que se donne une société démocratique pour maîtriser son développement, elle ne peut les faire accepter que si les buts qu'elle se fixe sont clairement dégagés et ressentis comme prioritaire par la majorité des citoyens. C'est dire que seul un « projet collectif » rendant convergentes et cohérentes les aspirations des populations est de nature à les mobiliser et à leur faire accepter les changements favorables au progrès économique et social. Les axes de ce projet de société peuvent se résumer comme suit : l'édification d'une économie performante de croissances ; l'orientation de cette croissance dans le sens de la satisfaction des besoins de base c'est-à-dire les besoins de se nourrir, se loger, se former et se soigner ; le respect de l'égalité des chances de tous les citoyens dans un système démocratique concurrentiel ; l'instauration d'un modèle de justice sociale et de répartition équitable des fruits de la croissance et la participation des populations, par le biais de la décentralisation, à la définition et à l'exécution du projet collectif.

Dans ce projet collectif de société, il est reconnu aux citoyens des droits économiques et un égal accès aux services sociaux de base.

Dans le cadre que voilà, le civisme devient une vertu cardinale qui oblige les citoyens à observer des attitudes responsables pour préserver les biens publics et élargir les droits collectifs.

Les moyens juridiques, institutionnels et politiques de la mise en œuvre

Si les valeurs civiques ont une importance aussi capitale, il faut s'interroger sur les moyens dont dispose un État démocratique pour les imposer et les faire respecter. Ces moyens peuvent être de trois ordres : juridiques, institutionnels et politiques.

Le premier moyen auquel on pense est relatif à l'utilisation de la loi et des règlements. Cela devrait alors se ramener à la traduction des valeurs civiques en règle de droit dont la violation est réprimée par les tribunaux au nom de la défense des intérêts supérieurs de la société. Dans ce cadre notre pays avait très tôt légiféré sur les cérémonies familiales qui occasionnent des dépenses somptuaires à la fois improductives et ruineuses.

Nous devons réexaminer sans complaisance cette question pour évaluer tous les obstacles qui ont fait capoter cette législation qui limitait ou interdisait certains gaspillages de ressources rares. Il importe de réactualiser cette législation et de combattre les comportements nuisibles en l'appliquant de manière stricte et contraignante.

Dans la même direction, il est souhaitable d'élaborer au plus vite une législation anticorruption qui s'inspirerait des lois antitrust américaines qui ont eu par moment une efficacité redoutable avec le démantèlement de certains monopoles.

Le deuxième moyen pour promouvoir les valeurs civiques passe par la mise en place d'institutions et de mécanismes d'incitations et de motivation. Il s'agit de la mise en place de sanctions positives pour amener l'individu à adopter un comportement civique. Cela pourrait être le cas pour l'épargne (incitation à épargner) ou pour le travail avec l'instauration d'une rémunération à la tâche ou à la productivité. Les récompenses et les décorations peuvent aussi avoir une fonction de motivation pour les bénéficiaires.

La troisième catégorie de moyen est de nature politique et consisterait à l'implication des formations politiques, des organisations de masse, de la société civile, des syndicats qui ont à pour jouer les rôles de premier plan dans des campagnes de sensibilisation et de promotion des valeurs civiques… Ces campagnes doivent être menées en ciblant des groupes précis autour de la culture de la responsabilité citoyenne et au développement du sens civique.

Il est alors possible en direction de la population particulièrement au niveau de la jeunesse de diffuser cette espèce de Charte du citoyen : « Pour devenir une nation adulte, il faut savoir respecter ces préceptes »

1) Exercer ses droits et assumer ses devoirs
2) Respecter l'Autre
3) Respecter les lois et les règlements

4) Agir solidairement dans l'intérêt général

5) Respecter ses engagements

6) Faire son travail avec rigueur et conscience

7) Préserver notre environnement et nos ressources

Cette charte est concrétisée par trois acteurs principaux qui ont les fonctions impératives qui suivent : D'abord, la Famille avec trois missions : Éduquer, transmettre les valeurs fondamentales : religieuses, morales et culturelles. Ensuite, au Système Éducatif, est dévolu de former l'homme, le travailleur et le citoyen. Enfin, l'État de jouer a un rôle essentiel dans la promotion de la citoyenneté, les choix politiques, l'éducation, l'information, une politique sociale équitable avec égalité des chances et un appareil administratif et de sécurité exemplaire.

PARAGRAPHE 2

Malaise et mal-être de la génération galère, fer de lance des grandes transformations structurelles pour bâtir un système politique démocratique et des politiques économiques sectorielles performantes.

> *La jeunesse africaine ne manque ni de courage, ni de détermination, elle souffre d'une défaillance de repères et de visions imposées par des dirigeants illégitimes, des monarques républicains issus d'élections souvent frauduleuses, chevillés sur des modèles d'États, et institutions importées et aux services de l'Occident sans leadership patriotique et honnête et sont protégés par une armada de forces répressives sous le gardiennage des bases militaires étrangères.*

Pendant longtemps on disait qu'elle se détournait de la politique. Bien sûr que non ? Paraphrasant TROTSKY elle se démarquait d'une conception et d'une pratique dualiste de la politique selon laquelle un groupe de dirigeants apportaient aux masses la conscience du « dehors » et prétend penser et décidait en son nom.

Cette jeunesse, dans sa diversité, est en train de monter à l'assaut des citadelles politiques et entre en quasi rébellion contre les divers establishments et les nomenklaturas de tous ordres qui l'excluent des systèmes productifs et culturels et de la vie tout courte. Cette moitié du monde se mobilise partout autour de revendications concernant aussi bien les conditions sociales, l'école, le service public, le système des libertés, la laïcité, l'action humanitaire et la défense de ses identités. Les révolutions dans les pays arabes, qui ont surpris par leur ampleur les journalistes et les analystes les plus avisés, sont de leur fait. C'est également elle qui déstabilise, en Occident, les ordres politiques réputés responsables de leurs précaires conditions de vie. Elle constitue un groupe social hétérogène traversé par des problèmes à la fois nombreux, complexes, souvent inédits et assez mal posés : problèmes transversaux, dont les plus importants.

Situation aggravante elle vit dans des espaces traversés par mille problèmes malgré les statistiques imparfaites, des politiques publiques peu propices et peu incitatives, des politiques économiques sectorielles peu performantes, la faible productivité globale des facteurs dégradant la compétitivité de l'économie, les diverses distorsions structurelles dont la fameuse inadéquation entre le système éducatif et les besoins du marché de travail. Les déséquilibres macroéconomiques persistent avec des politiques sectorielles impertinentes et un envol de l'endettement. De plus, lorsque la croissance s'améliore elle ne fait baisser ni la pauvreté, ni le chômage, ni les autres précarités, ne cela faute d'une transformation structurelle sempiternellement annoncée, mais jamais effectivement concrétisée. Vient s'y ajouter un logiciel mental régressif avec le piétinement des valeurs sociétales, l'incivisme comportemental, la détérioration de la valeur travail et une occidentalisation mimétique affolante, etc.

Depuis l'adoption de la Charte africaine de la jeunesse par l'Union africaine (UA) en juillet 2006, jusqu'au Rapport de la Banque mondiale sur les générations futures de 2008 en passant par celui de la Commission Economique de l'Afrique (CEA), la jeunesse est considérée comme un acteur clé du changement sociopolitique et du processus de transformation des pays. Cette importance souligne le grand intérêt que lui ont porté les institutions que sont la Banque mondiale (Bm), l'Union africaine (UA) et beaucoup d'autres communautés d'intégration régionale (la CEDEAO, la SADEC, etc.).

1°) Ce que la jeunesse dénonce : sortir les sociétés de l'emprise néocoloniale et de la gestion néolibérale des économies africaines

> *La jeunesse arrive à l'âge d'adultes murs et certains auront entrepris des études sérieuses et difficiles mais risquent d'arriver à l'âge de la retraite sans jamais exercer un métier, sans avoir la chance d'éprouver leurs compétences. D'autres plus nombreux, vont quitter la campagne pour les villes, chassés par*

> *les difficultés et la misère, parfois attirés par la ville car la pauvreté urbaine a plus d'attrait que la pauvreté rurale. Ils risquent, de sombrer dans le chômage, la délinquance et d'autres dérives sociales comme l'émigration clandestine vers une Europe qui hermétiquement ses portes.*

Les problèmes posés par les jeunes sont à la fois nombreux, complexes et souvent inédits et assez mal posés. Précisons de prime abord, en écartant tout débat sémantique sur la jeunesse, qu'elle ne constitue pas une classe, mais un groupe social non homogène dont les composantes viennent de classes sociales ayant des origines, des orientations et des façonnements différents. Toutefois, elles sont reliées par des problèmes transversaux dont les plus importants sont le chômage et le sous-emploi, la crise du système éducatif et de formation, la pauvreté et la déliquescence des filets de protection, les déficiences ou l'absence du service public et des infrastructures de promotion et d'épanouissement, le développement de la délinquance et de la toxicomanie et le déficit d'information.

Accablée par toutes ces épreuves, la jeunesse rame pour entrer dans la vie active ; et si elle n'est pas une génération sacrifiée, elle est bel et bien une génération galère dont le problème le plus lancinant est le chômage. Beaucoup de jeunes vivent au quotidien la galère du chômage et de la précarité. Certains d'entre eux ont entrepris des études dures dans les universités les plus huppées, mais risquent de se retrouver au seuil de l'âge de la retraite sans jamais travailler. Pour eux tout se passe comme s'ils sont condamnés à ne jamais « gagner leur vie à la sueur de leur front. »

La réflexion sur les problèmes que soulève la jeunesse est rendue difficile suite aux insuffisances et imperfections de la statistique concernant les jeunes. Nulle étude crédible sur sa dimension quantitative, sur sa répartition spatiale par âge, par sexe, par secteur d'activité, sur sa stratification sociale, sur son degré d'insertion dans les activités, sur le taux de chômage, sur les filets de protection sociale, n'est disponible. Depuis le temps que les politiques publiques s'intéressent aux jeunes, elles n'arrivent pas encore à produire des enquêtes statistiques et sociologiques fiables comme cela est fait sur la pauvreté qui est un problème d'égale importance.

Le premier problème le plus lancinant que certains auteurs qualifient de bombe est le chômage épizootique, une menace plus forte que celle le présumé terrorisme. Le poids démographique et le chômage sont à la base d'une nouvelle prise de conscience des organisations internationales comme l'Organisation Internationale du Travail (OIT), la Banque mondiale (BM), la Commission Economique pour l'Afrique (CEA) toutes ces organisations soulignent dans plusieurs de leurs rapports, la nouvelle dimension des enjeux des « générations futures » : elles mettent en garde les États sur la calamité que représente le chômage. Dans un rapport de la Banque mondiale, Eric ZUEHLKE écrit que « l'emploi et le sous-emploi des jeunes sont reconnus comme présentant un risque potentiel d'instabilité sociale dans beaucoup de régions du monde ».

Cette bombe du chômage qui fait peur aux autorités politiques est la pierre angulaire des revendications des mouvements des jeunes en Afrique. Elle accroît la fragilité des jeunes et fait naître en eux un sentiment d'exclusion et d'inutilité qui les pousse à « des activités nuisibles pour eux-mêmes et pour la société. Tant que le potentiel des jeunes ne sera pas exploité de manière productive, ni eux ni la société ne pourront prétendre à un avenir satisfaisant », affirme Juan SOMAVIA, Directeur général du BIT. L'expert du PNUD, Jeffrey SACHS, fait du chômage l'une des racines des révolutions arabes, et un des enjeux majeurs des politiques à venir. En effet, cette jeunesse, moins installée dans la vie et ne perdant rien à un changement véritable de société, car ne possédant ni maison, ni enfant, ni voiture, même pas d'emploi, toutes ces exclusions, va se mobiliser massivement pour affronter l'État, la police, les institutions et monter à l'assaut de l'establishment. Alors, il se forme une volonté d'en finir avec des systèmes démoralisant qui ne leur réservent que de sombres perspectives.

Il faut rappeler que « Les emplois ne tombent pas du ciel comme une manne, aussi ardemment qu'on puisse le souhaiter. Ils naissent du processus du développement économique, de la création de nouvelles entreprises et de nouvelles activités économiques par les entreprises privées et les pouvoirs publics. La création soutenue d'emplois exige des changements structurels, c'est-à-dire une économie capable de susciter en permanence de nouvelles activités à croissance rapide, qui se caractérisent par une productivité plus élevée et une plus forte valeur ajoutée, ainsi que par un accroissement des rendements d'échelles » **C'est le songe servi par tous les politiciens africains en campagne électorale : après les flatteries démagogiques, le songe du père Noël qui descend du ciel avec 500 000 emplois dans ses bottes**.

Le Sénégal vient d'en donner l'exemple en renversant un système politique pourri dirigé par une élite corrompue chevillé aux intérêts des puissances extérieures « la FRANCEAFRIQUE. Le parti PASTEF qui a réussi à mobiliser la jeunesse autour de deux idées clefs : changeons de système (rupture) par des patriotes aux mains propres ».

Le second problème que la jeunesse soulève concerne le système éducatif. Les revendications des étudiants et des lycéens sont identiques et comportent trois volets : le premier concerne le contenu, le second les conditions de travail et le troisième le chômage des alors même que les pays ont besoin ont besoin de médecins, de professeurs, d'ingénieurs.

Elle met en cause la crise des contenus et des missions du système éducatif, l'absence de lisibilité des savoirs, la croissance des flux ni prévue, ni préparée, mais subie alors même que l'encadrement et les infrastructures stagnent. Paradoxalement la massification de l'enseignement n'a pas gommé le caractère très inégalitaire du système scolaire : les nombreux jeunes qui quittent le primaire, le secondaire et l'université sans aucun titre scolaire n'ont pour horizon immédiat que des recherches incessantes de travail.

C'est pourquoi les jeunesses scolaires et universitaires se révoltent d'abord contre les conditions de vie et de travail fortement dégradées et les allocations budgétaires insuffisantes et mal utilisées pour ensuite dénoncer les universités qui sont devenues des fabriques de chômeurs. Les raisons découlent d'une part des faibles liens que les universités entretiennent avec la vie productive et les entreprises et d'autre part de l'absence d'adéquation entre les savoirs dispensés et les profils des compétences. Le paradoxe de notre système éducatif est que l'enseignement technique qui devrait normalement, former plus de la moitié des hommes actifs compte dix fois moins, que l'enseignement général, qui prépare dix fois moins d'emplois. L'université ne s'adresse plus à la fois aux étudiants et aux entreprises.

Le troisième problème qui se pose concerne l'accentuation de la vulnérabilité, de la dépendance de la jeunesse vis-à-vis de la famille qui est le principal filet de protection. La détérioration de la situation sociale avec la montée de la pauvreté de masse contribue fortement à l'affaiblissement progressif des filets de protection sociale. Dès lors, les plus précaires des jeunes, sans allocation chômage, plongeront dans la pauvreté, car l'altruisme familial ne peut plus fonctionner. L'État n'étant pas garant des solidarités, en cas de panne de l'ascenseur social, les jeunes en supportent les frais.

Le quatrième problème sur lequel bute encore la jeunesse est relatif aux déficiences du service public destiné aux jeunes et les insuffisances des infrastructures de promotion et d'épanouissement. Observons que les secteurs où l'État a laissé l'initiative et la liberté d'organisation aux jeunes, comme les « navétanes », la jeunesse se mobilise tellement massivement et de manière enthousiaste et chaotique, qu'elle finit par éveiller des peurs. Leur moindre velléité de protestation ou de contestation est sous haute surveillance, car perçue comme un danger réel.

Le cinquième problème concerne la délinquance et la toxicomanie. Ces deux phénomènes qui ravagent la jeunesse sont perçus comme des perversions venues de l'extérieur par les fameux effets d'imitation. Cette vision est totalement erronée. En raccourci, ces deux pratiques doivent être perçues comme des maladies d'origine sociale : il s'agit d'un désir puissant d'évasion d'un ordre social qui ne vous réserve plus rien. Il ne faut pas oublier que le PIB mondial de cette criminalité fait environ plus de 1500 milliards de dollars. Si l'on veut lutter contre le phénomène, ce n'est pas à la jeunesse qu'il faut s'en prendre, mais au système qui l'engendre et le commercialise.

Enfin le sixième problème concerne l'énorme déficit d'information qui est en fait une exclusion de la modernité et le maintien de l'obscurantisme. Partout dans le monde, la jeunesse est montée à l'assaut des nouvelles technologies de l'information, Internet, téléphone portable et multimédia qu'elle utilise davantage et mieux que leurs parents. Les jeunes sont devenus les fers de lance du milliard de personnes abonnées aux réseaux sociaux qui enquiquinent les pouvoirs publics. Ces TIC apparaissent comme des outils efficaces qui permettent aux adolescents une libération de la parole, une intégration des réseaux sociaux pour capitaliser les expériences et mettre en place une véritable mémoire collective, un accès à toutes les informations relatives à la vie pratique, aux droits individuels et collectifs, à l'emploi, à la culture, aux loisirs et divertissements.

Ces nouveaux outils ont révolutionné l'univers de la communication, des relations sociales et même celui de l'éducation dans la mesure où ils ont détrôné les bibliothèques pour beaucoup d'étudiants. Pourtant en Afrique, ces outils des temps modernes sont souvent hors de portée pour l'immense majorité des jeunes qui n'ont guère les moyens d'avoir un microordinateur et parfois même pas la petite bourse pour surfer dans un cybercafé si celui-ci a le bénéfice d'exister.

La conjugaison de ces problèmes place la jeunesse dans un profond sentiment d'injustice et de colère qui l'amène perpétuellement à contester et même paralyser tout le système social.

2°) Ce que la jeunesse annonce : être désormais l'accélérateur de l'histoire ou la locomotive des acteurs du changement social et de la bonne gouvernance démocratique

La jeunesse étant partout rebelle, la profondeur et l'universalité de son malaise et de son mal vivre nous interdisent des réponses partielles que suggèrent nos préférences politiques. Sans nul doute, il s'agit, prioritairement d'une révolte contre leurs précaires conditions de vie suite à l'échec ou même l'absence de politiques sociales la concernant, leur avenir sans issue, contre les despotismes et les pratiques de l'État malveillant.

Toutefois, à bien écouter leurs différentes formes d'expression, la jeunesse s'insurge aussi contre toutes les formes d'exploitation et de répression des peuples, les modes de gestion des biens publics, la faillite des organisations politiques fondées sur le principe dualiste de la délégation du pouvoir, les tares de la société mimétique et extravertie dans laquelle la famille n'est plus un foyer d'éducation. Cela apparaît clairement dans leurs références : Thomas SANKARA, Che GUEWARA, Nelson MANDELA, Bob MARLEY, etc., les Révoltés des townships et des favélas qui représentent des martyrs, des séquences de vie ou des modèles de comportement. Elle réalise la jonction avec toutes les luttes populaires au côté d'autres acteurs comme la société civile et parfois la classe politique. Il reste que l'originalité de leur engagement, qui est en même temps leur faiblesse, est l'absence d'un leadership d'idées et de projets alternatifs cohérents.

Les revendications sont claires, mais souvent posées de manière anarchique, chaotique voire utopique : Du boulot pour tous ! Avoir du boulot ou bénéficier d'études gratuites ! Un boulot décent avec salaire décent ! Respect des droits démocratiques et de toutes les libertés ! En finir avec la société répressive et de violence et mettre fin au harcèlement policier ! Insertion sociale pas « du dehors » et par « en haut », mais du dedans et par en bas.

Les étudiants et lycéens ajoutent des plateformes spécifiques autour des conditions sociales de vie et d'étude décentes, la réforme d'un système éducatif qui est une fabrique de chômeurs et l'insertion professionnelle des diplômés du supérieur. Cette jeunesse qui sort des universités, bardée de diplômes, mais sans perspectives, sans allocation est contrainte de végéter auprès de leurs parents qui doivent les prendre en charge. Or, la situation de la pauvreté de masse montre les limites liées à la « familiarisation ».

Des structures gouvernementales ont certes été mises en place au niveau national et même régional et continental avec des textes pour faire jouer à la jeunesse un rôle central dans le développement économique, social, politique et culturel. Mais celles-ci sont loin de satisfaire les aspirations profondes des jeunes qui d'ailleurs les ont désertés superbement.

La jeunesse se veut dans tous les campus l'accélérateur de l'histoire et la locomotive des acteurs des transformations structurelles inclusives et de la gouvernance démocratique.

La jeunesse étant partout rebelle, la profondeur et l'universalité de son malaise et de son mal vivre nous interdisent des réponses partielles que suggèrent nos préférences politiques. Sans nul doute, il s'agit, prioritairement d'une révolte contre leurs précaires conditions de vie suite à l'échec ou même l'absence de politiques sociales la concernant, leur avenir sans issue, contre les despotismes et les pratiques de l'État malveillant. Toutefois, à bien écouter leurs différentes formes d'expression, la jeunesse s'insurge aussi contre toutes les formes d'exploitation et de répression des peuples.

PARAGRAPHE 3

La priorité et l'urgence des politiques de l'emploi de la jeunesse. Les politiques face au choix entre nouvelles illusions, réformes profondes et résultats.

> *« Les emplois ne tombent pas du ciel comme une manne, aussi ardemment qu'on puisse le souhaiter. Ils naissent du processus du développement économique, de la création de nouvelles entreprises et de nouvelles activités économiques par les entreprises privées et les pouvoirs publics. La création soutenue d'emplois exige des changements structurels, c'est-à-dire une économie capable de susciter en permanence de nouvelles activités à croissance rapide, qui se caractérisent par une productivité plus élevée et une plus forte valeur ajoutée, ainsi que par un accroissement des rendements d'échelles »* **LI Yong** Directeur Général, ONUDI au Rapport de l'ONUDI de 2013.

Pour les éternels impatiens *: TOOBA SAXAL MBAMA SOULILA : Germe tout de suite ou je te déterre.*

La jeunesse africaine est une grande préoccupation centrale de beaucoup de Rapports, d'études, et de réflexions dont celles de l'Union africaine notamment à son 17e **sommet ordinaire à Malabo** en Guinée équatoriale autour du thème central, « Accélérer l'autonomisation des jeunes pour le développement durable ». La Revue RAMSES de 2014 porte sur « La jeunesse vers l'explosion ». Toutes ces investigations placent la jeunesse au cœur des débats. La principale leçon est que c'est le manque d'emplois qui attise les violences politiques et les troubles sociaux et incite les nombreux jeunes à investir les rues et à voter pour le changement. Le président Obiang NGUEMA a attiré « sur ceux qui ont pris l'habitude de manipuler l'innocence et la bonne foi des Jeunes et de la population inexpérimentées pour provoquer, sans aucune nécessité, des révolutions stériles aux objectifs purement politiques et personnalistes. » Une enquête réalisée en 2011 par la Banque mondiale a montré qu'environ 40 % de ceux qui rejoignent des mouvements rebelles se disent motivés par le manque d'emplois de même que les jeunes qui prennent les chemins de l'immigration clandestine au péril de leur vie.

Au 17e sommet de l'UA, le Président Abdoul Aziz BOUTEFLIKA avait présenté un lucide plaidoyer en faveur de la jeunesse : « Il faut aménager un environnement plus favorable et une pleine insertion de la jeunesse dans la vie politique, économique et sociale dans les pays africains. Il considère qu'« un renforcement du partenariat entre les gouvernements et les associations de jeunes s'impose, en vue d'une participation directe de ces dernières à la vie politique et à la gouvernance des affaires publiques ». Il est nécessaire de faire des jeunes une partie prenante dans le traitement économique et social du chômage des jeunes, d'autant plus, expliqué, que les jeunes sans-emploi représentent 70 % des chômeurs en Afrique et vivent des frustrations et des malaises. Il a estimé à ce propos que « l'absence d'occupation professionnelle pour cette catégorie de la population est en effet source de sentiment de marginalisation et d'exclusion », et c'est pourquoi, explique-t-il «il nous incombe de veiller à l'accompagnement de cette couche sensible de la société, d'accorder notre attention à l'adéquation formation-emploi pour optimiser l'employabilité des jeunes, et de déployer des stratégies de développement prenant en compte l'objectif d'accroître sensiblement l'offre d'emploi ».

C'est pourquoi, explique-t-il « il nous incombe de veiller à l'accompagnement de cette couche sensible de la société, d'accorder notre attention à l'adéquation formation-emploi pour optimiser l'employabilité des jeunes, et de déployer des stratégies de développement prenant en compte l'objectif d'accroître sensiblement l'offre d'emploi ». De ces stratégies de développement, le chef de l'État insiste sur le fait qu'il revient aux pays africains de **« tout mettre en œuvre pour permettre aux jeunes d'être acteurs essentiels du développement durable du continent ».**

Selon le Rapport Perspectives économiques en Afrique, établi en 2012 notamment par la Banque africaine de développement (BAD), le Programme des Nations Unies pour le développement (PNUD), la Commission économique pour l'Afrique (CEA) et l'Organisation de coopération et de développement économique des pays industrialisés (OCDE), le chiffre actuel de chômage des jeunes devrait doubler d'ici à 2045. La typologie des solutions passe par une transformation structurelle de l'économie. Il faut alors reconstruire avec minutie l'ensemble du système productif autour de politiques sectorielles pertinentes qui répondent aux multiples défis du social. C'est ce qui constitue la trame de cette réflexion : l'économique au défi du social.

Quelle serait l'alternative au moment où le pays dispose d'une dotation factorielle naturelle fabuleuse. Il faut au plus vite analyser le contexte pour tracer les contours d'une alternative d'un développement social, c'est-à-dire mener une politique progressiste, économiquement performante et socialement pertinente : la réponse est simple, il s'agit de faire le contraire, en tous points, de ce qui fut pensé entrepris et en partie réalisé depuis les années 70[139]. Il sera alors possible des résoudre le lancinant problème de l'emploi des jeunes. C**inq grands objectifs indiquent ce qu'il faut faire :**

1. Créer un environnement propice à l'investissement la croissance, l'emploi est fonction de la réussite des politiques sectorielle. Il revient aux pouvoirs publics et aux partenaires sociaux de mettre en œuvre les actions pour un nécessaire climat de sérénité des affaires et de sécurité des biens et des personnes, encourageant les acteurs du développement dans leurs initiatives de la manière vigoureuse. À l'instar des économies des pays de l'Asie de l'Est, une transformation structurelle des économies africaines tirée par les politiques sectorielles accélérerait la formation d'un fonds d'accumulation composé de trois rentes : la rente agricole, la rente technologique**.**

2. **Appuyer le secteur privé, principal acteur de la réduction du chômage et aider le secteur informel à grossir.** La création

[139] Éloi LAURENT : Pour une politique de développement humain, Économie politique n° 63,2004 p. 44.

d'emplois, reposant pour beaucoup sur le dynamisme des opérateurs privés, est principalement le fruit des actions du secteur privé, en tant que moteur de la croissance. **La transformation structurelle doit devenir un impératif.**

3. **Améliorer l'accès à l'emploi informel du secteur rural qui est une normalité indépassable, à l'éducation et à la formation professionnelle**. Dans les pays aux revenus bas et moyens, le travail informel est la norme. Il est aussi assez important dans certaines économies aux revenus élevés. Dans plusieurs pays, la part des emplois exercés en dehors des structures formelles d'un pays peut représenter plus de la moitié des emplois non agricoles, et jusqu'à 90 % si on y inclut les emplois agricoles. En outre, dans des régions telles que l'Asie du Sud et l'Amérique latine, la croissance économique de ces 20 dernières années a vu s'accroître les taux d'emploi informel. **L'acquisition de savoir-faire moderne et adapté permet aux informels et ruraux d'agir avec efficacité et d'augmenter leurs chances d'accéder à des activités et emplois viables et durables, manufacturière et technologique qui boosteraient la croissance de l'emploi productif.** Même si la formalisation doit rester un objectif des politiques d'emploi, dans le court et moyen terme, il est nécessaire d'appuyer le secteur informel et l'aider à grossir en vue de la création d'emplois décents de qualité. La politique de l'emploi devrait aussi encourager les travaux publics d'infrastructures, le microcrédit et la sous-traitance afin d'améliorer, de renforcer les capacités de soutien aux réformes institutionnelles et de promouvoir l'accès aux ressources.

4. **Promouvoir des activités rémunératrices et génératrices d'emploi.** Dans un avenir prévisible, la création d'entreprises modernes ne saurait résorber à elle seule l'afflux de main-d'œuvre nouvelle sur le marché. Le développement du travail indépendant, de la MPE (Micro et Petite Entreprise) au sein du réseau associatif peut apporter une contribution appréciable à la création d'emplois. Il est ainsi primordial d'aider au développement de la culture d'entreprise.

5. **Faciliter l'accès des groupes sociaux sensibles au marché de l'emploi.** Une partie importante de la population se trouve marginalisée et exclut partiellement ou totalement de la société, et partant, du monde du travail.

EN CONCLUSION GÉNÉRALE

QUELLE ALTERNATIVE AU MODÈLE ÉCONOMIQUE PÉRIMÉ APPLIQUÉ DEPUIS UN DEMI-SIÉCLE SOUS L'IDÉOLOGIE NÉOLIBÉRALE ?

L'enjeu actuel, face à la crise structurelle du modèle qui a guidé les politiques sectorielles au cours des quarante dernières années (fondé) et bâti sur les politiques néoclassiques d'ajustement à l'économie mondialisée, la croissance et l'emprunt produisent presque partout les en Afrique les pires calamités sociales : pauvreté, chômage de masse des jeunes, des inégalités criantes et diverses autres précarités. Les raisons peuvent paraitre simples : élaborer **de nouvelles politiques économiques et sociales qui donnent leurs chances à tous les acteurs est maintenant impératif. La raison économique n'est raisonnable que si elle devient une raison sociale. Mais la raison politique et la raison sociale sans raison économique suffisante ne sont que rhétorique ou manipulation.**

C'est ainsi que dans le domaine agricole, l'irréalisme des réformes, les insuffisances notoires du Crédit Agricole ainsi que l'intervention de facteurs exogènes comme l'installation de graves cycles climatiques depuis les années 70 ont fini d'anéantir tous les efforts de production, d'appauvrir les producteurs ruraux et d'engendrer aujourd'hui un important déficit alimentaire structurel.

Dans le secteur industriel, les multiples programmes industriels pompeusement baptisés « politiques industrielles » ont lamentablement échoué et ont montré qu'un pays en voie de développement, sans tradition industrielle consistante et ayant de surcroît raté sa révolution agricole, ne peut bâtir une économie industrielle performante dans un environnement international où « l'avantage compétitif à supplanté l'avantage comparatif » sans un État fort dirigé par un leadership patriotique. En réponse aux difficultés, l**a cure « conservatrice » qui a duré plus d'un quart de siècle et qui se poursuit, encore**

aujourd'hui, sous d'autres formes, a conduit à la déconstruction de l'État même s'il est dégagé des politiques néolibérales. Elles ont contribué à tertiariser l'économie sénégalaise avec une administration publique anormalement enflée et un secteur informel qui a littéralement explosé sous le poids du gonflement rapide des activités parallèles, souterraines, non structurées et inorganisées[140].

Notre position n'est pas de mettre en cause l'ouverture, mais la rhétorique de légitimation du néo-libéralisme dominateur dont les politiques sociales, économiques et financières de libéralisation ont lamentablement échoué en Afrique. Cette idéologie à muter en une énorme machine de délégitime l'État, du pouvoir national comme leviers du changement social et des transformations structurelles. Elle fait du marché l'alpha et l'oméga de tout en faisant l'impasse sur ses dysfonctionnements en oubliant qu'il est aveugle et myope relativement aux pauvres et aux inorganisés.

Les mécanos et divers experts de ce néolibéralisme ont complètement détruit les politiques sectorielles au niveau de l'agriculture (les nombreuses nouvelles politiques agricoles (NPA), Nouvelle politique de l'école (NPE), Nouvelle politique Industrielle (NPI) des années 80 et 2000, Nouvelle Politique d'Ajustement de l'Agriculture (NPASA)). Ils ont totalement éteint le début d'industrialisation au nom de la trilogie libéralisation, privatisation et dérégulation visant à construire un capitalisme local sans État providence. Ce faisant, ils ont arrêté tous les moteurs du système productif par démantèlement des leviers des politiques sectorielles et des entreprises appelées à les réaliser (plus de deux cents). Toutes ces usines ont été détruites au moment même où l'extension du système éducatif et la démographie galopante ont augmenté, à rythme effréné, les demandes d'emploi. Les questions se posent : Pourquoi les politiques économiques appliquées conduisent toujours à des catastrophes économiques et sociales ? Les gouvernements, une bande de prédateurs, sont-ils ignorants, incompétents ou bornés ? Ou alors sont-ils de manière cynique au service d'intérêts étrangers ?

---

[140] Comme l'observe J.C. MIRON « lorsque sans résultats empiriques où à partir d'analyses théoriques sujettes à caution, le libéralisme doctrinaire se présente comme une panacée, il est probablement inefficace et dans une large mesure dangereux surtout lorsqu'il prétend apporter, au nom de jugement de valeur non explicités, voire contestables, des solutions miracles aux problèmes que connaissent nos économies ».

Pourquoi les exploités participent-ils à leur propre domination (servitude volontaire) [141]?

C'est en cela que l'on peut, sans nul doute, penser à un nouveau modèle de rupture et de changement que seule peut porter une gauche africaine qui se veut à la fois patriotique, démocratique, souverainiste, panafricaine, sociale et moderne. Que doit-elle faire quand elle arrive au pouvoir : d'une part, réaliser un bon diagnostic complet sur ce qui fut en partie, pensé, entrepris et réalisé et d'autre part, établir une stratégie de long terme par un projet crédible et pertinent, économiquement souverain et socialement équitable. Cette rupture commande la construction d'un modèle alternatif qui se donne le développement humain comme horizon, l'État-providence comme moyen et le progrès technique et les innovations comme leviers. Cela appelle de :

1°) Repenser les politiques sectorielles dans une dynamique d'offre productive à partir de politiques sectorielles pertinentes

L'accroissement de l'offre de production de biens et services est une priorité qui appelle la mise en place de politiques sectorielles audacieuses et concertées de valorisation des importants atouts dont dispose le pays. C'est dans ce cadre qu'il faut développer une nouvelle politique industrielle audacieuse fortement articulée en amont et en aval à l'agriculture et qui valorise les ressources du sol et sous-sol afin d'exploiter toutes les chaînes de valeur et de rendre la croissance durable. La politique agricole doit définir et appliquer une nouvelle stratégie permettant l'instauration d'une agriculture performante et intensive et le développement de la société rurale avec un paysan de type nouveau qui possède et contrôle son espace, s'organise sur une base autonome, cherche à peser sur l'échiquier politique et dispose de techniques culturales, de matériels biologiques, de facteurs modernes de production.

Au Sénégal le système industriel est en voie de démolition accélérée par une politique complètement mal conçue et assez mal encadrée. Ainsi, en termes de croissance des investissements de valeur ajoutée, comme en termes d'emploi il est constaté une véritable régression que les pouvoirs publics ont voulu stopper. Dans ce contexte de crise industrielle qui se traduit par de lourds et multiples handicaps de compétitivité, il sera indispensable de procéder à une réorientation

[141] Jacques GÉNÉREUX : Quand la connerie économique prend le pouvoir, Édit du Seuil Oct. 2021 294 p.

globale en mettant en place une structure industrielle cohérente dans laquelle les usines ne seront plus des ilots faiblement articulés au reste de l'économie. L'agriculture devrait être la basc de cette stratégie. En effet, elle peut animer trois catégories d'activités industrielles : celles qui permettent l'aménagement de toute l'infrastructure de base : irrigation et ses divers éléments petite hydraulique rurale, routes, etc. ; celles en amont qui concerneraient la production des intrants, des équipements et du matériel agricole ; celles en aval qui valoriseraient intégralement les produits de l'agriculture en conservant sur place une part importante de la plus-value. Cette industrialisation devrait participer à l'avènement dans les meilleures conditions, à la révolution verte et à l'approfondissement de toute réforme agraire. La science et le savoir-faire technique seront ainsi au service de la transformation des structures productives rurales et seront à la base de l'élévation de la productivité du travail agricole et des rendements. Le second volet qu'appelle la politique agricole concerne l'intégration et l'ouverture à la coopération sous-régionale.

2°) Mettre la PME/PMI agricole et industrielle au cœur de l'économie

Il faut amorcer l'analyse de l'entreprise sénégalaise à partir de quatre constats contribuant à la compréhension de la PME/PMI et des contraintes qui le handicapent. Le secteur privé sénégalais est composé d'une mosaïque d'entreprises et d'entrepreneurs où cohabitent un secteur moderne structuré, d'une part, et un secteur de l'économie populaire, principalement urbaine, communément appelé informel, d'autre part. Le secteur informel représente environ 60 % du PIB, emploie 90 % de la main-d'œuvre et génère un cinquième des investissements. Il constitue plus de 90 % du tissu économique.

3°) Avoir une politique pour l'emploi efficace, cinq grands objectifs sont à envisager. La jeunesse continue d'être négligée par les politiques sociales. Les jeunes de 18-25 ans constituent la classe la plus fortement touchée Comment une société peut-elle préparer si elle ne sait pas protéger ni accompagner sa jeunesse. **Il s'agit de : 1)** Favoriser un environnement propice à la croissance, à l'investissement et à l'emploi. Il revient aux pouvoirs publics et aux partenaires sociaux de mettre en œuvre les actions pour un nécessaire climat de sérénité des affaires et de sécurité des biens et des personnes, encourageant les acteurs du développement dans leurs initiatives de la manière suivante : 2) **Appuyer le secteur privé, principal acteur de la réduction du**

chômage. La création d'emplois, reposant pour beaucoup sur le dynamisme des opérateurs privés, est principalement le fruit des actions du secteur privé, en tant que moteur de la croissance : 3**) Améliorer l'accès pour les travailleurs du secteur informel et du secteur rural à l'éducation et à la formation professionnelle.** L'acquisition de savoir-faire moderne et adapté permet aux informels et ruraux d'agir avec efficacité et d'augmenter leurs chances d'accéder à des activités et emplois viables et durables, 4**) Promouvoir des activités rémunératrices et génératrices d'emploi.** Dans un avenir prévisible, la création d'entreprises modernes ne saurait résorber à elle seule l'afflux de main-d'œuvre nouvelle sur le marché. Le développement du travail indépendant, de la MPE (Micro et Petite Entreprise) au sein du réseau associatif peut apporter une contribution appréciable à la création d'emplois. Il est ainsi primordial de 5**) Faciliter l'accès des groupes sociaux sensibles au marché de l'emploi.** Une partie importante de la population se trouve marginalisée et exclue partiellement ou totalement de la société, et partant, du monde du travail.

4°) Résoudre le financement du développement avec la création d'un marché financier actif et ouvert à tous les cadres et à tous les petits épargnants de la nation, pour que les entreprises et les entreprenants du pays se sentent partie prenante à la croissance économique qui doit être généralisée et non plus réservée à une oligarchie politique ou parentale ou ethnique ou de copinage. Ce n'est qu'à ce prix-là que l'économie nationale pourra faire des bonds en avant de 10 à 15 % par an de taux de croissance, permettant de rattraper en 15-20 ans nos 40 années perdues depuis les indépendances des pays africains au Sud du Sahara niveau de financement de l'économie reste faible (environ 20 % du PIB) et traduit les griefs persistants que les PME ont vis-à-vis du secteur bancaire. À l'analyse, ce secteur présente des lacunes et dysfonctionnements que révèlent les traits caractéristiques qui suivent : d'abord, les offres de crédits sont destinées à la grande entreprise, aux particuliers et aux PME structurées : elles sont accordées selon des règles prudentielles anormalement dures, ensuite, les crédits sont concentrés sur trois secteurs qui totalisant 78 % des concours, en outre, les crédits long terme représentent 5 % des crédits à la clientèle et sont essentiellement constitués de crédits immobiliers, et enfin, le taux de bancarisation reste faible (11,6 %) une large frange de la population est exclue du système financier.

5°) Elargir les gains de productivité pour rendre l'économie plus compétitive par le développement de trois secteurs transversaux

fortement générateurs d'externalités positives devant recevoir des investissements massifs : les infrastructures routières, énergétiques et la formation, la recherche et l'innovation. Au niveau des relations internationales, le Sénégal perd son leadership dans son espace vital d'Afrique de l'Ouest. Prenons les pays qui ont des Programmes d'émergence. Côte d'Ivoire, Ghana, pour l'horizon c'est 2020.

6°) Mettre le pays au travail. Tout développement économique doit s'insérer dans une biologie sociale. Pour un véritable plein-emploi : travailler tous et travailler mieux ! Deux attitudes sont alors possibles, celle de l'ingénieur qui s'en remet à la mécanique et à la technique et celle du biologiste qui tient compte de tous les paramètres de l'environnement. Cette deuxième vision (féconde) doit être prise en compte. Le travail est à la fois le fondement de la valeur des biens et services et la principale source de la richesse des nations.

6°) Rompre avec l'hyperconsommation extravertie des classes moyennes facteur du déficit chronique de la balance commerciale et de blocage du marché intérieur : absence de patriotisme économique et symptômes d'un pays qui travaille pour l'extérieur. Paradoxalement le pays crée des emplois à l'externe pour s'en priver à l'interne. Le patriotisme économique que tous les pays pratiquent sans jamais le dire doit se traduire par la rupture d'avec un modèle de consommation extraverti qui accentue les déséquilibres commerciaux favorisés par une énorme spéculation bancaire.

7°) Le défi d'une impérative révolution sociale d'où la mise en place Mettre en place un "État social" prévenant la pauvreté, l'emploi et la formation des inégalités

L'ampleur du phénomène social commande d'en avoir une vision d'ensemble très claire en vue de l'élaboration d'une stratégie cohérente et globale qui va bien au-delà de la mise en place de réseaux de lutte et de solidarité qui accompagnent la pauvreté sans vraiment la réduire. Pour lever ce défi, il faut repenser complètement les finalités du développement en liant davantage le développement et la croissance et la justice sociale, l'efficacité économique et l'équité et en augmentant les moyens et en reprécisant les finalités relatives au secteur quaternaire qui est appelé à satisfaire la demande sociale. Des priorités clairement spécifiées doivent être observées dans l'allocation des ressources comme la satisfaction des besoins de base, de l'accès aux ressources et aux facteurs de production, de la participation des acteurs à l'élaboration et à l'exécution des projets les concernant et de la gestion de l'environnement. Les années des grandes réformes à venir devraient être celles de la mise en place de cette politique cohérente de transformations structurelles impliquant d'abord, la justice sociale, c'est-à-dire une égalité des chances, car, il est difficile sinon impossible d'accélérer le rythme de développement dans une société fortement hiérarchisée et inégalitaire et ensuite, la répartition équitable des fruits du travail, c'est-à-dire le rattachement davantage du revenu au mérite, à la compétence et à l'efficacité dans ce cas **mieux le gâteau est réparti, plus il est gros.**

En définitive, la reformulation des stratégies de développement et de croissance, est indispensable dans le double sens de l'efficacité et de l'équité pour une société qui soit selon la formule de Olof PALME - **« plus douce pour les faibles et plus exigeantes pour les forts »** appelle la reformulation des politiques sociales et institutionnelles.

ITINÉRAIRE D'UN MILITANT DES ANNÉES 60

Je me suis engagé depuis élève, au cours des années de braise en 1958, au Parti Africain de l'Indépendance (PAI). Dès mon inscription à l'université, j'ai appartenu à la Direction de l'Union Générale des Étudiants d'Afrique Occidentale (UGEAO) sœur jumelle de la Fédération des Étudiants d'Afrique Noire en France (FEANF) sous la direction de CAPOPOCHCI Raymond et Samba Diouldé THIAM.

J'ai milité dans presque toutes les organisations de jeunesse depuis 1958. J'ai animé, pendant plus de trois décennies divers Cercles de Réflexion dont « le Club Nation et Développement (1980-2000) ». J'ai été membre en 1984, du « Club de Dakar » avec Muhamed DIAWARA ministre ivoirien du Plan, le Pr Pascal LISSOUBA, le Pr Chungtuang POUEMI. Cette institution était l'interface du fameux « Club de Rome » des années 80 et également membre du « Club Afrique » fondé par le Recteur JONSHON et le Pr Maurille AGBOBLI. J'ai créé avec le Pr DJEDIOMAH (Université de Lagos) la première Association des Économistes d'Afrique de l'Ouest avec le Pr A. GOGUE (1983). Dans les années 80 nous avons formé avec les Prof. Taladidia TCHIOMBIANO et Mohammed DOVIDAR l'Association des Économistes du Tiers-Monde avec l'appui du Président Thomas SANKARA qui a présidé la cérémonie d'ouverture en tenue de sport.

Il a amené les quelque 300 délégués en marché jusqu'à l'Université de Ouaga pour planter des arbres.

J'ai enseigné l'économie du développement, depuis 1971, à plusieurs générations d'étudiants qui sont présentement d'éminents cadres de nos États (Président de République, Premiers ministres, ministres et hauts fonctionnaires). J'ai conçu la première formation doctorale sous régionale d'Afrique de l'Ouest (le Programme de Troisième Cycle interuniversitaire, PTCI) avec la Conférence des Institutions d'Enseignements et Recherches en Économie (CIEREA) avec les Professeurs : Amoussouga GERO (mon fils spirituel), Aimé GOGUE, Taladidia TCHIOMBIANO, Hervé KABORE, Allechi MBET, Ngbo AKE, Géorges GANGO, Abdoulaye DIAGNE, ONDO OSSA et le Recteur Ona ONDO, etc. J'ai été le premier Président de l'Association Africaine des Économistes de l'Union Africaine (Congrès de Nairobi).

J'ai eu l'insigne honneur de participer aux travaux du Plan de Lagos (1980), à la rédaction du CARPAS (1986) avec le Professeur Adédéji ADEBAYO (Premier Directeur de la Commission économique pour l'Afrique, CEA) et d'organiser la première rencontre des intellectuels d'Afrique de l'Ouest sur l'Intégration du Continent (en 1979 à Dakar et en 1980 à Conakry sur invitation du Président A. Sékou TOURE). J'ai présidé avec le Directeur de cabinet du Président MBECKI, Dr Salif SY, Mme Niounka DIOUF et des experts du Nigéria, de l'Égypte et d'Algérie la rédaction du NEPAD.

J'ai présidé l'Association Internationale des Chercheurs pour un mandat (Congrès de Rome et Genève). Je suis membres plusieurs Académies dont l'Académie des Sciences et Techniques du Sénégal et l'Académie Hassan II du Maroc.

J'ai présidé quatre Concours d'Agrégation ainsi que « le Comité technique Spécialisé de Sciences économiques » du CAMES. J'ai été Président de l'Association Mondiale des Chercheurs (Rome et Genève 1994).

J'ai rencontré l'essentiel des patriotes africains qui ont dirigé les Mouvements de libération nationale, de MONDELANE à A. NETTO, de Majhmout DIOP à Cheikh Anta DIOP, Mamadou DIA, Abdoulaye WADE, de J. MAKATINI à Sam NOUSSAMA, aux frères CABRAL. J'ai accédé à plusieurs grands décideurs africains : L. S. SENGHOR, A Sékou TOURE, J. NYERERE, NKRUMAH, A. Ben BELLA, T. SANKARA, B.COMPAORE, A. O. KONARE,

EYADEMA père et fils, Mohammed VI, Boni YAYI, I.B.KEITA, Macky SALL et bien d'autres.

J'ai visité la quasi-totalité des pays socialistes et rencontré d'éminents intellectuels souvent académiciens (NEMCHINOV, Ota SIK, Youri POPOV, PONOMAREV, R. GARAUDY, etc.) grâce à Abdoul Karim AW membre de l'Exécutif de l'Union Internationale des Étudiants (UIE, Prague) et à Babacar DIONGUE de la Fédération Mondiale des Jeunesses Démocratiques (FMJD, Budapest).

J'ai été membre du Comité central et du Bureau Politique du Parti Socialiste (groupe de rénovation, 1994). Et servi comme conseiller spécial du Président A. WADE qui fut mon professeur d'économie internationale à la Faculté de Droit et des Sciences économiques et membre de mon Jury de Thèse de Doctorat d'État, en1978. Un intellectuel libéral d'une capacité d'analyse puissante et exceptionnelle dont le seul défaut est d'avoir accédé tard aux responsabilités politiques.

En dehors de cette nomination, je n'ai jamais exercé une fonction administrative ou ministérielle de L. SENGHOR à Macky SALL. Cependant j'ai fréquenté la plupart des présidents africains progressistes d'A. Sékou TOURE à Ibrahim Baba KEITA en passant par S. MACHAEL, Thomas SANKARA, Blaise COMPAORE, Tabo MBECKI, Alpha O. KONARE, Jerry ROLING, etc.

J'ai été expert ou team leader de plusieurs études de l'Union Africaine (Désendettement de l'Afrique, financement de l'Union de l'Union, etc.), du PNUD (Préparation Conférence de Rio, études pays pour le Niger, le Sénégal, Vison africaine des Rapports sur le Développement), de l'UNESCO (Les PAS et l'Éducation en Afrique et de l'UEMOA, de la CEAO, de la CEDEAO de la BAD (les critères de la bonne gouvernance avec Achi ATCHIN), de la Banque mondiale (le recyclage des économistes guinéens), de l'Organisation Internationale des Consommateurs (À Harare avec Ngbo AKE), du BIT (sur les répercussions en Afrique de la crise financière de 2008), ACBF, etc.

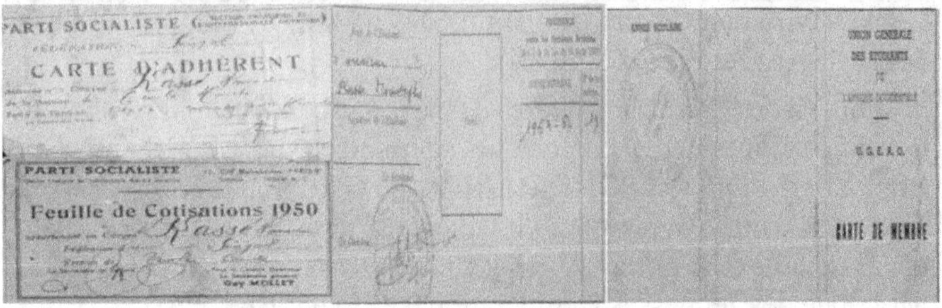

Les mutations à introduire et les transformations structurelles à la fois profondes et radicales de la société une pensée sociale s'avère absolument indispensable surtout dans une société qui accuse un retard des forces productives et qui est condamnée à opérer des transformations décisives de son système économique. Cela appelle par moment une période d'austérité et de sacrifice. Or, l'austérité, la rigueur et les sacrifices ne se décrètent pas, ils se discutent. Dans pareil contexte, les fondements de la démocratie relèvent plus du contrat social que des engagements à régler telle ou telle revendication catégorielle même justifiée. Dans ce monde quasiment en état de guerre économique, il y a de moins en moins de place pour les rapports sociaux basés sur les vieux principes de la lutte de classes et de l'affrontement syndical. Car l'entreprise est devenue l'otage d'un environnement économique caractérisé par l'exacerbation de la concurrence. Ce que le patron gagne n'est plus forcément perdu par le travailleur : elle doit en permanence investir, innover pour garder l'initiative sur le marché et sauvegarder les emplois.

Pour faire aboutir le train de réformes économiques, politiques et institutionnelles et survivre dans pareille jungle économique, les États devront élaborer des chartes sociales nationales basées sur les principes directeurs ci-après : une confiance réciproque entre patronat et syndicat ; un plus grand réalisme de part et d'autre ; une volonté farouche de l'entreprise (patrons et employés) en faveur de l'amélioration continue des gains de productivité ; une sécurité sociale consensuelle, variable et modulable en fonction des spécificités du secteur d'activités et des vicissitudes de l'environnement de l'unité de production.

Au niveau institutionnel, il faut observer que la fragilisation de l'État débordé d'en haut par la mondialisation et d'en bas par l'informatisation impose l'édification d'une Société décentralisée pour une meilleure responsabilisation de tous les acteurs impliqués dans le développement. L'auto-développement devient en conséquence un moyen de démocratisation très avancée en ce qu'elle responsabilise les acteurs à la base. C'est pourquoi il est particulièrement décrié et combattu par les administrations classiques dont les agents s'enrichissent par le trafic d'influence, les commissions sur les marchés publics, les circuits d'import-export et la spéculation immobilière.

Au demeurant, quels que soient les orientations et les moyens que met en place une société démocratique pour maîtriser son développement, elle ne peut les faire accepter que si les objectifs sont ressentis comme prioritaires par la majorité des citoyens et mieux si on arrive à transformer en programmes leurs espérances. Si les buts et les cheminements sont clairement perçus et acceptés, il s'installe alors une volonté nationale de progrès, une intériorisation des sacrifices et des contraintes, un changement dans les attitudes. Ce dynamisme est porteur de progrès économique et social, d'innovation et de créativité ; il permet la mobilisation des populations et des militants au service de l'intérêt national. L'asymétrie de l'information et le déficit de communication peuvent être source d'inefficience ou de paralysie, voire de déstabilisation.

En définitive, il n'y a aucune fatalité à l'échec, sauf à sombrer dans la résignation. Lionel STELEROU, nous le rappelle « Savoir gagner c'est trois choses : avoir une volonté ferme, oser le risque et avoir le professionnalisme. Savoir gagner c'est choisir une bonne stratégie et savoir donner aux hommes le meilleur d'eux-mêmes ; » Ni en sport ou les surdoués du week-end se font écraser parles tacherons du quotidien ; ni en économie où les lièvres dilettantes se font dépasser par tortues besogneuses. C'est cela qui résume en fin compte la réussite des politiques économiques, financières et sociales nationales souveraines.

TABLE DES MATIÈRES

Structures éditoriales du groupe L'Harmattan

L'Harmattan Italie
Via degli Artisti, 15
10124 Torino
harmattan.italia@gmail.com

L'Harmattan Hongrie
Kossuth l. u. 14-16.
1053 Budapest
harmattan@harmattan.hu

L'Harmattan Sénégal
10 VDN SICAP AMITIE 3
BP 45034 Dakar-Fann
direction@senharmattan.com

L'Harmattan Cameroun
Tsinga/Derrière polyclinique FECAFOOT
BP 11486 Yaoundé
Jacques.koukam@harmattan.fr

L'Harmattan Burkina Faso
Villa 281, secteur 23 623, rue 14.32
Ouagadougou
zagbie@outlook.fr

L'Harmattan Guinée
Almamya, rue KA 028 OKB Agency
BP 3470 Conakry
harmattanguinee@yahoo.fr

L'Harmattan RDC
185, avenue Nyangwe
Commune de Lingwala – Kinshasa
matangilamusadila@yahoo.fr

L'Harmattan Congo
219, avenue Nelson Mandela
BP 2874 Brazzaville
deunovmikhael@gmail.com

L'Harmattan Mali
Immeuble Mgr Jean Marie Cissé
Aci Hamadallaye
BP 145 Bamako
syllaka@yahoo.fr

L'Harmattan Togo
Djidjole – Maison Amela
face EPP BATOME
02 BP 20680 Lomé
didieramela11@gmail.com

L'Harmattan Côte d'Ivoire
Résidence Karl – Cité des Arts
Abidjan-Cocody
03 BP 1588 Abidjan
harmattan.ivoire@gmail.com

L'Harmattan Bénin
Rue 604, (Immeuble à l'entrée
de la rue UCAO- Cite de Saint-Jean)
Cotonou
stepcorpus@gmail.com

Nos librairies en France

Librairie internationale
16, rue des Écoles
75005 Paris
librairie.internationale@harmattan.fr
01 40 46 79 11
www.librairieharmattan.com

Librairie des savoirs
21, rue des Écoles
75005 Paris
librairie.sh@harmattan.fr
01 46 34 13 71
www.librairieharmattansh.com

www.ingramcontent.com/pod-product-compliance
Lightning Source LLC
LaVergne TN
LVHW011139061026
849535LV00003B/543
* 9 7 8 2 3 3 6 5 2 3 1 7 0 *